U0650630

# 企业
# 税务争议
# 与合规管理

林燕玲　刘继承　李绎珩　刘蔚娴◎著

中国铁道出版社有限公司
CHINA RAILWAY PUBLISHING HOUSE CO., LTD.

图书在版编目（CIP）数据

企业税务争议与合规管理 / 林燕玲等著. -- 北京：
中国铁道出版社有限公司，2025. 1. -- ISBN 978-7-113-
31736-2

Ⅰ. F812.423

中国国家版本馆 CIP 数据核字第 2024XP8900 号

书　　名：企业税务争议与合规管理
　　　　　QIYE SHUIWU ZHENGYI YU HEGUI GUANLI
作　　者：林燕玲　刘继承　李绎珩　刘蔚娴

责任编辑：王淑艳　　　　　编辑部电话：(010)51873022　　电子邮箱：554890432@qq.com
封面设计：末末美书
责任校对：苗　丹
责任印制：赵星辰

出版发行：中国铁道出版社有限公司（100054，北京市西城区右安门西街 8 号）
网　　址：https://www.tdpress.com
印　　刷：河北宝昌佳彩印刷有限公司
版　　次：2025 年 1 月第 1 版　2025 年 1 月第 1 次印刷
开　　本：710 mm×1 000 mm　1/16　印张：23.5　字数：359 千
书　　号：ISBN 978-7-113-31736-2
定　　价：108.00 元

**版权所有　侵权必究**

凡购买铁道版图书，如有印制质量问题，请与本社读者服务部联系调换。电话：(010) 51873174
打击盗版举报电话：(010) 63549461

# 序　言

　　税务不仅关乎企业的经济利益，更涉及法律风险的防范与合规管理。伴随国家税制及其政策的调整完善，税务争议与合规管理已成为当今企业面临的一个挑战。在此背景下，《企业税务争议与合规管理》一书付梓出版，无疑为业界提供了一本极具参考价值的实战指南。我能为后辈的作品作序，深感荣幸之至。

　　"税务争议"和"合规管理"是税务领域的两个永恒话题。本书的两位主要作者林燕玲女士和刘继承先生曾合著《财务精英进阶指南：案例＋税务风险＋政策讲解》一书，深受税收理论和实务工作者、教师和学生的广泛好评。《企业税务争议与合规管理》接续出版，堪称这一领域的集大成之作，主要介绍税务争议案例的剖析、解决税务问题的思路和方法、理解税法的应用，以及税务争议的处理技巧。

　　本书是一部追求实际功用之作。作者极尽探索，为读者呈现了关键领域实务：一是内容涵盖税务争议，包括行政责任、民事责任和刑事责任；二是探讨了纳税义务的界定、税务检查程序的争议等关键问题；三是采取大量案例剖析，提供解决税务争议和进行税务筹划的实用方法，还特别关注了对赌协议、实质课税、特殊事项税务争议等疑难问题；四是详细讨论了股权转让、利润分配、合伙企业税务争议等多个领域的税务问题，在实际操作中往往涉及复杂的法律和会计处理；五是强调了预防税务争议的重要性，提出通过合理的税务筹划和合规管理，企业可以有效地降低税务风险，避免不必要的税务争议。这些探索与总结，凝聚着作者税收专业服务的最佳实践，对于企业和个人来说，要提高税务风险防范能力、降低税务成本、提升经济效益，正确理解和处理这些问题至关重要。

　　税务知识和技能是会计师胜任能力不可或缺的一部分。因有早年会计师事务所工作、长期在中国注册会计师协会从事行业和专业建设，以及挂职地方政府分管财税工作的经历，我深知税务知识和技能的培养对于财会专业人才的重要性。"税务争议与合规管理"可谓是财会职业的核心内容之一，直指企业的价值取向、税法义务责任、合规运营、财务稳健及企业社会声誉。本书无疑将为众多财会从业者带来极大的助益。它不仅是一部理论指导的著作，更是一部实践操作的指南，势必助力读者深入探究。这也正是作者努力追求的目标。

上海国家会计学院一直致力于培养具有国际视野、创新精神和实践能力的财税人才，承担"财政部高层次财会人才素质提升工程"。林燕玲女士成功入选"注册会计师系列高端人才"，持续在上海国家会计学院接受培训，并成为优秀学员的代表。刘继承先生也曾多次参加我院的课程，对学院的教育培训高度认可，甚为欣慰。会计强国需要一代代人的奋斗。培养新生代人才是我们培养会计行业"领军人物"的一个重要目标，我欣喜地看到李绎珩和刘蔚娴两位青年学子在林燕玲、刘继承的悉心指导下积极参与创作，以实际行动彰显了"领军人才"的本色。

我衷心希望本书的出版能够为业界带来更多的智慧和启示。同时，也期待林燕玲女士与刘继承先生能够继续深耕财税领域，为我们带来更多佳作。期待李绎珩和刘蔚娴两位青年学子勇毅前行，追求梦想，探索未知，不断攀登新的高峰。

是为序，与大家共勉。

白晓红

上海国家会计学院副院长

2024 年 11 月 6 日

# 前　言

税收法定原则是现代法治国家的基石之一，它要求所有的税收行为都必须基于法律的明确规定。这一原则的核心在于确保税收的确定性和可预测性，从而保护纳税人的合法权益，促进公平的税收环境的形成。然而，在实际操作中，税法的复杂性、政策的变动性、经济环境的不稳定性，以及经济活动的多样性，都给税务处理的确定性带来了挑战，使得税务争议成为纳税人和税务机关不得不面对的现实。

我们发现，在正常的税收征纳关系中，发生税收争议的概率并不高，纳税人更多地会选择尊重税务机关的意见，而且税务机关也在不断通过内部纠错机制的建设，及时发现和纠正多征或错征事项，最终导致税务争议发生往往伴随着税务"筹划"的影子。国家出台了众多的减税降费政策，税务机关支持和鼓励纳税人充分享受税收优惠达到节税目的。对于许多纳税人而言，部分涉税事项可能无法直接通过优惠政策来实现节税的目的，对于这些事项，纳税人就可能另辟蹊径，采取其他的方法达到节税目的，或者创造条件适用税收优惠，然而税务机关可能认为纳税人以节税为目的而采取的一系列措施，应当按"实质课税"原则征税，而纳税人则认为应当遵循税收法定原则，既然税法没有规定，纳税人就可以合理安排自己的活动以降低税负，纳税人无须超过法律的规定来承担额外的税收。因此税务争议往往是税务机关与纳税人之间的矛盾，尤其当涉及税款金额巨大的时候，很可能会受到"合理商业目的""正当理由"等反避税条款的质疑。

税务"筹划"让许多典型税务争议案例为人熟知，有的争议案例却一直没有明确的结论，税收执法中处理意见也存在差异，导致存在"筹划"的可行性的同时也存在风险。许多财税人员关注到这些"筹划"与争议却又不清楚来龙去脉。例如，常有财税人员询问："据说通过增资来转让股权，可以大大减少甚至不交股权转让的所得税。真的可以吗？有没有风险？"又例如，常有财税人员问："据说通过转让公司股权的方式转让土地使用权，可以不交土地增值税，但是有可能被税务机关否定，风险有多大呢?"要真正理解这些问题，避免因为一知半解的盲目操作导致"筹划"变成偷税，就应该知其然更知其所以然。笔者整理实际工作中遇到的常见的因"筹划"引发争议事项，结合政策理论和实务案例进行分析，尽量采用易于理解的白话式语言阐述争议产生的原因、"筹划"与争议之间的因果关系，希望能帮助读者合理、合法、合规地进行税务规划和处理税务争议。

税务争议的解决往往依赖于对法律条文的精确解读和实际案例的深入分析。税收法定原则为我们提供了税务处理的确定性基础，但实际应用中的复杂性和多变性，使得这一原则的实现存在不确定性。本书名为《企业税务争议与合规管理》，采用案例分析的形式，旨在通过具体、真实的税务争议案例，揭示税务处理中的不确定性，并探索在这些不确定性中寻求确定性的路径。通过分析裁判文书、上市公司公告，以及笔者在日常税务咨询中遇到的案例，力图为读者提供一个从实践导向的视角，理解税收法定原则在现实世界中的应用和挑战，这些案例不仅涵盖了税务争议的多样性，也反映了税法解释和应用的复杂性。

本书的结构和内容如下:

一、案例来源

案例来源包括裁判文书、上市公司公告，以及笔者的税务咨询案例，为避免纠纷，案例中涉及人名、企业等均为化名。

二、税法解释与分析

通过具体案例中争议各方的观点和裁判主旨，分析税法条文的解释过程，探讨如何通过案例来理解和应用税法，以及这些案例如何影响税务争议的解决。

三、案例启示与合规管理

讨论这些案例对税务机关、涉税专业服务机构和纳税人的启示，以及如何从这些案例中学习提高税务处理的确定性，以降低税务风险，减少税务争议。

笔者从事涉税服务20多年，熟悉企业财税人员的思维方式和税务处理习惯，写作时尽量采用便于企业财税人员理解的叙述方式。本书有以下特点:

一、实务性强

本书的案例均来自现实，并非闭门造车、脱离实际的想象构建而来，兼顾广大中小企业的情况，适合广大企业财税人员阅读，书中案例许多企业在生产经营中会有类似情况，极具参考价值。

二、语言通俗易懂

本书尽量采用通俗易懂的语言，解释如何应用案例所涉及的税务法规，用白话般的语言解释争议的思路及方法，让读者容易理解，避免过于生涩的专业语言带来的阅读疲劳。

三、重视思路梳理

俗话说："授人以鱼，不如授人以渔。"如果直接列示案例的争议观点，但不具体讲述争议产生背后的真正原因，不教给读者辩证的思考方法，除非读者在工作中遇到一模一样的案例，否则难以变通应用。所以，本书在每个案例中均重点讲述争议双方的思路，讲述如何运用政策得出有利于己方的观点，使读者在工作中遇到类似的案例时，会根据思路对争议事项进行恰当的沟通，以争取合理的税收权益。

四、选材普适性强

本书是我们为纳税人提供涉税服务过程处理税务争议的理解总结，从纳税人关注的角度出发，归纳争议案例的不同观点和实务中存在的差异处理，再相应提出建议。案例选材尽量避免集中于某一行业，避免选择偶然事件，大部分案例不区分行业属性，可供行业参考。同时在说理时，尽量避免长篇累牍的纯理论引用，注意结合征管现状分析，便于企业的财税人员理解。

本书的目标读者包括税务机关工作人员、税收政策研究人士、涉税专业服务人员、企业财务人员、法律顾问，以及对税务争议感兴趣的学者和学生。通过本书，我们希望能将多年的工作心得体会与读者分享，同时分享我们对税收政策、税务征管的一些个人理解。在税务争议的不确定性中寻找确定性，是一项既需要法律知识也需要实践经验的任务。愿本书成为读者在这一领域的导航，通过案例分析，帮助读者在税务争议的迷雾中找到清晰的方向，实现税务处理的确定性。

热爱专业，忠于专业，操觚为文，写下了这本粗浅之书，愿同读者共勉。如果能给读者带来一些启发，足矣。本书以实务为主，欢迎有不同观点的朋友交流指正。

# 目　录

## 上篇　税务争议概述

### 第一章　税务争议的内容

### 第二章　税务争议的救济

## 下篇　典型税务争议案例

### 第三章　股权转让税务争议

## 第四章 利润分配税务争议

## 第五章 合伙企业税务争议

## 第六章　对赌协议税务争议

## 第七章　实质课税的争议

## 第八章　特殊事项税务争议

## 第九章　追征期争议

## 第十章　偷（逃）税认定争议

# 上篇　税务争议概述

　　本篇以税务行政争议为主，但同时也会涉及一些民事纠纷中的涉税争议，为企业加强税务合规管理，在依法申报纳税的同时关注日常经济行为，为规范经济合同的签署提供参考。

# 第一章　税务争议的内容

争议是指尚有争论，未达成一致结论。税务争议是指涉及税务事项的争议，有广义和狭义之分，广义的税务争议既包括内部税务争议，也包括外部税务争议；既包括税务行政争议，也包括民事、商事活动中涉税争议。内部争议一般是指征税行政主体内部或征税行政主体之间因涉税事项产生的争议，狭义的税务争议仅指外部税务争议且特指税务行政争议，即指税务机关与纳税人之间在税收征收管理过程中因特定的税务具体行政行为而引起的纠纷。

产生税务行政争议的原因主要有税收政策不明确导致理解出现偏差、会计处理与税法规定存在差异及税务机关执法自由裁量权等，民事、商事活动中产生涉税争议的原因大多是合同约定不明确导致双方的本意未能完全体现及对经济合同中涉税条款的约定因违反税收法律法规而导致合同无效等。

## 第一节　涉税法律责任的争议

### 一、税务争议

按照法律责任分类，税务争议包括涉税行政责任、涉税刑事责任和涉税民事责任；按照税收要素分类，税务争议包括因纳税主体、征税对象、计税依据、税目、税率、税收减免、纳税义务时间、滞纳金、预缴税款等产生的争议；按照税种分类，税务争议主要包括增值税、企业所得税、个人所得税、土地增值税等产生的争议；按照税务行政行为分类，税务争议包括税务机关违反法定的税收执法程序、税务机关违反法律规定实施具体行政行为和税务机关实施具体行政行为所依据的文件违反法律规定等产生的争议；从案件来源分类，税务争议包括税务机关因日常税务管理、税务稽查、涉税案件移送和投诉举报等实施税务执法活动并引发争议。

税务争议通常涉及以下内容：

**1. 纳税义务的界定**

纳税人与税务机关之间在纳税义务的具体解释上存在分歧。例如，如何计算纳税基数、确认应税收入等。

**2. 税收减免和优惠适用**

纳税人可能对自身是否符合享受某种税收减免或优惠政策与税务机关意见不一致。

**3. 税务检查程序**

税务机关对纳税人的税务数据和财务状况进行检查和审计时，纳税人可能对税务机关的检查程序、调整的依据、计算方法等方面产生异议。

**4. 税务处理的时效和程序**

纳税人与税务机关之间针对纳税申报、税款扣缴等事项的时效和程序是否合规存在争议。

**5. 税务行政处罚**

纳税人可能对税务机关对其处以罚款或其他税务处罚的依据、幅度和合理性有异议。

**6. 税收征收方式**

纳税人与税务机关就税费的计算方式、税收计算所依据的文件等问题存在分歧。

纳税人可以通过提出异议、申诉、行政复议等途径来解决税务争议。若无法通过这些渠道解决，纳税人还可以选择将争议提交给司法机关进行诉讼解决。

## 二、罚与不罚：涉税行政责任

涉税行政责任是指纳税人、纳税义务人或税务代理人等在纳税过程中违反税法或税收管理法规所应承担的法律责任。税务违法行为包括逃避税款、骗取税款、偷税、抗税、虚开发票、偷漏税款、违法转移资产等。

税务违法行政责任主要包括以下几个方面：

罚款责任：税务违法行为的处罚措施之一是罚款。税务行政部门有权对违法行为进行罚款，对罚款金额可根据违法情节轻重等因素具有自由裁量权。为了规范执法行为，部分省级税务机关出台自由裁量标准，但是仍然存在较大的浮动空间。

滞纳金责任：纳税人未按规定时间缴纳税款的，应支付滞纳金。滞纳金是一种违约金，按照延迟纳税的时间计算，会增加纳税成本。

税务违法行政责任的实施有针对性的惩戒措施，旨在促使纳税人保持税法遵从行为，维护公平税收秩序并保护国家税收利益。税务行政部门负有对税务违法行为进行监管和处罚的职责。同时，纳税人和其他与税收相关的主体也应遵守税法，履行纳税义务，避免违法行为的发生。

为进一步贯彻落实中共中央办公厅、国务院办公厅印发《关于进一步深化税收征管改革的意见》，持续推进税务领域"放管服"改革。2021年，国家税务总局先后发布两批税务行政处罚"首违不罚"事项清单，对当事人首次发生清单中所列事项且危害后果轻微，在税务机关发现前主动改正或者在税务机关责令限期改正的期限内改正的，不予行政处罚。具体内容见表1-1。

表1-1　税务行政处罚"首违不罚"事项清单

| 序号 | 事　项 |
|---|---|
| 1 | 纳税人未按照《中华人民共和国税收征收管理法》（以下简称《税收征收管理法》）及实施细则等有关规定将其全部银行账号向税务机关报送 |
| 2 | 纳税人未按照《税收征收管理法》及实施细则等有关规定设置、保管账簿或者保管记账凭证和有关资料 |
| 3 | 纳税人未按照《税收征收管理法》及实施细则等有关规定的期限办理纳税申报和报送纳税资料 |
| 4 | 纳税人使用税控装置开具发票，未按照税收征收管理法及实施细则、《中华人民共和国发票管理办法》（以下简称《发票管理办法》）等有关规定的期限向主管税务机关报送开具发票的数据且没有违法所得 |
| 5 | 纳税人未按照《税收征收管理法》及实施细则、《发票管理办法》等有关规定取得发票，以其他凭证代替发票使用且没有违法所得 |
| 6 | 纳税人未按照《税收征收管理法》及实施细则、《发票管理办法》等有关规定缴销发票且没有违法所得 |
| 7 | 扣缴义务人未按照《税收征收管理法》及实施细则等有关规定设置、保管代扣代缴、代收代缴税款账簿或者保管代扣代缴、代收代缴税款记账凭证及有关资料 |
| 8 | 扣缴义务人未按照《税收征收管理法》及实施细则等有关规定的期限报送代扣代缴、代收代缴税款有关资料 |
| 9 | 扣缴义务人未按照《税收票证管理办法》（2019修正）的规定开具税收票证 |
| 10 | 境内机构或个人向非居民发包工程作业或劳务项目，未按照《非居民承包工程作业和提供劳务税收管理暂行办法》的规定向主管税务机关报告有关事项 |

| 序号 | 事　项 |
|------|--------|
| 11 | 纳税人使用非税控电子器具开具发票，未按照《税收征收管理法》及实施细则、《发票管理办法》等有关规定将非税控电子器具使用的软件程序说明资料报主管税务机关备案且没有违法所得 |
| 12 | 纳税人未按照《税收征收管理法》及实施细则、税务登记管理办法等有关规定办理税务登记证件验证或者换证手续 |
| 13 | 纳税人未按照《税收征收管理法》及实施细则、《发票管理办法》等有关规定加盖发票专用章且没有违法所得 |
| 14 | 纳税人未按照《税收征收管理法》及实施细则等有关规定将财务、会计制度或者财务、会计处理办法和会计核算软件报送税务机关备查 |

## 【案例 1-1】　食堂采购白条入账能否税前扣除

**【案例来源】**　中国裁判文书网

**【案例背景】**　FD 公司为高速公司服务区的一家餐饮公司，2016、2017 年度该公司购进肉类、冻货类原材料价款合计 2 639 658.60 元，原始凭证均为收据（无税务机关发票监制章），计入南、北餐厅"主营业务成本"结转后计入当期损益。在年度企业所得税汇算清缴时未作纳税调整。2021 年 5 月，该公司开始接受税务稽查。2022 年 1 月，该市税务局稽查局作出税务处理决定：责令补缴企业所得税款 827 676.61 元（其中包含本案争议补缴税款 659 914.66 元）、补缴增值税 45 179.46 元，合计应补缴税款 872 856.07 元，并从滞纳税之日起按日收取滞纳税款万分之五的滞纳金。FD 公司不服该处理决定，向上一级税务机关申请行政复议。上一级税务机关经复议于 2022 年 7 月作出税务行政复议决定：维持该税务局稽查局作出的税务处理决定。FD 公司不服，向法院提起行政诉讼。

**【争议焦点】**　本案中，税务局稽查局与 FD 公司均认可成本扣除需要合法有效凭证，但双方对于何谓"合法有效凭证"存在争议，税务局稽查局认为是发票，而 FD 公司认为不仅包括发票，也包括其他财务凭证。

FD 公司认为服务区餐厅所采购的农副产品是公司实际发生的，与取得收入有关的、合理的支出。企业所采购的农副产品大部分是初级产品。对此类产品国家是予以免税的，尤其是公司地处农村地区，多数销货方是无法取得发票的。此前，税务局对此问题均已认可并执行多年，公司历来也是据此在税前扣除的。

税务局稽查局认为购买冻鱼、冻肉等无发票的支出依法不得在企业所得税前扣除。法律明确规定，在计算企业成本时所依据的凭证应同时满足真实性、合法性、关联性三个条件，方能准予扣除。只有符合法律规定的合法有效凭据才可以在税前扣除，而本案中合法有效的凭据只能被认定为发票，且应符合《发票管理办法》第十条的规定。

**【裁判结果】** 一审法院和二审法院均支持税务局稽查局的观点。

虽然《中华人民共和国企业所得税法》第八条规定："企业实际发生的与取得收入有关的、合理的支出，包括成本、费用、税金、损失和其他支出，准予在计算应纳税所得额时扣除。"但仍不能视为"白条收据"，可以按照合法、有效的票据在计算应纳税所得额时扣除。FD公司认为其以"白条收据"入账的支出是合理的实际支出，应在计算应纳税所得额时扣除的观点不能成立。

**【案例分析与合规管理】** 2018年，《国家税务总局发布〈企业所得税税前扣除凭证管理办法〉的公告》（国家税务总局公告2018年第28号）（以下简称《企业所得税税前扣除凭证管理办法》），规范对企业所得税税前扣除凭证进行规范管理，对于不同情形的税前扣除凭证进行区别对待：

"第九条　企业在境内发生的支出项目属于增值税应税项目（以下简称'应税项目'）的，对方为已办理税务登记的增值税纳税人，其支出以发票（包括按照规定由税务机关代开的发票）作为税前扣除凭证；对方为依法无需办理税务登记的单位或者从事小额零星经营业务的个人，其支出以税务机关代开的发票或者收款凭证及内部凭证作为税前扣除凭证，收款凭证应载明收款单位名称、个人姓名及身份证号、支出项目、收款金额等相关信息。

"……

"第十条　企业在境内发生的支出项目不属于应税项目的，对方为单位的，以对方开具的发票以外的其他外部凭证作为税前扣除凭证；对方为个人的，以内部凭证作为税前扣除凭证。

"企业在境内发生的支出项目虽不属于应税项目，但按税务总局规定可以开具发票的，可以发票作为税前扣除凭证。

"第十一条　企业从境外购进货物或者劳务发生的支出，以对方开具的发票或者具有发票性质的收款凭证、相关税费缴纳凭证作为税前扣除凭证。

"第十二条　企业取得私自印制、伪造、变造、作废、开票方非法取得、虚开、填写不规范等不符合规定的发票（以下简称'不合规发票'），以及取得不符合国家法律、法规等相关规定的其他外部凭证（以下简称'不合规其他外部凭证'），不得作为税前扣除凭证。"

**【案例 1-2】　司法机关移送案件未申报个人所得税被处罚**

**【案例来源】**　中国裁判文书网

**【案例背景】**　税务机关根据转办案件线索，对王某在 2019 年 3 月转让××新型建材有限公司 72％个人股权事项涉嫌未申报个人所得税进行检查。2019 年 2 月，王某与贾某签订股权转让协议，确认转让总价 2 666 万元，2019 年 4 月办理股权变更，提交给行政审批主管部门的股权转让价格为 849.6 万元（无溢价），后经评估公司出具资产评估报告确定公司全部净资产评估值为 1 247.62 万元，按转让价 8 982 864（12 476 200×72％）申报缴纳个人所得税（股权转让所得）97 380 元。

2019 年 8 月，王某与贾某因股权转让纠纷向法院提起诉讼，依据法院判决书，对股权转让总额 2 666 万元双方均无异议。

**【税务处理】**　税务机关认定，王某通过虚假纳税申报造成少缴税款的行为构成偷税，少缴印花税（产权转移书据）2 173.50 元，少缴个人所得税（股权转让所得）3 534 087 元，处以少缴税款一倍的罚款。

**【案例分析与合规管理】**　《行政执法机关移送涉嫌犯罪案件的规定》公布施行以来，各地税务机关移送涉嫌犯罪案件的数量逐年增加，《中华人民共和国行政处罚法》(以下简称《行政处罚法》)修订后，明确规定对依法不需要追究刑事责任或者免予刑事处罚，但应当给予行政处罚的，司法机关应当及时将案件移送有关行政机关。两者衔接由行政机关向司法机关单向移送变为行政机关与司法机关之间双向移送。近年来各地税务机关加强与司法机关建立协作机制，建立健全案件移送制度，同时加强了民事诉讼裁判与税收征管衔接，对民事诉讼中涉税事项由司法机关移送税务机关处理。以上两个案例均是司法机关将民事诉讼中的涉税线索移送税务机关处理。

在实务中，我们经常会遇到一些类似隐瞒收入、虚列成本、虚开发票、签订阴阳合同等违法行为。对于纳税人而言，必须清楚在参与民事诉讼过程中涉税事项的合规管理。例如，对民间借贷利息可能在实际收到之后完全没有意识到需要申报纳税，对于公司或者项目合作的股息红利可能存在多套账导致诉讼金额与账面利润不一致而面临税务稽查，以及财产转让所得可能因为存在阴阳合同导致诉讼金额与税务申报金额不一致面临补税与罚款等。

## 三、诉与非诉：涉税民事责任

**【案例 1-3】** 公司偷税被处罚后高级管理人员及财务人员是否承担赔偿责任

**【案例来源】** 中国裁判文书网

**【案例背景】** 2022 年 7 月，税务机关作出税务处理决定书和税务行政处罚决定书，认定 BYW 公司存在五项税收违法事实：①采取"大头小尾"的方式开具货物销售专用发票；②为客户代购鱼粉漏记收入 494 054 元未申报缴纳企业所得税；③将自产饲料 34.534 吨无偿赠送客户（金额合计 263 827 元）未计入销售收入，且未申报缴纳企业所得税；④以贴票列支销售费用形式为员工发放奖金 734 745 元并在税前扣除，未在当期企业所得税汇算清缴期作纳税调整；⑤以会议费形式虚列销售费用 277 590 元并在税前扣除，未在当期企业所得税汇算清缴期作纳税调整。税务机关决定追缴 BYW 公司税款 443 848.75 元及自滞纳之日起按日加收滞纳金，并处追缴税款一倍的罚款共计 443 848.75 元。

在上述税收违法期间，刘某担任公司总经理，何某任财务出纳，祁某任财务经理和成本会计。BYW 公司缴纳上述税款、滞纳金和罚款之后，向法院起诉刘某、何某和祁某要求承担赔偿责任。

**【争议焦点】** BYW 公司认为，涉及本案当中被税务部门处罚的事项中的代购鱼粉行为、"大头小尾"方式开具发票行为、赠料行为、以贴票列支方式为员工发放奖金、以会议费形式虚列销售费用的行为，不仅未经过公司授权，未在公司授权范围内经营，且违反国家有关财务的法律和制度，该系列行为并未在审计报告中有所体现，公司股东对其行为并不知晓，更谈不上认可。刘某在任职期间，违反了公司章程的规定及相关法律法规的规定，损害了公司利益，产生公司本不应承担的税款，并因刘某的不当行为，导致公司被行政处罚，刘某的行为严重损害了公司利益，违反了对公司负有的忠实、勤勉义务，刘某应赔偿由此给公司造成的所有损失。

刘某认为，公司受到税务部门的处罚，与刘某执行职务之间不存在因果关系，不应由刘某承担民事赔偿责任。BYW 公司具有独立的主体资格，应对其自身经营行为承担责任。刘某作为其聘任的劳动者，仅为执行者而非决策者，劳动者作出职务行为相应后果应由 BYW 公司承担，不应由劳动者承担。BYW 公司依据《中华人民共和国公司法》（以下简称《公司法》）及公司章程，建立了相应的公司治理结构，股东会为权力机构，董事会为执行机构，监事为监督机构。刘某作为 BYW 公司的总经理，仅在股东、董事会授权范围内代表公司进行相应的法人行为。公司所有的重大决策是由股东会、董事会作出的，刘某作为总经理仅负责执行。公司经营中的不利后果不应由总经理一人承担。

**【裁判结果】** 一审法院和二审法院均支持刘某对罚款承担赔偿责任，对于应补缴的税款及滞纳金因为属于公司本身的义务，不应由刘某承担赔偿责任。

在刘某受聘 BYW 公司经理并负责生产经营活动期间，BYW 公司违反相关税收法律法规规定被税务机关决定处以罚款。刘某明知上述行为违反相关税收法律法规，但并未履行职责予以监督制止。依照《公司法》（2018 年）第一百四十九条"董事、监事、高级管理人员执行公司职务时违反法律、行政法规或者公司章程的规定，给公司造成损失的，应当承担赔偿责任"的规定，上述罚款应为刘某在执行公司职务时，违反法律、行政法规的规定给公司造成的损失，该损失应由时任公司经理的刘某承担赔偿责任。

何某、祁某均不属于 BYW 公司董事、监事、高级管理人员，不具有《公司法》规定损害公司利益责任的主体资格。

## 四、罪与非罪：涉税刑事责任

追究刑事责任是以税收违法行为构成犯罪为前提，刑事法律责任是税收法律责任中最严厉的一种制裁措施。《行政执法机关移送涉嫌犯罪案件的规定》第三条规定："行政执法机关在依法查处违法行为过程中，发现违法事实涉及的金额、违法事实的情节、违法事实造成的后果等，根据刑法关于破坏社会主义市场经济秩序罪、妨害社会管理秩序罪等罪的规定和最高人民法院、最高人民检察院关于破坏社会主义市场经济秩序罪、妨害社会管理秩序罪等罪的司法解释以及最高人民检察院、公安部关于经济犯罪案件的追诉标准等规定，涉嫌构成犯罪，依法需要追究刑事责任的，必须依照本规定向公安机关移送。……"

涉税违法犯罪行为的相关具体罪名在《中华人民共和国刑法》（以下简称

《刑法》第二编第三章第六节"危害税收征管罪"中进行了明确规定。"危害税收征管罪"指违反国家税收征管制度，妨害国家税收正常活动，情节严重的行为。"危害税收征管罪"涉及逃税罪，抗税罪，逃避追缴欠税罪，骗取出口退税罪，虚开增值税专用发票、用于骗取出口退税抵扣税款发票罪，虚开发票罪，伪造、出售伪造的增值税专用发票罪，非法出售增值税专用发票罪，非法购买增值税专用发票、购买伪造的增值税专用发票罪，非法制造、出售非法制造的用于骗取出口退税、抵扣税款发票罪，非法制造、出售非法制造的发票罪，非法出售用于骗取出口退税、抵扣税款发票罪，非法出售发票罪，持有伪造的发票罪，共14类罪名。

《最高人民法院 最高人民检察院关于办理危害税收征管刑事案件适用法律若干问题的解释》（法释〔2024〕4号）自2024年3月20日起施行。明确危害税收征管犯罪14个罪名的定罪量刑标准、危害税收征管犯罪有关入罪要件的司法认定规则及危害税收征管犯罪所涉单位犯罪、共同犯罪、从宽处罚等问题。

**【案例1-4】** 借名经营、有货代开是否构成虚开增值税专用发票罪

**【案例来源】** 中国裁判文书网

**【案例背景】** 被告人张某强与他人合伙成立个体企业某龙骨厂，张某强负责生产经营活动。因该龙骨厂为小规模纳税人，无法为购货单位开具增值税专用发票。张某强遂以他人开办的鑫源公司名义对外签订销售合同。在两年间，张某强先后与六家公司签订轻钢龙骨销售合同，购货单位均将货款汇入鑫源公司账户，鑫源公司并为上述六家公司开具增值税专用发票共计53张，价税合计4 457 701.36元，税额647 700.18元。基于以上事实，某州市人民检察院指控被告人张某强犯虚开增值税专用发票罪。

**【裁判结果】** 某州市人民法院一审认定被告人张某强构成虚开增值税专用发票罪，判处张某强有期徒刑并处罚金。张某强在法定期限内没有上诉，检察院未抗诉。某州市人民法院依法逐级报请最高人民法院核准。

最高人民法院经复核认为，被告人张某强以其他单位名义对外签订销售合同，由该单位收取货款、开具增值税专用发票，不具有骗取国家税款的目的，未造成国家税款损失，其行为不构成虚开增值税专用发票罪，本案发回某市人民法院重审后，依法宣告张某强无罪。

**【案例分析与合规管理】** 该案例来源于2018年最高人民法院发布的

《人民法院充分发挥审判职能作用保护产权和企业家合法权益典型案例（第二批）》，针对虚开增值税专用发票罪，我国法律列举了四种常见情形：为他人虚开；为自己虚开；让他人为自己虚开；介绍他人虚开。2018年8月，最高人民法院印发《最高人民法院关于虚开增值税专用发票定罪量刑标准有关问题的通知》（法〔2018〕226号），对虚开数额及量刑规范化进行明确，但是司法实践中对于有货代开存在诸多争议。《最高人民检察院关于充分发挥检察职能服务保障"六稳""六保"的意见》明确，依法慎重处理企业涉税案件。注意把握一般涉税违法行为与以骗取国家税款为目的的涉税犯罪的界限，对于有实际生产经营活动的企业为虚增业绩、融资、贷款等非骗税目的且没有造成税款损失的虚开增值税专用发票行为，不以虚开增值税专用发票罪定性处理，依法作出不起诉决定的，移送税务机关给予行政处罚。只要具有真实交易、如实开具且开票方申报缴纳税款，未造成国家税款损失，通常不会被定性为虚开增值税专用发票罪。但是即使是有真实交易，如果开票数量或金额与实际不符或者开票方未申报缴纳税款，那么仍然存在虚开增值税专用发票的风险，同时即使没有定性为虚开增值税专用发票罪，还可能存在被认定为符合其他犯罪构成条件而以其他犯罪论处。

**【案例 1-5】　富余票代开是否构成虚开增值税专用发票罪**

**【案例来源】**　中国裁判文书网

**【案例背景】**　丁某利用其手中持有的他人身份证及其妻子刘某身份证信息，相继注册成立多家公司并由其个人实际控制，利用上述公司向外虚开增值税专用发票牟利。在此期间，蔡某以其在 HX 公司任采购员的便利帮助丁某控制的公司虚开进项增值税专用发票用于抵扣税款。

王某、高某为实际的钢材购买者，二人通过蔡某的居间介绍以丁某控制的公司名义向 HX 公司购买钢材，货款通过蔡某或者直接支付给丁某，丁某最终支付给 HX 公司，HX 公司将钢材卖给二人，并将发票开具给丁某公司。

丁某雇用被告人苗某，由苗某帮助丁某在虚开发票过程中开票、走款、送票、返款等。

**【裁判结果】**　丁某控制多家企业以对外虚开发票牟取非法利益，极少存在真实业务，本身也无相应的人员、设备、仓储能力用于维系大量的真实交易活动。HX 公司开具进项税额发票后，丁某已经全部进行了认证抵扣，故其本身兼有骗取税款的故意和行为。本案真实货主为王某、高某等人，无论丁某购买发票支付的价款与本应当支付的税款是何种比例关系，其本身自始至终没有抵扣税款的资格，丁某通过让他人虚开的形式获得了进项税额发票，结合其向外虚开的销项税额发票，进行了实际抵扣，已经造成国家税款损失。

蔡某、丁某合谋频繁进行发票交易，与真实的企业生产经营存在显著差异，证明蔡某实施了介绍他人虚开的事实。

法院认定丁某、蔡某、苗某犯虚开增值税专用发票罪，判处有期徒刑并处罚金。

**【案例分析与合规管理】** 本案例中的丁某控制的公司对外并无真实交易，属于纯粹的发票交易，为了抵扣税款又通过蔡某与 HX 公司开展发票交易，整个过程并无实物交割。最终认定存在主观故意，造成国家税款损失，构成虚开增值税专用发票罪。最让人惋惜的是苗某作为被雇佣人员，毫无风险意识和法律观念，实施虚开行为，这也对财务人员规范自身行为，防范职业风险提出了警示。

同样也可以看到，HX 公司虽然在与丁某控制的公司无实际交易的情况下开具了发票，但是因为其与王某、高某之间存在真实交易，将原本应当开具给王某、高某的发票开给了丁某控制的公司，在本案中并未被追究刑事责任。

## 第二节　纳税义务界定的争议

对于任何一项经济业务是否涉税需要判断相关当事人是否属于纳税主体、经济活动是否属于征税范围及纳税义务的发生时间，在税务争议中经常会有纳税人与税务机关围绕纳税义务界定进行争辩，因为纳税义务是税务机关征税的源泉，如果没有纳税义务，征税就成了无源之水、无本之木。

### 一、纳税主体的确定

经济业务虽然属于征税范围，但是如果当事人不属于纳税主体，那么该当事人就不负有纳税义务，这也是税务争议中最常见的辩护策略。尤其是一些民事关系中买家"包税"等纳税义务转移的约定、承包承租经营企业被吊销营业执照或被注销经营资格后，关于纳税责任主体确定的争议屡见不鲜。

**【案例 1-6】** 医药公司接受医药代表挂靠经营是否负有纳税义务

**【案例来源】** 中国裁判文书网

**【案例背景】** TP 公司通过招投标方式竞得 G 市人民医院的医药供应合同。因医院所需的部分药品由医药代表垄断,无法直接通过厂家拿货,为了能够履行其与医院的供货合同,由医药代表个人挂靠 TP 公司向 G 市人民医院供货,并由医药代表个人到 M 区税务局代开发票。发票开出前由 TP 公司与合作的医药代表向 M 区税务局提出开票申请,附上 G 市人民医院出具的开票证明作为审批资料,部分开票证明上注明"此笔货款汇入本人合作方××药业有限公司的账户内",M 区税务局的工作人员收到申请和开票证明等资料后,认为开票合法,TP 公司的合作医药代表才能够以个人名义开出发票。发票开具以后,由 TP 公司加盖发票专用章并向 G 市人民医院收取货款。

2015 年至 2017 年期间,G 市人民医院从 TP 公司购进药品金额合计 334 980 077.22 元(含税),而同期 TP 公司销售给 G 市人民医院的往来账面上金额合计 137 660 343.36 元(含税),TP 公司少列 197 319 733.86 元(含税)。

M 市税务局第一稽查局查实:在 2015 年 1 月 1 日至 2017 年 12 月 31 日之间,TP 公司通过杨某在 M 区税务局代开发票共 136 份,合计金额 197 319 733.86 元(含税),未按规定缴纳的税款分别有 2015 年至 2017 年增值税 22 923 211.97 元和 2015 年至 2017 年企业所得税 2 112 815.39 元。M 市税务局第一稽查局于 2020 年 3 月 4 日作出税务处理决定书,限 TP 公司在收到决定书之日起 15 日内到 M 区税务局办税服务厅将上述税款和滞纳金缴交入库。TP 公司于 2020 年 6 月 3 日向法院提起诉讼。

**【争议焦点】** TP 公司认为 136 份代开发票所涉药品收入是杨某等医药代表的个人收入,应当由杨某等人为其自身的收入承担纳税义务,销售的药物由杨某等人提供给医院,款项全部归他们所有,为杨某等人代收货款是 TP 公司的联营义务,TP 公司在发票上加盖发票专用章、银行账户章的盖章行为只代表 TP 公司履行对杨某的联营义务而已。

M 市税务局第一稽查局认为 TP 公司以杨某等人的名义在 M 区税务局代开的发票共 136 份,在 TP 公司取得了上述发票后私自加盖 TP 公司发票专用章和银行账号章,经 G 市人民医院指证,上述发票全部是由 TP 公司提供给 G 市人民医院,G 市人民医院也将所有货款打入 TP 公司的账户,双方发生的业务往来是真实的，TP 公司为涉案发票的纳税义务人。而 TP 公司作为药品批发企业，在明知应当按照 17% 税率计征销项税的情况下，通过杨某等人以个人名义代开发票（按 3% 税率计征），以达到少缴税款的目的。应对 TP 公司追缴少缴的税款和滞纳金，并处罚款。

**【裁判结果】** 一审法院和二审法院均认定 TP 公司为纳税义务人。双方提供的往来账簿、付款凭证及相关发票能证实 TP 公司与 G 市人民医院之间确实存在购销关系，G 市人民医院已将全部货款打入 TP 公司的账户。TP 公司提供的药品暂代保管协议书等材料能证明 TP 公司、G 市人民医院与邱某等人这三方之间存在交易往来，但不足以证实涉案的交易存在于杨某等医药代表与 G 市人民医院之间。因此 M 市税务局第一稽查局主张 TP 公司为涉案发票的纳税义务人依法有据，应予认可。TP 公司作为与 G 市人民医院购销关系中的纳税义务人，应当补缴少缴部分的税款。

**【案例 1-7】 工程挂靠方是否负有纳税义务**

**【案例来源】** 中国裁判文书网

**【案例背景】** WH 公司从 2012 年开始，通过签订施工合同、承包经营协议书、合作经营合同等方式挂靠五家建筑公司承建了七项市政工程。至 2020 年 12 月 31 日止，五家建筑公司直接或委托 WH 公司从市政道路等工程中共收取了工程款合计 202 794 466.55 元，七项工程已由建筑公司向建设方（区政府）开具了 166 997 571.16 元建筑安装发票。未开具发票部分金额 35 796 895.39 元，未向主管税务机关进行纳税申报。Q 市地方税务局认为应追缴 WH 公司未开具发票部分少缴未缴的营业税费和少缴的企业所得税。

**【争议焦点】** WH 公司认为：WH 公司无建筑资质，只能挂靠在工程中标公司并以被挂靠公司的名义承建工程，因此，建安工程收入的纳税义务主体应是中标公司，而非 WH 公司。WH 公司收取的工程款是受中标公司即被挂靠公司委托而代为收取的，工程收入属于中标公司的收入。

Q 市地方税务局认为：虽然 WH 公司不是七项市政工程的中标单位，但其实际承建了七项工程，提供了应税劳务，直接取得了收入，而被挂靠的中标公司只是收取工程结算造价一定比例的管理费。WH 公司实际承建了市政工程并取得全部收益，依法应当认定其为纳税义务人，对于已经以中标公司名义缴纳的企业所得税，在计算 WH 公司应补缴的税款时予以扣除，不存在就同一收入认定两个纳税主体的问题。

**【裁判结果】** 一审法院和二审法院，以及最高人民法院再审后均认定WH公司负有纳税义务。

WH公司自2012年开始承建了七项市政工程，虽然其是通过与工程中标公司签订承包合同的方式承建工程，但其实际取得了建筑安装工程收入，依据上述法律和行政法规的规定，WH公司负有缴纳营业税、企业所得税的义务。WH公司认为其不是建安工程收入的纳税义务主体，其所挂靠的中标公司应为纳税义务主体，是对相关法律、行政法规规定的错误理解，不能得到支持。

**【案例分析与合规管理】** 案例1-6和案例1-7均为挂靠经营涉及纳税主体的确定争议，从表面上看，同样都是挂靠经营，法院给出了完全不同的裁判结果。案例1-6中TP医药公司作为被挂靠方最终被认定为纳税主体，而在案例1-7中WH作为工程挂靠方因实际取得工程收益被认定为纳税主体，似乎存在同案不同判。

然而仔细分析我们可以发现，两个案例中均存在突破常规的操作情形，案例1-6中以医药代表个人名义到税务机关代开发票并加盖医药公司发票专用章，由医药公司收取款项，将原本17%的增值税税率降为3%的征收率，主要是因为医院不需要抵扣进项税额，对于发票的税率并不敏感。同样因为采用这种操作方法，导致其未取得上游医药制造企业的发票，增加了税务风险。案例1-7中对于市政工程付款时并没有完全要求开具发票，且未将工程款支付给中标单位而是直接支付给了挂靠方，为税务稽查提供了直接证据，同时税务机关在处理时已经将中标单位缴纳的税款作了扣减，还是比较人性化的。

## 二、征税对象的确定

征税对象指税法规定对什么征税，是课税征收的界限，是征纳税双方权利义务共同指向的客体或标的物。凡是列入征税范围的都应征税，不列入征税范围的不征税。

**【案例1-8】** 土地返还款应计入收入还是冲减土地成本

**【案例来源】** 中国裁判文书网

**【案例背景】** BTL公司成立时间为2011年，经营范围为汽车销售等。某东集团为BTL公司全资母公司。2016年，某东集团与某区人民政府签订项目合同书，就 BTL 公司在当地投资建设品牌汽车 4S 店项目达成协议。双方签订补充协议，商定项目土地价格为每亩 20 万元人民币，摘牌时超过每亩 20 万元的溢价部分款项，某区政府承诺作为企业扶持资金奖励给 BTL 公司，同时约定扶持发展资金和奖励。若产生税费，由区人民政府负担，与某东集团无关。2017 年，BTL 公司共计收到区政府的土地返还款合计人民币 20 851 320 元。BTL 公司未将该笔资金作为应纳税收入申报缴纳企业所得税。

税务机关于 2022 年 11 月 4 日向 BTL 公司发出税务检查通知，2023 年 5 月 8 日作出的税务处理决定书载明：2017 年 BTL 公司共计收到持续发展资金 20 851 320 元应作为应税收入处理，要调增 2017 年度应纳税所得额 20 851 320 元，应补缴企业所得税 5 212 830 元。从滞纳税款之日起，按日加收纳税款万分之五的滞纳金。

**【争议焦点】** BTL 公司认为该笔资金只是为母公司代收。会计处理上作为土地成本抵减，相应减少了每期无形资产摊销金额。

税务机关认为，BTL 公司取得的土地返还款具备收入确认条件，应当计入当期收入总额征收企业所得税。

**【裁判结果】** 法院认为，国有土地使用权出让过程中，土地使用权出让金的缴纳是受让人的义务，任何地区、部门和单位不得以任何方式予以减免或者返还。BTL 公司认为本案所涉资金为土地使用权出让金的返还缺乏法律依据。BTL 公司以自己的名义与国土资源局签订了国有建设用地使用权出让合同，并以自己名义而非集团公司名义缴纳土地使用权出让金，其依法缴纳了土地使用权出让金之后，该资金的性质就不再属于 BTL 公司，即使区政府以"企业扶持资金"的形式最终奖励给了 BTL 公司，该奖励的资金也不能认为是 BTL 公司的自有资金，只能认定是当地政府对招商引资企业的优惠政策。因此，该奖励应该认定为 BTL 公司的收入。

**【案例分析与合规管理】** 在实务中，关于土地使用权出让金返还到底是直接确认收入还是冲减土地成本的问题，常有咨询与争议。按照通常理解或会计处理中的"实质重于形式"原则，将土地使用权出让金返还冲减土地成本更符合一般思维。

尽管《国务院办公厅关于规范国有土地使用权出让收支管理的通知》（国办发〔2006〕100 号）第一条规定："……任何地区、部门和单位都不得以'招商引资''旧城改造''国有企业改制'等各种名义减免土地出让收入，实行'零地价'，甚至'负地价'，或者以土地换项目、先征后返、补贴等形式变相减免土地出让收入。"但是各种形式的土地使用权出让金返还仍然屡见不鲜，只是隐蔽性更强。这样一来，对于收到款项的企业来说通常就只能按照政府补助或者政府购买服务的方式来进行判断。因为从形式上和相关文书资料是无法将土地使用权出让金与最终的返还款挂钩的，而且该类资金很难满足不征税收入的条件，这样就面临直接确认收入而缴纳企业所得税的风险。如果变换为政府购买服务，还可能涉及增值税纳税义务。

同时在本案中还提到区政府承诺，虽然产生税收由区政府承担，但是双方的约定并不能直接改变纳税主体，只能由企业另行向区政府进行追偿。

## 第三节　税务检查程序争议

经过查阅裁判文书，税务机关败诉案件相当一部分是因程序违法，有的税务机关只注重行政行为的结果，忽视程序的合法性，因正当程序的欠缺引发诉讼，导致败诉。所以有的纳税人，会以程序违法起诉税务机关，来增加胜诉率，税务执法的程序违法行为会被司法机关确认违法并被撤销。然而，因为税务机关执法程序违法，法院撤销了税务机关的行政行为就完事了吗，纳税人就不用被追缴税款或者不用被处罚了吗？如果确实存在违法事实，税务机关可以重新按程序作出处罚，那么纳税人打赢官司又能得到什么呢？

【案例 1-9】　赢得了官司是否赢得税收利益
【案例来源】　中国裁判文书网
【案例背景】

**1. 前期筹划**

2014 年 6 月 13 日，HQ 公司股东作出决议，以独立核算、自负盈亏的"××家园 B 区项目部"整体资产、负债和人员，按账面价值 3 700 万元投资成立全资子公司 QC 公司，其主要资产为 14 111.86 平方米三层大型商场，作价依据是第三方审计机构审计确认的账面实际发生成本。

2014 年 7 月 22 日，QC 公司正式成立，性质为有限公司（法人独资），股东为 HQ 公司，注册资本为人民币 3 700 万元，出资方式为以实物（房产）出资，出资比例 100%。

2014 年 7 月，HQ 公司就该资产的分立投资事项向主管税务机关申请契税减免，2014 年 9 月经主管税务机关批准确认。

2014 年 9 月 28 日，HQ 公司将资产中的房屋所有权变更到 QC 公司名下。

2014 年 10 月 10 日，HQ 公司将持有的 QC 公司 100%的股权以 1 元的价格，转让给 DQ 公司，并于当日办理工商变更登记。

2014 年 10 月 23 日，HQ 公司将土地使用权变更到 QC 公司名下。

**2. 税务稽查**

2016 年 4 月起，因群众举报，该市税务局稽查局对 HQ 公司转让资产的行为及相关事项进行初步调查。

2016 年 7 月 5 日，甲税务师事务所对独立核算的"××家园 B 区项目部"出具了《企业所得税纳税申报鉴证报告》。在该报告中，该事务所认为企业所得税应当与土地增值税一样进行视同销售处理，净调增应纳税所得额 22 282 076.95 元。HQ 公司虽然并不认可，但是因担忧税法解释的不确定性，最终仍于 2016 年 7 月 10 日向税务局提交了该鉴证报告，并依该报告结论于 2016 年 9 月 5 日预交了 100 万元企业所得税。

2016 年 9 月 13 日，税务局稽查局正式立案，并向 HQ 公司下达税务检查通知书。

税务局稽查局委托 A 评估公司对商场的评估价格为 10 203.66 万元。HQ 公司自行委托 B 评估公司和 C 评估公司的评估价格分别为 4 407.74 万元和 4 305.53 万元。之后委托双方认可的 D 评估公司对商场的市场价格进行了评估。此后评估过程及评估结果并未公开，评估结果商场市场价值 65 115 000 元。税务稽查局据此评估报告认定 HQ 公司少缴纳企业所得税 7 773 543 元。

2018 年 1 月 22 日，税务局稽查局向 HQ 公司下达税务处理决定书，并于同日下达税务行政处罚事项告知书。

2018 年 2 月 9 日，依 HQ 公司申请举行听证。2018 年 4 月 3 日，作出税务行政处罚决定书。

**【争议焦点】**

**1. 是否符合特殊重组的条件**

HQ 公司认为《关于促进企业重组有关企业所得税处理问题的通知》财税〔2014〕109 号（以下简称财税〔2014〕109 号）第三条只要求"……股权或资产划转后连续 12 个月内不改变被划转股权或资产原来实质性经营活动

……"作为特殊性税务处理的前提条件，并无限定 12 个月内也不得转让与资产有关的股权（后者适用于被划转标的为股权的情形）。

税务机关认为《国家税务总局关于资产（股权）划转企业所得税征管问题的公告》（国家税务总局公告 2015 年第 40 号）是对财税〔2014〕109 号的进一步明确。而财税〔2014〕109 号文又是对《财政部 国家税务总局关于企业重组业务企业所得税处理若干问题的通知》（财税〔2009〕59 号）（以下简称财税〔2009〕59 号）的调整和具体解释。

HQ 公司在后续业务办理过程中出现了 2015 年第 40 号公告第六、七、八条描述的情形，不再符合该公告前部分适用"特殊性税务处理"的情况。HQ 公司的行为不符合财税〔2009〕59 号通知精神，不适用企业重组业务企业所得税处理。

法院认为 HQ 公司在将股权（资产）转让给 QC 公司以后，不符合特殊性税务处理条件，转移商场的行为应视同销售计算确定企业所得税。

**2. 程序是否合法**

2017 年 7 月 12 日，HQ 公司要求查看和复印 A 评估公司出具的评估报告，以及 2018 年 1 月 5 日要求知悉 D 评估公司评估报告评估价格产生的方式，均属于 HQ 公司应有的知情权，但税务局稽查局以上述内容须经政府信息公开申请才可以知晓的名义加以阻挠，严重侵犯了 HQ 公司的知情权，且 D 评估公司在评估过程中未让 HQ 公司参与，未听取 HQ 公司的陈述申辩意见。在行政处罚听证过程中，案件承办人认为涉税商铺应纳税款不应定性为偷税，但经税务局稽查局重大税务案件审理委员会决定又定性为偷税，重大案件审理委员会只有负责人签发的会议纪要（2017 年 12 月 29 日和 2018 年 3 月 15 日两次纪要），没有会议记录，没有参会人员名单，以及审理委员会成员单位及入会人员的发言和签名，属于程序不合法。

**【裁判结果】** 税务局稽查局对 HQ 公司所作出的税务行政处罚决定书属认定事实不清，适用法律不当，程序违法。

撤销税务局稽查局作出的税务行政处罚决定书和省地方税务局作出的行政复议决定书，由被告税务局稽查局根据案件具体情况决定是否重新作出处罚决定。

**【案例分析与合规管理】** （1）从税务筹划角度来看，HQ 公司这一波操作是很糟糕的。首先，对特殊重组的限定条件断章取义，以致在资产划转后 12 个月内股权转让，丧失特殊重组的条件；其次，土地使用权的过户手续竟然在股权转让手续之后，从独立法人的角度这就是交易过户了；最后，即便股权转让是资产划转 12 个月以后，以 1 元转让价值数千万的公司股权，交易价格明显偏低且无正当理由，税务机关有权调整。

（2）从税务机关的行政行为来看，在实体方面无可挑剔，有理有据，证据链非常完整，然而却败在了程序上的瑕疵。这也是当前行政诉讼中行政机关败诉的高发地带，应当说法院判决还是非常到位的。由税务机关根据实际情况决定是否重新作出处罚决定，也就是说税务机关完全可以再走一遍程序，重新作出处罚决定。

近年来，企业注销频繁发生，一些企业在注销后仍然受到税务机关的稽查。这可能会让一些企业法定代表人感到困惑，因为他们认为企业注销后就不再享有纳税主体资格，法人责任也随之消失。那么，对于已注销企业被发现偷逃税款，会如何处理呢？

**【案例 1-10】**　　**公司注销后向股东追缴税款及滞纳金**

**【案例来源】**　　税务稽查案件

**【案例背景】**　　A 公司在经营期间，与农贸市场摊主签订摊位租赁协议，收取摊位租赁费。A 公司对取得的租赁费按照其他综合管理服务 3% 申报增值税。若适用税率错误，应按照不动产租赁税率 5% 申报增值税。

A 公司于 2021 年 10 月 8 日简易注销工商登记，注销时全体股东签署全体投资人承诺书：承诺"企业申请注销登记前债权债务已清算完结""企业不存在未交清的应缴纳税款，清算工作已全面完结"。但 A 公司在经营期间存在欠缴税款和偷税行为。

**【案例分析】**　　根据《最高人民法院关于适用〈中华人民共和国公司法〉若干问题的规定（二）》第十九条："有限责任公司的股东……未经依法清算，以虚假的清算报告骗取公司登记机关办理法人注销登记，债权人主张对其公司债务承担相应赔偿责任的，人民法院应依法予以支持。"《最高人民法院关于适用〈中华人民共和国公司法〉若干问题的规定（二）》第二十条第二款："公司未经依法清算即办理注销登记，股东或者第三人在公司登记机关办理注销登记时承诺对公司债务承担责任，债权人主张对其公司债务承担相应民事责任的，人民法院应依法予以支持。"因此，全体投资人应按照投资比例承担 A 公司应补缴税款及滞纳金。

**【案例 1-11】** 公司注销后被税务局稽查局认定偷税处罚，程序违法被撤销后重新作出行政行为

**【案例来源】** 中国裁判文书网

**【案例背景】** A 咨询公司 2009 年至 2011 年共计取得营业收入 7 896 400.52 元，开具领购方与开具方不符的发票，分别使用××技术服务有限公司和××咨询公司向税务机关领购的发票，取得收入未按规定申报缴纳企业所得税，被定性为偷税。2012 年 5 月，A 咨询公司在未向税务机关如实申报缴纳税款的情况下，向原工商部门提供虚假清算报告等资料，骗取注销登记。

2015 年 11 月 27 日，税务局稽查局对 A 咨询公司作出税务行政处罚决定书。丁某作为 A 咨询公司的唯一股东和法定代表人，于 2015 年 12 月 1 日以 A 咨询公司名义缴纳了税款 5 611 217.12 元和罚款 2 363 638.98 元之后向法院提起行政诉讼。

该案件先后经历两轮审理过程：第一轮主要围绕程序进行争辩；第二轮则围绕实体进行争辩，两轮均经历了一审、二审和再审，耗时 6 年。

第一轮争议焦点：丁某认为处罚决定书对已注销企业作出处罚决定，处罚对象不合法。

税务局稽查局认为丁某不具有《中华人民共和国行政诉讼法》（以下简称《行政诉讼法》）规定的原告主体资格，其以自己名义提起的行政诉讼主体不适格。

第一轮审理过程：2016 年 7 月 4 日，一审法院裁定，税务行政处罚决定书是税务局稽查局对 A 咨询公司作出的行政行为，并未对丁某创设任何权利义务，亦未对丁某的合法权益明显产生实际影响，故丁某与该行政行为没有法律上的利害关系，对其起诉，应予驳回。

2016 年 10 月 28 日，二审法院裁定维持原判，驳回上诉。

丁某以前述法院判决认定丁某与税务稽查局的行政行为没有法律上的利害关系，税务机关向其个人收取的税款 5 611 217.12 元和罚款 2 363 638.98 元违法为由向法院提起诉讼，税务机关认为没有对丁某作出行政行为，亦不存在收取丁某款项的行政事实。2017 年 5 月 16 日，法院裁定，税务机关收取税款和罚款是针对 A 咨询公司作出的处罚决定书，税收缴款书中的缴款单位为 A 咨询公司，税务机关收取丁某款项的行政事实缺乏相应的事实根据。

同时丁某不服，2016 年 10 月 28 日二审法院裁定申请再审。再审法院于 2017 年 11 月 24 日作出裁定，指令二审法院再审本案。二审法院于 2018 年

8月22日作出裁定，裁定撤销上述一、二审裁定，指令一审法院继续审理。

经继续审理后，法院 2019 年 10 月 10 日作出裁定，A 咨询公司已于 2012 年注销，其作为责任承担主体的法律地位已不存在，丁某作为 A 咨询公司唯一的股东是该行政行为的利害关系人，具有对被诉处罚决定提起诉讼的权利，故丁某具备本案原告主体资格。A 咨询公司已于 2012 年 5 月 16 日经公司登记机关注销登记，其企业法人资格彻底消灭，作为责任承担主体的法律地位已不存在，其不应再作为行政处罚的被处罚对象。故被诉处罚决定将 A 咨询公司列为被处罚对象，属于缺乏相应的事实和证据支持，应当予以撤销。

事情发展到这个地步，也许大家会认为丁某经过不懈努力，大获全胜，A 咨询公司偷逃税款是不争的事实，依照税法规定是可以无限期追征的，难道只要把公司注销就可以逃避纳税义务了吗？

2019 年 10 月 10 日，法院撤销了税务局稽查局的税务行政处罚决定书之后，2019 年 12 月 16 日，税务局稽查局向丁某作出税务处理决定书，鉴于 A 咨询公司已于 2012 年 5 月 16 日注销登记，其企业法人作为责任承担主体的法律地位已不存在。丁某作为公司唯一股东，骗取注销登记，从而逃避缴纳税款，已对国家税收权益造成实质性侵害。决定向丁某个人追缴 A 咨询公司应缴纳的税款及滞纳金。因丁某已于 2015 年 12 月 1 日以某公司名义将上述税款、滞纳金解缴入库，且原税务处理决定书被复议机关撤销后，A 咨询公司因已注销不能再作为法律主体接收退还的税款、滞纳金，故将上述应退还的税款、滞纳金抵为本处理决定项下丁某应纳之税款、滞纳金。

第二轮争议焦点：丁某认为税务机关仅查明部分应纳税收入、未查明准予扣除项目，在应纳税所得额无法确认的情况下，作出几乎就收入全额征收企业所得税的决定（仅扣除税金及附加），违反"就所得额征税"这一常识性的企业所得税征税原则。

税务局稽查局认为，A 咨询公司企业所得税征收方法为查账征收，未如实办理纳税申报，且在税务机关的释明之下仍未能提供证明实际成本、费用支出的证据材料。

第二轮审理过程：2020 年 10 月 23 日，一审法院裁定，丁某在税务机关的释明之下仍未提供证明 A 咨询公司除自行申报的成本费用支出之外的其他成本费用支出的合法有效凭证，故税务局稽查局按照 A 咨询公司 2009 年至 2011 年经营期间取得的咨询服务收入调增应纳税所得额并在弥补亏损后确定各年度的应补缴企业所得税，该征税行为符合法律规定。丁某作为公司的唯一股东，在公司清算时作为该公司的清算组负责人理应按照《公司法》的规定，如实进行公司清算，其中当然包括清缴所欠税款及清算过程中产生的税款。但丁某在企业注销登记申请书、注销清算报告中签字确认"公司债权债务已清理完毕，各项税款及职工工资已结清"，通过提供虚假清算资料的方式办理了注销登记。丁某应当对 A 咨询公司注销后不能承担缴纳税款责任而给国家造成的税款损失承担相应的法律责任。

2020 年 12 月 21 日，二审法院裁定，维持原判，驳回上诉。

2021 年丁某申请再审被驳回。

**【案例分析与合规管理】** 该案例一波三折，耗费双方大量的时间和精力，第一回合双方并未就征税行为本身而是纯粹围绕程序展开争辩，丁某主张 A 咨询公司已经被注销，行政行为不能对一个消失的主体作出，而税务机关则另辟蹊径，一直坚持丁某没有诉讼资格。最终丁某没有赢得官司。

因为税收违法事实是确定的，既然不能对 A 咨询公司作出征税行为，所以税务局稽查局在已经提出上诉之后，改变策略，重新按正常程序对丁某作出税务处理决定。最终丁某无功而返。

这也是税务争议中常见的。当然这一案例中，丁某也并非完全没有获得利益，在税务局稽查局第二次向丁某作出行政处理决定书追缴税款和滞纳金的同时，并未作出税务行政处罚决定，因为税务行政处罚最长时间为 5 年，2015 年作出税务行政处罚决定时还在有效期内，但是该税务行政处罚决定被法院撤销之后，到了 2019 年税收违法行为已经超过 5 年，不能再作出税务行政处罚。

税务检查程序引起的税务争议对于征纳双方均存在比较大的影响：一是资源消耗，税务争议通常涉及大量的文件和资料，需要纳税人和税务机关花费大量的时间和人力来收集分析证据，进行辩论和争论；二是企业形象受损，税务争议的公开和持续存在会损害企业的形象和声誉。这可能导致业务伙伴和客户的信任缺失，进而对企业的运营和发展造成不利影响；三是税务争议的存在使纳税人面临不确定性。无法确定最终的税务决定可能导致纳税人难以进行财务规划和决策。这种不确定性可能会对企业的投资和业务扩张产生不利影响。因此，纳税人应努力确保遵守税收规定，减少税务争议的发生，并及时采取适当的措施应对和解决争议。

# 第二章　税务争议的救济

税收法律救济是国家机关为排除税务具体行政行为对税收相对人合法权益的侵害，通过解决税收争议，制止和矫正违法或不当的税收行政侵权行为，从而使税收相对人的合法权益获得补救的法律制度的总称。

纳税人、扣缴义务人或者其他当事人在征纳税过程中与税务机关发生争议或者分歧时，向本级税务机关寻求救济，即在作出税务行政处罚前提出申辩或申请听证，也可以向上级机关寻求救济。另外，依照法律规定申请行政复议，还可以向司法机关寻求救济，即提起行政诉讼，同时税务机关和税务人员在征纳税过程中的职权行为侵犯纳税人、扣缴义务人或者其他当事人合法权益造成损害的，可以依法提起行政赔偿。

纳税人同税务机关在纳税上发生争议时，必须先依照税务机关的纳税决定缴纳或者解缴税款及滞纳金，抑或提供相应的担保，然后依法申请行政复议；对行政复议决定不服的，可以依法向人民法院起诉。当事人对税务机关的处罚决定、强制执行措施或者税收保全措施不服的，可以依法申请行政复议，也可以依法向人民法院起诉。

## 第一节　税务行政处罚听证

根据《税务行政处罚听证程序实施办法（试行）》第三条规定："税务机关对公民做出 2 000 元以上（含本数）罚款或者对法人或者其他组织作出 1 万元以上（含本数）罚款的行政处罚之前，应当向当事人送达《税务行政处罚事项告知书》，告知当事人已经查明的违法事实、证据、行政处罚的法律依据和拟将给予的行政处罚，并告知有要求举行听证的权利。"

当事人在规定期限内提出听证的，主管税务机关应当在规定时间内组织听证。要求听证的当事人，应当在税务行政处罚事项告知书送达后 3 日内向税务机关书面提出听证；逾期不提出的，视为放弃听证权利。税务机关应当在收到当事人听证要求后 15 日内举行听证，并在举行听证的 7 日前将税务行政处罚听证通知书送达当事人，通知当事人举行听证的时间、地点、听证主持人的姓名及有关事项。

《税务行政处罚听证程序实施办法（试行）》仅对罚款型处罚进行规定。然而《税务行政处罚裁量权行使规则》将没收违法所得、没收非法财物和停止出口退税权列为行政处罚，依据《行政处罚法》，对没收较大数额违法所得、责令停产停业、责令关闭、限制从业、其他较重的行政处罚，当事人要求听证的，行政机关应当组织听证。因为重大税务处理决定未经听证，被法院确认违法的案例时有发生。

停止出口退税权将导致纳税人的经营业务严重受损，没收财物和违法所得将严重阻碍纳税人的正常经营，上述措施都将对纳税人产生重大影响。因此，根据《行政处罚法》第六十三条："行政机关拟作出下列行政处罚决定，应当告知当事人有要求听证的权利，当事人要求听证的，行政机关应当组织听证……"此观点已被部分司法实践所认可。

**【案例 2-1】　税务行政处罚未经听证程序是谁的责任**

**【案例来源】**　中国裁判文书网

**【案例背景】**　某市税务局稽查局于 2019 年 7 月 9 日作出行政处罚决定书，认定 YS 公司存在大额贷款不通过公司账户核算而通过个人账户进行偷逃税款，账簿不列、少列贷款利息收入 1 361 547.65 元，应补缴企业所得税 319 743.78 元，处少缴税款 50% 的罚款。该市税务局于 2019 年 9 月 5 日作出行政复议决定书，认为具体行政行为认定事实清楚，证据确凿，适用法律依据正确，程序合法，内容适当。

2013 年至 2018 年，YS 公司作为债权人经过诉讼进入执行程序案件 16 件，其中被执行人为 GT 汽车销售服务有限公司的 190 万元债权，和被执行人为 BH 编织有限公司的 40 万元债权，能够确定已无可供执行财产，这两笔实际损失 230 万元。此期间 YS 公司的收入为 1 361 547.65 元；2019 年 6 月 24 日，YS 公司向该市税务局稽查局提交了《中华人民共和国企业所得税年度纳税申报表》（A 类），申请扣除所得税税款。之后对该市税务局稽查局的拟处理决定及拟处罚决定提出申辩报告和情况说明，表示异议和不服。该市税务局稽查局及市税务局未组织听证即作出前述行政行为；2019 年 7 月 16 日，YS 公司按该市税务局稽查局要求补缴税款 319 743.78 元，并缴纳罚款 159 871.89 元。该市税务局复议维持处罚决定后，YS 公司提起了行政诉讼。

**【裁判结果】**　一审法院认为，关系到行政相对人切身利益的具体行政行为，尤其是争议较大、金额较大的案件，应充分听取当事人意见，查明案件事实，审慎作出行政决定。该案争议很大、金额达数十万元，并拟作出处罚，根据法律相关规定，应当组织听证。而该税务局稽查局及复议机关均未启动听证程序，属于程序违法；正是因为未组织听证，未能充分调取证据，导致事实认定的偏差。事实认定证据不足；在程序违法认定事实错误基础上的法律适用自然也是错误的；该税务局稽查局及复议机关作出的行政处罚决定及复议决定程序违法，认定事实证据不足，适用法律错误，应予撤销。

二审法院认为：本案中，该税务局稽查局在向 YS 公司送达的税务行政处罚事项告知书中，已明确告知其享有听证的权利，但 YS 公司并未通过书面申请听证。在复议过程中，YS 公司偷逃税款案件事实清楚，证据充分，不属于重大、复杂案件，在市税务局复议过程中，YS 公司亦未向复议机关市税务局提交书面的听证申请。税务局稽查局及复议机关作出的行政处罚决定及复议决定事实清楚、证据充分、程序正当。一审判决认定事实不清、适用法律错误。

**【案例分析】** 该案中一审法院以程序违法、未经过听证程序判决税务机关败诉，而二审时出现反转，关键点在于申请听证是行政相对人的权利，而组织听证并非行政机关的必然义务，听证是依行政相对人的申请而为，并非行政机关主动而为，行政机关有告知申请听证及依法申请组织听证的义务，不存在主动组织听证的义务。

而根据现有的税务执法文书规范，告知申请听证权基本上已经是格式条款列入了行政处罚事项告知书中，实务中不太可能存在未告知申请听证的情况。

**【案例 2-2】** **先集体讨论后进行听证，税务行政处罚被撤销**

**【案例来源】** 中国裁判文书网

**【案例背景】** 2015 年 8 月 28 日，ASK 公司与 MGM 公司签订了买卖合同，由 ASK 公司向 MGM 公司购买"冲床、模具及配件"，合同总金额为 250 万元。合同签订后，ASK 公司向 MGM 公司付清款项，MGM 公司亦将该批货物送达给 ASK 公司。因销售方 MGM 公司无法开具冲床的增值税专用发票，只开具了 110 万元的冲床增值税普通发票，无法用于进项税额抵扣，ASK 公司遂要求 MGM 公司提供增值税专用发票。后 MGM 公司联系与其有业务往来的 JZ 公司，由 JZ 公司向 ASK 公司开具货物名称为"铜带"的增值税专用发票 26 份，价税合计 250 万元，其中增值税进项税额 363 247.89 元，ASK 公司已于同期向税务机关申报抵扣。

2016 年 1 月至 2 月，会计师事务所发现 ASK 公司上述 250 万元发票存在实物与账面库存不符的情况，要求 ASK 公司按照相关规定进行纠错。后 ASK 公司在没有与 MGM 公司进行"铜带"交易的情况下，向 MGM 公司开具了货物名称为"铜带"的增值税专用发票 10 份，价税合计 250 万元。

该市税务局稽查局于 2016 年 6 月 28 日经审查予以立案查处，2016 年 8 月 29 日，税务局稽查局作出税务检查通知书。2017 年 8 月 14 日，本案经该市税务局重大税务案件审理委员会审理。2017 年 8 月 21 日，该税务局稽查局作出税务行政处罚事项告知书，告知 ASK 公司拟作出的处罚及其享有陈述、申辩和听证的权利。2017 年 8 月 22 日，ASK 公司向该税务局稽查局就本案申请听证。2017 年 9 月 5 日，税务局稽查局根据 ASK 公司的申请召开了听证会。2017 年 9 月 15 日，该税务局稽查局作出税务行政处罚决定书，认定 ASK 公司抵扣进项税额 363 247.89 元构成偷税，处以所偷税款 0.8 倍的罚款计 290 598.31 元，在没有与 MGM 公司进行"铜带"交易的情况下，向其开具增值税专用发票属于虚开发票行为，处以罚款 5 万元。

**【裁判结果】** 一审法院认为，税务局稽查局作出税务行政处罚决定，认定事实清楚，程序轻微违法，判决确认税务局稽查局作出税务行政处罚决定违法，不撤销行政处罚。

二审法院认为举行听证的时间是 2017 年 9 月 5 日，而该市税务局重大税务案件审理委员会于 2017 年 8 月 14 日就已作出重大税务案件审理委员会审理意见书，故存在先集体讨论后进行听证，此举势必使听证流于形式，应认定为重大程序违法，判决撤销行政处罚。

**【案例分析与合规管理】** 该案例因为听证晚于该市税务局重大税务案件审理委员会的决定而被撤销，需要引起税务机关高度重视，任何程序上的瑕疵都可能导致行政处罚被撤销。

申请听证是纳税人的权利，因此纳税人应当充分利用好这一救济途径，因为不涉及行政复议和诉讼，相对而言税务机关更容易接受。

纳税人准备税务行政处罚听证应从以下几个方面入手。

（1）了解听证程序和基本要求。在听证前，纳税人应通过各种途径了解听证的基本程序和要求，包括听证的时间、地点、参与人员、议程等，以确保纳税人在听证过程中能够充分表达自己的意见和观点。

（2）仔细研究稽查报告和税务处理决定书。纳税人应认真阅读稽查报告和税务处理决定书，了解税务机关对纳税人的指控和处罚依据，以便在听证过程中有针对性地进行申辩和陈述。

（3）收集证据。纳税人应根据稽查报告和税务处理决定书的内容，收集相关证据，包括财务报表、会计凭证、合同协议等，以证明纳税人的行为合法合规或存在减轻处罚的情形。

（4）制订申辩策略。纳税人应根据自身情况和稽查报告的内容，制订具体的申辩策略，包括如何回应税务机关的指控、如何阐述纳税人的观点和理由、如何提供有力的证据等，以确保纳税人在听证过程中能够充分表达自己的意见和观点。

（5）指派专业人员参加听证。纳税人应指派熟悉税务法律法规和相关业务的专业人员参加听证，以便在听证过程中能够有针对性地进行申辩和陈述，提高申辩的效果和质量。

（6）积极配合听证主持人。在听证过程中，纳税人应积极配合听证主持人，按照主持人的要求进行陈述和申辩，不得扰乱听证秩序或发表不当言论。

（7）保留相关记录和资料。纳税人在听证过程中应认真记录相关内容和资料，包括听证的时间、地点、参与人员、议程、发言内容等，以便在需要时提供证明或进行申诉。

## 第二节　税务行政复议

公民、法人和其他组织（以下简称申请人）认为税务机关的具体行政行为侵犯其合法权益，可依法向税务行政复议机关申请行政复议，税务行政复议机关依法受理行政复议申请，作出行政复议决定。

申请人可以在知道税务机关作出具体行政行为之日起60日内提出行政复议申请。因不可抗力或者被申请人设置障碍等原因耽误法定申请期限的，申请期限的计算应当扣除被耽误时间。

复议机关收到行政复议申请后，应当在5日内审查，决定是否受理。对不符合规定的行政复议申请，决定不予受理，并书面告知申请人。

复议机关应当自受理申请之日起60日内做出行政复议决定。情况复杂，不能在规定期限内做出行政复议决定的，经复议机关负责人批准，可以适当延长，并告知申请人和被申请人；但延长期限最多不超过30日。

申请人申请行政复议，应当报送的资料有：

（1）行政复议申请书（书面申请）或行政复议申请笔录（口头申请）；

（2）行政复议申请对应具体行政行为的决定性文书；

（3）申请人申请与征税行为有关的行政复议的，应同时提交依照税务机关的纳税决定已先行缴纳或者解缴税款及滞纳金或提供相应担保的凭证；

（4）申请人认为被申请人不履行法定职责的，应同时提供要求被申请人履行法定职责而被申请人未履行的证明材料；

（5）申请人委托代理人参加行政复议的，应提交由申请人签名或盖章的授权委托书。

**【案例 2-3】　超过复议时限再申请复议被驳回**

**【案例来源】**　税务公告

**【案例背景】**　2012 年 3 月 22 日，BR 公司登记成立，注册资本 1 000 万元，股东为罗某、韩某二人。罗某出资 600 万元，持有 60％公司股权；韩某出资 400 万元，持有 40％公司股权。2012 年 6 月 30 日，公司资产经评估价值为 5 445 万元。2012 年 7 月 10 日，罗某与韩某签订一份公司股份转让协议书。双方约定：同意 BR 公司的股权以 100 股计算，每股按人民币 45.5 万元为转让价格，总价 4 550 万元。罗某将持有 BR 公司 55％股权以 2 502.5 万元出让给韩某，韩某同意出资 2 502.5 万元购买罗某转让公司 55％的股权，股权转让款分期支付。BR 公司于 2012 年 7 月 18 日变更工商登记。

该市税务局稽查局于 2018 年 6 月 15 日对罗某作出税务处理决定书，决定追缴个人所得税 3 074 190.50 元。

税务局稽查局于 2020 年 3 月 26 日收到罗某寄来的关于请求停止执行的函，税务局稽查局于 2020 年 5 月 7 日出具书面答复，告知罗某税务处理决定书仍然有效，决定继续对申请人追缴少缴的税款。截至 2021 年 7 月 20 日，罗某提出本次行政复议申请，罗某尚有个人所得税 1 851 890.50 元未缴纳。

2021 年 7 月 20 日，罗某向税务机关申请复议，请求撤销税务处理决定书和"对关于请求停止执行的函的答复"。

**【争议焦点】**　罗某认为涉及公司股份转让协议书的纠纷已被高级人民法院发回重审，税务处理决定书的事实依据已被撤销。

税务局稽查局认为 2018 年 6 月 21 日正式送达了税务处理决定书，是税务机关对申请人做出的征收税款、加收滞纳金的具体行政行为，由于罗某在收到税务处理决定书后，未按照规定的期限缴清全部税款及滞纳金（截至 2021 年 7 月 20 日申请人提出本次行政复议申请，申请人尚有个人所得税 1 851 890.50 元未缴纳），也没有提供相应担保。因此，根据《税务行政复议规则》（2018 修订版）（国家税务总局令第 44 号）（以下简称《税务行政复议规则》）第三十三条的规定，罗某目前尚不满足提出行政复议申请的条件，对于其提出的该项复议申请应不予受理。

"对关于请求停止执行的函的答复"属于行政答复，该答复并不能引起申请人权利、义务的变更和灭失，也没有侵犯其合法权益。因此，不属于《税务行政复议规则（2018 修订版）》（国家税务总局令第 44 号公布）第十四条规定的可复议具体行政行为。

**【复议结果】** 税务局稽查局于 2018 年 6 月 15 日作出税务处理决定书并于 2018 年 6 月 21 日送达，罗某于 2021 年 7 月 20 日向本机关申请行政复议。因罗某未在法定期限内提出行政复议，本机关决定不予受理。

罗某于 2021 年 7 月 20 日向本机关申请行政复议，申请撤销被申请人作出的"对关于请求停止执行的函的答复"，本机关予以受理。

税务处理决定书下达后，罗某未在法定期限内提出行政复议。税务处理决定书作为生效的法律文书，也未被法定程序予以变更或撤销。税务局稽查局根据上述情况作出"对关于请求停止执行的函的答复"，告知罗某决定继续执行税务处理决定书，其实质是对继续执行的解释说明，并不引起申请人权利义务的变更和灭失，对罗某权利、义务不产生实际影响，不属于《中华人民共和国行政复议法》（以下简称《行政复议法》）规定的受理范围。

**【案例分析与合规管理】** 该案例中，罗某未在规定期限内申请行政复议，之后希望通过创造一个税务机关的答复这一行政行为来达到启动行政复议的效果，在复议过程中，复议机关并未过多地关注争议本身，而是直接以复议程序作出决定，对于撤销税务处理决定书的复议请求已经超过时效不予受理，对于撤销"对关于请求停止执行的函的答复"的复议请求，因为不属于复议的受理范围予以驳回。

2023 年 9 月 1 日，第十四届全国人民代表大会常务委员会第五次会议修订《行政复议法》于 2024 年 1 月 1 日起施行。此次《行政复议法》的修订从明确行政复议原则出发，完善了行政复议申请、受理、审理及作出决定等程序，并强化行政复议监督体系，有助于更好地发挥行政复议在化解行政争议中的作用。在税收领域，行政复议同样是解决税务行政争议的重要渠道，《行政复议法》作为《税务行政复议规则》的上位法，《行政复议法》的颁布与实施将对税务行政复议产生影响。

首先，统一了行政复议和行政诉讼的受案范围。过去，行政复议和行政诉讼的受案范围并不完全一致，导致一些案件在复议环节无法得到妥善解决。此次将"具体行政行为"修改成"行政行为"，将行政复议的范围扩大到所有的"行政行为"，与行政诉讼的范围相统一。具体来说，过去只对纳税人的税务具体行政行为受损，即纳税人的权利与义务受损进行行政复议，而对法律事实行为不予受理行政复议。在修订前的《行政复议法》中，纳税人对税务具体行政行为提起复议，必须是权利和义务受到侵害的情形，而修订后的《行政复议法》将"行政行为"纳入复议范围，使得纳税人在更多情况下可以提起复议。比如税务机关的纳税告知书并没有影响纳税人的权利，也没有影响纳税人的义务，不予受理，但是修订后的《行政复议法》则属于受理范围。这意味着现在对于一些没有直接侵害到纳税人权利与义务的法律事实行为，如税务机关的纳税告知书等，纳税人也可以提起行政复议，更好地保障了纳税人的合法权益。

其次，行政复议委员会制度在《行政复议法》修订后得到了进一步的明确和加强。这一制度能够在一定程度上缓解行政复议专业性不足的问题，对于建设专业化的行政复议队伍、提高行政复议效率具有重要意义。涉税问题专业性强，大部分涉税争议案件具有案情复杂、疑难等特点，《行政复议法》作为上位法明确了应当提请行政复议委员会的情形，这为税务行政复议案件的专业性和复杂性提供了保障和参考。根据修订的《行政复议法》，在审理环节应当提请行政复议委员会咨询意见的情形，并在第六十一条明确提请行政复议委员会提出咨询意见的行政复议案件，行政复议机关应当将咨询意见作为作出行政复议决定的重要参考依据。在之前的制度中，税务行政复议案件通常由原处理机关的上级机关进行复议，难免存在一定的不公正性。而此次修订，明确规定行政复议委员会制度，由专门的委员会负责审理复议案件，增强税务行政复议的公正性。在过去的制度中，由于缺乏专业性和公正性，导致一些税务行政复议案件久拖不决，效率低下。而此次修订引入了行政复议委员会制度，提高了复议的专业性和公正性，从而提高了税务行政复议的效率。

## 第三节　税务行政诉讼与赔偿

税务行政诉讼是指公民、法人和其他组织认为税务机关及其工作人员的具体税务行政行为违法或者不当，侵犯了其合法权益，依法向人民法院提起行政诉讼，由人民法院对具体税务行政行为的合法性进行审查并作出裁决的司法活动。其目的是保证人民法院正确、及时审理税务行政案件，保护纳税人、扣缴义务等当事人的合法权益，维护和监督税务机关依法行使行政职权。

国家机关和国家机关工作人员行使职权，有《中华人民共和国国家赔偿法》规定的侵犯公民、法人和其他组织的合法权益的情形，造成损害的，受害人有依法取得国家赔偿的权利。

税务行政机关及其税务人员在行使行政职权时有下列侵犯财产权情形之一的，受害人有取得赔偿的权利：

（1）违法实施罚款等行政处罚的；

（2）违法对财产采取查封、扣押、冻结等行政强制措施的；

（3）造成财产损害的其他违法行为。

申请行政赔偿应报送的资料有：

（1）赔偿申请书（书面申请）或赔偿申请笔录（口头申请）；

（2）与赔偿申请有关的生效判决书、复议决定书、赔偿决定书或者调解书；

（3）申请人的身份证明；

（4）申请人委托代理人提出申请的，应提交由申请人签名或盖章的授权委托书。

赔偿请求人请求国家赔偿的时效为 2 年，自其知道或者应当知道税务机关及其工作人员行使职权时的行为侵犯其人身权、财产权之日起计算，但被羁押等限制人身自由期间不计算在内。在申请行政复议或者提起行政诉讼时一并提出赔偿请求的，适用行政复议法、行政诉讼法有关时效的规定。

赔偿请求人在赔偿请求时效的最后 6 个月内，因不可抗力或者其他障碍不能行使请求权的，时效中止。从中止时效的原因消除之日起，赔偿请求时效期间继续计算。

赔偿义务机关应当自收到申请之日起 2 个月内，作出是否赔偿的决定。赔偿义务机关决定赔偿的，应当制作赔偿决定书，并自作出决定之日起 10 日内送达赔偿请求人。

赔偿义务机关决定不予赔偿的，应当自作出决定之日起 10 日内书面通知赔偿请求人，并说明不予赔偿的理由。

赔偿义务机关在规定期限内未作出是否赔偿的决定，赔偿请求人可以自期限届满之日起 30 日内向赔偿义务机关的上一级机关申请复议。赔偿请求人对赔偿的方式、项目、数额有异议的，或者赔偿义务机关作出不予赔偿决定的，赔偿请求人可以自赔偿义务机关作出赔偿或者不予赔偿决定之日起 30 日内，向赔偿义务机关的上一级机关申请复议。

复议机关应当自收到申请之日起 2 个月内作出决定。

赔偿请求人不服复议决定的，可以在收到复议决定之日起 30 日内向复议机关所在地的同级人民法院赔偿委员会申请作出赔偿决定；复议机关逾期不作决定的，赔偿请求人可以自期限届满之日起 30 日内向复议机关所在地的同级人民法院赔偿委员会申请作出赔偿决定。

**【案例 2-4】　行政强制行为违法，退还划款并赔偿同期利息**

**【案例来源】**　中国裁判文书网

**【案例背景】**　A 房地产公司是依法登记的企业法人。2013 年 10 月 30 日，经工商行政管理部门批准，注销了企业法人工商登记。原告王某、杨某、王某、孙某，为 X 房地产开发有限公司出资人。

A 房地产公司于 2007 年 9 月和 2008 年 11 月分别开发"X 名城"和"X 花园"住宅项目。达到清算条件后，该公司按税务机关制定的预征率预缴了土地增值税。后税务机关于 2010 年 3 月 15 日向该公司下达了土地增值税核定征收通知书，但一直未按规定向公司下达土地增值税清算结论通知书，告知核定清算后公司应缴土地增值税的税额及期限。

2013 年 10 月 30 日，A 房地产公司注销了企业法人工商登记。

2014 年 9 月 3 日，税务机关以 A 房地产公司于 2008 年至 2011 年经营期间欠缴土地增值税 6 716 952 元、滞纳金 2 686 780.80 元为由，向 X 信用社（X 营业部）下达了编号为×××的扣划通知书，分别从 A 房地产公司在该金融机构活期存款账户资金中扣划 2 686 780.80 元和 6 716 952 元；并于次日向 A 房地产公司送达了关于税务强制执行的通知。

公司股东提出行政复议申请，行政复议机关正式受理前组织双方进行协商。经协商，公司股东将申请行政复议材料撤回，并继续与税务机关协商。经多次协商未果，遂诉至法院。

**【争议焦点】** 公司股东认为税务机关的强制执行没有履行法定"责令限期缴纳"告知义务，也没有告知权。

税务机关认为其是以 2012 年税收检查表中计算的 A 房地产公司所欠土地增值税为依据，对 A 房地产公司采取的行政强制执行措施。行政强制行为确实存在瑕疵。

**【裁判结果】** 税务机关向公司股东返还扣划的存款 9 403 732.80 元，赔偿该公司股东因违法扣划存款造成的利息损失，按人民银行同期活期存款利率计算。

**【案例分析与合规管理】** 税务行政诉讼技巧是针对税务行政诉讼过程中的各个环节和要素进行的精心规划，以提高诉讼效率和成功率。以下是一些税务行政诉讼技巧。

一是举证责任。根据《行政诉讼法》规定，被告对作出的具体行政行为负有举证责任。因此，在诉讼过程中，应将举证责任放在被告身上，尽可能减少原告的举证责任。

二是事实和证据。在诉讼过程中，必须提供充分的事实和证据来支持自己的诉求。对于税务行政诉讼，可以收集和提供与案件有关的税收法律法规、政策文件、涉税业务合同等证据，以证明被告的具体行政行为违法或不当。

三是法律适用。在诉讼过程中，必须正确适用法律，根据涉税案件的具体情况，准确引用税收法律法规及政策文件，确保自己的诉求得到法律的支持。

四是程序合法性。在诉讼过程中，必须遵守法律程序，按照规定的步骤和时限进行诉讼活动。同时，应积极行使自己的诉讼权利，如申请回避、申请保全等，以保障自己的合法权益。

五是赔偿请求。在诉讼过程中，如果发现被告因执行职务不当给原告造成人身伤害或财产损失，可以依法提出赔偿请求。此时应提供充分的证据证明损失事实和因果关系，并明确赔偿数额和计算方式。

六是庭审技巧。在庭审过程中，应注意表达清晰、逻辑严谨、言辞得当。在陈述事实和证据时，应简明扼要、重点突出；在回答法官提问时，应准确无误、思路清晰；在辩论环节时，应抓住重点、有理有据、言简意赅。

总之，在税务行政诉讼中，应充分了解和掌握诉讼技巧，合理规划诉讼方案，积极维护自己的合法权益。同时，应始终保持理性、客观、中立的态度，遵守法律程序和规定，尊重法庭权威和司法公正。

# 下篇　典型税务争议案例

随着市场经济的发展，个人股权交易、企业并购重组都变得越来越频繁，股权转让成为许多企业股东们绕不开的话题。除此之外，利润分配、合伙企业纳税、对赌协议、实质课税、特殊事项、追征期、偷（逃）税认定等也容易引起税务争议。

# 第三章　股权转让税务争议

税费作为交易成本的重要组成部分，进行适当的税收规划控制交易成本是纳税人的行为，寻求专业机构提供技术支持的也不在少数，股权转让涉及的税务处理也越来越受到税务机关关注。股权转让税务问题比较复杂，从股东的身份来说，股东可能是自然人、居民企业、非居民企业、合伙企业等，从转让的标的来看，有可能是上市公司股权或非上市公司股权，从交易双方的关系来看，有非关联方、关联方、直系亲属、股权代持等，再加上市场经济的发展催生了股权激励、对赌协议、股权回购、持股平台等复杂的股权交易模式，使得股权转让成为纳税人、中介机构和税务机关共同关注的涉税事项。针对股权转让交易路径的规划和设计很容易产生税务争议。

## 第一节　股权转让涉及政策及税务风险

### 一、主要的税收政策及税种

对于自然人转让股权，主要依据《国家税务总局关于发布〈股权转让所得个人所得税管理办法（试行）〉的公告》（国家税务总局公告 2014 年第 67 号）（以下简称国家税务总局公告 2014 年第 67 号）的规定，而对于企业转让股权，则没有出台专门的管理文件，按照企业处置资产的一般规定处理。但是，2009 年发布的财税〔2009〕59 号及其他配套文件，股权转让作为企业并购重组的常见方式，视具体情况分别给予一般性的税务处理和特殊性的税务处理待遇，其中特殊性税务处理，在当期交易各方可能暂不需要缴纳企业所得税，起到递延纳税的效果，可以实现无税股权转让。

股权转让涉及的主要税种包括增值税、所得税和印花税。其中，增值税仅涉及上市公司股票，依据《财政部 税务总局关于全面推开营业税改征增值税试点的通知》（财税〔2016〕36 号）（以下简称财税〔2016〕36 号），金融商品转让，是指转让外汇、有价证券、非货物期货和其他金融商品所有权的业务活动。其他金融商品转让包括基金、信托、理财产品等各类资产管理产品和各种金融衍生品的转让。因此，上市公司股权属于金融商品，转让上市公司股权要按金融商品转让缴纳增值税。此外，转让非上市公司的股权不属于增值税征税范围，不需要缴纳增值税。印花税根据《中华人民共和国印花税法》印花税税目税率表规定，产权转移书据包括股权转移书据（不包括应缴纳证券印花税的）。转让双方应按价款的万分之五纳税。所得税包括个人所得税和企业所得税，增值税及印花税涉及的争议较少，因此，此处只讨论股权转让涉及的所得税。

所得税主要涉及的税收政策包括：

◎国家税务总局公告 2014 年第 67 号

◎《财政部 国家税务总局关于个人非货币性资产投资有关个人所得税政策的通知》（财税〔2015〕41 号）

◎财税〔2009〕59 号①

◎《关于个人独资企业和合伙企业投资者征收个人所得税的规定》（财税〔2000〕91 号）（以下简称财税〔2000〕91 号）

◎《国家税务总局关于〈关于个人独资企业和合伙企业投资者征收个人所得税的规定〉执行口径的通知》（国税函〔2001〕84 号）（以下简称国税函〔2001〕84 号）

◎《财政部 税务总局 发展改革委 证监会关于创业投资企业个人合伙人所得税政策问题的通知》（财政部 税务总局 发展改革委 中国证监会公告 2023 年第 24 号）（以下简称财政部 税务总局 发展改革委 中国证监会公告 2023 年第 24 号）

◎《关于权益性投资经营所得个人所得税征收管理的公告》（财政部 税务总局公告 2021 年第 41 号）（以下简称财政部 税务总局公告 2021 年第 41 号）

关于股权转让的所得税征管规定，个人所得税方面制定针对性的文件，即国家税务总局公告 2014 年第 67 号，较为详细地制定了个人转让股权的个

---

① 该文件第六条第二项中有关"股权收购，收购企业购买的股权不低于被收购企业全部股权的 75%"规定调整为"股权收购，收购企业购买的股权不低于被收购企业全部股权的 50%"。第六条第三项中有关"资产收购，受让企业收购的资产不低于转让企业全部资产的 75%"规定调整为"资产收购，受让企业收购的资产不低于转让企业全部资产的 50%"。参见《财政部 国家税务总局关于促进企业重组有关企业所得税处理问题的通知》（财税〔2014〕109 号）。

人所得税计算依据和规范税收措施，主要是自然人申报的计税依据明显偏低，税务机关可能使用核定征收进行调整。企业所得税方面，目前没有制定针对法人股东股权转让的征管规定，如果税务机关认为企业申报的计税依据明显偏低，可以适用《国家税务总局关于印发〈特别纳税调整实施办法（试行）〉的通知》[①] 等规定。而对于合伙企业转让股权，就比较尴尬，合伙企业不缴纳企业所得税，所以不适用企业所得的规定，虽然自然人合伙人缴纳个人所得税，但是合伙人又不是股权转让直接主体，也不适用国家税务总局公告2014 年第 67 号。至于能否直接适用《税收征收管理法》第三十五条第六项"纳税人申报的计税依据明显偏低，又无正当理由的"税务机关有权核定其应纳税额，对合伙企业股权转让进行征管，一般认为不适宜直接适用该条规定对具体纳税行为进行调整。因此，合伙企业转让股权，处于无直接政策可遵循的模糊状态，而合伙人转让合伙企业财产份额，也同样如此。

## 二、股权转让常见税务风险及争议

股权转让近年成为税务机关关注的重点，股权转让被税务稽查的案例也时有发生。尤其自然人股权转让一直是税务高风险区域，各地税务机关陆续与市场监督管理部门实行联合机制，要求"先税后证"，堵上自然人股权转让不申报纳税的漏洞。股权转让涉及的利益较大，业务关系比较复杂，这也给税收征管带来了不少的风险和争议。

### （一）股权转让常规交易方式

最典型的股权转让形式是新旧股东通过签订股权转让合同，原股东将所持有的目标公司股权转让给新股东。除此以外，还有一些交易，实质上也是股权转让的行为。常规的方式包括：公司回购股权；发行人首次公开发行新股时，被投资企业股东将其持有的股份以公开发行方式一并向投资者发售；股权被司法或行政机关强制过户；以股权对外投资或进行其他非货币性交易；以股权抵偿债务；其他股权转移行为（例如股权赠与、以股权出资、股权置换、股权划转等）。

### （二）股权转让典型风险问题

正常的股权转让作为企业日常经营事项之一，不是必然引起税务关注成

---

① 此文件部分条款失效。

为稽查焦点，但是存在异常情况或者违规申报情况时，就有可能引起关注。常见的风险及争议有以下情况。

（1）平价或者低价转让股权：涉及自然人转让股权计税依据明显偏低是否有正当理由的争议，存在被税务机关核定股权转让收入的风险。

（2）赠予股权：存在自然人之间赠予股权是否视同转让纳税，受赠方是否需要产生应税所得的争议。

（3）目标企业存在高增值资产（例如土地、房屋、无形资产、股权投资等），股权转让价格是否公允，可能存在通过虚假资产评估报告降低股权的评估价值，虚假申报。

（4）自然人转让股权不申报纳税或者利用阴阳合同虚假申报。

（5）短时间频繁转让股权：买方与卖方之间不直接交易，借助第三方实现交易，存在是否应基于实质重于形式将一揽子交易合并为一项交易的争议。

（6）"明股实地"：以转让股权方式转让房地产，存在是否应按转让房地产征税的风险。

（7）"明股实债"：名为投资，实为借款，存在借款利息收入及退出股权时的争议及风险。

（8）合伙持股平台转让股权：因合伙企业税收法规不完善，涉及的争议及风险较多。

（9）未实缴出资转让股权：存在对应净资产份额如何计算的争议。

（10）增资减资间接转让股权：通过增资、减资间接转让股权是否应当视作股权转让的争议。

（11）关联企业转让股权：存在特别纳税调整的风险，是否属于具有正当理由可以不调整的争议。

（12）转让股权后又撤销合同：股权转让缴税后，交易取消退回股权，存在能否退税的争议。

（13）盈余公积、资本公积和未分配利润转增实收资本：存在是否可以递延纳税的争议。

（14）股权代持及还原：存在应按形式征税还是按实质不征税的争议，以及代持期间所获收益重复征税的争议。

（15）以股权进行非货币性资产交易：存在未视同转让申报纳税或未按公允价值申报的风险。

（16）权益性项目合作及退出：纳税人参与项目开发，共享收益，共担风险，但未取得股东身份，存在取得收益是否免税的争议。

（17）对赌协议：股权转让涉及对赌协议，存在股权转让收入是否包括对赌金额的争议，以及对赌失败已缴税款能否退税的争议。

（18）股权激励：存在股权激励采取员工直接持股与平台间接持股是否均可享受股权激励税收政策的争议。

（19）间接转让股权：中国居民企业通过转让境外的股权，间接实现转让国内股权是否在国内具有纳税义务的争议。

（20）股东撤资：存在股东从目标公司撤资取得的收入是否需要按目标公司净资产或公允价值计算所得的争议。

### （三）股权转让常见筹划方法

股权转让因为交易形式不同存在诸多争议点，因此一些财税工作者也会围绕争议点开展税务筹划，常用的思路主要归纳为两类：一是低价转让；二是利用暂不征税的优惠政策。

**1. 企业所得税特殊性税务处理**

特殊性税务处理是税务机关支持企业之间并购重组的税收优惠政策，符合条件的企业重组业务可以暂不征收企业所得税，所以通过股权收购、企业分立、企业合并、股权划转等重组方式实现股权转让，可以不确认股权转让所得，达到递延纳税的目的。

**2. 搭建持股平台间接转让**

直接转让标的公司的股权价值容易受到关注，尤其在企业已经进入融资阶段，引入战略投资者，企业股权已经明显增值。通过较复杂的持股结构，在上层间接转让标的公司股权，可将关注转移到上层公司。

**3. 利用定向分红变换收入性质**

符合条件的居民企业之间的股息、红利等权益性投资收益是免税收入，通过定向分红将股权转让收入转换为分红收入，可达到暂时免税目的。

**4. 利用增资、减资实现间接转让股权**

不等比例的增资和减资行为直接影响企业股东持股比例的变化，间接达到股权转让的目的，但增资和减资不属于股权转让行为，不需要确认股权转让所得。

**5. 选择税收优惠地区纳税**

通过改变公司注册地址等方式，实现在税收优惠地区纳税，享受当地的减税或税收返还政策。

## 第二节　未完全实缴出资股权转让

2024 年 7 月 1 日起实施修正后的《公司法》第四十七条规定："有限责任公司的注册资本为在公司登记机关登记的全体股东认缴的出资额。全体股东认缴的出资额由股东按照公司章程的规定自公司成立之日起五年内缴足。法律、行政法规以及国务院决定对有限责任公司注册资本实缴、注册资本最低限额、股东出资期限另有规定的，从其规定。"

对于股份有限公司的股东出资，《公司法》第九十八条规定："发起人应当在公司成立前按照其认购的股份全额缴纳股款。"

对于出资期限未到就转让股权的情况，转让后的出资责任由谁承担？一般认为，在不存在隐瞒出资欺骗受让人的情况下，股权转让后的出资义务应当由受让人承担，原股东与受让人之间的约定由双方另行处理。《公司法》第八十八条规定："股东转让已认缴出资但未届出资期限的股权的，由受让人承担缴纳该出资的义务；受让人未按期足额缴纳出资的，转让人对受让人未按期缴纳的出资承担补充责任。……"该规定在法律层面上解决了出资义务的不确定性及转让双方可能发生的纠纷。股权交易双方应当将出资义务考虑进交易价格，受让方获得股权的成本应当包括以后的出资义务。

由此可见，出资责任是影响股权转让价格的重要因素，已完全出资的股权和未完全出资的股权，价格当然不同。双方对于出资责任的约定也会影响股权交易价格，受让股权后需要承担出资责任的，受让人会考虑收购股权的整体成本。

此外，被收购股权的标的公司盈利，账面有未分配利润时，未出资股东是否享受分红权，《公司法》第二百一十条第四款规定："公司弥补亏损和提取公积金后所余税后利润，有限责任公司按照股东实缴的出资比例分配利润，全体股东约定不按照出资比例分配利润的除外；股份有限公司按照股东所持有的股份比例分配利润，公司章程另有规定的除外。"

所以，公司股东对分红权的约定，也会影响未出资股权的价值，享有分红权的股权价值一般应高于无分红权股权。

因此，实务中转让未完全出资股权的情况比较复杂，股权价值的影响因素比较多。未出资股权转让收入如何核定，实务中一直存在着不同的观点，其中部分地区税务机关也作出了回复，但是目前尚无统一明确的答案。

**【案例 3-1】** 股权转让后消失的出资义务存在漏税风险

**【案例来源】** 咨询案例

**【案例背景】** 2019 年，小明投资成立创意公司，注册资本 1 亿元，实缴出资 4 000 万元。创意公司前期致力于研发活动，所以处于亏损状态，账面无不动产、无股权投资等。2022 年，创意公司的研发接近成功，具有很大发展潜力，所以上市公司 B 公司想投资创意公司。B 公司提出收购创意公司 60% 的股权。

经双方协商，B 公司与小明签订股权转让合同，支付小明 5 000 万元。另外，B 公司与创意公司出资签订增资协议，B 公司受让股权后对 A 公司投入资本 1 亿元，其中 6 000 万元为承担小明原来的出资义务计入实收资本，其余 4 000 万元计入资本公积。

交易完成后，创意公司注册资本 1 亿元，已经全部实缴。

**【争议焦点】** 股东小明股权转让的股权原值应当如何确定？

观点一认为，股东小明转让的其实是认缴但未出资部分的股权，其股权原值为零，其股权转让应缴纳个人所得税＝5 000×20%＝1 000（万元）。

观点二认为，股东小明股权原值按照实缴出资与股权转让比例确定，其股权转让应缴纳个人所得税＝（5 000－4 000×60%）×20%＝520（万元）。

**【案例分析与合规管理】** 本案例从表面上看，似乎没有问题。

第一步，股权转让。创意公司是亏损的，小明以 5 000 万元转让 60% 的股权远高于股权对应的净资产份额。账面也没有不动产和股权投资等，不需要评估被转让股权价值。所以在转让环节，不存在其他主管税务机关可以核定股权转让收入的情形。相关资料见表 3-1。

表 3-1 相关资料

金额单位：万元

| 实收资本 | 转让比例 | 股权原值 | 转让收入 | 应纳税所得额 | 个人所得税 |
|---|---|---|---|---|---|
| 4 000 | 60% | 2 400 | 5 000 | 2 600 | 520 |

第二步，实缴出资。B 公司向创意公司投入资本 10 000 万元，6 000 万元作为实收资本，4 000 万元进入资本公积。实缴后，创意公司实收资本 1 亿元。这步操作好像也没有异常，股东实缴出资，多出来的部分进入资本公积是可以的。第二步单独看与前面的股权转让似乎没有关系，实缴出资也不涉及税法规定，不会对第一步的税费计算产生影响。

但穿过表象看本质，该案例的关键点在哪里呢？

股权转让后，创意公司尚未实缴的 6 000 万元注册资本，全部由 B 公司实缴了！股东小明没有再出资！

看到这里，朋友们可能还不理解，转让前小明已经实缴出资 4 000 万元了，后面创意公司实缴 6 000 万元，不是正好吗？

这个理解的误区正是该案例的筹划关键点所在！

创意公司原来只有小明一个股东，实缴 4 000 万元出资，出资率 40%。尚有 60% 未出资。股权转让时，转让了 60% 的公司权益，包括实收资本。转让后，创意公司有两个股东，小明和 B 公司，共同承担出资义务。即：

小明应继续出资 ＝ 6 000 × 40% ＝ 2 400（万元）

B 公司应出资 ＝ 6 000 × 60% ＝ 3 600（万元）

但是，案例中 B 公司把小明的出资义务承担了，小明的出资义务"消失"了。

在计算税费时，小明扣除实缴出资的成本，却没有计算后期无须再承担出资义务的隐藏收益。

小明真正的股权转让收入 ＝ 收到对价（5 000 万元）＋ B 公司代为承担的出资义务（2 400 万元）

小明少计了 2 400 万元股权转让所得，少计个人所得税 ＝ 2400 × 20% ＝ 480（万元）。

换一个角度分析可能更容易理解：小明转让了创意公司 60% 的未出资股权，转让后 B 公司持有 60% 的未出资股权，需要承担出资义务。未出资股权的投资成本 ＝ 0（元），小明收到的 5 000 万元股权转让收入应全额计税，应缴纳个人所得税 1 000 万元。

虽然案例中透露的信息不多，但是可以进一步推理分析：B 公司和小明除了签订股权转让协议外，还会再签订一份出资协议，或者将双方后续对 A 公司出资的约定，写进 A 公司章程。B 公司后续对 A 公司出资 1 亿元，没有写进股权转让协议，在股权转让环节缴税时，税务机关并不知道出资协议的存在，B公司代小明承担出资义务的情况税务机关可能不会发现。

B公司是上市公司，重大资产交易需要公开并接受有关部门的监管，交易双方不能采用阴阳合同等违法的手段进行逃避纳税的操作。同时，也不会采取公开对A公司折价增资的同时向小明公开支付补偿款的方式。

该案例的欺骗性比较强，分析起来也比较复杂，即使后续产生争议，纳税人也可以解释是理解错误，并非故意少缴税。但是，股东小明少缴税的风险是客观存在，B公司作为上市公司，也存在履行代扣代缴义务的风险。

案例3-1的情况较为特殊，其中交易一方为上市公司，因此股权转让价格必须公开，虽然案例复杂，但是核查之下仍然可以计算出真实的股权转让收入。实务中更多的是非上市公司股东转让未完全出资股权的情况，其中不乏0元转让、1元转让或者按已出资金额转让的情况，这些转让交易，可能存在采用阴阳合同隐瞒真实股权转让收入的行为，税务机关有可能核定其股权转让收入。核定时，股权转让收入应当如何合理确定？在持续争议的过程中，提出了不同的计算方式，均有一定的道理。采取什么方式确定股权转让收入？为什么需要核定收入，原因无非是纳税人申报的收入不合理，有虚假的可能，核定是为了确定合理的交易金额。因此还是要具体视被转让股权的实际情况，有没有承担额外的义务，是否被限制了权益，来判断该股权到底值多少钱。以下通过几个简单的案例说明。

**【案例3-2】　未出资股东0元转让亏损企业股权是否核定股权转让收入**

**【案例来源】　税务总局网站咨询回复**

**【案例背景】**　如歌公司注册资本200万元，有两个股东，股东A认缴出资160万元，实际出资160万元，占80%股权，股东B认缴出资40万元，实际出资0万元，占20%股权，截至2021年4月30日，公司累计亏损140万元，所有者权益为20万元。于2021年5月发生股权转让行为，股东B以0元将其股权转让给自然人C（约定B未缴出资40万元由C承担）。

**【争议焦点】**　主管税务机关意见：核定B股东转让收入＝所有者权益$20×20\% = 4$（万元），转让行为应交个人所得税＝$4×20\% = 0.8$（万元）。

如歌公司认为：B股东的实际出资为0元，转让金额也为0元，且公司亏损，无土地使用权、房产、专利等影响公允价值的资产，此核定方法与实际情况严重不符。

以下为税务总局网站咨询回复意见。根据国家税务总局公告 2014 年第 67 号第十一条规定："符合下列情形之一的，主管税务机关可以核定股权转让收入：（一）申报的股权转让收入明显偏低且无正当理由的；……"第十二条规定："符合下列情形之一，视为股权转让收入明显偏低：（一）申报的股权转让收入低于股权对应的净资产份额的。……"第十四条规定："主管税务机关应依次按照下列方法核定股权转让收入：（一）净资产核定法……"采取净资产核定法的，转让认缴登记股权份额时，其股权对应的净资产份额视为股东已实际出资计算，个人股东在认缴出资额未足额缴纳的情况下转让股权，其继续出资义务如果约定由新股东承担的话，股权转让收入减除个人股东未实缴出资金额。

**【案例分析与合规管理】**

**1. 主管税务机关意见中的计算方法是否合理**

截至股权转让日，A 股东之前已经投入实收资本 160 万元，如歌公司亏掉了其中的 140 万元，如歌公司净资产 20 万元实际是 A 股东投入构成，股东 B 没有出资反而享有其中的 20% 份额即 4 万元，显然不合理。从自然人 C 的角度考虑，支付 4 万元购买一家 20 万元净资产的公司 20% 的股权，仅看这个转让价格是合理的，但是受让后要承担 40 万元的出资义务，正常情况下自然人 C 是不会接受的。核定的出发点是为了确定一个合理的交易金额，不是为了核定而核定，僵化地优先采用净资产核定法（按照每股净资产或股权对应的净资产份额核定）。当主管税务机关采用净资产核定法和类比法核定股权转让收入存在困难的，可以采取其他合理方法核定。

**2. 税务总局网站咨询回复意见的计算方法是否合理**

按此意见，其股权对应的净资产份额视为股东已实际出资计算，股权转让收入减除个人股东未实缴出资金额，即：

股东转让股权对应的净资产份额＝（公司净资产＋全部未实缴出资）×认缴比例－转让方未实缴出资

据此计算，B 股东转让股权对应的净资产份额＝（所有者权益＋未实缴出资）×20%－40＝（20＋40）×20%－40＝－28（万元）。核定股权转让收入不应为负值，计算结果为负数时，按 0 元计算。

分析该计算方法的逻辑：既然在股东未完全出资的情况下，股权对应的净资产份额难以计算，那么就采用反向思维，先假设股东已经全部出资到位，注册资本也全部到位，股权对应的净资产份额＝公司净资产×股权比例＝$x$元。因此，在完全出资的情况，受让方支付$x$元，即可获得已出资股权价值，已出资股权价值＝$x$元。但是由于转让方实际未完全出资，受让方后续还需要再承担一项支出，即承担尚未实缴的出资，因此该未出资股权价值＜$x$元，应减除转让方未实缴出资金额。

这是一道数学计算题，推理的逻辑是正确的，前提条件是受让方承担后续的出资责任，无其他特殊情况的话，按此核定的股权转让金额符合股权的真实价值。

### 3. 自然人 C 是否享有如歌公司剩余财产的权益

有观点认为，《公司法》规定按实缴出资分红的一般原则，但是未对公司剩余财产分配权作出限制。如果如歌公司的章程没有明确规定未出资股东不能享有剩余财产份额，那么 C 在受让股权后，仍然有可能享有 4 万元剩余财产权益，B 股东 0 元转让股权未必合理，自然人 B 需要提供更充分的证据，证明 0 元转让的合理性。

该观点由《公司法》关于股东权益的规定推理得出，要指出该观点的不足，也以《公司法》的有关规定作为依据。《最高人民法院关于适用〈中华人民共和国公司法〉若干问题的规定（二）》（2020 年修正）第二十二条规定："公司解散时，股东尚未缴纳的出资均应作为清算财产。股东尚未缴纳的出资，包括到期应缴未缴的出资，以及依照公司法第二十六条和第八十条的规定分期缴纳尚未届满缴纳期限的出资。"

分配剩余财产是在公司解散清算的时候，C 如果仍然未出资，其尚未缴纳的出资应当作出清算财产。C 虽然可以享有剩余财产分配，但是也需要缴纳出资并纳入清算财产后，再合并计算可分配剩余财产，计算逻辑与前面第 2 点分析中的推理是相同的。

客观上，在标的公司亏损无利润，又无其他资产增值的情况下，0 元转让或按已出资金额转让股权，并不需要核定调整。那么，在这种情况下，交易价格是不是肯定真实，转让方是否存在少纳税行为呢？有可能标的公司资产发生增值但账面价值因为会计核算而无法体现。例如案例 3-1 中的创意公司，股权价值就远高于账面价值。此时，转让方则有可能隐瞒公司真实价值，与受让方签订阴阳合同，逃避纳税。但这种情况属于故意隐瞒标的公司情况和公允价值，计算时所依据的数据不正确所致，并非上述分析方法有误。

**【案例3-3】** 未出资股东转让盈利企业股权核定股权转让收入

**【案例来源】** 税务机关内部培训

**【案例背景】** 2018年，甲、乙两人投资成立如意公司，成立时约定双方各出资300万元，各占50%股权，其中甲实际出资40万元，认缴而未出资260万元；乙实际出资60万元，认缴而未出资240万元。

2020年7月，如意公司原股东甲转让其持有的全部公司股份（约定甲未缴出资260万元由新股东丙承担）。如意公司6月份财务报表显示，实收资本100万元，未分配利润10万元，盈余公积40万元。

**【争议焦点】** 双方约定的股权转让价格50万元。税务机关认为转让价格偏低，按65万元核定转让收入。

**【案例分析】**

**1. 股权转让收入是否低于股权净资产份额**

如意公司净资产＝实收资本＋资本公积＋未分配利润＋盈余公积＝100＋10＋40＝150（万元）。约定转让价格50万元，仅为净资产的1/3。甲、乙各占50%认缴股权，甲实缴40万元，乙实缴60万元，仅从数字粗略分析，甲股权所占净资产份额不应仅为1/3。

**2. 税务机关如何计算净资产份额**

案例中税务机关认为，在出资不足的情况下，甲股东对应的净资产份额＝（公司总净资产－全部实收资本）×认缴比例＋甲股东实缴出资＝（150－100）×50%＋40＝65（万元），双方约定的交易价格50万元小于对应的净资产份额65万元，转让价格偏低，故按65万元核定转让收入。

应纳个人所得税＝（65－40）×20%＝5（万元）

分析该计算方法的逻辑：股东未完全出资或者实缴比例不一致，因此，公司净资产中包含了各股东实缴的出资，该部分资产不适宜按认缴比例分配。那么就采用归零思维，先假设所有股东均未出资，公司实收资本为0元。假设实收资本为0的情况下，股权对应的净资产份额＝公司净资产×股权比例＝$y$元。因此，在已出资0元的情况，受让方支付$y$元，可取得完全未出资的股权价值，后续需要承担原股东的全部认缴出资。即0出资股权价值＝$y$元，$y$元已考虑后续应承担全部认缴出资。如果原股东已经缴纳了部分出资，即受让方后续只需要承担剩余部分，该股权价值＞$x$元，应加上转让方已经实缴出资。

这也是一道数学计算题，推理的逻辑和上一个案例是一致的，前提条件也是受让方承担后续的出资责任，没有其他特殊情况的话，按此核定的股权转让金额符合股权的真实价值。

**3. 两种计算公式对比**

从形式上看，这个案例与案例 3-2 的计算方法不同，但逻辑是相同的，可以说殊途同归。下面通过计算验证一下。

公式一：净资产份额＝（公司净资产＋全部未实缴出资）×认缴比例－转让方未实缴出资

公式二：净资产份额＝（公司净资产－全部实收资本）×认缴比例＋转让方实缴出资

将案例中的数据代入公式一：

甲股东对应的净资产份额＝（150＋260＋240）×50％－260＝65（万元）

计算结果与公式二是相同的。

通过数学推导可以从公式一推导出公式二，两个公式的计算结果是相等。

**【案例 3-4】　股东未完全出资，已出资股东核定股权转让收入**

**【案例来源】**　咨询案例

**【案例背景】**　吉祥公司由自然人股东 A 和 B 成立，注册资本 1 000 万元。A 持有吉祥公司 20％股权，已经实缴出资金额 200 万元。B 持有吉祥 80％股权，未实缴出资。现 A 股东转让其持有的 20％股权给 C，公司净资产评估价值 1 600 万元。

**【争议焦点】**　A 股东观点：应交个人所得税＝（净资产评估价×20％－A 实缴出资额）×20％＝（1 600×20％－200）×20％＝24（万元）

税务处理意见：应交个人所得税＝（净资产评估价－A 实缴出资额）×20％＝（1 600－200）×20％＝280（万元）

**【案例分析与合规管理】**　（1）A 股东的观点是直接套用净资产份额人一般计算方法，表面上符合国家税务总局公告 2014 年第 67 号的规定。

（2）税务处理意见认为，B 股东完全没有出资，依据《公司法》未实缴出资股东不能享受分红的原则规定，A 股东依法可以享有甲公司全部的权益，所以 A 股东的股权转让收入应按公司的全部净资产核定即 1 600 万元，扣除投资成本 200 万元后计算缴纳个人所得税。

（3）上述两种观点都存在一定的偏差。

即使吉祥公司章程没有对分红作出特别约定，依据《公司法》股东按照实缴的出资比例分取红利，也不能认定 A 股东享有公司全部的权益，因为只要吉祥公司未实际分红，公司盈余及资产增值就属于吉祥公司。A 股东转让股权后，如果吉祥公司暂不分红，B 股东实缴出资后就能按股权比例享有相应的权益，《公司法》并没有规定公司盈利按实缴时间分段计算，B 股东实缴后也可享受实缴前的公司盈利，尤其是资产隐含增值部分。

核定股权转让收入的出发点是为了确认真实合理的转让金额，不能脱离实际。在公司持续经营的情况下，新股东不可能按全部净资产的价格收购部分股权。

将案例数据代入上文的计算方法，按“公式一”计算 A 股东对应的净资产份额＝（公司净资产＋全部未实缴出资）×认缴比例－转让方未实缴出资＝（1 600＋800）×20％＝480（万元）

按“公式二”计算 A 股东对应的净资产份额＝（公司净资产－全部实收资本）×认缴比例＋转让方实缴出资＝（1 600－200）×20％＋200＝480（万元）

核定股权转让收入＝480 万元，股权原值＝200 万元，应交个人所得税＝（480－200）×20％＝56（万元）。

从计算过程可以看出，该计算方法以标的公司持续经营，股东按认缴比例享有公司除实收资本之外的权益，不考虑《公司法》关于按实缴比例分红的规定，因为标的公司的分红时间无法确定。

上述案例总结了股权对应净资产份额的两个计算公式。

公式一：净资产份额＝（公司净资产＋全部未实缴出资）×认缴比例－转让方未实缴出资

公式二：净资产份额＝（公司净资产－全部实收资本）×认缴比例＋转让方实缴出资

两个公式实际计算结果是相同的，逻辑也是相同的。前提都是假设受让方承担后续出资责任，标的公司后续按持股比例分配权益，不额外考虑《公司法》关于按实缴比例分红的规定。

因此，如果实务中交易双方对出资责任另有约定，或者将分红约定纳入股权转让条件的，也会影响股权的转让价值，计算结果需要再调整。

## 第三节  增资与股权转让

什么是不公允增资？先说一个小故事。小明养了一只母鸡，目的是吃鸡蛋。后来有一段时间小明感冒，医生说不能吃鸡蛋，就省下了 10 个鸡蛋。接着，邻居小红来跟小明商量，小红也想养一只母鸡，不如养在一起，一起喂也方便，生下来的鸡蛋平均分。小明同意了，但是，现有的 10 个鸡蛋怎么办呢？

正常情况下，人们都会认为，现有的 10 个鸡蛋属于小明，以后两只母鸡生的鸡蛋再平均分。如果现有的 10 个鸡蛋也作为合作的基础，分给小红 5个，人们会认为不公平，或者会认为小红是不是给小明补了钱，买了这 5 个鸡蛋。为什么会这样想？因为人们觉得这样的合作不公平，小明却同意了，很不合理。

但是，一定不合理吗？如果小明的母鸡已经老了，小红的母鸡却正当壮年，两只母鸡以后的下蛋能力不同，小红现在多得了 5 个鸡蛋的好处，以后的日子里，小红的母鸡多下的蛋会补偿给小明，这样是不是就合理了。又或者小红喂养母鸡更加方便，以后小红喂鸡的次数会比小明多，小红现在多得了 5 个鸡蛋，以后通过劳动补偿给了小明。

不公允增资可以比喻成这个故事中的合作，新股东投入的资本，低于其享有的资产份额。从表面看起来，新股东占便宜了，原股东吃亏了，争议也因此而产生。

公司在发展的过程中，引进新的投资者，或者现有股东增加投资是很平常的事情。增资可以分为平价增资、折价增资、溢价增资。平价增资是指新股东增资金额等于新股东持股比例乘以增资后的被投资公司的净资产公允价值，原股东所持股权对应的净资产公允价值不变，平价增资下新旧股东的都没有产生得失，是形式上公平的投资方式。折价增资又称为不公允增资，指新股东增资金额小于新股东持股比例乘以增资后的被投资公司的净资产公允价值。不公允增资带来的后果之一是：公司原股东股权被稀释，原股东应享有的净资产份额减少，持有的股权价值减少；新股东投入较少的注册资本，享有高于投入资本的净资产份额，持有高于投入资本的价值的股权。"溢价增资"是指新股东增资金额大于新股东持股比例乘以增资后的被投资公司的净资产公允价值，增资后原股东所持股权对应的净资产公允价值增加。之所以会出现不公允增资，因为在交易中双方除了资本投入以外，可能还有更多的潜在资源投入，双方在作价时需要综合考虑其影响，并不代表不公允增资就必定不合理。

**【案例 3-5】** 股东认缴新增资本未出资并受让其他股东股权核定股权转让收入

**【案例来源】** 咨询案例

**【案例背景】** A 公司持有甲公司 100％股权，甲公司注册资本 100 万元已实缴，账面有无形资产——土地使用权 200 万元，因土地增值，甲公司公允价值达到 500 万元，独立第三方 B 公司准备对甲公司增资，增资后持有甲公司 50％股权。

对比几种增资方式，原股东和新股东股权价值变化见表 3-2。

表 3-2 原股东 A 与新股东 B 股权价值变化

金额单位：元

| 增资金额 | 账面处理 | 原股东 A | | 新股东 B | |
|---|---|---|---|---|---|
| | | 股权比例 | 股权价值 | 股权比例 | 股权价值 |
| 0 | — | 100％ | 500 | 0 | 0 |
| 500（平价增资） | 实收资本 100 资本公积 400 | 50％ | 500 | 50％ | 500 |
| 100（折价增资） | 实收资本 100 | 50％ | 300 | 50％ | 300 |
| 600（溢价增资） | 实收资本 100 资本公积 500 | 50％ | 550 | 50％ | 550 |

从表 3-2 可以看出，仅考虑增资时的资产情况，平价增资对双方都公平。折价增资后，原股东的股权价值缩水了 200 万元，新股东只投入 100 万元，却获得价值 300 万元的股权。

按照市场交易习惯，新股东投资前会对被投资公司的价值进行调查或者评估，以确定该公司的投资价值，包括净资产或股东权益的真实价值，再在此基础上确定增资的资金对价及增资后各股东的持股比例。一般来说，平价增资更加符合大部分公司情况，而具有良好发展前景的公司、高回报的公司，股权价值应当高于股权比例所对应的注册资本金额，新股东需要采用溢价增资的方式。折价增资之所以被称为不公允增资，在于表面看明显的不公平，并因此引发许多猜想，其中最受关注的猜想是：新股东另外向原股东支付了金钱，补偿了原股东的损失。增资只是形式，真正交易是股权转让，股权转让款通过非正常途径支付给原股东，原股东产生违法行为。

实务中，不公允增资确实成了不少纳税人违法的手段，不公允增资潜在的不交税款，甚至偷税的可能性引起了业界的广泛关注。业界对于不公允增资的争议一直很多。

【争议焦点】 观点一认为，不公允增资是典型的违法行为，必须打击，应当揭露假增资的面纱，按"实质课税"原则视作股权转让征税。

观点二认为，坚持税收法定，不公允增资没有发生股权转让的交易行为，不应当征税。

观点三认为，不公允增资是违背市场公平交易的行为，不具有合理性，为了避免成为这种漏洞，应该禁止。

【案例分析与合规管理】 "观点一"得到不少支持人支持，也曾经有税务机关表达过类似的观点。其中最受关注的是某市税务局"2014个人所得税热点政策问答"，内容如下：

问：企业增资，尤其是不同比例的增资情形，引起原股东股本结构发生变化，经咨询工商部门，其认为该行为不是股权转让，个人所得税如何处理？

答：（1）对于以大于或等于公司每股净资产公允价值的价格增资行为，不属于股权转让行为，不征个人所得税。

上述行为中，其高于每股净资产账面价值部分应计入资本公积，对于股份制企业，该部分资本公积在以后转增资本时不征收个人所得税；对于其他所有制企业，该部分资本公积转增资本时应按照"利息、股息、红利个人所得税"税目征收个人所得税。

（2）对于以平价增资或以低于每股净资产公允价值的价格增资行为，原股东实际占有的公司净资产公允价值发生转移的部分应视同转让行为，应依税法相关规定征收个人所得税。

但是这样"一刀切"征税的合法性也广受质疑，认为征税依据不足。税收法定征税范围必须由税法明确规定，而《中华人民共和国个人所得税法》（以下简称《个人所得税法》）所列举的征收范围共11个税目，其中并不包括增资，也没有任何法律法规将增资定义或视同股权转让，所以也不能按股权转让所得征税，更加不应按股权转让核定，因此增资不在征税范围内。同时，所得税是对"所得"征税。从数据上看，不公允增资中原股东是受损失的一方，并无所得，如何征税？不能否认部分不公允增资存在违法的行为，但并非所有的不公允增资都违法，不能"一刀切"对所有不公允增资进行"有罪推定"。

从《公司法》理论和交易形式上分析，增资不属于股权转让行为。增资的双方当事人是股东与被投资企业，增资是新股东向被投资企业注入资产，从而获得被投资企业的股权，是股权与资产的交易行为，并没有与原股东直接发生关系。原股东不是增资行为的当事人，股东之间并没有资产转移的民事行为或事实行为，没有发生纳税行为，不应发生纳税义务。因此形式上看并没有转让股权交易，工商登记上公司股权变更上也不是股权转让变更，而是增资股权变更。而股权转让，交易双方是原股东与新股东，原股东将所持有的股权转让给了新股东，产生了股权转让所得，属于《个人所得税法》规定的财产转让所得，应当按财产转让所得缴纳个人所得税。所以如果仅发生增资行为，缺乏视作股权转让征税的法律依据。

不公允增资不具备合理性吗？新旧股东之间一定存在问题吗？公司的经营受许多因素影响，投资者之间的合作，不仅仅只考虑标的公司目前的资产价值，还需要考虑双方综合实力，拥有的资源能否互补，能否实现 1＋1＞2 的共赢，所以合不合理不是只看单一净资产数据。增资的金额如何确定属于公司自主经营的事项，应给予经营者们充分的选择。例如新投资者拥有"先进管理经验、品牌效应、渠道资源"等，投资后标的公司获得不仅是增资的资金，还能共享这些资源。但是按照《公司法》这些资源不能计价作为增资财产。在独立公平的市场交易中，新投资者的资源也不可能无偿共享给标的公司，因此新投资者"以低于每股净资产公允价值的价格增资行为"并非真正的不公允。新投资者取得标的公司的股权，支付的对价包括两部分：一部分是作为注册资本投入的货币资金；另一部分是向标的公司将共享先进管理经验、品牌效应、渠道资源等资源。这是符合市场规律的真实交易，具有合理性。

因此，认为平价增资才是公平的看法是非常片面的，法律不宜对增资价格进行强制性规定，更加不宜禁止不公允增资。真实的市场合作行为，自有其平衡之道。不公允增资的存在，是市场的客观现象，如果因为个别不法分子，就禁止不公允增资，将大大限制了公司增资扩股，引进战略投资者，优化股权比例和结构，因噎废食。

真实的市场交易行为，各方以独立公平交易的原则为基础，都支付了平等的对价。下面举例说明，在各类不公允增资中，看似获得了额外利益的新股东付出了怎样的对价，见表3-3。

表3-3　不公允增资方式与处理

| 序号 | 不公允增资举例 | 新股东支付对价方式 | 税务处理 |
|---|---|---|---|
| 1 | 员工股权激励 | 出资金额＋服务标的公司 | 依规定按"工资薪金"征税 |
| 2 | 引进优质战略投资者 | 出资金额＋优质战略资源 | 不在征税范围，也不纳入投资成本 |
| 3 | 股权转让目的 | 出资金额＋支付原股东补偿款 | 征税 |
| 4 | | 出资金额＋转让差额款隐瞒收入 | 违法 |

表3-3第1项中，公司实施股权激励计划，员工用较少的对价获得公司股权，公司的目的是员工为公司提供更好的服务，创造更高效益，员工将用劳动支付另一部分对价，因此会计和税务均作为"工资薪金"处理。

第2项中，公司因经营发展的需要，以增资的方式引进战略投资者，新投资者以低于公允价值的投资取得了较大的股权利益，但是将来需要以投资者自身品牌、资金、运营、管理等各方面资源作为补偿。所以从整体的对价交换上来说，这是公允的增资，并非不公允。

第3项中，新股东除向标的公司投入增资款外，还需要向原股东支付股权转让差额款，应视为股权转让征税。

第4项中，新股东除向标的公司投入增资款外，向原股东支付股权转让差额款，原股东隐瞒不申报纳税。第3项与第4项殊途同归，都应视为股权转让征税。区别在于，第3项中新股东是公众公司所以必须公开支付补偿款，第4项中新股东是普通公司或者个人，有可能采取阴阳合同发生违法行为。

综合以上四项举例，在增资时，新股东以较少的资金投入享有较高的被投资企业净资产份额，从形式上看，是不公允增资，但客观分析真实的市场行为，原股东、被投资企业、新股东三方之间不存在关联关系，不会无偿转移利益，所以这样的增资方式肯定有更深层的原因。从独立市场交易的公平原则出发，各方得到的利益应该是平等的。如果原股东的股权被稀释，减少了净资产份额，就会从其他方面获取补偿。这补偿可能是由新股东用非货币资产作出的，比如因为新股东的资源在以后的生产经营中给原股东带来更大的收益；也可能直接用货币补偿。增资是企业之间的经营合作，考虑的应当是各方的回报，是一种商业行为。

**【案例 3-6】　　增资扩股被认定为股权转让补缴个人所得税**

**【案例来源】**　　中国裁判文书网

**【案例背景】**　　2016 年 5 月 20 日，程某、张某与姜某签订"关于姜某入股有关条款的说明"的三方协议，约定以 500 万元的价格向姜某转让合肥××公司 10％股份（程某、张某各转让 5％股份），姜某前期投入公司 100 万元划归股权转让款，姜某再付 400 万元即可。同时约定，为了节省高额转让税费，三方去工商机关办理股权变更手续签订的"股权转让协议"中的股权转让款为虚假金额。2016 年 5 月 23 日，姜某通过银行转账方式分别支付程某、张某股权转让款 200 万元，合计金额 400 万元。2016 年 5 月 30 日，通过增资扩股的方式，姜某取得合肥××公司 10％股份，程某、张某各减少 5％股份，至此，程某及张某向姜某转让合肥××设备有限公司 10％股权的协议履行完毕。2017 年初，姜某因病去世。2018 年底，税务局稽查局收到实名举报，反映程某与张某转让合肥××公司 10％股权给姜某，隐匿股权转让收入 500 万元偷逃税款。根据举报线索和前期调查核实情况，该市税务局稽查局于 2019 年 2 月 27 日决定对程某转让合肥××公司个人股权，隐匿收入少交税款立案检查。

**【争议焦点】**　　程某、张某辩称其个人账户归公司使用，姜某转入其账户再委托其转入公司账户，姜某增资扩股而非程某、张某转让股权。

税务局稽查局认为程某、张某与姜某于 2016 年 5 月 20 日私下签订"关于姜某入股有关条款的说明"（以下简称"转让说明"）系三方真实的意思表示。本案中股权转让是真实目的，增资扩股仅仅是程某完成股权转让的形式，是其逃避缴纳股权转让个人所得税的手段。程某、张某和姜某之间不仅有"转让说明"表明有股权转让和逃避缴纳税款的安排，姜某更将 400 万元转入程某、张某个人账户并由两人出具收据，上述行为与股权转让的特征完全相符。程某、张某转让股权所得未申报缴纳个人所得税依法应予处罚。

因程某、张某对姜某前期投入公司 100 万元划归股权转让款存在异议，且鉴于姜某已经去世，本着对行政相对人有利的原则，税务局稽查局认定程某及张某转让××公司 10％股份各获得转让款 200 万元。决定对程某、张某应缴少缴个人所得税进行追缴，并处以少缴税款 50％的罚款。

**【裁判结果】** 虽然姜某通过增资扩股的方式于 2016 年 5 月 30 日取得合肥××公司 10％股份，但程某、张某与姜某于 2016 年 5 月 20 日签订的"转让说明"中明确说明了"股权转让协议"所约定的股权转让款 1 万元为虚假金额，目的是节省高额转让税费。税务局稽查局提交证据材料，可以形成完整的证据链条，足以认定程某转让股份及收到股份转让款后不进行纳税申报的事实。

**【案例分析与合规管理】** 此案例较为完整地还原了"名为增资扩股，实为股权转让"的违法行为，具有一定的代表性。稽查的难点在于股权转让款的支付难以查实，"阴阳合同"隐蔽性强。案例回答了对待这种违法行为如何获取充分的证据，通过哪些证据可以构成完整的证据链条，足以证明原股东收取了股权转让款不进行纳税的违法事实。发现纳税人明显异常的增资行为时，通过调查采集有关信息，以事实为依据，以法律为准绳。利益输送总会有迹可循，违法行为在信息时代难以遁形。同时也对违法行为发出警示，虚假增资转让股权看似神不知鬼不觉，实质上埋下了长期的风险，随时会爆发。

有观点认为该案例是税务机关对不公允增资的否定，认为这是税务机关认定"不公允增资实质是股权转让"的典型例子。其实不然，该案例没有否定不公允增资的合法性，没有认定所有不公允增资就是股权转让，没有普遍的代表性意义。该案例稽查的根本原因在于有充分证据证明其实质是假增资实转股，不能代表真实的增资行为。

**【案例 3-7】** 增资前定向分红补偿股权稀释的损失未认定为股权转让所得

**【案例来源】** 某上市公司公告

**【案例背景】** A 公司注册资本 500 万元，由甲、乙、丙、丁四名自然人股东持股。2019 年初，A 公司筹划实施员工股权激励。根据当时初步确定的激励对象名单和分配方案，合计授出约 13.66％的公司股权。经公司全体股东协商，乙作为公司第二大股东同意提供 5％的股权，其余 8.66％全部由第一大股东甲提供。

为对前述股东进行补偿，2019 年 6 月 26 日，A 公司召开股东会，全体股东一致同意向前述股东定向分红。经全体股东协商后最终确定分红金额为

2 370万元。分红比例则按甲和乙拟提供股权的相对比例（即8.66%、5%）确定，最终甲取得分红款1 502.50万元，乙取得分红款867.50万元。

A公司认为，采取低价入股和定向分红两项措施补偿甲和乙股权稀释是股东协商一致的结果，程序合法合规。

**【案例分析与合规管理】** 公司实施员工股权激励主要采取两种方式，控股股权转让老股或者员工增资取得新股。A公司实施股权激励的股权由第一、第二大股东提供，常规操作应该是甲和乙向激励对象或持股平台转让股权，但是A公司选择不公允增资的方式对员工低价提供股权（1元/注册资本，低于A公司公允价值）。增加新股东的同时势必稀释全体老股东的股权，为了避免股权被稀释，丙和丁等比例增资。乙控制比例增资，甲不增资，从而实现甲提供8.66%股权，乙提供5.00%股权的目的。

按上述操作，甲和乙实际是让渡了部分股权利益，但是没有取得股权转让收入。为了补偿甲和乙的损失，A公司决定对甲和乙定向分红，因此分红款实质是甲、乙转让股权的对价，因此本案例实质为"名为增资、实为股权"转让。

由于甲和乙是自然人，分红所得和股权转让所得均按20%纳税，个人所得税相同。将案例拓展一下，假如甲和乙是法人股东，即甲公司和乙公司，法人股东取得分红免税，股权转让收入需要缴纳企业所得税，即甲公司和乙公司实现了股权转让免税。对于其他股东，员工股权激励的成本应共同承担，通过放弃分红分担股权激励成本，享受股权转让免税的政策。

## 第四节　减资与股权转让

与非同比例增资类似，有观点认为非同比例减资是间接股权转让，同样因为法律依据不足，该观点没有成为主流的税收征管依据。企业减资有多种方式，本节简单分为同比例减资和非同比例减资，公允减资和不公允减资。介绍各种减资方式与股东利益的关系，读者结合前文的不公允增资自然能理解不公允减资为何可能成为违法的工具，这也是争议之所在。

### 一、同比例减资与非同比例减资

减资是股份公司减少注册资本额的行为，《公司法》允许公司在履行必要的程序后减少注册资本，减资属于公司内部自治事项之一，属于合法的行为。

正常情况下，公司减资很少由于税务的原因，减资可能因为公司注册资本过高、减轻股东实缴出资压力、股东要求收回投资等。那为什么减资会产生税务争议，并认为是股权转让呢？这要从减资的不同形式说明。

例如，创意公司成立于 2020 年，注册资本 100 万元，小明实缴出资 40 万元，小红实缴出资 60 万元。2022 年 12 月，创意公司未分配利润和资本公积共 50 万元，创意公司公允价值 200 万元。创意公司决定减资 20 万元，减资后注册资本 80 万元。假设各种减资情形见表 3-4。

表 3-4  减资情形

金额单位：万元

| 序号 | 减资方式 | 创意公司 | | | 股东小明 | | | | 股东小红 | | | |
| --- | --- | --- | --- | --- | --- | --- | --- | --- | --- | --- | --- | --- |
| | | 注册资本 | 未分配利润及资本公积 | 公允价值 | 收回金额 | 注册资本 | 持股比例 | 公允价值 | 收回金额 | 注册资本 | 持股比例 | 公允价值 |
| | 减资前 | 100 | 50 | 200 | — | 40 | 40% | 80 | — | 60 | 60% | 120 |
| 1 | 同比例减资 | 80 | 50 | 180 | 8 | 32 | 40% | 72 | 12 | 48 | 60% | 108 |
| 2 | 小明减资 20 万元 | 80 | 30 | 160 | 40 | 20 | 25% | 40 | — | 60 | 75% | 120 |
| 3 | 小明减资 10 万元 小红减资 10 万元 | 80 | 30 | 160 | 20 | 30 | 37.5% | 60 | 20 | 50 | 62.5% | 100 |
| 4 | 小明减资 20 万元 | 80 | 50 | 180 | 20 | 20 | 25% | 45 | — | 60 | 75% | 135 |
| 5 | 小明减资 10 万元 小红减资 10 万元 | 80 | 50 | 180 | 10 | 30 | 37.5% | 67.5 | 10 | 50 | 37.5% | 112.5 |

序号 1 是同比例减资，各股东按股权比例减少注册资本，减资后股东持股比例没有变更，减资过程没有进行利润分配，也没有减少公积金，因此等比例减资是单纯的股东收回部分投资成本，不涉及征税。

序号 2 至序号 5 均属于非同比例减资，其中包括个别股东定向减资，也包括多个股东不按股权比例减资，非同比例减资导致股东持股比例发生了变化。部分股东持股比例减少，部分股东持股比例增加。因此，非同比例减资间接起到了股权转移的作用。关于减资与撤资的区别，一般认为，撤资是股东收回全部投资，减资是股东收回部分投资，《公司法》并无撤资与减资两种说法，撤资属于减资的特殊情况，即股东将其出资减至 0 元，该股东不再保留公司股权，其他股东继续持有公司股权，这是非同比例减资的情况之一。撤资股东原持股比例将因注册资本减少其他股东持股比例自动增加而被取代，因此有观点认为非同比例减资实质是股权转让行为。

## 二、公允减资与不公允减资

仍以创意公司为例（表 3-4），创意公司的公允价值是 200 万元，注册资本 100 万元，1 万元的注册资本（1‰股权）对应的资产份额公允价值是 2 万元。股东小明原股权享有 80 万元的利益，小红原股权享有 120 万元的利益。序号 1 同比例减资，股东收回的"资金＋减资后的股权公允价值＝减资前的股权公允价值"。因此，同比例减资不影响股东的整体权益，减资前后股东享有的总权益不变，不会发生利益从某个股东流向其他股东的情形，这种情况称为公允减资。

再来看非同比例减资，序号 2 和序号 3 减资情形中，股东按照减资比例收回对应的公允价值，减资 20 万元注册资本收回公允价值 40 万元，减资 10 万元注册资本收回对应的公允价值 20 万元。"股东收回的资金＋减资后的股权公允价值＝减资前的股权公允价值"，股东们的整体利益不变，这两种情形也属于公允减资。

序号 4，小明减资只收回注册资本 20 万元，股权对应的增值没有收回，余下的 25％股权对应的公允价值是 45 万元，"收回 20 万元＋余下股权公允价值 45 万元＝65 万元。比原来股权价值 80 万元少了 15 万元。而小明减资后，股东小红持股比例变成 75％，股权公允价值变成 135 万元，减少的 15 万元利益流向了股东小红。序号 5 中减资也存在类似情况，股东减资收回的资金不等于减少的注册资本所对应的公允价值，"股东收回的资金＋减资后的股权公允价值≠减资前的股权公允价值"，股东小明的整体利益减少了，股东小红的整体利益增加了，减资后部分利益从股东小明流向了股东小红，这两种情形属于不公允减资。

综上可以发现，同比例减资不会导致股东持股比例发生变化，也不会导致股东整体利益变化，同比例减资属于公允减资。非同比例减资会导致股东持股比例发生变化，股东整体利益可能会发生变化，也可能不会发生变化，非同比例减资可能是公允减资，也可能是不公允减资。两者对比见表 3-5。

表 3-5　两者对比

| 方　式 | 公允减资 | | 不公允减资 | |
|---|---|---|---|---|
| | 股权变化 | 利益转移 | 股权变化 | 利益转移 |
| 同比例减资 | × | × | — | — |
| 非同比例减资 | √ | × | √ | √ |
| | 股权转移效果 | | 股权转让违法 | |

虽然非同比例减资时采用公允减资也间接起到了股权转移的效果，但是针对投资者收回投资国家税务总局已经发布了相关的政策，《国家税务总局关于企业所得税若干问题的公告》（国家税务总局公告 2011 年第 34 号）规定企业股东撤回或者减资时取得的资产，要区分为投资收回、股息所得、投资资产转让所得三个部分处理。其中股息所得免税，相比之下，比直接转让股权能暂时少缴纳部分税金，但整体而言，并没有违法的风险。根据《国家税务总局关于个人终止投资经营收回款项征收个人所得税问题的公告》（国家税务总局公告 2011 年第 41 号）（以下简称国家税务总局公告 2011 年第 41 号）的规定可知，个人股东终止投资时收回款项合计数减去投资成本按"财产转让所得"项目适用的规定计算缴纳个人所得税，与股权转让计税方式一致。

非同比例减资且不公允减资，不但减资前后股东的持股比例发生了变化，而且股东利益也发生了利益转移，让人产生怀疑：名为减资，实为股权转让，从而引发税务争议。不公允减资是否应按照股权转让征税？

**【案例 3-8】　不公允减资按股权转让补税**

**【案例来源】**　税务稽查案件

**【案例背景】**　SD 公司实收资本 60 万元，由 5 名自然人股东出资成立，其中甲、乙、丙、丁四名股东合计出资 33 万元，持股比例 55%，戊出资 27 万元，持股比例 45%。2015 年 1 月，SD 公司账面净资产 63 万元，经股东会决议，甲、乙、丙、丁四名股东减资退出 SD 公司，按原出资金额收回投资 33 万元。该公司将注册资本 60 万元减少到 27 万元，由原来的五名股东减至一名股东戊。2016 年 1 月份，主管地税分局在对其辖管企业股权变动涉税风险应对中发现了该企业上述情况，要求对甲、乙、丙、丁四名股东在撤资过程中应扣缴的自然人股权转让个人所得税 3 300 余元予以追征入库。

**【争议焦点】**　该案例存在两种观点，观点一认为个人撤资应按股权转让征收个人所得税；观点二认为减资不属于股权转让。

**【案例分析与合规管理】** 观点一分析：

（1）根据国家税务总局公告 2011 年第 41 号，个人撤资属于股权转让，全部收回的款项扣除投资成本后应按照"财产转让所得"项目适用的规定计算缴纳个人所得税，因此个人撤资适用个人股权转让的征管规定，即国家税务总局公告 2014 年第 67 号。

（2）根据国家税务总局公告 2014 年第 67 号第十条规定："股权转让收入应当按照公平交易原则确定。"第十一条规定："符合下列情形之一的，主管税务机关可以核定股权转让收入：（一）申报的股权转让收入明显偏低且无正当理由的；……"同时该公告第十二条第一项规定："符合下列情形之一，视为股权转让收入明显偏低：（一）……申报的股权转让收入低于股权对应的净资产公允价值份额的。"案件中甲乙丙丁四人按 33 万元转让 55％ 股权，低于对应的净资产份额 34.65 万元，税务机关可以核定股权转让收入。

观点二分析：

（1）非同比例减资合法。《公司法》允许公司减少注册资本，并未规定同比例减资。因此，公司非同比例减资合法。实务中，不同比减资的情况大量存在。司法实践中也认可公司减资存在同比例减资和非同比例减资。例如上海市第一中级人民法院（2018）沪 01 民终 11780 号民事判决书摘录："……法院认为，不同比减资会直接突破公司设立时的股权分配情况，如只需经三分之二以上表决权的股东通过即可做出不同比减资决议，实际上是以多数决形式改变公司设立时经发起人一致决所形成的股权架构，故对于不同比减资，在全体股东或者公司章程另有约定除外，应当由全体股东一致同意。"

（2）减资不是股权转让行为。根据国家税务总局公告 2014 年第 67 号第三条的规定，股权转让是指个人将股权转让给其他个人或法人的行为，列举的情形不包括减资。

从内涵看，股权转让是股东依法将自己的股东权益有偿转让给他人，使他人取得股权的民事法律行为，是股东之间的交易。减资是投资者从被投资企业撤回或减少投资，是投资者与被投资企业之间的结算，股东之间没有发生股权转让交易。非同比例减资、增资都必然会导致股东持股比例发生变化，并非股权转让导致。如果因此认定为股权转让交易，没有法律依据。

既然减资不属于股权转让，当然就不适用国家税务总局公告 2014 年第 67

号核定股权转让收入的规定。减资是投资者与被投资企业之间的结算，是否可视为投资者与被投资企业之间的股权回购交易，因交易价格明显偏低而纳税调整呢？首先，股权回购的情形在《公司法》中有明确规定，有限公司减资一般不符合股权回购的情形，既然不能定性为交易，就不能核定交易价格。并且，财政部 2003 年关于印发《关于执行〈企业会计制度〉和相关会计准则有关问题解答（三）》的通知第六条规定："……税法规定，企业为减资等目的回购本公司股票，回购价格与发行价格之间的差额，属于企业权益的增减变化，不属于资产转让损益，不得从应纳税所得额中扣除，也不计入应纳税所得额。……"其次，减资结算金额难以核定，减资与增资一样受到很多因素的影响，股权比例大小、公司经营现状及发展前景、股东的能力贡献，都影响到减资结算金额，并非简单一个公允价值就能决定。最后，在没有获得纳税人违法的证据之前，强制要求减资按照净资产或者公允价值纳税，也没有政策依据，这将彻底改变公司增减资属于公司内部自治事项的定性，纳入税务征管事项。

（3）主流观点倾向于减资不是股权转让。主流观点认同应当打击利用不公允减资违法行为，税务机关应该对不公允减资外衣下的利益输送开展税务调查，进行管理。但是不宜对不公允减资作"有罪推定"，当发现明显异常不公允减资行为可能存在隐藏利益输送时，应通过调查获取相关证据，确定违法利益的输送方式和具体金额，再定性征税。例如，加强与市场监督等相关部门的信息共享，及时采集企业增资、撤资和股东变更信息，利用信息数据技术识别异常风险事项，再通过沟通、调查排除或查实不交税行为。

> 问题：账证不健全且核定征收企业所得税的企业，发生减资、增资行为时，需要向税务机关提供哪些资料，到税务机关办理哪些手续，以及缴纳哪些税？（2019-12-22）
>
> X 市 12366 呼叫中心答复：
>
> 核定征收企业所得税企业，发生减资、增资行为时，在市场监督部门办理完变更手续后，到税务部门办理信息变更手续即可，所得税不涉及，增资会涉及印花税。

【案例 3-9】　综合减资增资定向分红实现股权转让（1）

【案例来源】　某上市公司公告

【案例背景】　B 公司注册资本 17 541.61 万元，是 A 公司的控股子公司，A 公司持有 B 公司 61.06% 的股权。根据战略发展需要，2022 年 1 月 28 日，B 公司召开股东会并作出决议，同意 A 公司参照 B 公司每股净资产进行减资 4 800 万元，减资后 B 公司注册资本变更为 12 741.61 万元，A 公司持有 B 公司的股份比例由 61.06% 变更为 46.39%，A 公司收回减资款 4 800 万元。同时按照 A 公司减资对应的比例向其分红人民币 3 171.36 万元（定向分红金额＝减少股份数×未分配利润÷总股本），A 公司合计收到 7 971.36 万元。

【案例 3-10】　综合减资增资定向分红实现股权转让（2）

【案例来源】　咨询案例

【案例背景】　CS 公司成立于 2018 年，注册资本 1 000 万元，其中如歌公司出资 500 万元，小华出资 500 万元，分别持有 CS 公司 50% 股权。2022 年，CS 公司账面未分配利润 500 万元，由于房产增值，公司评估价值 2 000 万元。如歌公司为调整产业结构，决定向税月公司转让 CS 公司的股权，转让价格 1 000 万元。

如果直接按 1 000 万元转让，如歌公司产生应纳税所得额 500 万元，应纳企业所得税 125 万元。如歌公司的财务人员提出三个方案。

方案一：先分红再转让。

第一步，CS 公司按股权比例分配利润 500 万元，如歌公司分红 250 元免税，股权转让应纳税所得额 250 万元，应纳企业所得税 62.50 万元。股东小华分红 250 万元，应纳个人所得税 50 万元。

第二步，分红后 CS 公司价值减少 500 万元，股权转让价格调整为 750 万元。如歌公司应纳税所得额 250 万元，应纳企业所得税 62.50 万元。

方案二：定向减资再增资。

第一步，CS 公司定向减资 500 万元，如歌公司出资减至 0 元，收回 1 000 万元。如歌公司应纳税所得额 250 万元，应纳企业所得税 62.50 万元。

第二步，减资后 CS 公司价值减少 1 000 万元，税月公司向 CS 公司增资 1 000 万元，其中 500 万元作为注册资本，500 万元计入资本公积。增资后 CS 公司注册资本 1 000 万元，小华及税月公司各持股 50%。

方案三：定向分红再减资再增资。

第一步，CS 公司定向分红 500 万元给如歌公司，如歌公司分红免税。

第二步，分红后 CS 公司定向减资，如歌公司出资减至 0 元，收回 500 万元。如歌公司应纳税所得额 0 元，不需缴纳企业所得税。

第三步，减资后税月向 CS 公司增资 1 000 万元，其中 500 万元作为注册资本，500 万元计入资本公积。增资后 CS 公司注册资本 1 000 万元，小华及税月公司各持股 50%。

方案四：先增资再定向分红再减资。

第一步，税月向 CS 公司增资 1 000 万元，其中 500 万元作为注册资本，500 万元计入资本公积。增资后 CS 公司注册资本 1 500 万元，如歌公司、小华及税月公司各持股 33.33%。增资时修改公司章程，为保持公司注册资本稳定，如果股东中途撤资，则股东只能收回投资成本。

第二步，CS 公司定向分红 500 万元给如歌公司，如歌公司分红免税。

第三步，分红后 CS 公司定向减资，如歌公司出资减至 0 元，收回 500 万元。如歌公司应纳税所得额 0 元，不需缴纳企业所得税。减资后 CS 公司注册资本 1 000 万元，小华及税月公司各持股 50%。

**【案例分析与合规管理】** （1）案例 3-9 中 A 公司对 B 公司减资，持股比例下降。由于股东会决议按每股净资产进行减资，而 B 公司账面存在未分配利润，所以 A 公司减资收回金额除了减少的注册资本外还应包括对应的未分配利润，该部分利润通过定向分红的方式收回。

案例 3-9 定向分红的安排不会产生税务影响，因为定向分红没有超过减资比例对应的未分配利润。但是案例以定向分红进行减资结算的方式提供了一个思路：当企业股东减资收回的款项超过对应的投资成本和未分配利润时，其余部分应确认为投资资产转让所得，需要缴纳企业所得税。如果以定向分红取代减资结算，则可能因分红免缴企业所得税，案例二则是该思路的具体应用。

（2）消失的税费。案例 3-10 中四种方案税费对比见表 3-6。

表 3-6　税费对比

金额单位：万元

| 股东 | 如歌公司 | 小华 | 税月公司 | 合计 |
|---|---|---|---|---|
| 方案一 | 62.5 | 50 | — | 112.50 |
| 方案二 | 62.50 | — | — | 62.50 |
| 方案三 | 0 | — | — | 0 |
| 方案四 | 0 | — | — | 0 |

方案一与方案二对比，税费增加了 50 万元，原因是股东小华也取得分红，纳税义务已经产生。方案二中小华未获得分红，相关权益仍留在 CS 公司中，纳税义务暂未产生，因此方案一与方案二相比，只是时间性差异。

方案一、方案三及方案四对比，如歌公司的税费消失了，原本应缴纳的 62.50 万元税费去哪里了呢？是转嫁给股东小华或者新股东税月公司了吗？经过分析可以发现，对小华和税月公司并没有产生影响。以方案一和方案三对比为例，见表 3-7。

**表 3-7　方案一和方案三对比**

金额单位：万元

| 行次 | CS公司价值 | 实收资本 | 未分配利润 | 资产增值 | 合计 |
|------|------------|----------|------------|----------|------|
| 1 | 股权变动前 | 1 000 | 500 | 500 | 2 000 |
| 2 | 其中：如歌公司 | 500 | 250 | 250 | 1 000 |
| 3 | 小华 | 500 | 250 | 250 | 1 000 |
| 4 | 方案三定向分红后 | 1 000 | 0 | 500 | 1 500 |
| 5 | 其中：如歌公司 | 500 | 0 | 250 | 750 |
| 6 | 小华 | 500 | 0 | 250 | 750 |
| 7 | 方案三减资后 | 500 | 0 | 500 | 1 000 |
| 8 | 其中：如歌公司 | 0 | 0 | 0 | 0 |
| 9 | 小华 | 500 | — | 500 | 1 000 |

第 3 行、第 6 行和第 9 行作对比，可知股东小华所持股权份额对应的未分配利润从 250 万元变成了 0 元，对应的资产增值从 250 万元变成了 500 万元。如歌公司所持股权份额对应的未分利润应为 250 万元，但是分走了 500 万元，对应的资产增值 250 万元则在减资时放弃，只收到出资成本。在定向分红后，小华在公司的权益由 1 000 万元减少到了 750 万元，相当于向如歌公司转移了利益 250 万元，然而在减资完成之后，小华在公司的权益由 750 万元增加到了 1 000 万元，转移的利益 250 万元又神奇地回来了。可以看出，如歌公司拿走了未分配利润，将资产增值留给了小华。资产增值部分不管是企业股东还是个人股东，均需要缴税，但是企业股东分红免税。因此如歌公司分红 500 万元免税，而对于小华而言，不管是分红还是资产增值均一样纳税。

如歌公司方案一和方案三收回款项对比见表 3-8。

表 3-8　方案一和方案三收回款项对比

金额单位：万元

| 对比 | | 实收资本 | 分红 | 资产增值 | 合计 |
|---|---|---|---|---|---|
| 如歌公司 | 方案一 | 500 | 250 | 250 | 1000 |
| | 方案三 | 500 | 500 | 0 | 1 000 |
| | 税费 | 不征 | 免 | 缴 | −62.50 |
| 小华 | 方案一 | 500 | 250 | 250 | 1 000 |
| | 方案二 | 500 | 0 | 500 | 1 000 |
| | 税费 | 不征 | 缴 | 缴 | 税费相同 |

**【案例 3-11】　先分立再减资实现股东分家**

**【案例来源】**　全国中小企业股份转让系统（以下简称"新三板"）公司公告

**【案例背景】**　A 公司注册资本 3 000 万元，由三个自然人甲、乙、丙持股，其中甲持股比例为 48.70%，乙持股比例为 48.60%，丙持股比例为 2.70%。

2020 年底，基于主要股东甲和乙对于 A 公司后续的经营发展规划存在差异，为实现未来各自的独立发展，A 公司决定分立。在分立完成后，甲主要负责 A 公司的家电业务板块，乙主要负责 A 公司的风电、光伏业务板块。同时，基于资产交割、业务交接和税务筹划的考虑，甲和乙约定了 18 个月的过渡期，在过渡期结束之后双方各自从对方产业中减资退出。

2020 年 11 月 7 日，A 公司召开董事会及股东会，同意 A 公司进行分立，按照业务板块进行划分。存续公司 A 公司，新设公司为 B 公司。存续公司的注册资本 2 000 万元，甲出资 974 万元，占注册资本的 48.70%；乙出资 972 万元，占注册资本的 48.60%；丙出资 54 万元，占注册资本的 2.70%。新设公司 B 公司的注册资本为 1 000 万元，甲出资 487 万元，占注册资本的 48.70%；乙出资 486 万元，占注册资本的 48.60%；丙出资 27 万元，占注册资本的 2.70%。

经审计，截至 2020 年 5 月 31 日，分立 A 公司总资产为 81 375.68 万元，净资产为 18 557.34 万元，评估值为 103 304 万元，评估增值 84 746.66 万元，增值率 456.67%。

2020 年 12 月 22 日，甲、乙、丙与 A 公司签署分立协议。根据分立协议约定，按照业务板块对分立前 A 公司的相关资产、负债及人员进行划分，其中与家电业务相关的资产、负债及人员保留于 A 公司，与风电、光伏业务相关的资产、负债及人员保留于 B 公司。

2020 年 12 月 22 日，甲、乙、丙与 A 公司签署分立补充协。基于税收筹划及稳定分立后主体日常经营的考虑，A 公司本次分立之后约定了 18 个月过渡期，在过渡期结束之后，自然人股东进行减资安排，甲通过减资的方式退出对 B 公司 48.70% 的全部持股，乙通过减资的方式退出对 A 公司 48.60% 的全部持股。减资完成后，甲和乙在 A 公司及 B 公司将不存在共同持股的情况。

**【案例分析与合规管理】**　（1）A 公司甲、乙两名股东分家各自单飞的过程如图 3-1 所示，分立完成后单个股东再用减资的方式退出，实现了股东分家。A 公司净资产评估增值 84 746.66 万元，增值率 456.67%。

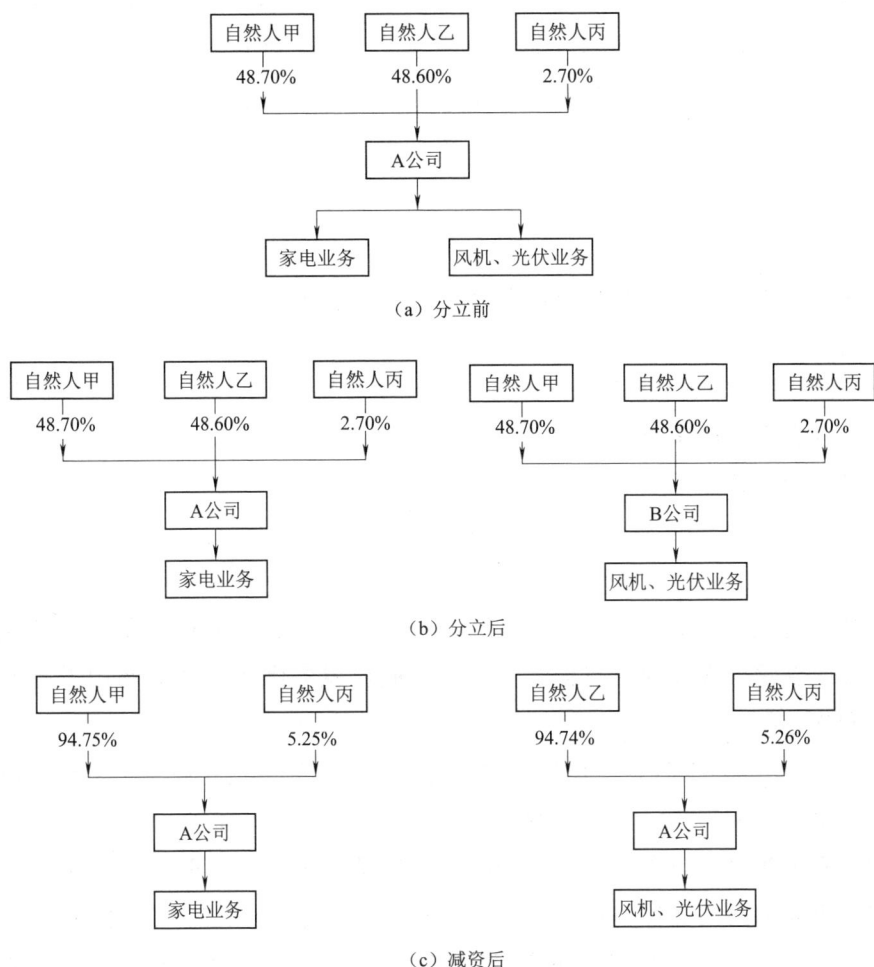

（a）分立前

（b）分立后

（c）减资后

图 3-1　分立前、分立后、减资后图示

（2）案例中提到基于税收筹划及稳定分立后主体日常经营的考虑，双方分立 18 个月后再减资退出。具体是指什么税收筹划呢？案例中没有具体描述。我们尝试拓展猜想：

分立环节，分立的过程适用了企业重组的各项税收优惠政策，分立资产相应的增值税、土地增值税等税费均不需缴纳。双方约定 18 个月才减资，很可能还适用了企业所得税特殊性税务处理。A 公司分立资产新设 B 公司环节，不需视同转让资产缴纳企业所得税。案例中分立时自然人股东可能没有缴纳个人所得税，认为企业分立自然人股东也可以享受特殊性税务处理。因此，分立环节自然人股东甲、乙、丙存在缴纳个人所得税的风险。

在减资环节，如果分立环节自然人股东没有缴纳个人所得税，则股权计税基础仍然为原始投资成本。如果按股权公允价值结算减资收回投资，甲和乙都需缴纳大额个人所得税。由于甲、乙均需从分立后对方实际持有并控制的公司减资，其实具有换股的性质，减资时可以考虑双方股权公允价值的差额，双方协商减资退股时的结算额，从而减少双方各自的减资收回的款项。

## 第五节　自然人低价转让股权与正当理由

2018 年修正的《个人所得税法》第十五条第二款规定："……个人转让股权办理变更登记的，市场主体登记机关应当查验与该股权交易相关的个人所得税的完税凭证。"

2020 年开始，税务机关高度关注个人股权转让纳税管理，股权过户"先税后证"（先完税再办理股东变更登记）陆续在各地区执行，并公开查处了一批自然人转让股权的涉税违法案件。至此，自然人股权转让的税务合规性大大加强，合法申报成为常态化。个人转让股权税务优化将转向利用税收政策的有利规定。

2014 年 12 月 7 日，为加强股权转让所得个人所得税征收管理，规范税务机关、纳税人和扣缴义务人征纳行为，维护纳税人合法权益，国家税务总局发布国家税务总局公告 2014 年第 67 号，这是关于自然人股权转让个人所得税非常重要的政策文件，甚至对非自然人的股权转让也起到参考作用。

国家税务总局公告 2014 年第 67 号第四条规定："个人转让股权，以股权转让收入减除股权原值和合理费用后的余额为应纳税所得额，按'财产转让

所得'缴纳个人所得税。"计算公式为

应缴纳个人所得税＝（股权转让收入－股权原值－合理费用）×20％

公式中，税率是确定的，国家税务总局公告2014年第67号的第二章和第三章分别对股权转让收入和股权原值的确认作了具体规定。股权原值是过去的历史成本，一般是确定的，没有弄虚作假的空间。因为纳税人一般会在股权转让收入上谋划，所以税务征管的焦点在于股权转让收入的真实性和合理性。国家税务总局公告2014年第67号第七条到第十四条，分别规定了股权转让收入的范围、公平交易原则、主管税务机关可以核定股权转让收入的情形、视为股权转让收入明显偏低的情形、股权转让收入明显偏低但视为有正当理由的条件、主管税务机关核定股权转让收入的方法。

整体而言，国家税务总局公告2014年第67号逻辑清晰，制定了明确规则的同时也留下了原则性空间。对纳税人而言，国家税务总局公告2014年第67号规定了税务机关可以核定股权转让收入。

---

《股权转让所得个人所得税管理办法（试行）》第十一条

第十一条　符合下列情形之一的，主管税务机关可以核定股权转让收入：

（一）申报的股权转让收入明显偏低且无正当理由的；

（二）未按照规定期限办理纳税申报，经税务机关责令限期申报，逾期仍不申报的；

（三）转让方无法提供或拒不提供股权转让收入的有关资料；

（四）其他应核定股权转让收入的情形。

---

核定转让收入的四种情形中，最受关注的是第（一）种情况"申报的股权转让收入明显偏低且无正当理由的"。虚假申报低价转让是自然人转让股权的重点问题，税务机关核定转让收入则是反避税措施。符合第一种情形需要满足两个条件：一是转让收入明显偏低；二是无正当理由，缺一不可。这两个条件的判断标准，在国家税务总局公告2014年第67号第十二条和第十三条有规定。这说明，即使股权转让收入明显偏低，纳税人也能通过证明存在正当理由的，从而避免核定收入，国家税务总局公告2014年第67号第十三

条列举的四项正当理由，满足其中之一即可。

《股权转让所得个人所得税管理办法（试行）》第十二条、第十三条

第十二条　符合下列情形之一，视为股权转让收入明显偏低：

（一）申报的股权转让收入低于股权对应的净资产份额的。其中，被投资企业拥有土地使用权、房屋、房地产企业未销售房产、知识产权、探矿权、采矿权、股权等资产的，申报的股权转让收入低于股权对应的净资产公允价值份额的；

（二）申报的股权转让收入低于初始投资成本或低于取得该股权所支付的价款及相关税费的；

（三）申报的股权转让收入低于相同或类似条件下同一企业同一股东或其他股东股权转让收入的；

（四）申报的股权转让收入低于相同或类似条件下同类行业的企业股权转让收入的；

（五）不具合理性的无偿让渡股权或股份；

（六）主管税务机关认定的其他情形。

第十三条　符合下列条件之一的股权转让收入明显偏低，视为有正当理由：

（一）能出具有效文件，证明被投资企业因国家政策调整，生产经营受到重大影响，导致低价转让股权；

（二）继承或将股权转让给其能提供具有法律效力身份关系证明的配偶、父母、子女、祖父母、外祖父母、孙子女、外孙子女、兄弟姐妹以及对转让人承担直接抚养或者赡养义务的抚养人或者赡养人；

（三）相关法律、政府文件或企业章程规定，并有相关资料充分证明转让价格合理且真实的本企业员工持有的不能对外转让股权的内部转让；

（四）股权转让双方能够提供有效证据证明其合理性的其他合理情形。

分析上述四项正当理由的应用难度，第一项属于不可控因素，并且需要文件支持，纳税人可优化的空间很小；第二项适用范围非常明确，实务中一

般应用于夫妻或直系亲属的股权转让，间接的直系亲属可通过多次转让实现。个别情况下也可能证明虽然非直系亲属，但是存在抚养义务，整体而言，适用范围比较窄。第三项主要应用于企业内部转让，章程规定限于员工之间转让以符合条件，可能存在人为创造适用条件，例如让股权受让人成为标的公司的名义员工。第四项则是兜底条件，过去应用第四种情形证明合理性的案例非常少。个别纳税人发现了第四种情形"其他合理情形"的争议空间，如何证明低价但是满足"其他正当理由"成为自然人转让股权避免核定的新思路。由于第四项条件没有列举具体情形，只是一个原则性规定，这给了纳税人和税务机关一定的判断空间，容易导致争议。

假如股权转让价格符合股权转让收入明显偏低的六种情形之一，纳税人又无法证明有正当理由，税务机关将会核定股权转让收入，国家税务总局公告 2014 年第 67 号第十四条列举的核定股权转收入的三个方法：第一个是净资产核定法；第二个是类比法；第三个是"其他合理方法"。国家税务总局公告 2014 年第 67 号文第十四条规定"依次"采用以上核定方法，所以"净资产核定法"被优先采用，除非标的公司的净资产无法确定，因此"净资产核定法"是实务中最常采用的核定方法，纳税人的相关操作也围绕"净资产"展开。

综上，自然人转让股权主要的风险在于低价转让。纳税人避免因低价转让而被核定股权转让收入的基本思路是：一是避免认定为低价转让；二是假如认定为低价转让，证明有正当理由。避免认定为低价转让的主要措施又包括调低净资产、虚假评估。证明正当理由则先判断是否符合前三项条件，如果难以满足，就考量能否适用第四项情形的原则性规定。

## 一、低价转让的正当理由

平价转让、0 元转让和 1 元转让等低价转让股权是自然人股权交易的涉税风险关注点，对于自然人而言，转让股权除了考虑直接经济收入外，还有亲情、友情、投资结构调整、其他间接经济收益等影响因素，这些因素能否构成正当理由，是能否避免核定股权转让收入的重点。

【案例 3-12】　家族内部股权转让，三次低价转让符合正当理由
【案例来源】　某上市公司公告
【案例背景】　唐甲、唐乙、张丙、王丁是 A 公司的主要股东，合计持

有 A 公司 78.426 0%，以及分别担任 A 公司董事长、总经理、副总经理、董事等职务，其中唐甲与唐乙系父子关系，唐甲与张丙、王丁均系翁婿关系，四人共同对 A 公司的重大决策和经营管理产生重大影响，为 A 公司共同实际控制人。四人约定如各方在股东大会或董事会表决事项上不能达成一致意见时，以唐乙的意见为准采取一致行动。

A 公司逐步形成了以总经理唐乙为主的经营管理团队，为加强唐乙在公司经营管理中的重要性及股东大会形成决策的影响力，并且第一大股东及董事长唐甲由于年龄原因，已逐渐减少对公司经营管理，实际控制人内部决定对 A 公司股权权益进行调整。2019 年，A 公司进行了下列股权调整，见表 3-9。

表 3-9　A 公司股权调整

| 股东 | 转让路径 | 转让前持股比例 | 转让后持股比例 | 转让价格 | 低价理由 |
|------|----------|----------------|----------------|----------|----------|
| 唐乙 | — | 19.285 4% | 47.000 0% | 1 元/股（低于每股对应净资产额） | 符合国家税务总局公告 2014 年第 67 号文第十三条第二款视为正当理由的规定 |
| 唐甲 | 唐甲→唐乙（父→子） | 27.871 4% | 5.426 0% | | |
| 张丙 | 张丙→配偶→唐乙（丈夫→妻子→兄长） | 15.634 6% | 13.000 0% | | |
| 王丁 | 王丁→配偶→唐乙（丈夫→妻子→兄长） | 15.634 6% | 13.000 0% | | |
| 合计 | — | 78.426 0% | 78.426 0% | | |

注：表中数字保留至小数点后四位。

2020 年 8 月 21 日，当地税务局出具股权变更税务登记表和股权变更的审核报告，确认张丙、王丁分别与其配偶之间的转让，唐甲与唐乙之间的转让、唐乙与两胞妹之间的转让，符合国家税务总局公告 2014 年第 67 号文的税收政策。

【案例分析与合规管理】　国家税务总局公告 2014 年第 67 号的规定：个人股东股权转让所得计算个人所得税时，对申报的计税依据明显偏低（如平价和低价转让等）且无正当理由的，主管税务机关可以按照每股净资产或股权对应的净资产份额等方法核定股权转让收入；但将股权转让给其能提供具有法律效力身份关系证明的配偶、父母、子女、祖父母、外祖父母、孙子女、外孙子女、兄弟姐妹及对转让人承担直接抚养或者赡养义务的抚养人或者赡养人属于上述所称正当理由。如果张丙和王丁直接将股权按 1 元每股转让给唐乙，交易双方不是直系亲属关系，属于计税依据明显偏低且无正当理由，因此以张丙和王丁以其配偶（唐乙胞妹）作为桥梁，拆分为两次转让实现目的，以符合正当理由的条件。

众所周知，直系亲属之间可以低价转让股权，在自然人股权转让中应用比较多，税务机关也不会质疑，毕竟完全符合国家税务总局公告 2014 年第 67 号所列举的正当理由。有的股东定价时就不考虑太多，觉得当然是越低越好，于是 0 元转让、1 元转让不在少数，导致再次处置股权时，新股东的计税成本只有 0 元或者 1 元，但转让时按市场价格确认无形中增加了应纳税所得额。

既然税法认可直系亲属低价转让股权具备正当理由，并且没有对低价的幅度作出限制，意味着直系亲属之间可以任意确定转让价。到底定价多少最合适呢？用一个小例子加以说明。

小明与小红 2015 年出资成立 PA 公司，注册资本 1 000 万元已经实缴，小明占 60％股权。2022 年，小明考虑到儿子小强已经成年，计划将 PA 公司交给儿子管理，于是将股权转让给儿子。PA 公司经营良好，股权明显已经升值。PA 公司的会计帮忙拟定股权转让协议，问小明转让价格定多少钱？

小明说：给儿子的股权收什么钱。

会计又问：那协议是直接写 0 元还是多少写一点，例如 1 元？

小明说：0 元和 1 元不是一样吗？

0 元和 1 元一样吗？当然不是。

假设几年后，由于 PA 公司业绩良好，某上市公司拟收购 PA 公司，PA 公司整体评估公允价值 5 000 万元，小强所持 60％股权作价 3 000 万元。

此时，当初父子间股权转让定价的区别就出来了。

情况一：股权转让定价 1 元。

小明将 PA 公司股权 1 元转让给儿子，小明无转让所得，不用缴纳个人所得税，儿子持有股权的计税基础是 1 元。上市公司出价 3 000 万元收购时，可以扣除的股权成本只有 1 元。

情况二：股权转让定价 0 元。

小明将 PA 公司股权 0 元转让给儿子，小明无转让所得，不用缴纳个人所得税。上市公司出价 3 000 万元收购时，可以扣除的股权成本中 0 元吗？不是。因为 0 元转让是无偿转让，国家税务总局公告 2014 年第 67 号对直系亲属通过无偿让渡方式取得股权有特别规定，儿子可以按父亲持股的计税基础600万元扣除。

《股权转让所得个人所得税管理办法（试行）》第十五条

第十五条　个人转让股权的原值依照以下方法确认：

......

（三）通过无偿让渡方式取得股权，具备本办法第十三条第二项所列情形的，按取得股权发生的合理税费与原持有人的股权原值之和确认股权原值；

......

情况三：股权转让定价600万元。

假如不愿无偿转让，最合适的定价就是与原股东的计税基础一致，即600万元。此时小明转让收入与计税基础一致，未产生转让所得，不用缴纳所得税。儿子再次转让也可以扣除，充分利用了原计税基础的税收价值。

因此，直系亲属低价转让股权的，建议选择两种定价方式：一是无偿转让；二是成本转让。

**【案例3-13】　定向分红后平价转让是否合理**

**【案例来源】**　某上市公司公告

**【案例背景】**　自然人甲原为A公司实际控制人，直接持有A公司24.02%的股权，通过B公司间接控制15%的股权，合计控制39.02%的股权。

2016年6月，甲因个人事业发展重心转移，已无法投入足够精力继续参与A公司经营，同时A公司拟继续向主要员工丙、丁、戊、己进行股权激励，因此经与甲及公司主要人员协商后，双方约定：甲将其持有的A公司合计704 429股的股权分别以1元/股价格转让给丙、丁、戊、己，自己则彻底退出公司。根据会计师事务所出具的审计报告，A公司截至2016年6月30日的归属于母公司所有者净资产为13 948 383.82元，每股净资产为3.96元/股。

2016年6月，A公司股东会决议通过按2016年6月30日期末账上未分配利润额，向甲定向分配其股权所对应的权益，甲因此取得税前分红203.58万元，折合每股分红2.89元。分红后，甲按约定以1元/股转让了股权。A公司已对本次股权转让受让方丙、丁、戊、已按股份支付确认了股权激励费用。

A 公司认为，上述股权转让各方未直接按 3.89 元/股的价格进行转让，而以 1 元/股的价格进行股权转让并同时进行定向分红的形式，主要原因直接按 3.89 元/股的价格进行受让，四位激励对象资金压力较大，因此经公司股东会审议通过，甲以股权转让及定向分红的方式退出 A 公司。定向分红"2.89 元/股＋转让价格 1 元/股"，甲于 2016 年 6 月退出 A 公司时取得的对价合计为 3.89 元/股，与 A 公司每股净资产 3.96 元/股不存在重大差异，因此，甲转让股权价格具有合理性。

**【争议焦点】** 股权转让当月，A 公司每股净资产为 3.96 元/股，自然人股东以 1 元/股转让股权，显然属于价格明显偏低。A 公司认为，定向分红"2.89 元/股＋转让价格 1 元/股＝3.89 元/股"，实际股权转让价格是 3.89 元/股，与每股净资产差异不大，因此股权转让价格合理。对于转让价格是否具备合理性可能存在争议。

观点一认为定向分红也需要缴纳个人所得税，不影响税收利益，股权转让价格合理。

观点二认为定向分红与股权转让是两个独立的事项，股权转让价格低于每股净资产，税务机关有权核定转让收入。

**【案例分析】**

**1. 定向分红的原因**

公司对员工进行股权激励时，由其他股东让渡股权的情况很常见，考虑到激励因素，员工支付的价格一般比较低。本案例中，转让方目的是退出公司，因此不能接受明显偏低的价格，A 公司采取的方法是通过定向分红为员工承担了大部分的股权价格。据此分析，税收因素并非 A 公司定向分红的最主要原因。

**2. 争议分析**

（1）观点一分析。

理由一，总价格不影响应缴税费。对于自然人股东，不管是股权转让所得，还是分红所得，均应按 20% 税率缴纳个人所得税。所以转让方甲不管是直接按 3.89 元/股转让股权，还是先分红再平价 1 元/股转让股权，应纳个人所得税额一致。

股权总价格＝3.89×704 429＝2 740 228.81（元）

应缴个人所得税＝704 429×(3.89－1)×20％＝407 159.96（元）

定向分红之后1元/股转让应缴个人所得税＝203.58×20％＋704 429×(1－1)×20％＝40.72（万元）

理由二，A公司对甲进行定向分红后，虽然每股净资产仍然高于1元，但是净资产中甲的股权所对应的权益2.89元已经分配给了甲，此时甲持有的股权相当于除权后的股权，甲的股权价值只等于对应的注册资本，所以1元/股转让价格是合理的。

理由三，如果不采用定向分红，而是直接转让。则原股东缴纳股权转让个人所得税之后，新股东在未来分红时还需要缴纳个人所得税，存在重复征税，因为对于新股东而言，该部分分红已经作为股权对价支付给原股东，实际上是收回投资成本。

（2）观点二分析。

理由一，税务处理上分红与股权转让是两个交易，不能合并计算。A公司对甲分红，甲向丙、丁、戊、己四人转让股权是两个独立交易，分开计税。因此不能把分红款计入股权转让价格再来判断股权转让价格是否明显偏低。

理由二，应税项目不同。虽然自然人甲应缴个人所得税相同，但分红所得与股权转让所得是不同应税项目。

## 二、正当理由的其他合理情形

许多企业为了规划上市或者引进战略投资者，需要对公司的股权架构进行重整，经常涉及股权转让，由于是内部调整，转让价格经常偏低，一元转让，平价转让比较常见。例如。持股层级调整，为了避免产生转让所得，一般会控制转让价格；主要控制人让渡部分股权用于员工股权激励，考虑到激励的目的，一般会低价转让；融资引进战略投资者，对赌条款约定低价回购股权。这些企业不管是筹划上市还是筹划成为上市公司的收购对象，其共同特点是股权价值已经明显上升，一边是内部股权调整，一边是外部战略投资者进入，引进外部投资者前一般先对公司股权价值进行评估，在公允价值的基础上协商，两者一经对比，内部股权调整的价格与引进外部战略投资者的价格存在明显差异，内部股权调整价格明显低于市场公允价值，如何处理和解释价格差异需要提前考虑。部分股权转让方需要为价格偏低寻求"正当理由"，这些"理由"是否具备合理性存在主观判断，往往成为争议点。

国家税务总局公告 2014 年第 67 号对于股权转让收入明显偏低可以视为有正当理由的情形列示了四项，其中前三点有比较具体的描述，纳税人可以对号入座判断。第四项属于兜底条款，社会经济活动越来越复杂，正当理由客观上难以穷尽列举，第四项的"股权转让双方能够提供有效证据证明其合理性的其他合理情形"给予了纳税人在前三点之外证明正当理由的空间。但在实务中，适用"其他合理情形"却不容易，合理性的举证责任在于纳税人，而是否采信的决定权在于税务机关。即使看起来非常相似的案例，其交易背景和公司情况也有不同之处，纳税人可能也难以通过列示其他案例争取同样处理。显然，上述两则案例中的纳税人低于净资产份额转让股权，视为股权转让收入明显偏低，税务机关可以核定股权转让收入，除非纳税人有正当理由。

"其他合理情形"的合理性如何判断？国家税务总局公告 2014 年第 67 号第十三条"（四）股权转让双方能够提供有效证据证明其合理性的其他合理情形"，这个兜底条款没有明确的合理性判断依据，纳税人只能尽所能地提供资料证明其合理性。税务机关对合理性的判断具备一定的自由裁量权，国家税务总局公告 2014 年第 67 号文也没有明确判断的依据，导致税务机关在裁量时也存在谨慎性。大部分的税法文件中，对于兜底条款的应用，一般需要有关部门发布文件明确应用的情形，起到打补丁的作用，较少由基层税务机关直接应用兜底条款执法。这也导致了在一般的案件中，适用"其他合理情形"的难度比较大。纳税人应当有充足的材料作说明，以增加与税务机关沟通时的说服力。如果参考企业所得税法关于不具有合理商业目的的判断，以减少、免除或者推迟缴纳税款为主要目的。那么纳税人最基本应当说明其转让股权的合理商业目的，并且说明没有规避国家相关税收，没有以减少、免除或者推迟缴纳税款为主要目的。

**【案例 3-14】　实控人向技术专家赠与股权实施股权激励是否构成正当理由**

**【案例来源】**　某上市公司公告

**【案例背景】**　自然人甲是 A 公司股东兼实控人，自然人乙是行业技术专家。2021 年 5 月引进乙加入 A 公司，甲将 A 公司的 30 万元注册资本股权赠与乙。按 2021 年 2 月 28 日的每注册资本对应净资产金额 1.516 元计算，A 公司作为股份支付处理，计入资本公积 45.47 万元，一次性确认股份支付费用 45.47 万元，计入当期损益。

A 公司认为，实控人甲将乙作为技术专家引进赠与股权，上述赠与具有真实合理性，并非通过无偿赠与方式规避税收缴纳义务，A 公司已就本次股权转让相应进行股份支付处理。根据工商登记资料中个人股东变动情况报告表所载内容，本次股权转让已于 2021 年 3 月 11 日通过主管地税机关审核，不涉及个人所得税缴纳。

**【案例分析与合规管理】** 自然人之间无偿赠与股权，属于国家税务总局公告 2014 年第 67 号第三条规定的 "（七）其他股权转移行为"，是股权转让情形之一。无偿赠与即 0 元转让，转让时标的公司每注册资本对应净资产金额 1.516 元，属于股权转让收入明显偏低的情形，因此需要证明其正当理由，否则主管税务机关可以核定股权转让收入。国家税务总局公告 2014 年第 67 号第十三条关于价格明显偏低的四项正当理由，前三项不适用于上述赠与行为，纳税人只能证明符合第十三条 "（四）股权转让双方能够提供有效证据证明其合理性的其他合理情形"。

甲股东和 A 公司会以什么理由证明无偿赠与的合理性呢？

第一，控股股东向技术人才赠与公司股权，是公司对员工实施股权激励的一种方式。股权激励能够留住人才吸引人才，有利于企业稳定和吸引优秀的技术人才和管理人才。乙是行业专家，甲对其赠与股权，是为了吸引乙进入 A 公司，以股东的身份进入公司有利于人才的稳定。分享股权能增加乙对 A 公司的归属感，共享收益，使其个人利益与公司利益趋于一致，更好地发挥乙的积极性，因此该无偿赠与行为具有商业合理性，并非以逃避或减少纳税为目的。

第二，财税部门先后发布了《关于完善股权激励和技术入股有关所得税政策的通知》（财税〔2016〕101 号）（以下简称财税〔2016〕101 号）等多个文件支持企业对员工进行股权激励，员工按照 "工资、薪金所得" 项目纳税，符合规定条件的，经向主管税务机关备案，可递延至转让该股权时纳税。低价或无偿赠与股权造成的股权公允价格与员工实际取得的价格之间的差额部分，已经由员工承担了个人所得税，低价转让或无偿赠与不是以不交税为目的。

所以，控股股东低价或无偿向员工进行激励股权的行为，具有商业合理性。在本案例中，税务机关认为该转让行为具有合理性，不涉及个人所得税。那么，是不是可以将本案例的税务处理类推到所有的同类股权激励行为呢？

不可以。实践中并未形成统一共识，各地的税务处理仍然存在差异，对于何谓"其他合理情形"仍然是仁者见仁，智者见智。

【案例拓展】　假如当地税务机关认为员工股权激励不是股权转让收入明显偏低的"其他合理情形"，转让方甲就需要另外证明价格合理性。国家税务总局公告 2014 年第 67 号规定的正当理由条件之第十三条"（三）相关法律、政府文件或企业章程规定，并有相关资料充分证明转让价格合理且真实的本企业员工持有的不能对外转让股权的内部转让"，甲是 A 公司的实控人，乙引进 A 公司后将成 A 公司的员工，转让双方都具备 A 公司的员工身份，A 公司可以提前规划以满足正当理由的条件。例如 A 公司章程规定，实控人甲的部分股权不能对外转让，必须预留作为内部员工激励之用，同时员工接受股权激励后如果离职，所持有的股权也不能对外转让，只能在 A 公司内部转让或者由实控人回购。甲和 A 公司提供相关资料证明股权内部转让的限制，同时甲证明转让价格的真实性，再与税务机关沟通可否视为有正当理由。

不少自然人在创业初期成立的公司股权结构比较简单，由股东个人直接持股。随着公司的发展，部分实控人接触到一些商业课程，这些课程讲授股权结构的重要性，提出自然人直接持股存在某些缺点，建议合理调整股权结构。所以企业老板经常问一个问题：我将公司的股权转让给自己新成立的公司，可以平价转让吗？需要纳税吗？

中介机构说服老板们调整股权架构的重要理由之一是公司分红缴税问题。自然人股东甲将 A 公司的股权转让给甲投资的一人有限公司 B 公司，将直接持股变成间接持股。A 公司是实体公司，B 公司只是作为持股平台，通过 B 公司持股 A 公司，目的是实现 A 公司分红给 B 公司可以免税，B 公司可以将分回的利润再用于投资。如果直接分给甲，需要缴纳个人所得税。而且 A 公司与 B 公司之间的资金往来，也可以避免自然人股东从公司借款视同分红的风险。

同样，公司股权调整时，实控人经常会选择合伙企业间接持有部分股权，或者设立合伙企业作为员工持股平台。自然人股东将标的公司股权平价转移到合伙企业的情况也时有发生。这些自然人股东将股权转移到关系的有限公司或者合伙企业，平价转移的理由主要是公司内部股权调整，目的是优化股权结构，属于股权转让价格偏低的"其他合理情形"，这个理由的合理性能得到税务机关的认可吗？

**【案例 3-15】　内部股权结构调整是否构成低价转让股权的正当理由（1）**

**【案例来源】　某上市公司公告**

**【案例背景】**　自然人甲是 A 公司股东，同时是 A 公司的实控人，自然人乙是 A 公司的股东之一。B 公司是甲设立的一人有限公司，C 公司是乙设立的一人有限公司。2018 年 5 月 30 日，甲将其持有 A 公司的 5 805.80 万元注册资本转让给 B 公司，乙将其持有 A 公司的 1 701.70 万元注册资本转让给 C 公司，转让对价均为 1 元/注册资本，即按出资金额平价转让。关系图如图 3-2 所示。

A 公司认为，B 公司是甲设立的一人有限公司、C 公司是乙设立的一人有限公司，股权转让目的是调整 A 公司的股权结构，具备合理性。

根据当地税务局于 2018 年 5 月 31 日出具的"关于自然人股东股权转到其设立的一人有限公司是否缴纳个人所得税请示的回复"，鉴于 A 公司目前的实际情况，该局暂未查到此行为征收个人所得税的相关税收政策依据，可暂按国家税务总局公告 2014 年第 67 号第十三条第四项"股权转让双方能够提供有效证据证明其合理的其他合理情形"视为正当理由，不征收个人所得税。

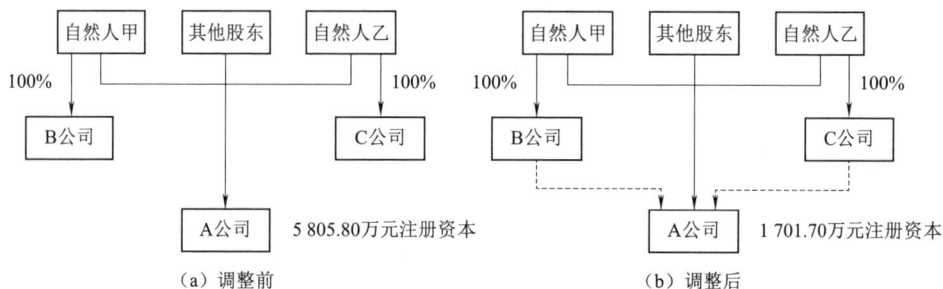

图 3-2　调整前后关系图

**【案例 3-16】　内部股权结构调整是否构成低价转让股权的正当理由（2）**

**【案例来源】**　12366 纳税咨询

**【案例背景】**　问题：自然人 A 持有甲有限责任公司 70% 的股权（自然人 A 出资甲公司的成本是 1 元/每元注册资本）。A 计划将其持有的甲公司 30% 股权转让给乙有限责任公司（乙公司系自然人 A 持股 100% 的一人有限公司），作价是 1 元/每元注册资本。目前甲公司每元注册资本的净资产约 1.4 元。请问该股权转让行为是否需要缴纳个人所得税？（2021-2-20）

X 市 12366 纳税服务中心答复：

根据《国家税务总局关于发布〈股权转让所得个人所得税管理办法（试行）〉的公告》（国家税务总局公告 2014 年第 67 号，以下简称"67 号公告"）第十二条的相关规定，纳税人拟进行股权转让的收入低于其股权对应的净资产份额的，视为股权转让收入明显偏低。同时，根据 67 号公告第十三条的相关规定，纳税人将股权转让给其 100％持股的一人有限公司，不符合第十三条规定的有正当理由的情形。因此，主管税务机关应根据 67 号公告第十四条的方法核定股权转让收入。（2021-2-24）

【争议焦点】 国家税务总局公告 2014 年第 67 号对于股权转让收入明显偏低可以视为有正当理由的情形列示了四项，显然，上述两则案例均不适用国家税务总局公告 2014 年第 67 号第十三条的前三项理由，只能与税务机关沟通是否符合第四项的"其他合理情形"。

上述两个案例均为自然人股东将其持有的目标公司股权低价（低于目标公司净资产份额）转让给本人 100％持股的一人有限公司。案例 3-15 当地税务机关认为交易双方能证明低价转让的正当理由，不征收个人所得税。案例 3-16 税务机关认为纳税人将股权转让给其 100％持股的一人有限公司，不符合有正当理由的情形，应核定股权转让收入征收个人所得税。有观点认为案例 3-16 中税务机关的回复相当于明确了：纳税人将股权低价转让给其 100％持股的一人有限公司应当核定股权转让收入。两则案例有完全不同的税务处理意见，争议焦点在于：自然人将股权低价转让给其 100％持股的一人有限公司，是否应当核定股权转让收入。

【案例分析与合规管理】 如果只按税负简单对比，自然人直接持股分红时缴纳 20％个人所得税，一人有限公司持股分红时免税，但再分配给个人时仍然需要缴纳 20％个人所得税，并没有减少纳税。转让股权的时候，个人直接持股转让股权缴纳 20％个人所得税，一人有限公司转让股权先缴纳一次 25％企业所得税，再将转让所得分配给个人时还要再缴纳 20％个人所得税，因此自然人将股权低价转让给其 100％持股的一人有限公司理论上没有规避国家相关税收。

在上市公司的公告中，公司上市前的股权调整中，自然人股东将所持目标公司股权转让到一人有限公司不征收个人所得税的案例不止一个。由此可以说明，自然人将股权低价转让给其 100％持股的一人有限公司，纳税人可以通过证明其合理性避免核定股权转让收入。其中调整公司股权结构是比较合理的理由，纳税人可以提供有效证据证明其转让目的是调整股权，并非不交税。通过推测对比两个案例在实务中的情形，案例 3-15 中目标公司是拟上市企业，具备一定的规模和较复杂的股权架构，具备专业的财税人员，具备准备充分材料的能力，能证明该次股权转让的目的并非不交税，而是出于公司上市前股权结构调整的合理商业目的。股权转让收入低于股权对应的净资产份额属于税务机关可以核定股权转让收入的情况，豁免的条件是有证明存在正当理由。案例 3-16 中纳税人只说明了其存在低于净资产转让股权的情形，并未说明合理理由，税务机关回复需要核定股权转让收入并无不妥。因此，认为案例 3-16 中税务机关的回复是明确了"纳税人将股权低价转让给其100％持股的一人有限公司应当核定股权转让收入"，排除了其可能适用"其他合理情形"的观点理由并不充分。逻辑如图 3-3 所示。

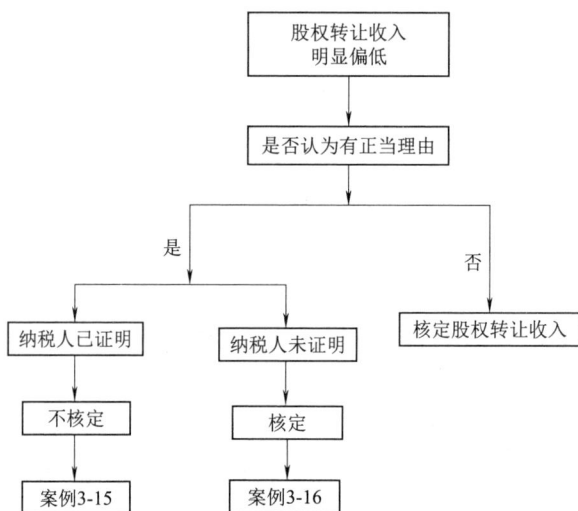

图 3-3　是否核定股权转让收入逻辑

综上所述，自然人将股权低价转让给其 100％ 持股的一人有限公司，并非绝对核定股权转让收入，仍然存在与税务机关沟通争取不核定股权转让收入的空间。

同理，既然自然人低价转让股权可以通过证明存在正当理由避免核定股权转让收入，那么范围不仅限于转让给本人 100％ 持股的一人有限公司，即使是转让给其他公司或者个人，也可以通过证明存在正当理由避免核定。当然，相对于前者而言，后者理论上虽然存在可能性，但实务中更难以提供具备说服力的理由。毕竟，如果"其他合理情形"的认定口径过于宽松，不排除部分纳税人通过杜撰理由达到避税的目的，这将降低国家税务总局公告2014年第67号文的监管作用。例如，自然人转让给本人100％持股的一人有限公司只是过渡，后面还有第二次转让才是真正交易，税务机关需要持续监控才能发现真正的目的，增加了监管的风险。

**【案例拓展】** 众所周知，为了支持企业重组，多个税种均为企业重组制定了特定的支持政策，其中包括企业所得税政策，但是缺乏支持企业重组的个人所得税支持政策。对于自然人直接持股的企业，在进行企业分立、合并、划转等重组活动时，由于股东是自然人不是居民企业，不能享受企业重组的特殊性税务处理政策。

创意公司是一家高新技术企业，自然人小明持有创意公司100％股权。由于公司发展势头良好，拟上市企业如歌公司准备收购创意公司达到完善公司产业结构的目的，小明也希望通过股权交易成为如歌公司的股东。于是双方协商一致，如歌公司收购创意公司，并以如歌公司的股权作为对价支付给小明。

虽然本次股权转让100％以股权支付，并且可以符合企业所得税特殊性税务处理的条件，但是由于创意公司的股东是自然人小明，需要缴纳个人所得税，因此不适用企业所得税的特殊性税务处理政策，小明转让创意公司股权需要缴纳个人所得税。创意公司与如歌公司咨询税务顾问，如何才能适用特殊性税务处理政策呢？

第一步，小明设立一人有限公司A公司。

第二步，小明将创意公司的股权按出资成本转让给A公司，理由是创意公司发展良好，公司为了寻求更有利的发展，决定优化股权结构，为一步引进战略投资者做准备，本次股权调整具有合理的商业目的。创意公司准备充分的资料与税务机关沟通，希望得到税务机关认同本次股权转让具有正当理由，不核定股权转让收入。

第三步，A公司作为创意公司的母公司，与如歌公司进行企业重组交易，A公司将创意公司的股权转让给如歌公司，换取如歌公司的股权支付。本次股权转让符合企业重组特殊性税务处理的条件。

**【案例 3-17】** 自然人将股权转移到合伙企业是否构成低价转让股权的正当理由（1）

**【案例来源】** 某上市公司公告

**【案例背景】** 自然人甲是 A 公司的股东兼实际控制人，自然人乙是 A 公司的显名股东，为甲代持 A 公司 4.50％的股份。B 有限合伙（以下简称 B）、C 有限合伙（以下简称 C）企业是甲及其配偶出资设立的合伙企业，准备作为员工持股平台。2018 年 4 月 27 日，甲将其持有的 A 公司 4.5％股份转让给 B，股份转让的价格为 1 元/股，总价款为 1 687 503 元。同日，乙与 C 签订了股份转让协议，向 C 转让其持有的 A 公司股份 1 687 498 股，转让价格为 3.14 元/股，总价格与乙对 A 公司增资时金额相同，即按持股成本平价转让。

A 公司认为，上述两次股份转让均为平价转让，且 B、C 均为甲控制的企业，其仅有甲夫妻两名合伙人，是为将来 A 公司实施股权激励、引进优秀人才预留的持股平台，而乙所持股权是为甲代持。根据《税务总局关于发布〈股权转让所得个人所得税管理办法（试行）〉的公告》（国家税务总局公告 2014 年第 67 号）第十三条之（四）规定，甲、乙将股份转让给甲实际控制人控制的合伙企业，属于股份转让收入明显偏低、但有正当理由的情形，不存在税务追缴风险。

**【案例 3-18】** 自然人将股权转移到合伙企业是否构成低价转让股权的正当理由（2）

**【案例来源】** 某上市公司公告

**【案例背景】** 自然人丙是 D 公司的股东兼实际控制人。E 有限合伙企业（以下简称 E 合伙）是丙和配偶于 2020 年 7 月 6 日设立，准备作为员工持股平台。丙与 E 合伙于 2020 年 7 月 8 日签署股份转让协议，约定丙将其所持 D 公司 70 万股股份（占 A 公司总股本的 1.4％）以 1 元/股的价格转让给 E 合伙。根据资产评估机构出具的以 2019 年 10 月 31 日为基准日的 D 公司股权价值咨询项目咨询报告，截至 2019 年 10 月 31 日，D 公司股东全部权益市场法测算估值为 65 500 万元，据此，D 公司 1.4％股份对应的公允价值 917 万元。

参考前述估值，丙及其配偶于 2020 年 8 月将其所持 E 合伙 52.647 2 万元财产份额（对应 D 公司 52.647 2 万股股份）转让给 33 名 D 公司员工，转让价格为 13.1 元/财产份额（对应 D 公司股份的转让价格为 13.1 元/股），即本次股份转让的实际转让价格为 13.1 元/股。本次转让完成后，丙及其配偶已完成相关纳税义务。

D 公司认为，第一次股份转让实际是股东丙将其直接持有的股份变更为丙及其配偶间接持有，未改变转让股份的实际权益状态。其目的是通过转让 E 合伙财产份额间接转让 D 公司股份。因此，第一次股份转让按照 1 元/股的价格进行具有合理性，并且第二次股权转让已经完成相关缴税义务。

**【案例分析】** 案例 3-17、案例 3-18 具有三个共同特点：一是自然人股东将其所持有的股权转让给由其同一控制下的合伙企业；二是受让方合伙企业均准备作为标的公司的员工股权激励持股平台；三是均在短时间内发生两次股权转让，价格存在明显对比差异，第一次转让明显低于标的公司股权的公允价值，自然人股东转让股权给由其控制的合伙企业价格明显偏低。

上述两个案例的当事人均认为股权转让价格合理，依据是国家税务总局公告 2014 年第 67 号第十三条第四项"……提供有效证据证明其合理性的其他合理情形"。分析纳税人可能列举以下理由：

一是自然人股东将股权转让给其控制的合伙企业，只是将直接持有股份变更间接持有，未改变转让股份的实际权益状态，属于内部调整，平价转让具有合理性。

二是合伙企业准备作为员工股权激励持股平台，受让股权拟用于激励员工，具有合理的商业目的，且符合政策倾向，平价转让具有合理性。

三是当公司实施员工股权激励，合伙企业层面再次转让给员工时，原股东转让合伙企业财产份额需要履行纳税义务，因此第一次股权转让无逃避或减少纳税的故意。

以上理由能否被税务机关采纳，认定符合"其他合理情形"呢？而且当股权平移到合伙企业后，再次转让时，未必不影响税收利益。合伙企业二次转让计税方式与自然人直接转让计税方式不一致，纳税地点不一致都可能导致税收利益不一致。

**【案例 3-19】** **收购第三方为控股股东代持股份是否构成低价转让股权的正当理由**

**【案例来源】** 某上市公司公告

**【案例背景】** A 公司是拟上市公司，自然人甲是 A 公司的实际控制人。B 公司成立于 2011 年 8 月，是甲以亲属名义成立的公司。截至 2017 年 12 月，B 公司的股权结构如下：自然人乙持有 32.73% 出资额，自然人丙持有

21.82%出资额，C基金持有45.45%出资额。其中乙和丙所持股权均为代甲持有，C基金所持股权是附回购承诺的明股实债投资。甲与乙是兄嫂关系，甲与丙系叔侄关系，代持原因是基于工作便利、业务运营的考虑。

B公司自成立以来，主要从事汽车精密零部件的研发、生产和A公司存在同业竞争情形。为消除同业竞争、规范运作并降低管理成本。2019年9月，乙、丙向A公司转让其合计持有的B公司54.55%股权。转让价格按乙和丙实缴注册资本确定，合计6 100万元，该价格明显低于B公司的公允价值。

收购完成后，B公司成为A公司的控股子公司。2019年9月，B公司完成工商变更登记手续，流程如图3-4所示。

A公司认为，乙和丙所持股权均为代甲持有，甲是B公司和A公司的实际控制人，因此A公司收购B公司的股权是同一控制下的企业合并。收购目的是优化股权结构，消除同业竞争、规范运作并降低管理成本，具有合理的商业目的，因此平价收购符合国家税务总局公告2014年第67号价格明显偏低、且有正当理由情形，自然人无须缴纳个税。2022年2月21日，A公司当地税务局出具完税说明，根据国家税务总局公告2014年第67号、认定转让方此次股权转让个税为零。

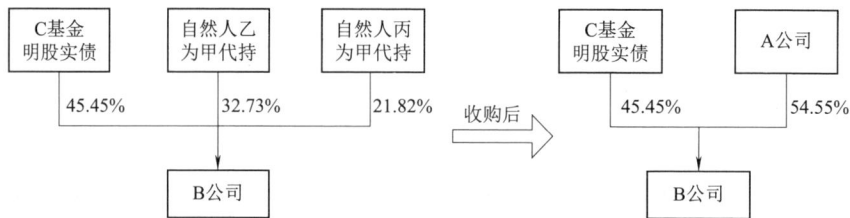

图 3-4　工商变更登记

【案例分析与合规管理】　本案例是自然人转让股权，转让价格明显偏低具不符合国家税务总局2014年第67号公告第十三条之前三种情形，纳税人认为符合第四项，且有正当理由。A公司认为的理由包括：

一是自然人股东将股权转让给同一控制下的企业，属于内部调整，优化股权结构。A公司是拟上市企业，收购B公司股权是消除同业竞争、规范运作并降低管理成本，契合上市需求，具有合理的商业目的，平价转让具有合理性。

二是如果认为 B 公司的股东不是甲，收购前 A 公司与 B 公司没有控制关系，不属于内部调整，那么可以分步理解：乙和丙所持股权是为甲代持，代持还原符合国家税务总局 2014 年第 67 号公告价格明显偏低，可以理解为先平价转让解除代持关系，甲再将股权平价转让给 A 公司。

案例适用了两次国家税务总局 2014 年第 67 号公告规定的价格明显偏低、且有正当理由情形（其他合理情形），一次以股权代持理由，一次以内部调整具有合理商业目的为理由。当地税务机关认可 A 公司转让方无须缴纳个人所得税。但是不论是解除股权代持还是内部转让，是否属于具有正当理由，均没有统一意见，尤其是解除股权转让的税务处理更具争议，本案例再次说明了"其他合理情形"存在裁量差异，但也说明了存在沟通余地。

## 第六节　企业转让股权如何调整

第一节探讨了个人股权转让涉税务问题，国家税务总局公告 2014 年第 67 号对个人股权转让的重点事项作出了明确规定，相比而言，非个人股权转让却没有出台类似文件，因此非个人股权转让的征管，在政策方面缺乏具体的专门性规定，适用企业所得税及《税收征收管理法》的一般性规定。

企业转让股权是否和个人转让股权一样，对价格明显偏低的可以核定征收呢？

### 一、非关联企业低价转让股权

**【案例 3-20】**　企业低价转让股权税务机关是否有权调整
**【案例来源】**　咨询案例
**【案例背景】**　税务师小明为创意公司提供 2021 年度的企业所得税汇算清缴服务，发现创意公司 2021 年转让了被投资企业 A 公司的股权，股权投资成本是 3 000 万元，转让价格 1 000 万元，处置损失 2 000 万元。

小明检查了创意公司与受让方 B 公司的股权转让合同，没有发现异常，股权也过户了，B 公司也并非创意公司的关联方，于是小明确认了该笔投资损失。

后续服务中，小明无意中在创意公司的资料中发现了一份评估报告，是对该项股权的价值评估，评估价为 4 000 万元。

小明问创意公司的会计，这是怎么回事？会计回应，这份评估报告是创意公司内部参考使用的，不作为会计资料，也不会对外提供。小明问：为什么价值 4 000 万元的股权，1 000 万元就转让了？是不是阴阳合同虚假交易？

原来，股权真正的受让方不是 B 公司而是 C 公司，股权转让价格是 4 000 万元。创意公司为了少纳税，提出通过阴阳合同跟 C 公司交易，但是 C 公司是合法经营的企业，不同意和创意公司签订阴阳合同帮助创意公司违法少交税。于是，创意公司选择了中间方 B 公司，B 公司是严重亏损企业，并且不满足创意公司的关联方的形式条件。所以创意公司先将股权以 1 000 万元转让给 B 公司，B 公司再按 4 000 万元的价格转让给 C 公司，B 公司转让股权产生的收益用于弥补亏损了。创意公司与 B 公司之间再另外协商价款结算。而创意公司与 B 公司交易，B 公司与 C 公司交易，各自进行，税务机关不容易发现互相之间的关系。

小明问：创意公司向 B 公司 1 000 万元转让股权，不担心被税务稽查吗？只要稽查评估，就会发现低价转让的情况。

会计说：我们咨询过税务机关了，目前对企业低价转让股权，没有核定调整的依据！

真的是没有调整的依据吗？税务师小明陷入了思考。

**【案例分析与合规管理】**　　（1）国家税务总局公告 2014 年第 67 号能否适用于企业转让股权？有观点认为：企业转让股权征管方面可以参考此公告。该公告规定转让股权低于股权对应的净资产份额、低于取得成本、低于公允价值等情况，税局可以核定转让收入！

但是，国家税务总局 2014 年第 67 号公告的目的是加强股权转让所得个人所得税征收管理，规范税务机关、纳税人和扣缴义务人征纳行为，维护纳税人合法权益。其规范管理对象不包括企业。实务中即使有参考意义，也不能作为税局调整纳税的正式执法依据。

（2）《税收征收管理法》第三十五条第一款第六项规定："纳税人申报的计税依据明显偏低，又无正当理由的。"税务机关有权核定。企业低价转让是否可以引用该规定呢？

据此有观点认为：税务机关可以对被转让股权进行评估，如果发现转让价格明显偏低，有权核定创意公司的股权转让收入。按此观点，在税务机关发现转让价格明显偏低之前，就可以要求企业先行评价或者税务机关自行评估。这样的程序是否正确呢？《税收征收管理法》第三十五条第二款规定"税务机关核定应纳税额的具体程序和方法由国务院税务主管部门规定"，这说明《税收征收管理法》赋予了税务机关应纳税额的权利，同时限制了核定应纳税额的具体程序和方法由国务院税务主管部门规定，并非由各地基层税务机关自行制定。国务院税务主管部门没有针对企业转让股权制定具体的核定的程序和方法，只是制定了个人转让股权的核定程序和方法。

（3）企业转让股权损益属于企业所得税的应税范围，适用企业所得税征管规定。《企业所得税法》第六章"特别纳税调整"明确了企业业务往来税务机关有权按照合理方法调整的情况，其中第四十七条作了兜底条款，笼统地规定"企业实施其他不具有合理商业目的的安排而减少其应纳税收入或者所得额的，税务机关有权按照合理方法调整"，于是在实践中，就出现了直接应用第四十七条作为调整依据的案例，但业内观点倾向于这样处理并不恰当。

《企业所得税法》第四十七条

第四十七条　企业实施其他不具有合理商业目的的安排而减少其应纳税收入或者所得额的，税务机关有权按照合理方法调整。

《中华人民共和国企业所得税法实施条例》第一百二十条

第一百二十条　企业所得税法第四十七条所称不具有合理商业目的，是指以减少、免除或者推迟缴纳税款为主要目的。

2009年，为贯彻落实《企业所得税法》及其实施条例，规范和加强特别纳税调整管理，国家税务总局制定了《国家税务总局关于印发〈特别纳税调整实施办法（试行）〉的通知》（国税发〔2009〕2号）（以下简称"国税发〔2009〕2号"）。关于《企业所得税法》的特别纳税调整管理，国家税务总局制定了具体的程序和方法，并且在2015年后陆续发布了系列新的文件进行补充修订，因此，税务机关对纳税人进行企业所得税调整，应当按照上述文件规定的程序执行。

《特别纳税调整实施办法（试行）》第九十二条、第九十四条、第九十五条、第九十七条

第九十二条　税务机关可依据所得税法第四十七条及所得税法实施条例第一百二十条的规定对存在以下避税安排的企业，启动一般反避税调查：

（一）滥用税收优惠；

（二）滥用税收协定；

（三）滥用公司组织形式；

（四）利用避税港避税；

（五）其他不具有合理商业目的的安排。

……

九十四条　税务机关应按照经济实质对企业的避税安排重新定性，取消企业从避税安排获得的税收利益。对于没有经济实质的企业，特别是设在避税港并导致其关联方或非关联方避税的企业，可在税收上否定该企业的存在。

第九十五条　税务机关启动一般反避税调查时，应按照征管法及其实施细则的有关规定向企业送达《税务检查通知书》。企业应自收到通知书之日起60日内提供资料证明其安排具有合理的商业目的。企业未在规定期限内提供资料，或提供资料不能证明安排具有合理商业目的的，税务机关可根据已掌握的信息实施纳税调整，并向企业送达《特别纳税调查调整通知书》。

……

第九十七条　一般反避税调查及调整须层报国家税务总局批准。

具体应用到本案例，创意公司1 000万元转让A公司的股权，受让方是B公司。创意公司与B公司不满足关联企业的条件，如税务机关认为创意公司股权转让损失不能税前扣除，调整创意公司的股权转让收入，适用《特别纳税调整实施办法（试行）》第十章的一般反避税管理第九十二条"（五）其他不具有合理商业目的的安排"，则税务机关可以进行一般反避税调查及调

整，但是须呈报国家税务总局批准，这导致一般反避税调查不会轻易启动。

（4）如何认定企业实施了避税安排。

《国家税务总局关于企业所得税资产损失资料留存备查有关事项的公告》（国家税务总局公告 2018 年第 15 号）（以下简称国家税务总局公告 2018 年第 15 号）第一条规定："企业向税务机关申报扣除资产损失，仅需填报企业所得税年度纳税申报表《资产损失税前扣除及纳税调整明细表》，不再报送资产损失相关资料，相关资料由企业留存备查。"因此，创意公司可以自行扣除股权投资损失，留存转让合同等资料备查。

税务机关进行一般反避税调查及调查之前，需要发现并有一定的依据证明企业实施了不具有合理商业目的的安排获取了税收利益，才会启动一般反避税管理。税务机关以何标准判断创意公司股权转让价格不合理呢？国家税务总局公告 2014 年第 67 号可以按不同情况依据净资产、股权成本、公允价值等标准判断个人转让股权价格是否合理，但不能适用到企业。

有观点认为，税务机关可以启动评估程序，证明股权价值证明企业转让股权价格偏低。对此存在反对观点，创意公司与 B 公司不属于关联交易，税务机关判断创意公司的报税依据明显偏低没有事实和法律依据。税务机关必须依法行政，法律、行政法规执行，根据《税收征收管理法》第三十五条第一款第六项的规定，税务机关要启动评估程序，必须符合"报税主体的报税明显偏低"和"无正当理由"两个条件，才能启动评估认证。本案例中，创意公司的报税依据是双方签订的股权转让合同，这个报税依据是正当合法的。法律、行政法规并没有直接授予税务机关启动价格认证的权利，而是附有条件授予，当所附的条件不成熟时，就不能滥用职权启动，因此税务机关不能随意启动评估程序。按现有政策，企业转让股权并没有评估的要求，税务机关不适宜额外要求企业股权转让前提供评估报告。

综上所述，一般企业转让股权，监管上存在一定的空间。类推到其他资产转让，极少听说有税务机关以计税依据明显偏低调整企业所得税的案例。例如房地产企业向非关联方低价销售商品房，增值税、土地增值税等都会被调整，但是，企业所得税不会调整。

那么，创意公司向 B 公司 1 000 万元转让股权的行为就无法调整了吗？回到案例的问题根源，并不仅是交易价格是否公允的问题，而是虚假交易阴阳合同的问题，症结在于如何获取双方虚构阴阳合同进行交易的证据。

虽然上述案例的低价转让属于虚假交易，但是并不意味着低价转让就一定是虚构，虽然股权转让的对价理论上应按照公允价值确定，但是经济活动存在各种复杂的情况及关系，企业或个人股东在转让股权时，达成低价或者平价转让股权的真实交易不在少数，除了关联方之间、亲属好友之间、合作机构之间外，常见的还有公司股权激励发生的股权转让。

## 二、关联企业低价转让股权

【案例 3-21】　　关联企业之间低价转让股权是否需要纳税调整

【案例来源】　　税务稽查案件

【案例背景】　　A 公司成立于 2005 年 7 月，企业性质为私营有限责任公司，所属行业为商务服务业。A 公司主要从事企业管理服务、企业管理咨询等业务。2017 年，某市国税稽查局接到上级机关推送的调查线索，信息显示 A 企业管理公司（A 公司子公司）在与关联企业进行股权转让时交易价格明显偏低，具有逃避缴纳税款嫌疑。由于涉及交易金额较大，接报后，稽查局随即抽调业务骨干成立检查组，对 A 企业管理公司立案检查。调查发现，A 公司在 2009—2012 年期间，曾将其控制的多家子公司股权低价转让给位于北京的关联企业。转让价格与当时取得股权的投资成本相同，被转让企业存在未分配利润等股东留存收益。稽查局对 A 公司调整股权转让收入 8 991.40 万元计入企业应纳税所得额，作出补缴企业所得税、加收滞纳金的处理决定。

【争议焦点】　　A 公司观点：

（1）这些股权转让行为是为了优化企业股权，在内部关联企业之间开展的股权管理结构调整行为，不是以股权获利为目的的股权交易行为，因此采取了平价转让。由于在工商机关办理股东变更以实现股权转移时，必须提交股权交易合同，若按溢价进行股权交易，会使这种以调整内部股权结构为目的的活动承担不必要的税负，降低企业管理效率。

（2）根据国税发〔2009〕2 号文件第三十条规定："实际税负相同的境内关联方之间的交易，只要该交易没有直接或间接导致国家总体税收收入的减少，原则上不做转让定价调查、调整。"因此，A 公司认为，企业与关联企业的股权调整，属于内部"优化管理"行为，不涉及税收问题。

税务机关观点：

（1）根据《国家税务总局关于贯彻落实企业所得税法若干税收问题的通

知》(国税函〔2010〕79号)(以下简称国税函〔2010〕79号）及《企业所得税法》等规定，A公司在检查年度转让多家子公司股权的行为并非内部"优化管理"行为，并且其转让价格与当时取得股权的投资成本相同，价格明显偏低，应按照被转让企业对应的净资产份额进行计算。同时，A公司股权转让交易中，股权转让价格未包含被投资企业未分配利润等股东留存收益中按该项股权所可能分配的金额，应将被转让企业对应净资产金额减去投资成本的差额计入应纳税所得额，缴纳企业所得税。

（2）国税发〔2009〕2号文中的关联交易不包括股权转让内容，因此本案件问题不适用该项法规。

（3）此外，A公司提出的其按股权投资成本转让给关联企业的行为，是为了优化公司治理结构，不是以获利为目的的说法，与交易客观情况不符。对一项交易行为的判定应依从实际交易行为和客观结果，而非主观意念，A公司与关联企业的股权交易行为符合税法的相关规定，应依法缴纳相关税款。

**【案例分析与合规管理】**

**1. 关于转让价格明显偏低如何被发现**

案例介绍是上级机关推送的调查线索显示A企业管理公司在与关联企业进行股权转让时交易价格明显偏低，具有逃避缴纳税款的嫌疑。因此某市稽查局应在有线索证明转让价格明显偏低的情况下启动调查，并且稽查局认为交易客观情况与优化公司治理结构，不是以获利为目的的说法不符，由此分析税务机关应该获取比较全面的资料，取得被转让股权后续的相关情况，从而认定该股权转让并非公司内部优化目的。

**2. 双方观点分析**

A公司的申辩理由主要有两点：一是成本转让具有合理商业目的或者具有正当理由。属于内部"优化管理"股权结构调整行为，并非以股权获利为目的的股权交易行为，不是以减少、免除或者推迟缴纳税款为主要目的，因此不应当调整。二是根据《特别纳税调整实施办法（试行）》，其向关联企业转让股权的行为，双方实际税负相同，该交易没有直接或间接导致国家总体税收收入的减少，因此不应当进行特别纳税调整。稽查局否定了A公司的第一个理由，认为经调查交易的客观情况，并非如此。至于第二个理由，稽查局认为股权转让并非关联交易的列举范围，因此不适用《特别纳税调整实施办法（试行）》第三十条。

国税发〔2009〕2 号文件未将股权转让纳入关联交易的列举范围。但 2012 年国家税务总局在《国家税务总局关于关联股权债权交易适用特别纳税调整法律法规及有关规定的批复》（国税函〔2012〕262 号）中回复四川省税务局"……股权或债权的关联交易属于关联业务往来的内容，应当适用特别纳税调整的法律法规及有关规定"。2016 年发布的《国家税务总局关于完善关联申报和同期资料管理有关事项的公告》将股权投资纳入关联交易的列举范围。

### 3. 税务机关的调整依据

稽查局认为 A 企业管理公司股权转账价格未包含被投资企业未分配利润等股东留存收益中按该项股权所可能分配的金额，应将被转让企业对应净资产金额减去投资成本的差额计入应纳税所得额，缴纳企业所得税，依据是国税函〔2010〕79 号。国税函〔2010〕79 号针对股权转让所得如何计算，强调不得扣除被投资企业未分配利润等股东留存收益中按该项股权所可能分配的金额，因为该部分金额如何在股权转让前进行利润分配，法人股东一般将其作为免税收入，但是不分配而是进行股权转让，则转让收入不能将该部分利润作为免税收入扣除。所以国税函〔2010〕79 号并非企业股权转让收入核定征收的依据。

【案例拓展】 对比本节的几个案例，案例 3-20 中非关联企业低价转让股权损失在企业所得税前扣除，没有被核定调整，税务机关没有进行反避税管理。而案例 3-21 中，关联企业之间以内部优化股权结构的名义低价转让股权却不被税务机关认可，被稽查核定调整补税及加处滞纳金。所以，企业之间的股权转让，还是潜在不少风险。

# 第四章　利润分配税务争议

很多公司创业伊始，都会问一个问题：有限公司、个人独资企业、合伙企业，哪种形式更好？众所周知，有限公司组织形式在股东分红、股东退出环节时整体税负是最高的，达到40％。但是有限公司由于市场配套制度成熟完善，具有不可替代的优越性，仍然具有最广泛的创业选择。

为了避免分红产生高税负问题，有的公司不选择自然人直接持股架构，而选择更加复杂的控股公司架构或者混合股权架构，层层嵌套的股权架构，利润分配也在股权架构内部进行，解决自然人股东分红再投资需要缴纳个人所得税的问题。但是股权架构改变分红对象只能起到推迟纳税的作用，并不能真正减少个人所得税，因为股权架构的最顶层始终是自然人，股东最终退出时分配累积的收益，仍然需要缴纳个人所得税。

## 第一节　重复征税

下面看一则司法判例。

黄先生通过司法拍卖，购买徐先生所持有某农商银行（以下简称农商行）股权，代徐先生承担并缴纳了股权增值的个人所得税约1万元，股权增值包含农商行的未分配利润。后来农商行分红，农商行代扣代缴黄先生的股息红利个人所得税250元。黄先生认为，农商行分红的利润，是包含在他所购买股权总价值中的，这部分利润在股权转让时，已经作为股权增值交了个人所得税了，为什么现在分红又要交？这不是重复征税吗？为此黄先生提起行政诉讼，请求法院判决税务局返还多缴纳的税款253.8元，法院驳回原告黄先生的诉讼请求。

这个案例的金额很小，但是很有典型性，这就是财税人员经常问的又一个问题："转让股权之前先分红是不是可以节税？"但是仍然有不少股东在转让了股权之后，才后知后觉发现失误。

下面通过一个实践中遇到的案例开展讨论。

**【案例 4-1】** 法人股东认缴增资并定向分红后用于履行出资义务获得税务机关认可

**【案例来源】** 咨询案例

**【案例背景】** 2021 年，自然人小明以 0 元转让如歌公司 20% 的股权给小红，税务机关不认可 0 元转让，认为股权转让收入明显偏低且没有正当理由。税务机关依据国家税务总局公告 2014 年第 67 号的规定，采用净资产法核定的股权转让收入为 100 万元（如歌公司账面未分配利润 500 万元，实收资本 0 元），可以扣除的股权原值和合理税费 0 元，小明依法应缴纳个人所得税 20 万元。小明不愿意承担税费，协议买家"包税"，受让人小红承担并缴纳税费 20 万元。

2022 年，如歌公司分配利润，向小红分配 150 万元的利润，代扣个人所得税 30 万元。小红认为不应代扣税款 30 万元，受让股权的时候已经交了 20 万元的个人所得税，就是因为如歌公司账面有 500 万元未分配利润，所以针对 500 万元利润已经完税。小红只需要对 500 万元之外的利润分配份额纳税，30－20＝10（万元），只需缴纳 10 万元税费即可，否则就是重复征税，如图 4-1 所示。小红认为股权转让环节和分红环节需要缴纳个人所得税，其中 20 万元为重复纳税。

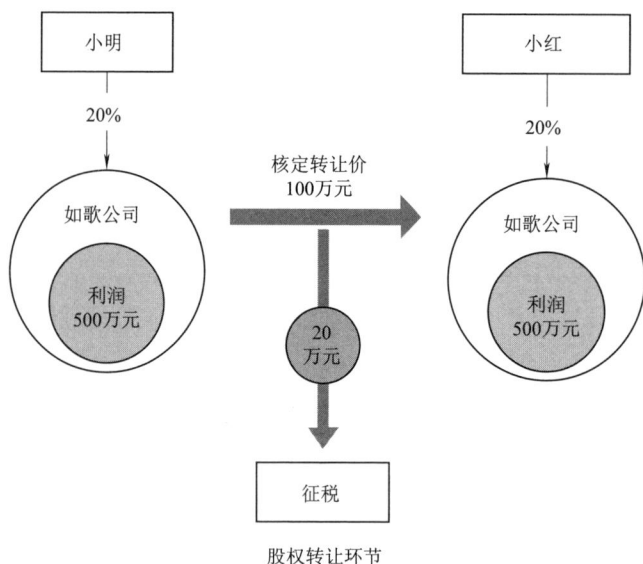

图　4-1

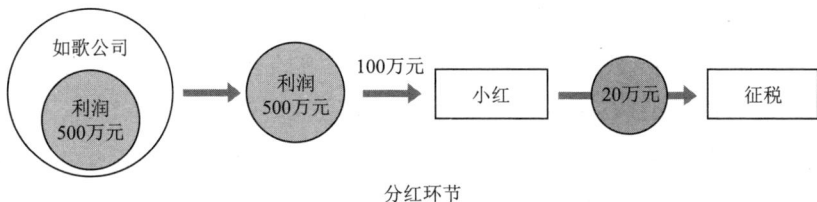

图 4-1  股权转让环节

**【争议焦点】**  针对以上争议，有两种观点。

观点一认为 20 万元是重复征税，分红计税时应当扣除 100 万元利润已缴的税款 20 万元。

观点二认为没有重复征税，分红计税不能扣除 20 万元，100 万元递延到处置股权时作为成本扣除。

**【案例分析与合规管理】**

**1. 观点一认为重复征税的理由**

如歌公司分配利润的时候，小红应当马上从 30 万元税款中冲抵 20 万元，因为该部分利润已经缴税 20 万元，重复交税不合理。

不管新老股东，同一笔分配利润只能征一次税，而不是股权转让时征一次，实际分红再征一次。按照净资产核定法核定股权转让价格，利润分配前后核定的价格肯定不一致。分配前，税务机关核定小明转让股权收入是 100 万元，该核定价格中包含归属于 20% 股权份额的未分配利润 100 万元。分配后，净资产不再包含未分配利润，核定价格不再包含归属于 20% 股权份额的未分配利润 100 万元，应核定为 0 元。上市公司股票，分红后股票价格会除权，就是这个道理。分红前，股票是含权价格，分红后，股票价格相应除权，即分红影响了股票价格，针对股权也是如此。如果股权交易双方为企业，因为企业股东分红免税，所以不产生重复征税的影响，但是对于自然人股东，则出现案例中的新老股东均征了一次税。

换个情形作对比，假设股权转让前，如歌公司已经宣告分配利润 500 万元，但尚未支付股利，净资产核定法核定的股权转让价格还包含未分配利润吗？不包含未分配利润。因为宣告利润分配之后，原来账面未分配利润变成了应付股利，净资产减少了 500 万元。如歌公司宣告分配利润后，支付股利前，原股东小强持有一项应收股利债权，转让股权时该债权同时转让。相当于把原本如歌公司的未分配利润变成了债权，但是用净资产核定法核定股权转让价格时，该价格却没有包含应收股利债权的价值。此时再采用净资产核定法核定股权转让收入是0元，小明缴纳股息红利的个人所得税20万元而不是缴纳财产转让所得个人所得税20万元。新股东获得应收股利债权，如歌公司实际支付股利时，代扣代缴个人所得税。这种情况下，针对该部分利润只缴纳了一次所得税，小红取得股权的计税基础不再包含该部分利润。这样的处理，对比原案例重复纳税20万元，显然更加合理。

因此，核定股权转让价格时，应区分其中未分配利润，采用类似股票含权、除权的概念。针对未分配利润单独处理，不管是新老股东，针对对应的未分配利润只征一次税。

**2. 观点二认为没有重复征税的理由**

（1）应税所得类型不同。

2021年，小明转让股权。根据规定，股权转让按照财产转让所得计算个人所得税。财产转让所得，以转让财产的收入额减除财产原值和合理费用后的余额，为应纳税所得额。根据国家税务总局公告2014年第67号，个人转让股权，以股权转让收入减除股权原值和合理费用后的余额为应纳税所得额。本案例中，其中"股权转让收入额"为核定的股权转让成交价100万元；本案例中"财产原值"和"合理费用"为0元。

2022年，如歌公司分配利润，其中股东小红分得150万元，如歌公司作为代扣代缴义务人，扣取利息、股息、红利所得个人所得税30万元。分红产生的个人所得税属于"利息、股息、红利所得"。2021年，股权转让时缴纳的个人所得税属于"财产转让所得"，二者属于不同的税目，应分别计算个人所得税，不存在重复征税的情况。

（2）纳税主体不同。

财产转让所得的纳税主体是转让方。2021年，小明转让股权，小明是"财产转让所得"的纳税主体。2022年，如歌公司分配利润，小红是"利息、股息、红利所得"的纳税主体。虽然小红代小明承担了"财产转让所得"税费，但这只是双方之间协商的民事行为，并不能改变税法规定的纳税主体。两次征税的纳税主体不同，不存在重复征税的情况。

（3）再次转让时股权原值不同。

小明直接以0元转让股权，税务机关核定股权转让价格是100万元，缴纳个人所得税后。受让方小红取得的如歌公司 20% 股权的原值是 100 万元。如果先分红再转让，则受让方股权原值为 0 元。

《股权转让所得个人所得税管理办法（试行）》（国家税务总局公告 2014 年第 67 号）第十六条

第十六条　股权转让人已被主管税务机关核定股权转让收入并依法征收个人所得税的，该股权受让人的股权原值以取得股权时发生的合理税费与股权转让人被主管税务机关核定的股权转让收入之和确认。

核定的股权转让收入，纳税后就变成了新股东持股的计税基础，新股东再次处置股权时，作为投资成本在税前扣除了。因此，不存在重复征税的情况。

对比之后可以发现，观点一重在讲"理"，认为重复征税不合理，给纳税人增加了负担。观点二重在讲"法"，根据现行税法规定，看起来是重复征税，实际只是时间性差异。在"理"与"法"之间，依法征税，自然是以法为先。

该案例的争议法理关系不复杂，争议之所以产生，主要是源于纳税人的直观认知，看到了表面的"重复征税"不合理，未从税法规则层面去思考"重复征税"的逻辑。

案例中股权转让双方均是个人，如果转让方为公司，则标的公司先分红，分红属于企业所得税免税收入，再转让股权，可以减少股权转让环节的所得税。虽然"先分红，后转让"已经成为大众熟知的股权转让操作，但实务中仍然出现不少失误的操作。交易双方由于缺乏经验，转让后再分红才发现要被"重复征税"了。

将本案例的时间推前一点，如歌公司召开股东会，讨论分红事宜。股东小红才知道分红需要"重复"缴纳 20 万元，小红不愿意。怎么办呢？

假设如歌公司注册资本 200 万元，20% 股权对应注册资本 40 万元。小红有没有可能改变"利息、股息、红利所得"为"财产转让所得"，将 100 万元股权计税基础提前扣除。

第一步：如歌公司减资 40 万元，股东小红退出。如歌公司与小红进行撤资结算，按账面未分配利润比例支付小红150万元。

依照国家税务总局公告2011年第41号，小红撤资应按照"财产转让所得"项目适用的规定计算缴纳个人所得税。

应纳税所得额＝150－100＝50（万元）

应纳个人所得税＝50×20％＝10（万元）

---

《国家税务总局关于个人终止投资经营收回款项征收个人所得税问题的公告》（国家税务总局公告2011年第41号）第一条

一、个人因各种原因终止投资、联营、经营合作等行为，从被投资企业或合作项目、被投资企业的其他投资者及合作项目的经营合作人取得股权转让收入、违约金、补偿金、赔偿金及以其他名目收回的款项等，均属于个人所得税应税收入，应按照"财产转让所得"项目适用的规定计算缴纳个人所得税。

应纳税所得额的计算公式如下：

应纳税所得额＝个人取得的股权转让收入、违约金、补偿金、赔偿金及以其他名目收回款项合计数－原实际出资额（投入额）及相关税费

---

第二步：如歌公司增资，小红认缴增资40万元，增资后如歌公司注册资本200万元，小红持股比例是20％。

小红分红不变，持股不变，如歌公司注册资本不变，股东不变。小红无须立即"重复纳税"20万元。

## 第二节　定向分红

在股权转让前公司有未分配利润可能导致重复征税，那么大家可能都会优先考虑先分红再转让。如果对全部股东进行分红，可能会使公司面临巨大的资金压力，影响公司的可持续发展，那么有没有可能只针对计划转让股权的股东进行分红，对其他股东不作分配呢？

定向分红，即不按出资比例分红，指公司进行利润分配时，全体股东约定不按照出资比例分取红利的情况。定向分红的合法依据是《公司法》第二

百一十条第四款规定："公司弥补亏损和提取公积金后所余税后利润，有限责任公司按照股东实缴的出资比例分配利润，全体股东约定不按照出资比例分配利润的除外；股份有限公司按照股东所持有的股份比例分配利润，公司章程另有规定的除外。"

居民企业来自权益性投资的分红免税，税收利益关键词：免税。免税使定向分红成为税收筹划的方法之一。例如，企业通过改变分红的比例，将应纳税分红变成免税分红；改变分红的对象，实现分红资金在股东之间免税流转；以分红的方式支付交易价款，将应税所得变成免税所得；将直接分红分解为二次分红，改变分红纳税地点，等等。定向分红税收合法性成为争议事项。

争议焦点：税务机关是否对公司定向分红进行纳税调整？

观点一认为，不应当纳税调整。理由为公司分红属于公司意思自治范畴内的事情，《公司法》默认有限责任公司分红比例是实缴的出资比例，但是经全体股东约定可以改变分红的比例。有限责任公司默认按持股比例分红，但公司章程可以规定其他的分红比例，这是《公司法》层面关于定向分红的合法性依据。

税法层面，《企业所得税法》第二十六条第二项规定"符合条件的居民企业之间的股息、红利等权益性投资收益"为免税收入。既然《公司法》规定公司定向分红合法，那么居民企业获得定向分红也应当免税。因为税法没有另外规定定向分红在免税范围外。这两项依据均是法律层次的规定，具有很高的法律效力。

观点二认为，可以纳税调整。主要理由是对于超过股权比例分得的那部分股息红利，不属于《企业所得税法》规定的免税收入范围。至于超出出资比例的分红额，其税法属性则存在多种观点：有认为是股东之间的捐赠；有认为是股东收回投资成本；有认为是股东之间转让分红权，等等。

早在 2013 年，国家税务总局就相关问题曾回复"不按照独立企业之间的业务往来收取或者支付价款、费用，而减少其应纳税收入或者所得额的，有限公司不按出资比例分红，而减少自然人其应纳税所得额的，税务机关有权进行合理调整"。定向分红被认为是关联交易。另外，也有认为定向分红不具有合理商业目的，税务机关有权进行纳税调整。

但是税务机关没有对定向分红出台针对性措施，税务机关对纳税人进行纳税调整需要满足规定的条件。例如，需要满足关联交易的纳税调整条件，满足不具有合理商业目的的反避税条件等，不是所有的定向分红都满足纳税调整的条件，并且税务机关层面对于定向分红应否纳税调整也存在不同意见，这是定向分红在现实中长期存在的原因之一，包括上市公司的公告也时不时看到定向分红的影子。

经过查阅，税务总局纳税服务问答发现，各地对于不按投资比例分红是否可以享受企业所得税免税政策给出了不同的答复。

1. 问题：某有限公司由 A（法人）、B（法人）和 C（自然人）出资组成，出资比例为 3∶3∶4，公司章程规定分红比例为 4∶4∶2。2012 年度公司分红 100 万元，请问：A 和 B 各分得的 40 万元是否可以免税？

国家税务总局答复：（2013-05-17）

《税收征收管理法》第三十六条规定，企业或者外国企业在中国境内设立的从事生产、经营的机构、场所与其关联企业之间的业务往来，应当按照独立企业之间的业务往来收取或者支付价款、费用；不按照独立企业之间的业务往来收取或者支付价款、费用，而减少其应纳税的收入或者所得额的，税务机关有权进行合理调整。据此，有限公司不按出资比例分红，而减少自然人其应纳税所得额的，税务机关有权进行合理调整。

2. 问题：某有限公司由 A（法人）、B（法人）和 C（自然人）出资组成，出资比例为 3∶3∶4，公司章程规定分红比例为 4∶4∶2。2012 年度，公司分红 100 万元，请问：A 和 B 各分得的 40 万元是否可以免企业所得税？

江苏地方税务局答复：（2013-05-14）

根据《企业所得税法》及《实施条例》的规定，在中华人民共和国境内，企业和其他取得收入的组织（以下统称企业）为企业所得税的纳税人，依照本法的规定缴纳企业所得税。个人独资企业、合伙企业不适用本法。符合条件的居民企业之间的股息、红利等权益性投资收益，为免税收入。所称符合条件的居民企业之间的股息、红利等权益性投资收益，是指居民企业直接投资于其他居民企业取得的投资收益。不包括连续持有居民企业公开发行并上市流通的股票不足 12 个月取得的投资收益。

因此，您企业取得符合上述文件规定的投资收益免征企业所得税。否则，应并入收入总额计征企业所得税。

3. 问题：某公司的两个股东都是企业法人，对公司税后利润进行分配，如果两股东协商后同意不按股份比来分，一个分得多一个分得少，那么多分的一方分到的利润是否还能享受免税收入优惠？

江苏省常州地方税务局答复：

实际分得部分和按比例分得部分的差额视同投资成本的收回，减少股东的投资成本。

此外，再查看申报类程序性文件，关于定向分红在企业所得税申报时的实际操作，申报表和申报系统层面能否实现免税。

中华人民共和国企业所得税年度纳税申报表（A类，2017 年版）填报说明，其中 A107011 "符合条件的居民企业之间的股息、红利等权益性投资收益优惠明细表" 填报说明规定 "11. 第 7 列 '依决定归属于本公司的股息、红利等权益性投资收益金额'：填报纳税人按照投资比例或者其他方法计算的，实际归属于本公司的股息、红利等权益性投资收益金额。"

《企业所得税优惠政策事项办理办法》（2018 修订）附件：企业所得税优惠事项管理目录（2017 年版）第 3 项中主要留存备查资料包括被投资企业股东会（或股东大会）利润分配决议或公告、分配表。

因此，企业填报企业所得税申报表时，居民企业之间的股息红利除了按投资比例计算外，还可以按其他方法计算。此外，备查资料也没有关于投资比例的特别要求。纳税人注意公司章程应为全体股东约定不按照出资比例分取红利。因此定向分红在操作层面正常申报即可实现免税。

综上所述，从政策文件、官方答复、申报表填写并未形成统一口径，但是倾向于定向分红也可享受免税优惠。因此，实务存在不定向分红的案例，税务机关主动调整的情况非常少，上市公司公告也经常看到定向分红的影子。

定向分红之所以成为财税规划工具，关键在于"定向"一词。一般来说，分红是股权权益之一，公司分红应按持股实缴比例。定向分红改变了原本正常的分红资金流向，将原本属于其他股东的利润分给了个别股东。实践中，通过定向分红，可能产生以下作用：一是改变了分红的纳税主体，分红款从高税负流向低税负；二是改变了分红资金的性质，分红款间接变成资产交易价款；三是改变了资产交易的支付对象，资产交易的支付方从受让方变成标的公司；四是改变了资金的周转轨道，将股东先收到分红再支付变成直接以让渡分红权益支付。"定向"操作简单好用，而且有《公司法》作为合法依据。

**【案例 4-2】** 法人股东认缴增资并定向分红后用于履行出资义务获得税务机关认可

**【案例来源】** 某上市公司公告

**【案例背景】** A 公司原本注册资本 2 030 万元。2016 年，A 公司参与客户的招投标项目，部分金额较大的招标项目要求投资方注册资本不低于 10 000 万元，且招标工作人员表示因投标方均具有较强实力，不排除后续在评标过程中通过考察投标方注册资本实缴情况遴选中标方。为此，A 公司为增加中标可能性需要在短期内将注册资本增加至 10 000 万元以上并完成全部实缴。

A 公司的自然人股东甲和乙决定增资 7 970 万元，资金来源为 A 公司对甲和乙分红，由于直接向自然人股东分红需缴纳 20％个人所得税，甲、乙拟对分红进行税务筹划。但是增资时间紧张，于是甲和乙先通过第三方向 A 公司拆借资金 7 970 万元，甲和乙再将资金用于对 A 公司增资，增资流程如图 4-2 所示。

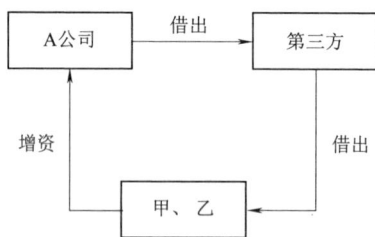

图 4-2　增资流程

同时，甲和乙积极研究税收筹划方案，并就该税收筹划方案与所在地税务主管部门进行了沟通。定向分红方案实施过程见表 4-1。

表 4-1　定向分红方案

| 日　期 | 方　案 |
| --- | --- |
| 2016 年 10 月 27 日 | 甲、乙于出资设立 B 公司，注册资本为 1 000 万元 |
| 2016 年 11 月 | 对 A 公司认缴增资 1.4 亿元 |
| 2016 年 11 月 25 日 | A 公司向 B 公司定向分红 2.24 亿元，甲、乙不参与分红 |
| 2016 年 11 月 25 日至 30 日 | A 公司将分红款转账支付给 B 公司 |
| 2016 年 11 月 30 日 | B 公司实缴出资 1.4 亿元至 A 公司 |
| 2016 年 11 月 | 甲、乙将 B 公司分红所得款项作为资金来源，通过第三方归还增资借款 |

定向分红流程如图 4-3 所示。

甲、乙和 A 公司认为，A 公司经全体股东一致同意不按出资比例分配分红，向 B 公司定向分红金额 2.24 亿元，甲和乙不参与本次分红。《公司法》并未禁止定向分红方式，A 公司分红决议属于全体股东就分红事项达成的合意及约定，合法有效。同时，经过与当地税务机关沟通，当地税务主管部门已确认此次定向分红的合

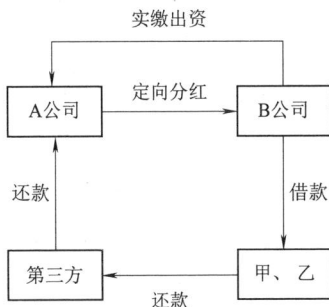

图 4-3　定向分红流程

法合规性。2020 年 7 月 15 日，当地税务局出具证明文件，认为 2016 年 11 月 25 日 A 公司进行的定向分红不违反法律法规的规定，A 公司、B 公司及自然人股东甲、乙均不需缴纳税款，也无须对其作出纳税调整并补征税款、滞纳金或罚款。当地税务机关的上级主管税务机关于 2021 年 1 月 13 日出具了相关回复意见，同意上述证明文件的处理意见。

A 公司于 2017 年整体变更为股份有限公司并筹备上市。

【案例分析】　定向分红应用于税务筹划的典型作用是自然人股东分红不交税。如果公司同时存在法人股东和自然人股东，公司分红时，法人股东是免税收入，自然人股东是应税所得。通过定向分红将本该分配给自然人股东的利润分配给法人股东，自然人股东再经过法人股东使用资金，可以在解决资金周转的同时，避免在分红环节缴纳个人所得税。

A 公司的定向分红方案，解决了多个问题。

**1. 实现间接分红节税，解决资金周转**

为了满足招标条件，A 公司亟须在短时间内实缴增资，股东甲和乙面对

临时大额资金周转压力。A 公司经营多年，有大额利润和资金，A 公司可以为甲、乙提供资金。如果甲、乙向 A 公司借款再用于对 A 公司增资，可能存在增资资金来源的合法性、股东占用公司资金等问题，影响后续 A 公司上市。如果 A 公司先对甲、乙分红，甲乙再增资，资金来源合法但面临 20% 的税负。

A 公司没有法人股东，所以甲、乙先成立 B 公司。B 公司认缴增资成为 A 公司股东后，A 公司将原本分给甲、乙的利润定向分红给 B 公司，B 公司再提现给甲、乙，甲、乙清偿了借款，解决资金周转和占用 A 公司资金的风险。B 公司为甲、乙 100% 持股，分红款从 A 公司转到 B 公司，仍然为甲乙间接所有。

**2. 股改前无税分配致使 A 公司累积利润**

由案例可知，A 公司经营多年累积了大额的利润，为什么不分配呢？分析原因之一是实际控制人都是自然人股东，因为个人所得税的原因不分配。现在 A 公司筹划上市，面临股份制改造的问题。A 公司需要对账面的未分配利润作出合理处置，分配、转增股本或转入资本公积。不管是对现有股东分配还是折股，均面临纳税问题。于是通过增加新股东 B 公司，再将 A 公司的未分配利润定向分配给 B 公司，B 公司为甲、乙 100% 持股，相当于 A 公司间接向原股东分配了累积利润。

**3. 实现了股改前未分配利润无税转增股本**

拟上市企业股份制改造时，一般会以净资产折股的方式增资扩股。A 公司如果直接将账面未分配利润转增股本或者转入资本公积，均可能面临视同分配的个人所得税问题。B 公司先认缴增资 A 公司，A 公司再定向分红，B 公司再以分红款实缴出资，A 公司间接实现了未分配利润转增股本，自然人股东通过持股 B 公司间接持股 A 公司，取得转增股本数额，却不征收个人所得税。

**4. 完善了拟上市企业的股权架构**

A 公司原来股权架构是实控人直接持股，上市前需要完善股权架构，一般都会搭建持股平台。B 公司主要作为持股平台持有发行人股权，并未开展企业经营活动。如果持股平台以公允增资的方式入股 A 公司，需要大额的资金，甲、乙又要面临大额的资金压力。B 公司以认缴→获得分配→实缴的方式，无资金压力地解决了问题。

**5. 通过沟通处理了争议风险**

由于定向分红存在涉税争议，A 公司如果闭门造车，自行筹划定向分红的税务方案，可能在落地时会遭遇质疑。因此，A公司与当地税务机关充分沟通，获得税务机关的书面证明，避免留下后续补税风险。

**【案例4-3】** 定向分红转移纳税地点享受税费返还

**【案例来源】** 某上市公司公告

**【案例背景】** A公司原注册资本3 000万元。2019年，A公司将注册地由北京市变更至陕西省西安市。根据市场监督管理部门要求，注册资本高于5 000万元企业可以不在企业名称前缀地域名，A公司为此决定增资至5 100万元。按持股比例增资，法人股东B公司应增资700万元，自然人股东小陈应增资1 400万元。小陈为B公司控股股东。

为了解决增资资金，A公司决定对股东分红，再将分红款用于增资。2019年12月，A公司向B公司定向分2 100万元，B公司向其股东小陈支付借款1 400万元。小陈将上述借款1 400万元向A公司增资，B公司将剩余分红款700万元向A公司增资。增资完成后，B公司对小陈定向分红1 400万元，小陈用该分红款返还对B公司的借款。B公司所在注册地对股东分红，可以返还部分个人所得税。

**【案例分析】** 假如不筹划，本案例的正常操作步骤是：A公司按持股比例对B公司和小陈分配利润，其中小陈应分配1 400万元，A公司代扣代缴个人所得税280万元。

本案例的筹划思路与前一个案例有异曲同工之处，区别在于，被转移分配方向的股利最终仍然要全部分配给自然人股东小陈。A公司将属于小陈的股利定向分红B公司后，B公司短时间仍然需要分配给小陈，小陈仍然需要缴纳个人所得税，并不能达到免税或者较长时间的推迟纳税效果。因此，案例的真正筹划关键是当地有税收优惠政策，定向分红是为了将A公司的分红款转移到税收洼地后再实际分配给自然人股东，享受地方税费返还的政策，达到节税的效果。

**【案例拓展】** 本案例中A公司的法人股东B公司注册地在享有税收优惠地区，因此可以实现筹划。

从上述两个案例可以看出，定向分红不仅能起到减轻税费负担的作用，还能改变资金的性质，实现分红资金免税后在关联方之间流转。例如，在股权转让中，通过定向分红，给新股东少分红，给老股东多分配，间接支付股权转让款，减少股权转让所得税。又如通过定向分红，给债务人一方少分配，债权人一方多分配，间接实现债务清偿。

**【案例 4-4】　定向分红后平价转让股权**

**【案例来源】　某上市公司公告**

**【案例背景】　** D 公司实施了系列企业重组收购，重组标的资产包括 A 公司和 C 公司的股权。

第一次收购：2019 年 3 月，C 公司的股东包括甲、乙、丙、丁四名自然人，A 公司和 B 公司，其中甲、乙、丙、丁四名自然人合计持股 11％，A 公司持股 75.4％，B 公司持股 13.6％。A 公司拟收购 B 公司所持有的 13.6％股权，收购完成后，A 公司持有 C 公司 89％的股东，甲、乙、丙、丁四名自然人合计持股 11％。

第一次收购的交易方式，交易作价 2 936.61 万元。结合股权转让事项，2019 年 3 月 18 日，C 公司作出关于分红事项的股东会决议，C 公司优先向 B 公司分配利润 1 263.81 万元。分红后，A 公司与 B 公司签订股权转让协议，B 公司将其持有的 C 公司 1 672.80 万元（占公司注册资本 13.60％）股权以 1 672.80 万元转让给 A 公司。

第二次收购：2021 年 8 月，D 公司向甲、乙、丙、丁、戊、己六名自然人股东收购 A 公司 100％股权、收购 C 公司 11％股权。收购完成后，D 公司合计持有 A 公司 100％股权，A 公司成为 D 公司直接持股 100％的全资子公司，C 公司成为 D 公司直接和间接持股 100％的孙公司。

第二次收购的交易方式，交易作价合计为 36 225.00 万元，D 公司通过发行股份支付收购对价。

重组前后股权结构如图 4-4 所示。

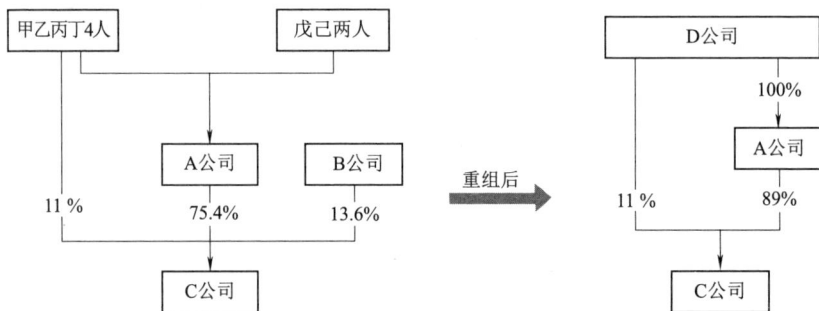

图 4-4　重组前后股权结构

【案例分析】　该案例与案例 4-3 基本一致。第二项收购交易中，A 公司的股东均为自然人，D 公司收购其 100％股权，A 公司不能存在由甲、乙、丙等人控制的法人股东作为定向分红的桥梁，因此没有通过定向分红支付股权对价。

而在第一项收购交易中，股权转让方 B 公司为 C 公司的法人股东，法人股东分红免税，而股权转让完成后，C 公司和 A 公司均为 D 公司 100％控制下的企业，C 公司只对 B 公司定向分红，不会影响第三人的利益。所以交易双方把股权对价拆分成两部分：一部分股权成本为 1 672.80 万元；另一部分股权溢价 1 263.81 万元。其中，股权溢价部分通过定向分红的方式支付。B 公司按投资成本转让股权，不产生企业所得税，同时将股权成本平移给 A 公司。股权溢价部分通过分红支付，分红免税。则 B 公司溢价转让 C 公司股权不产生企业所得税。

上述两个案例均是公司转让股权，将股权转让收入转换为分红收入，达到暂时免税的效果。对于自然人股东，股权转让所得税率 20％，分红所得税率也是 20％，那么定向分红还有意义吗？下面用一个案例，对比一下自然人股东转让股权几种方式的税费差别。

【案例 4-5】　自然人股权转让前定向分红为哪般

【案例来源】　中国裁判文书网

【案例背景】　税月公司由四名自然人股东投资成立，股东分别为小明（50％）、乙（20％）、丙（20％）、丁（10％）。2019 年 9 月，税月公司注册资本 1 000 万元，账面未分配利润 6 500 万元。小明与其他三个股东（以下简称"三股东"）及税月公司协商约定：小明向三股东转让其持有的税月公司 50％的股权。由于税月公司发展良好，因此股权转让价格为 6 900 万元，价款分两部分支付，其中 6 200 万元通过定向分红支付；余款 700 万元（略高于分红后股权对应净资产）由三股东按约定的比例向小明支付。之后，税月公司召开股东会，全体股东一致同意分配公司利润 6 200 万元，其中股东小明分配 6 200 万元，其他三股东放弃分配。分红后，小明与三股东签订股权转让合同，将股权转让给三股东。

【案例分析与合规管理】　本案例初看与税务筹划关系不大，因为对于小明，是否定向分红个人所得税纳税金额并没有改变，因为分红所得与股权转让所得税率一致。

那么，本案例采用定向分红支付股权转让款有什么益处呢？

**1. 解决了受让方的支付压力**

股权转让价值 6 900 万元，是一笔比较大的资金，如果由三股东现金支付，短时间资金压力比较大。税月公司账面有未分配利润，这些利润归属小明和三股东所有，定向分红支付相当于以归属三股东的利润支付，但是减轻了三股东的压力。

**2. 改变了受让方的纳税时间**

税月公司账面存在大额的未分配利润，这些利润对三股东存在潜在的分红税负。如果不对小明定向分红，税月公司账面的未分配利润始终需要合法消化，同时个人股东对公司分红的需求是合理诉求，那么分红时间和分红方式就对纳税时间和税负承担方产生影响。

（1）按持股比例分红后再转让股权。

税月公司账面未分配利润 6 500 万元，股权转让价款 6 900 万元，如果用于支付股权转让款，需要全部分配。

三股东合计持股 50%，三股东合计应纳个人所得税 = 6 500 × 50% × 20% = 650（万元）

小明分红应纳个人所得税 = 6 500 × 50% × 20% = 650（万元）

三股东另外现金支付股权转让款 = 6 900 − （6 500 × 50%）= 3 650（万元）

小明股权转让所得应纳个人所得税 = （3 650 − 500）× 20% = 630（万元）

小明合计个人所得税 = 1 280（万元）

三股东新增股权计税成本 = 3 650（万元）

（2）三股东直接按 6 900 万元受让股权。则股权转让之后税月公司账面未分配利润不变，以后仍然需要对三股东分红。分红时三股东合计持股比例 100%。

小明股权转让所得应纳个人所得税 = 1 280（万元）

三股东分红合计应纳个人所得税 = 6 500 × 20% = 1 300（万元）

三股东新增股权计税成本 6 900 万元。

（3）定向分红后再转让股权。

定向分红后再转让股权，小明应纳税个人所得税 = 6 200 × 20% + （700 − 500）× 20% = 1 280（万元）

合计股权转让环节应纳个人所得税 1280 万元，三股东不涉个人所得税。三股东新增股权计税成本 700 万元。

对比可知，不考虑纳税的时间差异，转让方小明的纳税金额不变。但是受让方三股东的纳税时间发生了变化。先等比分红再转让股权，三股东即时产生纳税义务；三股东现金支付全部股权转让款，纳税义务推迟到税月公司实际分红时；定向分红后再转让股权，用分红款代替了股权转让价款，消化了税月公司的未分配利润，三股东的纳税义务推迟到再次处置股权时。如果未来不考虑再次处置股权，则按持股比例分红后再转让股权和直接转让股权均存在不同程度的重复征税。

**3. 减资退出和定向分红再转让股权对比**

当然，小明还可以选择以减资的方式退出，税月公司减资 500 万元，小明减资退出，税月公司支付小明减资对价 6 900 万元。小明因终止投资经营收回款项征收个人所得税 1 280 万元。税月公司因减资支付的价款超过减少的注册资本的部分，冲减留存收益［依次冲减资本公积（资本溢价）、盈余公积和未分配利润］。因此减资方案和定向分红方案的差别：税月公司的账面未分配利润余额不相同；税月公司的注册资本减少；三股东不需支付股权转让款，三股东的股权计税成本不变。

**【案例 4-6】　定向分红调节高级管理人员薪酬**

**【案例来源】**　某 IPO 咨询案例

**【案例背景】**　A 公司是一家拟上市企业，股东包括公司董事、监事、高级管理人员及其他核心人员在内的多名自然人。A 公司的经营业绩很好，董事、监事、高级管理人员的薪酬水平较高，若加上分红，年收入均超过 200 万元。

上市筹备期间，自 2019 年起，A 公司多次对董事、监事、高级管理人员现金分红，大部分董事、监事、高级管理人员的分红金额与其持股比例不一致。A 公司称主要为综合考虑各股东对公司的贡献程度及管理层薪酬。不考虑分红，A 公司董事、监事、高级管是人员人均薪酬超过 75 万元。

**【案例分析与合规管理】**　A 公司为什么要频繁对股东进行现金分红呢？企业上市是为了融资，既然需要融资募集资金投资项目，又同时对股东持续进行现金分红，分红的合理性可能导致以下猜测：

（1）利用分红减少相关人员的薪酬，提高 A 公司的营业利润，粉饰 A 公司的利润表。

（2）通过定向分红，进行利益输送或其他利益安排。

（3）通过定向分红调节董事、监事、高级管理人员薪酬个人所得税。

不讨论第（1）第（2）点的可能性，仅讨论第（3）点税务规划的可行性。既然股权转让价款可以拆分成两部分，那么薪酬也可以拆分成两部分。但是自然人股东分红不免税，拆分为分红能节税吗？A 公司董事、监事、高级管理人员的人均薪酬加分红超过 200 万元，如果以薪酬的方式发放，个人所得税适用税率将高达 45%，股息红利所得个人所得税税率是 20%。因此，适当地配置薪酬和分红的金额：一来可以适用股息红利 20% 的较低税率；二来可以降低薪酬的水平，使薪酬收入可以适用综合所得的较低档税率。但是，这个优化思路并不适用于所有的企业，受到条件限制：一是降低薪酬就增加了企业利润，而企业利润需要缴纳企业所得税，增加了一重税负，只适用于企业所得税适用税率较低或者免税的企业；二是董事、监事、高级管理人员的待遇较高，综合所得整体税负较高，才有拆分的必要。

## 第三节　转增资本

公司增加注册资本一般有两种方式：一种是股东直接投入资本，包括原股东增资和新股东增资；另一种是以盈余公积、未分配利润、资本公积转增资本。

《国家税务总局关于贯彻落实企业所得税法若干税收问题的通知》（国税函〔2010〕79 号）第四条

四、关于股息、红利等权益性投资收益收入确认问题

企业权益性投资取得股息、红利等收入，应以被投资企业股东会或股东大会作出利润分配或转股决定的日期，确定收入的实现。

被投资企业将股权（票）溢价所形成的资本公积转为股本的，不作为投资方企业的股息、红利收入，投资方企业也不得增加该项长期投资的计税基础。

资本公积（溢价），本身就是股东投入资本的一部分，《公司法》规定资

本公积可用于增加公司资本。税务处理层面，即使将资本公积（溢价）转增视作企业对股东先进行利润分配，股东取得股息、红利收入，再将该股息、红利收入投入企业增资，根据《企业所得税法》，居民企业之间的股息、红利等权益性投资收益免征企业所得税，所以股东也不需要缴纳企业所得税。因此，国税函〔2010〕79号规定资本公积（溢价）不作为投资方企业的股息、红利收入，投资方企业也不得增加该项长期投资的计税基础。

至于盈余公积、未分配利润转增，直接适用《企业所得税法》第二十六条即可免征企业所得税。

对于不同的股东身份、不同的公司组织形式，留存收益转增和资本公积（溢价）转增时税收待遇存在一些差异，国家税务总局先后下发了《关于印发〈征收个人所得税若干问题的规定〉的通知》（国税发〔1994〕89号）（以下简称国税发〔1994〕89号）、《关于股份制企业转增股本和派发红股征免个人所得税的通知》（国税发〔1997〕198号）（以下简称国税发〔1997〕198号）、《关于原城市信用社在转制为城市合作银行过程中个人股增值所得应纳个人所得税的批复》（国税函〔1998〕289号）（以下简称国税函〔1998〕289号）和《关于盈余公积金转增注册资本征收个人所得税问题的批复》（国税函〔1998〕333号）（以下简称国税函〔1998〕333号）等。

将相关文件简单整理见表4-2（未分配利润和盈余公积统称为留存收益）。

表4-2　适用文件归纳

| 文号 | 留存收益转增 | | 资本公积（溢价）转增 | |
| --- | --- | --- | --- | --- |
| | 企业类型 | 个人所得税 | 企业类型 | 个人所得税 |
| 国税发〔1994〕89号 | 股份制企业 | 征税 | | |
| 国税发〔1997〕198号 | 股份制企业 | 征税 | 股份制企业 | 不征税 |
| 国税函〔1998〕289号 | — | — | 股份制企业 | 不征税 |
| 国税函〔1998〕333号 | 有限责任公司 | 征税 | — | — |
| 财税〔2015〕116号 | 中小高新技术企业 | 征税（分期） | 中小高新技术企业 | 征税（分期） |
| 国家税务总局公告2015年第80号 | 其他企业（非上市、非新三板） | 征税 | 其他企业（非上市、非新三板） | 征税 |

对于留存收益转增资本应当征收个人所得税，各类企业口径一致，适用分期纳税政策或股息红利差别化政策属于另外的税收优惠。

对于资本公积（溢价）转增资本，需要区分企业处理。有限责任公司转增需要征收个人所得税；股份制公众公司（上市公司、新三板挂牌公司）转增不征收个人所得税。股份制非公众公司（非上市公司、非新三板挂牌公司）转增是否征收个人所得税的政策发生了一些变化，国税发〔1997〕198 号和国税函〔1998〕289 号明确不征税的范围是股份制企业，则应包括股份制非公众公司。但是国家税务总局公告 2015 年第 80 号第二条第一项明确"……非上市及未在全国中小企业股份转让系统挂牌的其他企业转增股本，应及时代扣代缴个人所得税"，则征税范围包括非公众股份制企业。按照新法优于旧法的原则，不征税范围将限制在上市公司和新三板挂牌公司。

## 一、有限责任公司资本公积转增资本征税观点

举一个简单例子：小明出资 200 万元设立吉祥公司，其中 100 万元计入实收资本，100 万元计入资本公积（股本溢价）。后来吉祥公司决定将资本公积（股本溢价）100 万元转增实收资本，增资后吉祥公司注册资本 200 万元。资本公积转增资本，股东小明是否需要缴纳个人所得税？

这是一个讨论多次的老问题，政策明确应缴纳个人所得税，实务中也倾向于应缴纳个人所得税。但是一直有观点认为征税不合理，资本公积（股本溢价）本身就是股东多投入的资本，股东用自己投入的钱增资，征收个人所得税的政策不合理。

换个方向，从《公司法》角度理解税收政策。根据《公司法》，公司是企业法人，有独立的法人财产，享有法人财产权。公司的财产与股东的财产互相独立，公司的股东以其认缴的出资额为限对公司承担责任。小明出资 200 万元设立吉祥公司后，200 万元即为吉祥公司的资产，不再是小明的个人财产。当吉祥公司决定增资 100 万元时，股东小明新增了 100 万元的出资责任，该出资责任应由小明个人承担，并不是由吉祥公司承担。因此，吉祥公司以资本公积转增实收资本，相当于为股东小明履行了出资义务，代替小明支付了出资款，实际是间接进行了利润分配。因此小明需要缴纳企业所得税。纳税后，小明所持股权的原值也相应地增加 100 万元，因为视同小明又投入了 100 万元，计税基础变成 300 万元。该计税基础将在小明处置股权时扣除。转增环节征税只是造成纳税时间差异，整体来看并没有增加小明的个人所得税。

将例子变复杂一些：小明出资 100 万元设立吉祥公司，后来小红对吉祥公司增资 200 万元，其中 100 万元计入实收资本，100 万元计入资本公积（股

本溢价）。增资后吉祥公司注册资本 200 万元，小明和小红各持股 50%。后来吉祥公司股东会决定，将资本公积（股本溢价）100 万元转增资本，增资后吉祥公司实收资本 300 万元，小明和小红各实缴出资 150 万元。

两名股东由吉祥公司通过资本公积承担了出资义务，获得了来自吉祥公司的利益，应缴纳个人所得税。也有观点认为小明应当纳税，小红不应纳税，这样理解会使公司与股东之间的法律关系变得更复杂，税务管理也更困难。

通过税法的交易分解原理，即把一个整体交易分解成若干个交易环节征税，分别适用相应税收政策，这种征管方法在实务中并不少见。资本公积（溢价）转增分解为：利润分配和增资两个事项，对分配环节收个人所得税，间接分配应当纳税，体现了实质课税原则。盈余公积、未分配利润转增资本征收个人所得税，与资本公积转增资本的理解异曲同工。资本公积（溢价）转增征收个人所得税政策是税法实质课税原则的体现。

当然，也有观点认为根据《公司法》，资本公积不得用于利润分配，因此理解为间接分配征税没有法律依据。根据国税函〔2010〕79 号）规定，被投资企业将股权（票）溢价所形成的资本公积转为股本的，不作为投资方企业的股息、红利收入。既然规定企业股东不作为股息红利，个人股东也不应作为股息红利。但是，根据税法实质课税原则，不管《公司法》和会计处理上对资本公积转增如何处理，税法根据经济活动的实质课税，个人股东即使不以"利润分配"的名义从被投资企业获取投资收益，也不改变投资收益的可税性。至于与法人股东对比，法人股东获得股息红利免征企业所得税，个人股东取得股息红利应当缴纳个人所得税，两者不具备可比性。

## 二、有限责任公司资本公积转增资本不征税观点

虽然税收政策明确有限责任公司资本公积（溢价）转增资本需要缴纳个人所得税，但是实务中许多纳税人不能理解，认为不合理。

首先，不理解。不管是有限责任公司还是股份有限公司，资本公积（溢价）的性质相同，转增资本的经济活动实质也相同，在企业所得税层面和股东个人所得税层面税收法律应该相同，只是因为组织形式有区别而制定不同的税收政策，有限责任公司和股份有限公司的组织形式区别不应该对资本公积（溢价）转增这个事件的税务处理产生实质性影响。所以，征税政策区别对待不合理。

其次，偏离政策本意。分析相关税收政策的发布历程，较早的文件发布于 20 世纪 90 年代，资本市场尚未高速发展，关于企业股权、股份、上市公司、非上市公司等区分不像今天这样精确。例如，《股份制企业试点办法》（体改生〔1992〕30 号）第三条"股份制企业的组织形式"规定："股份制企业是全部注册资本由全体股东共同出资，并以股份形式构成的企业。股东依在股份制企业中所拥有的股份参加管理、享受权益、承担风险，股份可在规定条件下或范围内转让，但不得退股。我国的股份制企业主要有股份有限公司和有限责任公司两种组织形式。……"由此可知，在一段时间内，股份和股权并没有明确区分，股份有限公司和有限责任公司因其"资合"等共同特点统称为股份制企业。据此推测，1997 年发布的国税发〔1997〕198 号所称股份制企业很可能包括股份有限公司和有限责任公司，否则难以理解为什么文件要对两类公司同一性质的资本公积（溢价）区别对待。然而，到了 1998 年，国税函〔1998〕289 号批复将不征税范围理解为"股票溢价"发行收入所形成的资本公积金转增，只有股份有限公司股份采取股票的形式，有限责任公司出局。再到国家税务总局公告 2015 年第 80 号，更是进一步将不征税范围限定在上市公司和新三板挂牌公司的股票溢价转增。政策演变的过程受资本市场习惯性思维的影响，渐渐将股份理解为资本市场流通的股票，偏离了当初政策出台的历史背景和本意，于是出现了让人不理解的区别对待，如图 4-5 所示。

| 股份有限公司<br>有限责任公司 | 股份有限公司 | 上市、新三板股份有限公司 |
| --- | --- | --- |
| 国税发〔1997〕198 号 | 国税函〔1998〕289 号 | 国家税务总局公告 2015 年第 80 号 |

图 4-5　政策演变

最后，国税函〔2010〕79 号文件第四条规定："……被投资企业将股权（票）溢价所形成的资本公积转为股本的，不作为投资方企业的股息、红利收入，投资方企业也不得增加该项长期投资的计税基础。"如果转增环节征收个人所得税，相应增加投资的计税基础，计税基础到处置投资时再扣除。对比转增环节不征收个人所得税，也不增加投资的计税基础，两者整体税负一致，只存在征税时间性差异。因此完全可以将国税函〔2010〕79 号的处理应用到个人所得税层面，更加公平合理。

# 三、留存收益转增资本公积是否应当征收个人所得税

拟上市公司实施股份制改造时，有限责任公司按原账面净资产值折股整体变更为股份有限公司的，《公司法》规定折合的实收股本总额不得高于公司净资产额，因此理论上存在两种情况：1：1 比例整体折股，原账面净资产等于整体变更后的股本；折股比小于 1，净资产中一部分折股，其余转入资本公积，整体变更后的股本大于或等于整体变更前股本。实践中折股比例一般小于 1，有利提高每股收益，其余净资产计入股份有限公司资本公积（资本溢价）。企业整体变更完成后，企业盈余公积和未分配利润清零，净资产只有股本和资本公积，形成了盈余公积和未分配利润转增股本和资本公积的效果。其中，政策明确盈余公积和未分配利润转增股本应当缴纳个人所得税，盈余公积和未分配利润（以下称为留存收益）转增资本公积是否征收个人所得税没有明确规定。

观点一认为不应征收。净资产只在科目间转换，个人股东并无所得。

理由一：没有征收依据。税收政策文件只规定了留存收益转增资本应当征收个人所得税，没有规定留存收益转增资本公积应当征收个人所得税。根据税收法定原则，如果没有相应法律作为前提，政府则不能征税，公民也没有纳税的义务。税务机关法无授权不可为，不能自行裁量征税。

理由二：国家税务总局网站于 2010 年 11 月曾经作出咨询答复，明确留存收益转增资本公积不计征个人所得税，不少地方税务机关也按此口径执行。

理由三：留存收益转入资本公积只是所有者权益内部项目互转，不影响股东权益变化，个人股东没有取得分配所得，无所得不纳税。

观点二认为应当征收，这是间接的分配利润安排。

理由一：交易分解理论。资本公积从本质上讲股东属于投入资本的范畴。一般情况下，盈余公积和未分配利润不能直接转入资本公积。采用税交易分解理论处理，企业股改净资产折股，首先净资产量化分配给股东，股东再投资到整体变更后的股份有限公司。净资产量化分配给股东的环节应当征收个人所得税，不能割裂区分一部分留存收益应当征收，一分不能征收。例如，某税局在公开稽查案例认为。根据《公司法》等规定，该公司将税后利润从"未分配利润"转到"资本公积"科目的行为应视同发生了两步操作，首先将税后利润从"未分配利润"科目转出，等同于对个人股东进行了利润分配，

在此环节就应按照"股息、红利所得"计算缴纳个人股东的个人所得税;其次转入"资本公积"应视为个人股东对公司的捐赠。此外,典型案例还有《中国税务报》刊登的《大连一公司将未分配利润转入资本公积补税 600 万元》文章披露的案例,也有类似观点。

虽然视作捐赠也有不当之处,未考虑到股东持股的计税基础问题。应当视作股东分红后再投资,征收个人所得税后计入投资成本。所以,留存收益转入资本公积后,属于股本溢价,以后转增股本时,依据国税发〔1997〕198 号,资本公积(股票溢价)转增股本不再征收个人所得税。

理由二:留存收益转入资本公积并非净资产科目转换问题,而是投资行为。虽然从形式上,留存收益转入资本公积只是会计报表科目变化,股东权益没有增减。但是,转入前的报表与转入后的报表已经不是同一公司的报表,科目转换不成立。有限责任公司整体变更净资产折股出资,不管《公司法》和市场主体登记如何处理,税务上都是先分配再投资。股东的投入资本,正常情况有两种处理:一种是全额作为注册资本;一种是部分作为注册资本,部分作为资本公积。第二种情况在企业增资时尤为常见。

因此,净资产折股比例小于 1 时,相当于股改后的股份有限公司溢价发行股票,股东们溢价出资,溢价部分计入资本公积,作为积本溢价。

理由三:防止税收漏洞。留存收益转入资本公积,一般作为资本公积(股票溢价),如果转入环节不征税,以后资本公积(股票溢价)转增股本,根据政策也不征税,容易形成漏洞。即使有观点认为,留存收益转入资本公积时不征收个人所得税,以后转增股本再征税,鉴于上市公司会计处理复杂和股票变动频繁,监管难度较大。

争议源于利益,盈余公积和未分配利润转增资本公积环节是否征税,两个观点之争只是征税时间差异,还是潜在其他的税收利益呢?

盈余公积和未分配利润转增资本公积环节不征税,拟上市公司股改时净资产折股后可能会怎样操作呢?

拟上市公司股改的时候,将盈余公积和未分配利润直接转增股本,需要马上征收个人所得税。如果分步操作,先转到资本公积(资本溢价),股改完成后,成为股份制企业,再将资本公积转增股本,纳税人有可能再适用国税发〔1997〕198 号不征收个人所得税。这样就分步实现了将盈余公积和未分配利润直接转增股本,不征收个人所得税。又或者,上市后再实施资本公积转增股本，也可通过适用上市公司股息红利差别化个人所得税政策实现免征个人所得税。上述可能性的存在，导致的漏税风险才是税务机关要求按照观点一征税的原因吧。

留存收益转股本流程如图 4-6 所示。

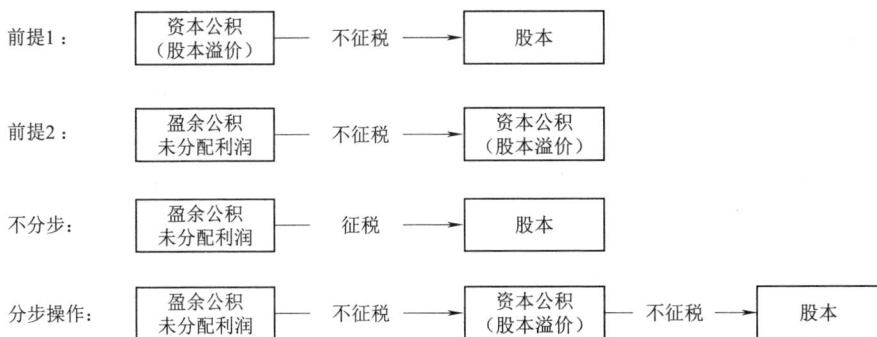

图 4-6　留存收益转股本流程

**【案例 4-7】**　　留存收益转增资本公积未缴税获得税务机关认可

**【案例来源】**　　某上市公司公告

**【案例背景】**　　广东××实业股份有限公司首次公开发行股票招股说明书摘录：

根据《国家税务总局关于进一步加强高收入者个人所得税征收管理的通知》(国税发〔2010〕54 号)第二条第二项第 1 点规定："……加强企业转增注册资本和股本管理，对以未分配利润、盈余公积和除股票溢价发行外的其他资本公积转增注册资本和股本的，要按照'利息、股息、红利所得'项目，依据现行政策规定计征个人所得税。"

根据《国家税务总局纳税服务司税务问题解答汇集》第 82 问（有限责任公司整体变更为股份有限公司时，盈余公积和未分配利润转增股本和资本公积，个人股东如何缴纳个人所得税）的回复意见："盈余公积和未分配利润转增股本应当按'利息、股息、红利所得'项目计征个人所得税，转增资本公积不计征个人所得税。"

发行人于 2018 年 12 月由有限责任公司以经审计净资产折股整体变更为股份有限公司，整体变更前后注册资本并未发生变化，均为 7 045.83 万元，不涉及以未分配利润、盈余公积和资本公积向自然人股东转增股本的情形。

根据上述规定，自然人股东不涉及纳税义务。

国家税务总局汕头市潮南区税务局 2020 年 6 月 5 日出具"关于广东××实业股份有限公司整体变更设立股份有限公司有关涉税事项的情况说明"，认为××实业 2018 年 12 月 10 日整体变更设立为股份有限公司前后注册资本并未发生变化，均为 7 045.83 万元，本次公司仅以未分配利润、盈余公积转增为资本公积，上述行为不征收个人所得税。

**【案例 4-8】 留存收益转增资本公积按非货币投资分期纳税**

**【案例来源】** 某上市公司公告

**【案例背景】** 南京××化学股份有限公司关于公司设立以来股本演变情况的说明及其董事、监事、高级管理人员的确认意见摘录：

××工贸企业整体变更为股份有限公司，存在未分配利润及盈余公积转为资本公积的情况。其时，周某明通过××投资持有发行人股份，无须申报缴纳个人所得税。周某京已履行纳税申报义务，于 2017 年 6 月完成个人所得税分期缴纳备案手续并取得南京市江宁地方税务局第一税务分局"个人所得税分期缴纳备案表（留存收益转资本公积）"，按 5 年分期缴纳个人所得税。截至本说明出具之日，周某京已足额分期缴纳 2017 年、2018 年及 2019 年个人所得税，并取得税收完税证明，符合财政部、国家税务总局《关于个人非货币性资产投资有关个人所得税政策的通知》（财税〔2015〕41 号）的相关规定。

**【案例分析与合规管理】** 结合上述案例和部分地方税务机关回复，可以发现在有限责任公司整体变更股份有限公司过程中，留存收益转增资本公积是否需要自然人股东缴纳个人所得税没有统一执行口径。实务中税务机关存在沟通的空间，查看更多的案例可以发现，即使税务机关认为应当征收个人所得税，纳税人也可以沟通争取暂不纳税，或者沟通适用非货币性资产投资政策递延纳税。因此，在政策明确前，税务机关具有较大的裁量权，建议实务中加强与当地税务机关沟通。

---

问题：有限责任公司整体变更为股份有限公司时，盈余公积和未分配利润转增股本和资本公积，个人股东如何缴纳个人所得税？

答复：根据《国家税务总局关于盈余公积金转增注册资本征收个人所得税问题的批复》（国税函〔1998〕333 号）规定："……青岛路邦石油

化工有限公司将从税后利润中提取的法定公积金和任意公积金转增注册资本，实际上是该公司将盈余公积金向股东分配了股息、红利，股东再以分得的股息、红利增加注册资本。因此，依据《国家税务总局关于股份制企业转增股本和派发红股征免个人所得税的通知》（国税发〔1997〕198号）精神，对属于个人股东分得并再投入公司（转增注册资本）的部分应按照"利息、股息、红利所得"项目征收个人所得税，税款由股份有限公司在有关部门批准增资、公司股东会议通过后代扣代缴。"

因此，盈余公积和未分配利润转增股本应当按"利息、股息、红利所得"项目计征个人所得税，转增资本公积不计征个人所得税。

国家税务总局纳税服务司问题解答汇集（2010-11-30）

问题：请问股改时以未分配利润转增资本公积，相关股东是否需要缴纳个人所得税？一年后以资本公积转增股本时股东是否需要缴纳个人所得税？

答复：根据《国家税务总局关于股份制企业转增股本和派发红股征免个人所得税的通知》（国税发〔1997〕198号）第一条规定："股份制企业用资本公积金转增股本不属于股息、红利性质的分配，对个人取得的转增股本数额，不作为个人所得，不征收个人所得税。"根据《国家税务总局关于原城市信用社在转制为城市合作银行过程中个人股增值所得应纳个人所得税的批复》（国税函〔1998〕289号）第二条规定："《国家税务总局关于股份制企业转增股本和派发红股征免个人所得税的通知》（国税发〔1997〕198号）中所表述的'资本公积金'是指股份制企业股票溢价发行收入所形成的资本公积金。将此转增股本由个人取得的数额，不作为应税所得征收个人所得税。而与此不相符合的其他资本公积金分配个人所得部分，应当依法征收个人所得税。"

企业用未分配利润转增资本公积和盈余公积不用交，但是如果用资本公积和盈余公积转增资本的话，需要交个人所得税。

## 第四节 转换身份

分红对象不同，分红所得的税收政策便不同。国内法人股东和自然人股东不同、居民企业和非居民企业不同、中国籍个人股东和外籍个人股东也不同。

企业所得税的纳税对象包括居民企业和非居民企业，企业所得税的应税收入包括"股息、红利等权益性投资收益"，同时又规定"投资符合条件的居民企业之间的股息、红利等权益性投资收益"免税。而非居民企业取得投资分红减按 10％的税率征收企业所得税。相比之下，居民企业的分红所得税优惠力度大于非居民企业。

根据《个人所得税法》的规定可知，股息、红利所得适用 20％税率。同时，根据《财政部 国家税务总局关于个人所得税若干政策问题的通知》(财税字〔1994〕第 20 号)第二条规定："下列所得，暂免征收个人所得税……(八) 外籍个人从外商投资企业取得的股息、红利所得。"相比之下，外籍个人分红所得有免税优惠，居民纳税人分红所得应按 20％缴纳个人所得税。

## 一、非居民企业转换为居民企业

创造条件享受税收优惠是重要的税收筹划思路，既然居民企业分红所得免税，居民企业向境外法人股东分红需按 10％缴纳预提所得税，因此就会有纳税人想到如果能将境外法人股东认定为居民企业，将可以享受免税优惠。在实务操作中，纳税人因为对居民企业认定存在误区，容易产生税务争议。那么居民企业的界定标准是什么呢？

《企业所得税法》第二条

第二条 企业分为居民企业和非居民企业。

本法所称居民企业，是指依法在中国境内成立，或者依照外国（地区）法律成立但实际管理机构在中国境内的企业。

本法所称非居民企业，是指依照外国（地区）法律成立且实际管理机构不在中国境内，但在中国境内设立机构、场所的，或者在中国境内未设立机构、场所，但有来源于中国境内所得的企业。

表 4-3 为居民企业与非居民企业判断标准。

**表 4-3　居民企业与非居民企业判断标准**

| 类　　别 | 判断标准 |
|---|---|
| 居民企业 | 依法在中国境内成立 |
| | 国外成立但实际管理机构在境内 |
| 非居民企业 | 国外成立＋实际管理机构不在境内＋中国境内设立机构、场所的 |
| | 国外成立＋实际管理机构不在境内＋有来源于中国境内所得 |

由此可知，非境内注册企业享受居民企业纳税待遇，判断标准是实际管理机构设立在中国境内，认定方式应当包括企业自行判定提请税务机关认定和税务机关调查发现予以认定两种形式。

非境内注册企业如何申请认定为居民企业呢？

2008 年，国家税务总局发布了《国家税务总局关于境外注册中资控股企业依据实际管理机构标准认定为居民企业有关问题的通知》(国税发〔2009〕82 号)；2011 年，又印发《境外注册中资控股居民企业所得税管理办法（试行）》(国家税务总局公告 2011 年第 45 号)（以下简称国家税务总局公告 2011 年第 45 号)，对境外注册的中资控股企业依据实际管理机构判定为中国居民企业进行了规范，明确了实际管理机构的判断标准和申请认定程序。《关于依据实际管理机构标准实施居民企业认定有关问题的公告》(国家税务总局公告 2014 年第 9 号) 重新修订了申请认定程序。境外注册的中资控股企业如何申请认定为居民企业有了明确的指引，一般的非中资控股境外企业能否申请居民企业呢？《企业所得税法》并没有排除其成为居民企业的可能，但是需要证明其实际管理机构在境内，即使参照中资控股企业的认定标准，在现实中也难以满足判断条件。

**【案例 4-9】　境外企业认定居民企业打通境内外分红渠道**

**【案例来源】**　某上市公司公告

**【案例背景】**　B 公司是中国境内 A 公司的全资子公司，B 公司的主要利润来源于其境内子公司 C 公司。截至 2020 年 12 月 31 日，B 公司合并层面可供分配利润 11.61 亿元，货币资金 6.3 亿元，应收票据 1.81 亿元，B 公司经营情况良好，有充足的货币资金及资产可用于支付股利。

为了打通境内外分红渠道，合法降低税负，B 公司做好了充足准备，持续两年申请 B 公司居民企业纳税资质。2021 年 4 月获得税务机关的审核批准，认定为居民企业。

B 公司于 2021 年 7 月起分批向 A 公司分配并支付股利。

**【案例分析与合规管理】** 公司合并报表有大额累积利润，并且有大额现金，为什么一直不分红呢？根据案例分析，B 公司的合并报表包括其境内子公司 C，利润也主要来源于 C 公司。据此分析，分配通道：C 公司向 B 公司分红，B 公司向 A 公司分红。通道中间的 B 公司注册地在新加坡，一般情况下按非居民企业纳税。C 公司向 B 公司分红时，对 B 公司按 10％的税率征收企业所得税。B 公司对境内 A 公司分红时，境外子公司向境内母公司分红，需在其所在国缴纳预提所得税，在中国需根据《企业所得税法》规定补缴企业所得税，同时需遵循中国与子公司所在国签订的税收协定。这个分配通道存在按境内境外分红涉及预交所得税和境外所得重复缴纳的情况。

如果将分配通道中间的 B 公司认定为居民企业，将打通免税通道，居民企业之间的权益性投资收益免税，C 公司向 B 公司分红免税，B 公司再向 A 公司分红免税。因此 B 公司按照国家税务总局 2011 年第 45 号公告等文件的规定，申请认定为居民企业之后，才开始分红，累积利润均可实现分红免税，如图 4-7 所示。

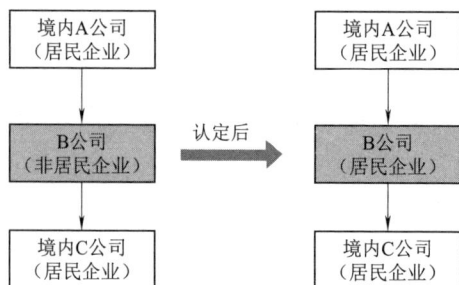

图 4-7　认定居民企业

如果 B 公司存在境外子公司或其他投资，未来可能获得子公司股息分红等投资收益。被认定为中国居民企业后，B 公司需就其全球所得按照中国税法的规定申报缴纳企业所得税。这可能导致 B 公司的整体税收成本上升，因此 B 公司需综合考量认定为居民企业的利弊。

**【案例 4-10】** **（关）境外子公司向母公司支付技术服务费代替分红**

**【案例来源】** 某上市公司公告

**【案例背景】** A 公司是 A 市一家科技公司，取得高新技术企业资格。A

公司在香港成立了全资子公司B公司，B公司每年向A公司支付技术服务费，B公司取得国内居民企业纳税资质。

A公司和B公司的企业所得税税率见表4-4。

表4-4　企业所得税率对比

| 纳税主体 | 当地企业所得税税率 |
|---|---|
| A公司 | 15％ |
| B公司 | 16.5％ |

A公司认为，A公司作为母公司是业务承担和运营主体，B公司是对外合同签订和资金结算主体。由于A公司的供应商在香港设立了经营主体，A公司的客户一般也在香港设立子公司进行业务结算，所以基于客户和供应商的服务及结算便利性，以香港子公司为对外签订合同和结算资金的主体，这是由互联网营销行业特点决定的。由于客户主要运营主体均在内地，母公司承担着市场开拓、客户维护、技术服务等职能，并且为其子公司B公司提供了相关技术支持，所以B公司应当每年向A公司支付技术服务费。并非税务方面的考虑，才采取支付技术服务费而非分红的方式将利润转移到母公司。

同时，A公司认为，B公司为（关）境外居民企业，如B公司采用分红方式向母公司支付利润，B公司已就所得在香港缴纳企业所得税（即利得税），且承担的税率为16.50％。同时B公司已经取得居民企业纳税资质，居民企业之间的股息、红利等权益性投资收益免税，即使B公司对A公司分红，A公司就该分红收入不需要二次征税。因此B公司不管支付技术服务费还是分红对其税负和资金无影响。

【案例分析与合规管理】　本案例中，B公司企业所得税税率16.5％，A公司企业所得税税率15％，以B公司100元利润为例进行对比测算，见表4-5。

表4-5　所得税测算

金额单位：元

| 支付类型 | 香港B公司 | | A市A公司 | |
|---|---|---|---|---|
| | 利润 | 所得税 | 利润 | 所得税 |
| 技术服务费 | −100 | −16.5（香港） | 100 | 15 |
| | | −8.5（A市） | | |
| 差异 | −9.5 | | | |

B 公司支付技术费的方式转移利润，增加 B 公司的费用的同时，减少 B 公司利润，以及 B 公司的企业所得税；相应增加 A 公司的利润及企业所得税。如果以分红的方式转移利润，效果则相反。由于 B 公司的所得税税率高于 A 公司，因此在 A 公司纳税更加有利。所以 B 公司选择支付费用的方式将税前利润转移给 A 公司更加节税。

**【案例拓展】**　实务中许多外商投资企业的子公司设立在境外，境内企业面临向境外子公司转移利润的问题。选择支付费用还是支付分红，需要经过税费对比测算。下面以母公司所在地为北京、子公司所在地为德国的进行对比，见表 4-6、表 4-7。

表 4-6　方案一　PTW 公司通过支付境外费用方式拿回利润

| 各项费用 | | 金额（元） | |
|---|---|---|---|
| 原始利润总额 | | 1 000 000 | |
| 特许权使用费 | | 1 000 000 | |
| 不含税收入 | | 943 396.23 | |
| PTW 公司在中国交税 | 增值税 | 6% | 56 603.77 |
| | 非居民所得税 | 6% | 56 603.77 |
| 利润分回德国 PTW-FR 公司交税 | 分回德国收益 | — | 886 792.45 |
| | 公司所得税及团结附加税 | 15.83% | 92 688.68 |
| 北京 PTW 公司 | 收到德国 PTW-FR 公司在中国缴纳增值税可作为进项税抵减北京 PTW 公司增值税 | 6% | −56 603.77 |
| | 列支后利润总额 | — | 56 603.77 |
| | 企业所得税 | 25% | 14 150.94 |
| | 非居民所得税 | 5% | 2 122.64 |
| 两处合并 | 总体税额 | — | 165 566.04 |
| | 最终收益 | — | 834 433.96 |

表 4-7　方案二　德国 PTW 公司通过利润分配方式拿回利润

| 各项费用 | | 金额（元） |
|---|---|---|
| 利润总额 | | 1 000 000 |
| 北京 PTW 公司 | 企业所得税 25% | 250 000 |
| PTW 公司在中国交税 | 非居民所得税 5% | 37 500 |
| 利润分回德国 PTW-FR 交税 | 分回德国收益 | 712 500 |

| 各项费用 | | 金额（元） |
|---|---|---|
| 利润分回德国 PTW-FR 交税 | 公司所得税及团结附加税 | 81 187.50 |
| | 最终收益 | 631 312.50 |
| 方案一收益 | 方案二收益 | 节税 | 节税率 |
| 834 433.96 元 | 631 312.50 元 | 203 121.46 元 | 28.51% |

**【案例 4-11】** **境外公司直接持股变换为间接持股延迟纳税**

**【案例来源】** 某上市公司公告

**【案例背景】** B 公司是一家拟上市企业，境外 A 公司直接持有 B 公司 62.31% 的股份，为控股股东，其他股东合计持有 B 公司 37.69% 股份。境内 C 公司是自然人甲于 2017 年 1 月 11 日设立的境内一人有限责任公司，注册资本为 100 万元，无实质性经营业务。

基于优化持股结构，适用居民企业之间分红免征企业所得税的税收政策，以及将分红款留存在境内便于以后境内再投资，A 公司决定通过收购 C 公司作为持股平台承接其所持有的 B 公司全部股份，实现 B 公司的控股股东调整。

2020 年 11 月，A 公司受让自然人甲持有的 C 公司 100% 股权。本次股权转让完成后，A 公司直接持有 C 公司 100% 的股权，B 公司和 C 公司同属于 A 公司控制下的境内公司。

2020 年 12 月，A 公司与 C 公司签署股权收购协议，约定 A 公司以其持有的 B 公司全部 1 073 454 647 股作价为 1 073 454 647 元认购 C 公司新增的注册资本 20 000 万元。收购完成后，A 公司不再直接持有 B 公司的股份，C 公司成为 B 公司的直接控股股东，A 公司成为 B 公司的间接控股股东，如图 4-8 所示。

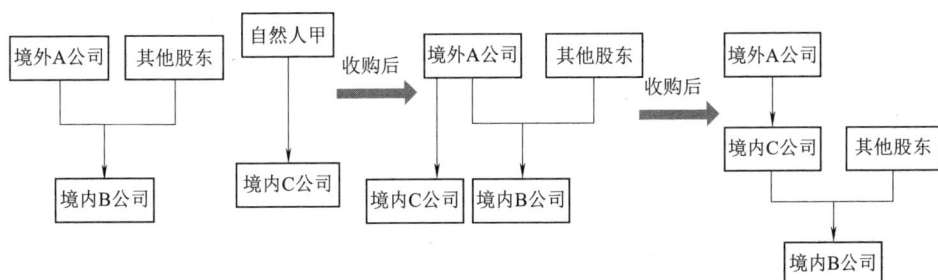

**图 4-8 收购前后流程**

**【案例分析与合规管理】**　　本案例的要点在于搭建境内分红通道，作为分红的纳税缓冲器，推迟纳税时间。B公司是底层资产的经营实体，A公司作为境外股东，当B公司需要分红时，A公司需要缴纳10%的企业所得税。A公司不是境外注册中资控股企业，难以满足认定为居民企业的条件，因此不能通过申请居民企业纳税资质打通境内外分红免税渠道，于是A公司在A公司与C公司之间，搭建一个境内持股平台，作为分红中转站点，把资金留在境内供日后投资所需，暂缓即时纳税义务。

因为要在A公司和B公司之间搭建一个中间持股平台。需要分两个步骤：先收购一个持股公司，再将B公司的股份转让给持股公司。

第一步：A公司收购C公司。

C公司是境内一人有限公司，未实质性经营，不需要溢价收购，税费成本可以忽略不计。

假如没有合适的收购标的，A公司可以在境内新设一家子公司C公司。

第二步：C公司收购B公司62.31%的股份。

A公司以其持有的B公司62.31%的股份，即1 073 454 647股作价为1 073 454 647元认购C公司新增的注册资本20 000万元。即C公司向A公司收购其所持有的B公司62.31%的股份，并且以C公司的股权支付全部对价。满足《财政部 国家税务总局关于企业重组业务企业所得税处理若干问题的通知》(财税〔2009〕59号)(以下简称财税〔2009〕59号)第五条的规定，并且依照第六条"……(二)股权收购，收购企业购买的股权不低于被收购企业全部股权的75%[①]，且收购企业在该股权收购发生时的股权支付金额不低于其交易支付总额的85%……"，同时满足财税〔2009〕59号第七条关于中国境内与境外之间的股权交易适用特殊性税务处理规定，不需缴纳企业所得税。

两次收购完成后，B公司对C公司分红免税，A公司可将分红收益留在

---

[①]　《财政部 国家税务总局关于促进企业重组有关企业所得税处理问题的通知》(财税〔2014〕109号)规定：
　　一、关于股权收购
　　将《财政部 国家税务总局关于企业重组业务企业所得税处理若干问题的通知》(财税〔2009〕59号)第六条第二项中有关"股权收购，收购企业购买的股权不低于被收购企业全部股权的75%"规定调整为"股权收购，收购企业购买的股权不低于被收购企业全部股权的50%"。
　　二、关于资产收购
　　将财税〔2009〕59号文件第六条第三项中有关"资产收购，受让企业收购的资产不低于转让企业全部资产的75%"规定调整为"资产收购，受让企业收购的资产不低于转让企业全部资产的50%"。

C 公司寻找投资机会。该方案可暂时推迟 A 公司的纳税义务，最终 C 公司对 A 公司分配时，A 公司仍然要缴纳企业所得税。

**【案例 4-12】** 　 间接持股变换为直接持股调整分红通道

**【案例来源】** 　 某上市公司公告

**【案例背景】** 　 B 公司注册于香港，适用的企业所得税税率为 16.5%，A 公司、C 公司、D 公司是境内居民企业，适用的企业所得税税率为 25%。其中，B 公司是 A 公司的全资子公司，C 公司是 B 公司的全资子公司，B 公司持有 D 公司 51% 股权。

A 公司因战略和发展需要，拟调整内部股权架构，将 B 公司持有的 C 公司 100% 股权、D 公司 51% 股权分别以其实缴出资额转让给 A 公司。上述调整完成后，A 公司将直接持有 C 公司 100% 股权和 D 公司 51% 股权，具体调整流程如图 4-9 所示。

**【案例分析】** 　 B 公司注册在香港，适用的企业所得税税率为 16.5%，股权结构调整前，C 公司和 D 公司的分红渠道为 C 公司→B 公司→A 公司，D 公司→B 公司→A 公司，即境内→（关）境外→境内，每个分红环节都需要缴纳企业所得税。股权结构调整后，分红渠道变为 C 公司→A 公司，D 公司→A 公司，即境内→境内，可享受居民企业分红免税。通过合理安排股权架构和税务处理方式，解决"境内→（关）境外→境内"控股架构重复征税的问题，可以降低税负，避免重复缴税，有效提升上市公司和股东利益。

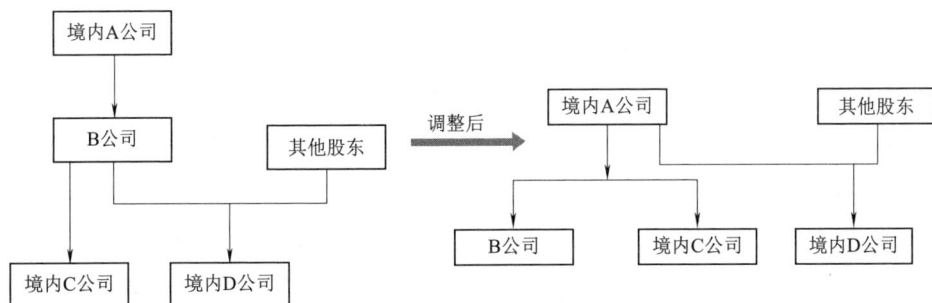

**图 4-9　调整前后对比**

## 二、外籍个人股东分红免税

《个人所得税法》规定股息红利适用 20% 个人所得税税率，不管是居民纳税人还是非居民纳税人，从中国境内取得的所得，均应按规定缴纳个人所得税。自 1994 年起，税收政策对外籍个人从外商投资企业取得的股息、红利所得暂免征收个人所得税。既然外籍个人分红所得有免税优惠，那么就会有纳税人将自然人股东转换为外籍个人股东，其中非上市企业和非挂牌企业，不能享受股息红利差别化征收个税政策，可能通过股权调整或者股权代持，将企业股东更换为外籍个人，再进行分红。

2013 年，《国务院批转发展改革委等部门关于深化收入分配制度改革若干意见的通知》（国发〔2013〕6 号）文件曾提出取消对外籍个人从外商投资企业取得分红的免税优惠的意见。但是至今《财政部 国家税务总局关于个人所得税若干政策问题的通知》（财税字〔1994〕20 号）仍然是有效文件，并未废止。

> 《关于深化收入分配制度改革的若干意见》（发展改革委 财政部 人力资源社会保障部）第四条第 14 点
>
> 14. 加强个人所得税调节。加快建立综合与分类相结合的个人所得税制度。完善高收入者个人所得税的征收、管理和处罚措施，将各项收入全部纳入征收范围，建立健全个人收入双向申报制度和全国统一的纳税人识别号制度，依法做到应收尽收。取消对外籍个人从外商投资企业取得的股息、红利所得免征个人所得税等税收优惠。

**【案例 4-13】**　　居民身份瑕疵补缴股息红利个人所得税

**【案例来源】**　　税务稽查案件

**【案例背景】**　　江苏 A 公司成立于 2007 年 4 月 6 日，原注册资金 500 万美元，登记类型为中外合资企业，其中广东 B 公司出资 200 万美元，澳大利亚 C 公司出资 300 万美元。2014 年底，C 公司将所持股权转让给自然人潘某，潘某同时增资 200 万美元。增资后，B 公司持股 28.57%，潘某持股 71.43%。

A 公司 2015 年度未分配利润 3 172.65 万元，2016 年 3 月拟分配其中 3 000 万元，其中潘某按持股比例应分得 2 142.90 万元。A 公司认为，潘某是 B 国居民，根据《财政部 国家税务总局关于个人所得税若干政策问题的通知》（财税字〔1994〕20 号）第二条第八项的规定"外籍个人从外商投资企业取得股息红利所得"应暂免征收个人所得税。A公司提出税务机关应给潘某开具免税证明。

税务机关将信息列入专项税收风险应对，调查后发现，A公司股权变更前后因政策差异带来巨大的税费差异：A公司向原股东澳大利亚C公司分红应缴纳10%预提所得税，对新股东潘某分红可享受个人所得税免税优惠。税务机关怀疑A公司股权变更和分红存在利用税收优惠政策进行税务优化。

税务机关查询发现，潘某持中国护照。因此确定潘某外籍身份不成立，潘某按20%税率缴纳个人所得税428.58万元。

**【案例4-14】　收购外籍个人股权前决议分配股息**

**【案例来源】**　某上市公司公告

**【案例背景】**　甲持有A公司30%股权，B公司持有A公司70%股权，A公司为外商投资企业，甲同时为B公司实控人。

2020年10月，B公司计划收购甲所持有的A公司30%股权，截至2020年10月30日，A公司未分配利润总额为2 745.59万元。综合考虑股权转让方甲的税务筹划需要（甲为A国自然人，根据《财政部　国家税务总局关于个人所得税若干政策问题的通知》（财税字〔1994〕020号）第二条第八项"外籍个人从外商投资企业取得的股息、红利所得"暂免征收个人所得税）。2020年11月2日，A公司董事会作出书面决议："截至2020年10月30日，公司未分配利润总额为2 745.59万元，预提法定公积金后，综合多种因素考虑，董事会决定按各股东持股比例进行分红2 600万元，其中：向B公司分配1 820万元，向甲分配780万元"。

2020年12月25日，B公司与甲签订股权转让协议，以501万元对价收购甲所持有A公司30%股权，甲投资成本281万元。A公司变更为内资企业。同步办理工商、税务、外汇等外资转内资的变更流程，以及向A公司的开户银行申请银行账户性质的变更，并最终于2021年7月办理完毕。A公司2020年净利润616.07万元，截至2021年8月，A公司已向甲支付全部分红款；截至2021年11月，已经向B公司支付300万元分红款。

**【案例分析】**　从A公司支付分红款的进度，结合A公司2020年度净利润分析，A公司的流动资金不足以支付2600万元的分红款，那么A公司为什么要分红呢？案例披露是出于股东甲税务筹划的需要。

对比一下分红与不分红的纳税差异：

不分红即股权转让，股权转让价格＝780＋501＝1 281（万元）

应纳个人所得税＝（1 281－281）×20％＝200（万元）

分红后再转让股权，股权转让价格501万元。

应纳个人所得税＝（501－281）×20％＝44（万元）

纳税差异＝200－44＝156（万元）

（注：分析过程未考虑汇率因素。）

**【案例4-15】** 　**回购股份后增资，外籍个人间接持股变直接持股后再分红**

**【案例来源】** 　某上市公司公告

**【案例背景】** 　A市A公司是香港B公司的全资子公司，注册资本6 700万元。B公司除法人股东外，还包括10名自然人股东，其中包括6名外籍个人。

2020年11月，为实施A股上市规划，经B公司股东大会审议通过，决定对持股层级进行优化，对A公司和B公司的股权架构进行调整。2020年12月，B公司全体股东签署了股权重组协议。协议约定：各方同意为实现本次股权重组目的，B公司10名自然人股东所持B公司股份由B公司完成回购（回购比例由各自然人股东决定），并由该10名股东以1元/注册资本的价格向A公司增资，最终这10名股东持有A公司的股权比例应与被B公司回购的股权比例一致。

B公司层面具体实施步骤如下。

第一步，A公司增资。

2021年2月，B公司股东会作出决议，同意公司注册资本由6 700万元变更为16 400万元，新增注册资本由B公司实施回购的股东以1元/注册资本的价格认缴。2021年3月，A公司完成本次变更的市场主体登记。

第二步，利润分配。

2021年3月，股权变更完成后，B公司股东会审议通过利润分配方案，对10名自然人股东定向分红，分红资金主要用于该10名股东在持股层级调整中对B公司的增资。

2021年5月，B公司股东会审议通过利润分配方案，向全体股东分配利润6 000万元。

**【案例分析】** 　A公司和B公司的一系列操作可实现以下目的：

一是股权架构调整，将部分自然人间接持股变为直接持股，为自然人股东提供了改变上市持股方式的机会，可享受股息红利差别化个人所得税政策等税收优惠。

二是股权架构调整后即进行大额分红，可享受外籍个人分红免税优惠。其中定向分红针对参与了股权架构调整的股东，实际是将其增资款通过分红返还。

# 第五章　合伙企业税务争议

合伙企业是指由各合伙人订立合伙协议，共同出资，共同经营，共享收益，共担风险，并对企业债务承担无限连带责任的营利性组织，又可分为普通合伙企业和有限合伙企业。合伙企业自诞生以来，相当长时间内，给人的印象都是资金少、规模小、人员少、会计核算不健全，大多数不具备规范的建账能力，税收征管以核定征收为主（律师事务所、会计师事务所、税务师事务所、资产评估和房地产估价等鉴证类中介机构除外）。因此，过去税务没有给予这些"小"合伙企业过多的关注，与之相关的税收政策不多，提起合伙企业的税务处理，让人想到的标签是"穿透""先分后税""核定征收"。

"穿透"指合伙企业以每一个合伙人为纳税义务人。"先分后税"理解是"有利润后，先分别计算每位合伙人的份额，不分配也产生纳税义务"，不是"利润未分配时暂不征税，分配后再产生纳税义务"。"核定征收"是指对符合条件的纳税人税务机关有权核定其应纳税额，合伙企业常因其"小本经营"缺乏建账能力而采取核定征收。

## 第一节　合伙企业税务争议概述

随着有限合伙组织形式广泛应用创业投资，为了支持创投企业发展，有关部门出台相关税收优惠规定。对满足条件的创投企业，可以选择按单一投资基金核算，其个人合伙人从该基金应分得的股权转让所得和股息红利所得，按照 20％税率计算缴纳个人所得税。

但是大多数的合伙企业不符合创投企业的优惠条件，只能寻找其他的节税渠道。随着经济发展，企业越来越重视公司股权架构，合伙企业的灵活优势和税收特点受到重视，开始被广泛作为持股平台使用。合伙企业作为持股平台原因很多，税收方面主要因素之一是可以申请"核定征收"。理论上，核定征收是《税收征收管理法》在特定条件下采取的征收方式，其与查账征收一样，都是税收征收管理措施之一，常用于个体工商户、个人独资企业、合伙企业等会计核算不健全的企业，更多的是对查账征收起补充作用。但是在实践中，由于核定征收的整体税负比较低，有的纳税人申请核定征收视作间接获得税收优惠。部分地区设立创业园区，以"核定征收"和"税费返还"政策吸引投资，在这些"税收洼地"设立合伙企业作为持股平台，投资收益合伙人按核定的应税所得率缴纳个人所得税，相比查账征收可以节约税费。

例如，假设某创业园区的合伙企业可以申请核定征收，核定的应税所得率为 10%，然后对照五级超额累进税率计算，合伙企业转让股权投资收益 1 000 万元，应税所得税率 10% 算出应纳税所得额是 100 万元。"先分后税"后，假设某合伙人实际对应收益 400 万元，应纳税所得额是 40 万元，"生产经营"所得对应五级累进税率是 30%，速算扣除数为 40 500 元，计算出应缴纳的税款为 79 500 元，实际税负是 2%，加上当地税费返还，税负更低。

2021 年 12 月，财政部 税务总局公告 2021 年第 41 号出台，要求持有股权、股票、合伙企业财产份额等权益性投资的个人独资企业、合伙企业，一律适用查账征收方式计征个人所得税。

合伙企业以每一个合伙人为纳税义务人，生产经营所得和其他所得采取"先分后税"的原则。经济的发展使合伙企业不再局限于原来的定位，合伙企业涉及的创新业务和复杂业务越来越多，现有的法规已经不能满足这些业务的需要，导致了许多的争议，而实体法的缺失使得解决争议缺乏理论支撑和法律依据。

对比一下以公司为代表的一般企业的所得税和合伙企业的所得税，一般的企业缴纳企业所得税，企业所得税有比较成熟的一系列税法文件。合伙企业本身不缴纳所得税，穿透到合伙人层面按合伙人的身份缴纳企业所得税或者个人所得税。应纳税所得额的具体核算在合伙企业层面完成，纳税义务由合伙人承担，就产生许多问题。例如，法人合伙人缴纳企业所得税，对于来自合伙企业的应税收入能否"穿透"适用企业所得税的政策规定？自然人合伙缴纳个人所得税，对于来自合伙企业的应税收入能否"穿透"适用个人所得税的政策规定？特别是税收优惠政策。政策的模糊性导致合伙企业税务处理存在不确定性，不确定性意味着风险和机会并存。因此，实践中，合伙企业存在大量税务争议案例，有待合伙企业税收立法的逐步完善。

## 一、合伙人财产份额计税基础与重复征税

合伙人的财产份额是指合伙人依照出资数额或协议约定的分配比例按份享有合伙企业财产的利益和分担合伙企业亏损的份额。与公司制企业作对比

的话，类似公司股权，但是在法律上不是股权，不能按照转让股权征税。2018年《个人所得税法》修订之前，转让合伙企业财产份额如何征收个人所得税一直存在争议。《个人所得税法实施条例》修订后财产转让所得是指"个人转让有价证券、股权、合伙企业中的财产份额、不动产、机器设备、车船以及其他财产取得的所得"。对比发现，合伙企业的财产份额在2018年之后纳入了财产转让所得的范围，按财产转让所得征收个人所得税。

根据规定，财产转让所得按照一次转让财产的收入额减除财产原值和合理费用后的余额计算纳税。这个规定很容易理解，简单地说就是对财产的增值所得纳税，财产原值（计税基础）一般理解为历史成本。对于一般财产来说，这样计算应纳税所得额没有问题。对于合伙企业财产份额，计税基础却有着特殊之处。因为合伙企业所得税是"先分后税"，"穿透"到合伙人层面纳税，不管合伙企业是否进行收益分配，获利当年合伙人均应缴纳所得税。如果合伙企业不分配收益，合伙人纳税后应税所得仍然留在合伙企业中，成为合伙企业财产份额的一部分，即合伙企业财产份额可能包含已纳税收益，这部分已税收益在税务层面已经归属于合伙人所有，应当成为财产原值或计税基础的一部分。简单地说，合伙企业财产份额因"先分后税"导致其计税基础处于动态调整状态，有别于一般财产以历史成本作为计税基础的确定性。即合伙企业财产份额计税基础存在两种标准：一是历史成本（实缴资本），二是动态成本（实缴资本＋历年应税所得）。

**【案例5-1】  转让合伙企业财产份额是否应扣减历年经营所得**

**【案例背景】**  假设A合伙企业由甲和乙两个合伙人各出资100元（为方便计算，金额为虚拟数字）成立，约定按出资比例享有相关权益。A合伙企业经营及纳税情况见表5-1（假设经营利润与应纳税所得额相同）。

表5-1  A合伙企业经营及纳税情况

金额单位：元

| 主  体 | A合伙企业 | 甲合伙人 | 乙合伙人 |
|---|---|---|---|
| 出资额 | 200 | 100 | 100 |
| 第一年应税所得 | 600 | 300 | 300 |
| 第一年纳税 | — | 15 | 15 |
| 财产份额 | 800 | 400 | 400 |

合伙人甲以 500 元向丙转让 A 合伙企业财产份额时，计算转让所得公式为

转让所得＝转让收入－财产原值－合理费用

转让收入是 500 元，假设合理费用为 0 元，如何确认财产原值（计税基础）产生了争议。

**【争议焦点】**　　第一种观点认为，根据《中华人民共和国个人所得税法实施条例》（以下简称《个人所得税法实施条例》）第十六条的规定，财产原值是指历史取得成本，因此，甲持有的 A 合伙企业财产份额原值是实缴资本 100 元。

---

《中华人民共和国个人所得税法》第六条

第六条　应纳税所得额的计算：

⋯⋯⋯⋯⋯⋯

（五）财产转让所得，以转让财产的收入额减除财产原值和合理费用后的余额，为应纳税所得额。

《个人所得税法实施条例》第十六条

第十六条　个人所得税法第六条第一款第五项规定的财产原值，按照下列方法确定：

（一）有价证券，为买入价以及买入时按照规定交纳的有关费用；

（二）建筑物，为建造费或者购进价格以及其他有关费用；

（三）土地使用权，为取得土地使用权所支付的金额、开发土地的费用以及其他有关费用；

（四）机器设备、车船，为购进价格、运输费、安装费以及其他有关费用。

其他财产，参照前款规定的方法确定财产原值。

⋯⋯⋯⋯

---

第二种观点认为，由于合伙企业"先分后税"的计税特点，即使应税所得留存在企业不作分配，合伙人仍然需要完税。在不分配的情况下，合伙企业的财产份额中包含已经完税的留存收益，因此计税基础应当包括已完税留存收益，计税基础随着已完税留存收益的增减而变动，即动态基础。因此，

甲持有的 A 合伙企业财产份额的计税基础是 400 元。

**【案例分析与合规管理】** 如果以历史成本作为计税基础,转让所得包括已经完税的留存收益,并对这部分留存收益按"财产转让所得"再征一次个人所得税,因此构成重复征税。甲合伙人第一年"生产经营"所得 300 元,完税 15 元。后来以 500 元转让所持有 A 合伙的财产份额,转让所得＝500－实缴资本(100)＝400(元),完税留存收益(300)＋转让溢价(100)＝400(元),再按 20％税率征税 80 元,其中对 300 元的部分重复征税 60 元。以历史成本为计税基础见表 5-2。

表 5-2 以历史成本为计税基础

金额单位:元

| 主 体 | 甲合伙人 | 乙合伙人 | 丙合伙人 |
|---|---|---|---|
| 计税基础＝历史成本 | 100 | 100 | — |
| 转让所得 | 400 | — | — |
| 应纳税额 | 80 | — | — |
| 转让后计税基础 | — | 100 | 500 |

如果选择动态成本作为计税基础(见表 5-3),则

计税基础＝实缴资本(100)＋已完税留存收益(300)＝400(元),转让所得＝转让溢价(100 元),再按 20％税率征税 20 元,仅对溢价部分征税,已完税留存收益不再重复征税。

表 5-3 以动态成本为计税基础

金额单位:元

| 主 体 | 甲合伙人 | 乙合伙人 | 丙合伙人 |
|---|---|---|---|
| 计税基础＝动态成本 | 400 | 400 | — |
| 转让所得 | 100 | — | — |
| 应纳税额 | 20 | — | — |
| 转让后计税基础 | — | 100 | 500 |

重复征税的问题受到许多财税人员的关注,认为计税基础应当包括已税留存收益,坚持按第二种观点征税合理。但是,以历史成本作为计税基础,真的是重复征税了吗?历史成本和动态成本分别征税后,新合伙人丙持有份额的计税基础都是 500 元吗?其实不然。

我们继续往下看：假设甲以 500 元的价格转让给丙后，A 合伙企业就按出资比例分红，留存收益已经由合伙人取得完税凭证，所以实际分配时应当免税，丙取得分红 200 元免税。分红后，丙将所持份额以 500 元的价格转让给丁，由于计税基础是 500 元，未产生转让所得，丙应纳税 0 元。我们发现，按照前面的计算方法，整个投资过程，丙获利 200 元，却不用纳税。为什么会这样呢？相关资料见表 5-4。

表 5-4　相关计税基础资料

金额单位：元

| 时　间 | A 合伙企业 | 乙合伙人 | 丙合伙人 |
|---|---|---|---|
| 转让后财产份额 | 800 | 400 | 400 |
| 第二年初分配利润 | 600 | 300 | 300 |
| 分配免税 | — | 0 | 0 |
| 财产份额 | 200 | 100 | 100 |
| 计税基础 | — | 100 | 500 |

因为，所谓重复征税只是时间性差异和税费承担主体的差异。如图 5-1 所示，以历史成本为计税基础，甲对其份额内的留存收益 300 元缴纳了两次税费，第一次按经营所得缴税，后来该 300 元分配给新合伙人丙，丙免税。第二次按财产转让所得税缴纳，税后该 300 元作为丙的投资成本，可在丙处置所持有份额时扣除。所以，看起来甲为 300 元留存收益缴了两次税，但是丙不但可免税收回 300 元分红，还可以再次作为投资成本处置时扣除，丙是两次缴税的受益者。

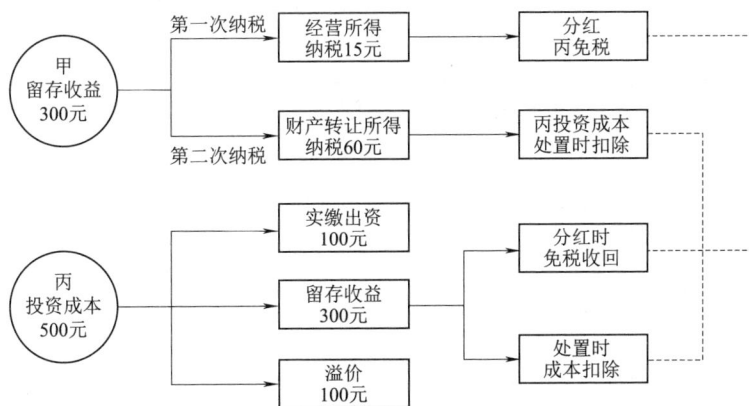

图 5-1　以历史成本为计税基础的缴费情况

如果按照第二种观点以动态成本 400 元〔实缴资本（100）＋留存收益（300）〕为计税基础，如图 5-2 所示。该留存收益 300 元只完税一次，这 300 元分配给新合伙人丙时免税，相当于丙支付的 500 元对价中包含了已完税待支付的红利 300 元。既然这 300 元没有纳入转让方的应税所得，也就不应计入受让方的计税成本，否则将导致计税基础虚高。所以新合伙人丙取得份额的计税基础是 200 元（实缴资本＋溢价）。

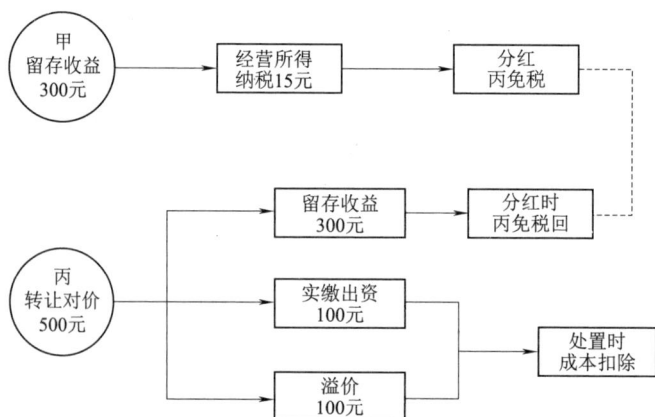

图 5-2　以动态成本为计税基础的缴费情况

如果税务机关不认可动态成本，为了避免转让方重复纳税，一般建议先分配后转让。分配后甲所持 A 合伙企业的财产份额价值减少 300 元，转让价格从 500 元变成 200 元。

列表对比以下三种情形的税费，验证上述讨论的正确性，见表 5-5。

表 5-5　三种情形下的税费对比

金额单位：元

| 时　　间 | A 合伙企业 | 甲合伙人 | 乙合伙人 | 丙合伙人 |
|---|---|---|---|---|
| 出资额 | 200 | 100 | 100 | — |
| 第一年应税所得 | 600 | 300 | 300 | — |
| 第一年纳税 | — | 15 | 15 | — |
| 财产份额 | 800 | 400 | 400 | — |
| 情形一：甲以 500 元价格转让给丙，历史成本为计税基础 | | | | |
| 计税基础 | — | 100 | 100 | — |
| 转让收入 | — | 500 | — | — |

| 时　　间 | A 合伙企业 | 甲合伙人 | 乙合伙人 | 丙合伙人 |
|---|---|---|---|---|
| 转让所得 | — | 400 | — | — |
| 应纳税额 | — | 80 | — | — |
| 转让后计税基础 | — | — | 100 | 500 |
| 第二年初分配利润 | 600 | — | 300 | 300 |
| 分配免税 | — | — | 0 | 0 |
| 财产份额 | 200 | — | 100 | 100 |
| 丙以 500 元价格转让给丁 | | | | |
| 转让所得 | — | — | — | 0 |
| 应纳税额 | — | — | — | 0 |
| 甲、丙合计纳税 | 15＋80＝95 | | | |
| 情形二：甲以 500 元价格转让给丙，采用动态计税基础 | | | | |
| 计税基础 | — | 400 | 100 | — |
| 转让收入 | — | 500 | — | — |
| 转让所得 | — | 100 | — | — |
| 应纳税额 | — | 20 | — | — |
| 转让后计税基础 | — | — | 100 | 200 |
| 第二年初分配利润 | 600 | — | 300 | 300 |
| 分红免税 | — | — | 0 | 0 |
| 财产份额 | 200 | — | 100 | 100 |
| 丙以 500 元价格转让给丁 | | | | |
| 转让所得 | — | — | — | 300 |
| 应纳税额 | — | — | — | 60 |
| 甲、丙合计纳税 | 15＋20＋60＝95 | | | |
| 情形三：先分配后以 200 元价格转让 | | | | |
| 分配利润 | 600 | 300 | 300 | — |
| 分红免税 | — | 0 | 0 | — |
| 财产份额 | 200 | 100 | 100 | — |
| 转让收入 | — | 200 | — | — |
| 转让所得 | — | 100 | — | — |
| 应纳税额 | — | 20 | — | — |
| 转让后计税基础 | — | — | 100 | 200 |
| 丙以 500 元的价格转让给丁 | | | | |

| 时　　　间 | A 合伙企业 | 甲合伙人 | 乙合伙人 | 丙合伙人 |
|---|---|---|---|---|
| 转让所得 | — | — | — | 300 |
| 应纳税额 | — | — | — | 60 |
| 甲、丙合计纳税 | 15＋20＋60＝95 | | | |

通过对比发现，合伙企业财产份额转让三种情形下整体税费相同，但是纳税时间和纳税主体不同。因此，以历史成本作为计税基础整体上没有重复征税，而是由转让方承担了受让方的部分税费，并且纳税时间提前。相对来说，动态成本对转让方更有利，以历史成本作为计税基础有可能对转让方造成重复征税。但是，大多数合伙企业的情况远比本案例复杂，动态成本执行时会带来更多的问题，历史成本征管相对容易。如果税务机关不认同动态成本，交易双方协商转让价格时考虑税费影响。一般来说会建议先分配后转让，但是合伙人在合伙企业清算前，不得请求分割合伙企业的财产，分配需要其他合伙人同意。

本案例情况简单，是最基础的情况。在实践中，合伙企业财产份额转让情况复杂多样，关于计税基础又衍生出了更多具体细致的争议，但是万变不离其宗。合伙企业与公司制企业相比，税费计算逻辑主要区别于合伙企业一步到位穿透到合伙人，而公司制企业要先征企业所得税，分配才对股东征税。除此之外，关于成本费用、税会差异等均有相似之处。例如建议先分配再转让财产份额的道理与先分配再转让股权也有异曲同工之处，可以借鉴理解。

## 二、转让合伙企业财产份额与合伙人退伙、合伙企业清算

既然《个人所得税法》已经对转让合伙企业财产份额规定了征税税目和计税方法，按照规定征税即可，但是因为合伙企业的特殊性，具体如何计算又产生了新的问题。如前文所述，转让收入可以分解成"实缴资本＋留存收益＋溢价"，留存收益又可分解成"以往年度已税收益＋本年未税收益"。一般来说，归属合伙人当年度未分配利润部分应按"经营所得"缴纳个人所得税，而财产份额转让所得应按"财产转让所得"缴纳个人所得税，两者之间的税率不相同，于是有观点认为应当区分所得类型计算。

如果合伙人转让全部财产份额，将产生退伙的效果，而合伙企业清算也会产生全部合伙人退伙的效果。虽然在民商法层面，转让财产份额、退伙、

清算的内涵不相同，但是税收征管是行政法规，更加关注应税行业的经济实质。转让财产份额、合伙人退伙、合伙企业清算，合伙人所得收入的组成有共通之处，但是又分别适用不同的税收文件。既然财产份额转让、合伙人直接退伙与合伙企业清算的最终效果都是实现相关合伙人从合伙企业退出，收入组成也有共通之处。尤其是合伙人直接退伙与合伙企业清算，合伙人分得收入是源于分割合伙企业财产并退出，收入组成实质基本一致（不考虑特殊情况下退伙导致的补偿等问题）。下面通过对比来分析三者税务处理的关系见表5-6。

表 5-6　不同业务的税务处理

| 类　　型 | 法规 | 具体规定 |
|---|---|---|
| 转让财产份额 | 《个人所得税法》第六条第一款第五项 | 财产转让所得，以转让财产的收入额减除财产原值和合理费用后的余额，为应纳税所得额 |
| 退伙 | 国家税务总局公告2011年第41号 | ……<br>一、个人因各种原因终止投资、联营、经营合作等行为，从被投资企业或合作项目、被投资企业的其他投资者以及合作项目的经营合作人取得股权转让收入、违约金、补偿金、赔偿金及以其他名目收回的款项等，均属于个人所得税应税收入，应按照"财产转让所得"项目适用的规定计算缴纳个人所得税。<br>应纳税所得额的计算公式如下：<br>应纳税所得额＝个人取得的股权转让收入、违约金、补偿金、赔偿金及以其他名目收回款项合计数－原实际出资额（投入额）及相关税费<br>…… |
| 清算 | 财税〔2000〕91号第十六条 | 企业进行清算时，投资者应当在注销工商登记之前，向主管税务机关结清有关税务事宜。企业的清算所得应当视为年度生产经营所得，由投资者依法缴纳个人所得税。<br>前款所称清算所得，是指企业清算时的全部资产或者财产的公允价值扣除各项清算费用、损失、负债、以前年度留存的利润后，超过实缴资本的部分 |

注：有观点认为国家税务总局公告2011年第41号原文表述为"个人取得的股权转让收入"仅适用于个人对公司终止投资的情形，合伙企业财产份额并非股权，因此不适用。

进一步分析归纳见表5-7。

表 5-7　税率及计算公式

| 类　　型 | 所得类型及税率 | 收入简单分解 |
|---|---|---|
| 转让财产份额 | 财产转让所得（20％） | 转让收入＝实缴资本＋以往年度留存收益＋当年经营收益＋溢价（溢价原因包括企业资产增值＋企业商誉）<br>应纳税所得额＝以往年度留存收益＋当年经营收益＋溢价 |

| 类　　型 | 所得类型及税率 | 收入简单分解 |
|---|---|---|
| 退伙 | 财产转让所得（20%） | 退伙结算＝实缴资本＋以往年度留存收益＋当年经营收益＋企业资产增值<br>应纳税所得额＝当年经营收益＋企业资产增值＋相关补偿（以往年度留存收益不应再征税） |
| 清算 | 经营所得（5%～35%） | 清算所得＝当年经营收益＋企业资产增值 |

通过对比可以发现三种情形下对同一组成部分收入的征税差异，"当年经营收益"在转让财产份额与合伙人退伙中按"财产转让所得"征税，而在合伙企业清算中按"经营所得"征税。由于企业资产增值所带来的收入也存在同样情况，转让财产份额和退伙的情况，交易发生在合伙人层面，因此视为合伙人转让财产收入。合伙企业清算时，则是作为合伙企业处置资产，交易发生在合伙企业层面，所以作为合伙企业经营损益，这样分析有助于理解为何征税项目不同。但是合伙企业本身就是所得税透明体，都是穿透到合伙人纳税，这导致对同一性质的所得按不同税率征税的不合理现象（"财产转让所得"税率为20%，而"经营所得"是5%～35%），视所得大小不同，纳税人的税收利益也不同。

举一个简单例子：B合伙企业由甲、乙和丙三名合伙人于2018年出资100万元成立，其中甲出资50万元，合伙人约定按出资比例享有相关权益。截至2022年6月，账面净资产360万元，包括实缴资本100万元，以往年度留存收益200万元，2022年1至6月经营收益60万元。如果企业清算，预计资产处置收益40万元。若甲合伙人转让全部财产份额，转让价格200万元，退伙结算200万元，清算分配200万元。

对比三种情形下合伙人甲的应纳税额，见表5-8。

表5-8　应纳税额的计算

| 类　　型 | 应纳税所得额 | 税费计算 | 替代方案 |
|---|---|---|---|
| 转让财产份额 | 200－50＝150（万元） | 150×20%＝30（万元）<br>扣除以往年度留存收益重复征税20万元后，应是10万元 | 先分配以前年度留存收益再转让则税费为10万元 |
| 退伙 | 200－50－100＝50（万元） | 50×20%＝10（万元） | 协商推迟到年度终了"先分后税"，再进行退伙结算，当年归属甲的经营所得按1至6月份分配30万元，再退伙结算20万元 |

| 类　型 | 应纳税所得额 | 税费计算 | 替代方案 |
|---|---|---|---|
| 退伙 | 200－50－100＝50（万元） | 50×20％＝10（万元） | 当年经营所得纳税＝300 000×20％－10 500＝49 500（元）<br>退伙所得纳税＝200 000×20％＝40 000（元）<br>两者合计 89 500（元） |
| 清算 | 200－100－50＝50（万元） | 500 000×30％－40 500＝109 500（元） | 合伙企业暂停经营但不清算，年度终了合伙人"先分后税"纳税后，合伙企业再清算。<br>当年经营所得纳税＝300 000×20％－10 500＝49 500（元）<br>清算所得应纳税额＝200 000×20％－10 500＝29 500（元）<br>两者合计＝79 000（元）<br>（补充：如果清算所得金额较大，"经营所得"适用税率较高时，合伙人甲先退伙，按"财产转让所得"缴税。合伙企业再清算） |

"经营所得"适用 5％～35％超额累进税率，"财产转让所得"适用 20％税率，合伙人退伙当年"经营所得"综合税负高于 20％时，应选择按"财产转让所得"缴税。而合伙企业清算则一律按"经营所得"征税。产生这种区别缘于税法文件之间没有协调一致，而且部分文件发布时间太久，不适应合伙企业的发展变化。例如，财税〔2000〕91 号发布于 2000 年，当时的合伙企业属于小本经营，资产少，清算时除了经营收益之外没有多少资产处置收益，所以统一按"经营所得"纳税影响不大。后来有限合伙形式出现，并且被广泛作为战略投资持股平台或者股权激励持股平台使用，合伙企业的资产大增，所投资股权还潜在巨额增值。战略投资退出时，合伙企业需要处置所持股权，如果清算退出可能适用 35％税率。但是依据国家税务总局公告 2011 年第 41 号的规定，合伙人先一一退伙，按 20％缴税，最后再清算退出可节税。《关于延续实施创业投资企业个人合伙人所得税政策的公告》（财政部 税务总局 国家发展改革委 中国证监会公告 2023 年第 24 号）（以下简称财政部 税务总局 国家发展改革委 中国证监会公告 2023 年第 24 号）规定："二、创投企业选择按单一投资基金核算的，其个人合伙人从该基金应分得的股权转让所得和股息红利所得，按照 20％税率计算缴纳个人所得税。"基于上述发展趋势，有

观点认为财税〔2000〕91号已经不具有现实意义，合伙企业清算一律按"经营所得"征税不合理。

那么，是否应该统一征税项目呢？例如合伙企业清算参照财产份额转让或合伙人退伙均按"财产转让所得"处理，还是分解所得，按照各组成部分的实质征税，在实践中没有统一意见。纳税人只能了解当地税务机关的实际做法，再作出适当的处理。

---

问题：合伙企业发生合伙人退出或者合伙份额转让，如何缴纳个人所得税？

国家税务总局深圳市税务局答复：

根据《中华人民共和国合伙企业法》的规定，普通投资人对合伙企业债务承担无限连带责任，有限合伙人以其认缴出资额为限承担责任。合伙企业的投资者进行投资，其持有的是合伙企业份额，而不是企业股份，其体现的是原合伙人退伙、新合伙人入伙的形式。因此，一是合伙人退伙，应就归属到该合伙人当年度未缴纳经营所得的未分配利润部分，征收"经营所得"项目的个人所得税；二是合伙人将其投资份额转让，从合伙企业层面，应对合伙人进行退伙清算就其清算所得征收"经营所得"项目的个人所得税；从合伙人层面，应就新合伙人取得原合伙人的份额，所支付的溢价部分，征收原合伙人的"财产转让所得"项目的个人所得税。（发布时间：2020-11-24）

---

参考前文的分解思路：

转让收入＝实缴资本＋以往年度留存收益＋当年经营收益＋溢价

溢价原因包括"企业资产增值＋企业商誉"。

应纳税所得额＝以往年度留存收益＋当年经营收益＋溢价

如果考虑避免重复征税，应纳税所得额计算公式为

应纳税所得额＝当年经营收益＋溢价＝当年经营收益＋企业资产增值＋企业商誉

分解思路与该问答思路基本一致，该回复将应税所得分解为

应纳税所得额＝当年经营收益＋企业资产增值＋企业商誉

创新点在于:

(1) 计算财产转让所得时,财产原值按动态成本计算,则计税基础包含以往年度留存收益。

(2) 对分解后的各部分应税所得按实质课税区别对待,即:

①对当年经营收益按"经营所得"征税;

②对合伙企业资产增值,视同清算所得按"经营所得"征税;

③对超出前面两部分的价值,即新合伙人愿意溢价收购的部分,按"财产转让所得"征税。

(3) 转让财产份额与合伙人退伙采用相同税务处理。

显然,回复意见综合了多个观点,将转让财产份额、合伙人退伙、合伙企业清算的多个政策融为一体,从而形成一个新观点。但是,我们也发现,这个观点并没有直接的政策支持,实际执行也比较复杂。比如其中的"清算所得"如何确认,难道要求企业评估资产处置价值?只有国家税务总局发布文件统一相关口径,才能解决不同理解导致不同执行口径的问题。

## 三、合伙企业财产份额低价转让与调整依据

### (一) 政策依据不足

合伙企业财产份额不是股权,转让合伙企业财产份额区分合伙人是法人或者自然人。由于目前我国没有制定针对合伙企业份额转让的税收政策,法人转让适用企业所得税的一般规定。如果转让价格明显偏低则按照《特别纳税调整实施办法(试行)》等企业所得税反避税政策进行征管。自然人转让合伙企业财产份额价格明显偏低的判断标准与调整依据均无相关规定,难以实施有效监管。

有观点认为,自然人转让合伙企业财产份额虽然没有针对性的征管文件,但是《税收征收管理法》和《个人所得税法》都有关于反避税的一般性规定。《税收征收管理法》第三十五条规定,"……(六)纳税人申报的计税依据明显偏低,又无正当理由的。税务机关核定应纳税额的具体程序和方法由国务院主管部门规定。"《个人所得税法》第八条规定:"(三)个人实施其他不具有合理商业目的的安排而获取不当税收利益。税务机关依照前款规定作出纳税调整,需要补征税款的,应当补征税款,并依法加收利息。"因此,合伙人转让合伙企业的财产份额价格偏低又无正当理由时,税务机关有权按照合理

的方法核定其转让收入。这个观点没有得到普遍支持，一般认为，不适宜直接应用《税收征收管理法》第三十五条进行纳税调整，国务院税务主管部门在法律的授权下制定具体的程序和方法后，税务机关再按规定进行纳税调整。《个人所得税法》第八条的规定同理。有专家建议，自然人转让合伙企业财产份额可以参照国家税务总局公告2014年第67号的规定。合伙企业财产份额不是股权，参照执行股权转让的规定法律依据不足，更加容易引起争议。

事实上，因合伙企业的法律属性与有限责任公司、股份有限公司大不相同，故股权的价值计算方式不能简单地套用在合伙企业份额上。

### （二）公允价值难以确定

合伙企业财产份额流通性低，市场可比价格缺失，导致合伙企业财产份额的公允价值难以确定。即使能够评估合伙企业的整体价值，但是合伙人之间以"人合"为主，合伙企业允许同份额不同权，合伙企业合伙人之间的责、权、利不以合伙份额为标准。例如，普通合伙人的份额与有限合伙人的份额价值应该不同，这又导致财产份额价值不能简单地按出资额计算。与有限公司承担有限责任不同，普通合伙人对合伙企业债务承担无限连带责任，无限责任无法量化，不排除可能潜在未知债务风险，负债不能准确计算影响财产份额价值。这种种因素导致每次合伙企业财产份额转让都有其特殊个性差异，交易合理价格难以确定，不能轻易以某个标准判定价格是否明显偏低。依据不足加上公允价值难以确定，使得反避税措施难以实施。

合伙企业广泛作为持股平台后，通过转让合伙企业份额可以间接转让目标公司股权，低价转让合伙企业财产份额可以实现低价转让目标公司股权，实现间接规避股权转让的反避税措施，这也是合伙企业成为股权转让税务筹划工具的原因之一。

我们将合伙企业税务筹划分成三类：第一类是基于合伙企业作为普通经营实体的税务筹划，这类筹划与普通企业的筹划思路基本一致；第二类是合伙企业作为持股平台的税务筹划；第三类是合伙企业作为中间桥梁的税务筹划。后面两类筹划占主要部分，又可以再细分为三种类型：一是低价转让合伙企业财产份额间接转让股权；二是地方税费返还；三是核定征收。例如西藏自治区、新疆维吾尔自治区、江西省等多地均出台税收优惠政策，可以为合伙企业提供核定征收和财政返还。个人所得税中央和地方的分成比例是60%：40%，当地财政可以对地方分成部分返还一定的比例，从而降低综合税率，不少合伙企业选择政策稳定性高的地区作为注册地。至于核定征收，虽然持股平台型合伙企业禁止核定征收，但是其他合伙企业仍然可以核定征收，充当转移利润和增加中间成本的桥梁。

**【案例 5-2】　　转让合伙企业财产份额是否应扣减历年经营所得**

**【案例来源】**　　咨询案例

**【案例背景】**　　吉祥公司是一家生产性企业，正常年销售收入为 1 亿元，因为产品技术先进，价格较同类产品高。为了降低账面利润减少税费，吉祥公司安排两名人员在 A 市某园区设立一家合伙企业，简称如意合伙，两名合伙人出资比例相同。该园区可以给予如意合伙两项政策福利：经营所得核定征收，核定应税所得率是 10%，同时可将个人所得税分成部分的 80% 作为奖励再返还给纳税人。如意合伙从事贸易业务，吉祥公司与如意合伙签订总经销协议，由如意合伙负责吉祥公司产品的市场运营和销售代理，吉祥公司按照正常出厂价的 80% 供货给如意合伙，如意合伙按照正常价格供货给真正的目标客户。

设立如意合伙前销售价格如图 5-3 所示。

图 5-3　合伙前

设立如意合伙后销售价格如图 5-4 所示。

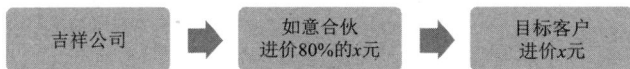

图 5-4　合伙后

吉祥公司年销售收入＝10 000×80%＝8 000（万元），吉祥公司营业收入减少 2 000 万元，利润减少 2 000 万元。

吉祥公司减少企业所得税＝2 000×25%＝500（万元）

如意合伙营业利润＝10 000×20%＝2 000（万元）

如意合伙应税所得＝2 000×10%＝200（万元）

两名合伙人应缴个人所得税＝（100×35%－6.55）×2＝56.90（万元）

财政返还额＝56.90×40%×80%＝18.21（万元）

两名合伙实际个人所得税＝56.90－18.21＝38.69（万元）

合计节税＝500－38.69＝461.31（万元）

节约所得税还未考虑设立合伙企业前公司税后利润分配的个人所得税。

**【案例分析】** （1）利用税收优惠政策。将合伙企业作为转移利润的典型案例。筹划前后产品销售总量和总利润没有发生变化，增值税销项税额和进项税额相抵后也没有增加增值税，产品利润2 000万元从吉祥公司转移到了如意合伙，享受了税收优惠。

（2）价格的合理性。节税幅度随吉祥公司向如意合伙的供货价而变化。本案例中，吉祥公司按正常出厂价格的80％供货给如意合伙。如果吉祥公司提高供货价，转移的利润将减少。因为吉祥公司的产品单价较同类产品高，可以适当降低对如意合伙的供货价，也不会明显低于同类企业的出厂价。

（3）形式工作做得再完善，也掩盖不了实质性风险。如意合伙是否真实经营，吉祥公司与如意合伙之间的交易是否具备商业合理性，如意合伙是开票需要还是销售战略需要，才是核心问题。实践中，不少类似如意合伙一样的空壳企业，本身没有实质性经营，通过低买高卖转移利润，或者给标的公司虚开发票增加成本，风险极高。

**【案例5-3】** **高级管理人员工资薪金转换为合伙企业经营所得**

**【案例来源】** 咨询案例

**【案例背景】** 小明是吉祥公司的销售总监，吉祥公司的经营业绩上升趋势良好，小明的销售奖金一年比一年高，个人所得税也越来越高，2023年工资薪金超过200万元。吉祥公司的财税顾问提供了一个建议，建议小明成立合伙企业为吉祥公司提供服务，雇佣关系改为合作关系。

小明和吉祥公司接受了建议，小明与妻子设立了A合伙企业，从事商业服务。A合伙企业与吉祥公司签订服务协议，A合伙企业为吉祥公司拓展销售渠道，提供客户资源，按效果收取服务费。2023年度，A合伙企业当年经营收益达到200万元，适用税率高达35％。为了降低税率，小明又安排6个亲友担任A合伙企业的合伙人，并约定全部合伙人平均分配利润。2022年度，A合伙企业当年经营收益240万元，每名合伙人"生产经营"应税所得30万元。

每名合伙人应缴个人所得税＝（300 000－60 000）×20％－10 500＝37 500（元）

8名合伙人个人所得税合计＝37 500×8＝300 000（元）

240万元工资薪金应缴个人所得税＝（2 400 000－60 000）×45％－181 920＝871 080（元）

节省税费＝871 080－300 000＝571 080（元）

**【案例分析与合规管理】**　一些公司高级管理人员设立合伙企业，为公司提供服务将工资薪金所得转换为经营所得，工资薪金最高税率是45％，经营所得最高税率是35％，两者之间的税率差异是关键，更多的时候还会加上核定征收与财政返还。本案例主要应用税率差异。

小明不满足于10％的税率差，通过增加合伙人的方式降低人均所得，进而降低适用税率，合伙人越多，税率越低。理论上，如果合伙人足够多，税率可以降到最低5％，还可以选择有限合伙的形式，除小明外，其他合伙人作为有限合伙人，以规避民事责任风险。

这样的"筹划"潜在巨大风险：一是业务真实性；二是合伙人真实性。小明与吉祥公司真实解决雇佣关系怎么解决？小明是否真实经营A合伙企业？A合伙企业与吉祥公司是否存在真实交易？如果小明没有脱离吉祥公司，仍然是吉祥公司的管理人员，设立A合伙企业只是作为转换收入类型的工具，那是违法行为。即使业务真实，再看合伙人的真实性，其他6名合伙人是否只是挂名，虚假增加合伙人达到少纳税目的，也是违法行为，随时可能面临税务机关的稽查和处罚。

## 第二节　合伙企业股权转让争议案例

在实务中，很多企业会利用合伙企业作为持股平台，在合伙企业将对外投资所持股权进行转让时，作为合伙人的自然人到底是按经营所得计算缴纳个人所得税，还是按照财产转让所得计算缴纳个人所得税，经常引发争议。有时为了股权架构优化或者税务规划的目的，可能需要拆除合伙企业这个持股平台，对于被投资企业而言，股东由通过合伙企业间接持股变为直接持股，在拆除持股平台过程中也会存在一些税务争议。

### 一、自然人合伙人税率之争

**【案例5-4】**　合伙企业转让对外投资适用经营所得还是财产转让所得

**【案例来源】**　某上市公司公告

**【案例背景1】**　2019年，吉祥公司有三家有限合伙股东——A、B、C，分别持有吉祥公司30％、5％、4％的股权。吉祥公司拟于2020年上市。2019

年 4 至 5 月，三家有限合伙企业将所持吉祥公司股份转让给其合伙人（出资人）或相关自然人（近亲属），转让价格等同于股东间接入股吉祥公司时的价格，即平价转让，从而变间接持股为直接持股。吉祥公司称，该股权转让行为主要是考虑未来预期税负的因素，由合伙企业持股转为自然人直接持股。

【案例背景 2】　2019 年，如意公司拟进行首次公开募股，公司高级管理人员小红看好公司发展，自愿与机构投资人以相同价格认购公司股份，认购的股权由员工持股平台 D 有限合伙企业持有。小红是 D 合伙的执行事务合伙人，咨询税务后认为作为执行事务合伙人减持时的税率为 35％，而有限合伙人减持的税率为 20％，小红出于公司上市后减持的税收筹划角度考虑，委托外部投资人代为持有其在 D 合伙中的份额，代持人成为 D 合伙的有限合伙人。

【争议焦点】　关于合伙企业转让对外投资取得收益后自然人合伙人如何纳税问题，是按照经营所得 5％～35％ 的累进税率缴纳个人所得税，还是按照财产转让所得适用的税率 20％ 缴纳个人所得税。截至目前，不同的税务机关仍然给出了不同的答复。

观点一认为按"利息、股息、红利"适用 20％ 税率。

《国家税务总局关于〈关于个人独资企业和合伙企业投资者征收个人所得税的规定〉执行口径的通知》（国税函〔2001〕84 号）第二条

二、关于个人独资企业和合伙企业对外投资分回利息、股息、红利的征税问题

个人独资企业和合伙企业对外投资分回的利息或者股息、红利，不并入企业的收入，而应单独作为投资者个人取得的利息、股息、红利所得，按"利息、股息、红利所得"应税项目计算缴纳个人所得税。以合伙企业名义对外投资分回利息或者股息、红利的，应按《通知》所附规定的第五条精神确定各个投资者的利息、股息、红利所得，分别按"利息、股息、红利所得"应税项目计算缴纳个人所得税。

观点二认为除创投企业可以选择按单一投资基金核算按照 20％ 税率计算缴

纳个人所得税外，均应并入合伙企业"生产经营"所得适用5％～35％税率。

《关于个人独资企业和合伙企业投资者征收个人所得税的规定》（财税〔2000〕91号）第四条

第四条　个人独资企业和合伙企业（以下简称企业）每一纳税年度的收入总额减除成本，费用以及损失后的余额，作为投资者个人的生产经营所得，比照个人所得税法的"个体工商户的生产经营所得"应税项目，适用5％～35％的五级超额累进税率，计算征收个人所得税。……

《国家税务总局关于切实加强高收入者个人所得税征管的通知》（国税发〔2011〕50号）第二条第三项

（三）完善生产经营所得征管

……

2. 对个人独资企业和合伙企业从事股权（票）、期货、基金、债券、外汇、贵重金属、资源开采权及其他投资品交易取得的所得，应全部纳入生产经营所得，依法征收个人所得税。

……

《国家税务总局稽查局关于2018年股权转让检查工作的指导意见》（税总稽便函〔2018〕88号）（以下简称税总稽便函〔2018〕88号）

一、关于个人所得税

（一）关于合伙企业转让股票收入分配给自然人合伙人（有限合伙人）征收个人所得税的意见

检查中发现有些地方政府为发展地方经济，引进投资类企业，自行规定投资类合伙企业的自然合伙人，按照"利息、股息、红利所得"或"财产转让所得"项目征收个人所得税，税率适用20％。现行个人所得税法规定，合伙企业的投资人为其纳税人，合伙企业转让股票所得，应按照"先分后税"原则，按照合伙企业的全部生产经营所得和合伙协议约定的分配比例确定合伙企业投资者的应纳税所得额，比照"个体工商户的生产经营所得"项目，适用5％～35％的五级超额累进税率。地方政府的规定违背了《征管法》第三条的规定，应予以纠正。

《财政部 税务总局 发展改革委 证监会关于创业投资企业个人合伙人所得税政策问题的通知》(财税〔2019〕8 号)① 第一条、第二条

一、创投企业可以选择按单一投资基金核算或者按创投企业年度所得整体核算两种方式之一，对其个人合伙人来源于创投企业的所得计算个人所得税应纳税额。

本通知所称创投企业，是指符合《创业投资企业管理暂行办法》(发展改革委等 10 部门令第 39 号) 或者《私募投资基金监督管理暂行办法》(证监会令第 105 号) 关于创业投资企业（基金）的有关规定，并按照上述规定完成备案且规范运作的合伙制创业投资企业（基金）。

二、创投企业选择按单一投资基金核算的，其个人合伙人从该基金应分得的股权转让所得和股息红利所得，按照 20％税率计算缴纳个人所得税。

创投企业选择按年度所得整体核算的，其个人合伙人应从创投企业取得的所得，按照"经营所得"项目、5％～35％的超额累进税率计算缴纳个人所得税。

观点三认为，有限合伙企业中不参与执行业务的自然人有限合伙人，其从有限合伙企业取得的股权投资收益，按"利息、股息、红利所得"项目，适用 20％的比例税率。其他合伙企业的合伙人，按照"经营所得"项目适用 5％～35％的超额累进税率计算缴纳个人所得税。

该观点源于股权投资型有限合伙企业日益增多，部分地方为了鼓励投资者到当地设立合伙企业，特别给予有限合伙人优惠政策，规定对其按"财产转让所得"征收 20％的个人所得税。其中包括北京、珠海横琴、天津均曾出台相关税收优惠政策。这些都是地方制定的优惠政策，属于地方行为，不具备普遍意义。

---

① 《财政部 税务总局 发展改革委 证监会关于创业投资企业个人合伙人所得税政策问题的通知》(财税〔2019〕8 号) 截止日期是 2023 年 12 月 31 日，替代它的文件是《财政部 税务总局 国家发展改革委 中国证监会关于延续实施创业投资企业个人合伙人所得税政策的公告》(财政部 税务总局 国家发展改革委 中国证监会公告 2023 年第 24 号)

**【案例分析】** 筹划目的。吉祥公司的股东变间接持股为直接持股，是出于上市后转让股票收益的税务筹划考虑。一般来说，限售股解禁后套现，收益很高。如果按"经营所得"项目征税，很可能最高适用 35％的税率。如果按"利息、股息、红利所得"项目，适用 20％税率，则能节税。

吉祥公司的股东认为，当初选择合伙企业持股，是因为当时各地方政府对合伙主体多数并未依照财税〔2000〕91 号执行累进税率，合伙企业的合伙人实际执行的个人所得税率多为 20％。但是，税总稽便函〔2018〕88 号明确地方政府执行的 20％税率违背《税收征收管理法》，吉祥公司预计当合伙企业出售股票时，将面临 5％～35％的超额累进税率。同时，三家有限合伙股东并不符合财税〔2019〕8 号的"创投企业标准"、不适用 20％税率。所以，股东们改为个人直接持股，可以适用 20％税率。

如意公司的高级管理人员小红则以他人代持的做法，绕开当地对普通合伙人执行 5％～35％的超额累进税率，适用对有限合伙人执行 20％税率。

近年，合伙企业转让股权取得收益主流观点倾向于按"经营所得"征税。尤其是财税〔2019〕8 号明确了符合条件的"创投企业"合伙人才能适用 20％税率，反推出排除其他合伙企业的合伙人适用 20％税率的可能性。但是仍有部分地区坚持依据国税函〔2001〕84 号，按"利息、股息、红利所得"适用 20％税率。笔者认为，国税函〔2001〕84 号规定的是个人独资企业和合伙企业"对外投资分回的利息或者股息、红利"，并不是"对外投资股权转让收益"，仅对"股息、红利"作出了单独适用 20％税率的规定，并不包括股权转让所得。因此，股权转让所得应当并入经营所得征税。部分地方认为合伙企业股权转让所得也可单独按 20％计税的理解，笔者并不认同。至于认为有限合伙人和普通合伙人有区别，应当分别适用不同所得项目，笔者认为这缺乏上位法的支持。

案例中的吉祥公司股东们的操作，在 2019 年并不多见。但是在 2022 年后却频频在上市公司中发生。究其根本，是由于《关于权益性投资经营所得个人所得税征收管理的公告》（财政部 税务总局公告 2021 年第 41 号）出台，持有股权、股票、合伙企业财产份额等权益性投资的个人独资企业、合伙企业，也一律适用查账征收方式计征个人所得税，利用合伙企业持股平台核定征收的漏洞被填补。该文件出台前，上市公司的自然人股东倾向于在"税收洼地"设立合伙企业持股平台，利用当地核定征收、财政返还等税收优惠政策，最终可能只承担较低的税负，大大减少了个人所得税。该文件出台后，权益性投资合伙企业核定征收漏洞被填补，设立合伙企业持股可能面临最高35％的税率。于是合伙企业持股平台的股东纷纷考虑拆除原有的持股架构，间接持股变成直接持股。

除了符合财税〔2019〕8号的"创投企业标准"可以选择适用20％税率外，其他合伙企业股权转让收益不适用20％税率计征个人所得税，实务中，绝大部分合伙企业持股平台并不符合"创投企业标准"。当股权转让收益较大时，不管是有限公司持股还是合伙企业持股，税负均高于个人直接持股。整体而言，如果失去"税收洼地"核定征收和高额税费返还政策，平台持股并没有明显的优势。只有当股权转让收益较低的情况下，合伙人按照"经营所得"适用5％～20％税率时，才有一定的优势。同时，在股票持有环节，个人持股有明确的股息红利差别化个人所得税优惠政策。2022年后拆除持股平台，个人直接持股的情况频频发生。但拆除持股平台，还原直接持股如何进行税务处理，又是一个新的争议话题。

## 二、拆除持股平台纳税之争

有限公司持股、合伙企业持股、自然人持股的税务处理各有特点，投资者根据持有目的选择适当方式。但是因情况变化而要求改变持股方式的也不在少数。拆除持股平台，主要原因之一是税务规划需要。例如，合伙企业持股平台核定征收的优势丧失后，自然人直接持股反而可以享受一系列资本利得所得税优惠，自然人股东不仅能在取得上市公司分红时，享受股息、红利差别化税收待遇，限售股解禁后出售股票时，税率也可能低于合伙企业的合伙人，于是要求拆除合伙企业持股平台，变成自然人直接持股。拆除平台的方式有多样，下面主要讨论其中三种：一是注销原平台，将标的公司股权过户给投资者；二是将标的公司股权从原平台平移到新平台（平价转让）；三是原平台通过工商直接变更为新平台。

【案例5-5】　　拆除合伙持股平台非交易方式股票过户是否属于股权转让

【案例来源】　某上市公司公告

【案例背景】　E股权投资合伙企业（有限合伙）（以下简称E合伙）持有PA公司股份345万股。2022年10月，E合伙解散清算，其持有的PA公司股份通过证券非交易过户的方式登记至E合伙各合伙人名下，相关手续已办理完毕，取得中国证券登记结算有限责任公司上海分公司出具的"过户登记确认书"。E 合伙企业股东解散，将原合伙企业持有的股票非交易过户给自然人合伙人，变自然人间接持股为直接持股。

PA 公司认为，合伙企业已经完成注销程序，其各自持有的发行人股份通过非交易过户的方式由其各自的原合伙人按出资比例依法承继，非交易过户不属于股权转让，无须缴纳个人所得税，如图 5-5 所示。

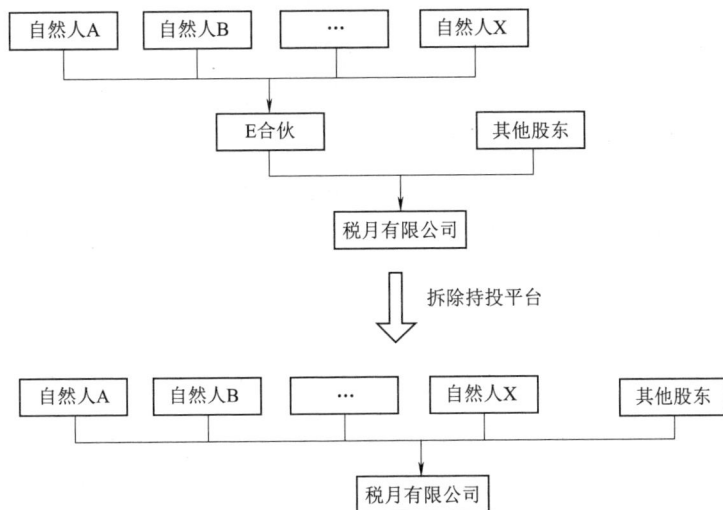

图 5-5　股权转让流程

**【争议焦点】**　观点一认为持股平台解散清算，原投资者各自持有的上市公司股份通过非交易过户的方式由其各自的原合伙人按出资比例依法继承，可视为《中国证券登记结算有限责任公司证券非交易过户业务实施细则》(适用于继承、捐赠等情形)(中国结算发〔2023〕28 号)第三条中的"（四）法人终止所涉证券过户"，不属于股权转让，无须缴纳个人所得税。同时非交易过户的股票，投资者没有真正实现变现，没有获得资金流入，最终收益也不确定，因此纳税并不可能。

观点二认为"股票非交易过户"的概念及类型是证券交易市场管理的定义，《中国证券登记结算有限责任公司证券非交易过户业务实施细则》(适用于继承、捐赠等情形)(中国结算发〔2023〕28 号)目的是规范特定情形下股票过户的操作，并非税法上的定义。税法上，持股平台不管是有限公司还是合伙企业，解散前应当进行清算。合伙企业注销时，应当以清算时的全部资产或者财产的公允价值计算清算所得，企业的清算所得应当视为年度生产经营所得，由投资者依法缴纳个人所得税。有限公司注销时，应当以清算时资产的公允价值扣减成本作为应纳税所得额，在扣除所得税及清算费用之后，分配给个人股东。个人股东终止投资经营收回款项按照"财产转让所得"项目计算缴纳个人所得税。因此，合伙企业持股平台清算时，上市公司股票作为企业的剩余财产，需要按公允价值确认股票价值核算清算所得，再由合伙人按当年度"生产经营"所得缴纳个人所得税。总而言之，税法上没有因为法人资格丧失导致财产过户的免税规定，资产的所有权发生了转移，应当按销售处理。

关于合伙企业和有限公司清算的税收文件主要包括财税〔2000〕91 号、《财政部 国家税务总局关于企业清算业务企业所得税处理若干问题的通知》（财税〔2009〕60 号）、国家税务总局公告 2011 年第 41 号等。

**【案例分析与合规管理】** 如果标的公司上市前拆除持股平台，股份很可能尚未产生大幅溢价，股份过户按转让征税也不会产生大额个人所得税。但是上市后再拆除持股平台，此时股份已经大幅增值，如果视同转让征税，会产生大额的企业所得税。拆除合伙持股平台的目的是节税，如果在拆除环节股份过户给合伙人要按"经营所得"适用 5%～35% 的税率缴纳个人所得税，那么拆除持股平台降低税负的目的就不能实现，甚至最高按 35% 的税率多缴。这就是大量上市公司股东以"非交易过户"为由，声称不需纳税的原因。

笔者是赞同观点二的，不管出于什么目的解散清算持股平台，都应当按照税法规定进行清算税务处理，除非税法上有特殊规定（例如企业重组合并），否则不存在免税或者不征税的豁免。在实务中，大量上市公司股东采取解散清算进行股票非交易过户，不缴纳税款，可能存侥幸心理，虽然截至笔者成文时，尚未有相关稽查案例出现，但也没有税务机关表态"非交易过户"不纳税合法。可能部分地区采取"默许"态度，也可能是"观望"态度。但是不管什么态度，都不能否认"非交易过户"违反了基本的税收政策，甚至不具备争议空间。当税务部门不得不正视这个问题之时就是风险爆发之日。至于观点一的理由，没有变现不应交税的道理，都不能成为挑战税法遵从的理由。我们反复强调，依法纳税才是正道。

目前，已有数十家上市公司解散持股平台涉及股票非交易过户。同时，中国证券监督管理委员会（以下简称证监会）继 2022 年 7 月 8 日发布《证监会启动私募股权创投基金向投资者实物分配股票试点 支持私募基金加大服务实体经济力度》，启动私募股权创投基金向投资者实物分配股票试点。2022 年 10 月 14 日，证监会在官网发布了《证监会原则同意开展私募股权创投基金向投资者实物分配股票首单试点》通知，原则同意上海临理投资合伙企业（有限合伙）的实物分配股票试点申请工作。资本市场投资活跃，私募股权投资基金的退出诉求增加，预期以后通过非交易过户方式向投资者（份额持有人）进行分配的案例也会增加。该政策如何与税务相衔接已经引起业界的关注，也可能会促进股票非交易过户税收政策的明确。

【案例 5-6】　　拆除合伙持股平台非交易方式股票过户向股东追征税款

【案例来源】　　某上市公司公告

【案例背景】　　连云港 A 实业投资有限公司（以下简称 A 公司）成立于 2010 年 10 月，是为 B 公司筹划上市而搭建的持股平台，注册资本 1 000 万元，5 名自然人股东（甲、乙、丙、丁、戊，戊是法定代表人）是 B 公司的创始团队。

A 公司成立后，B 公司的控股股东及实控人甲（戊的配偶）向 A 公司转让 B 公司 15.33% 的股权，转让价格为 9 991 460.20 元，折合每股为 0.43 元。一个月后 B 公司引入战略投资者，增资对价每股 6.70 元，A 公司持股比例被稀释至 13.70%（2 299.5 万股），如图 5-6 所示。

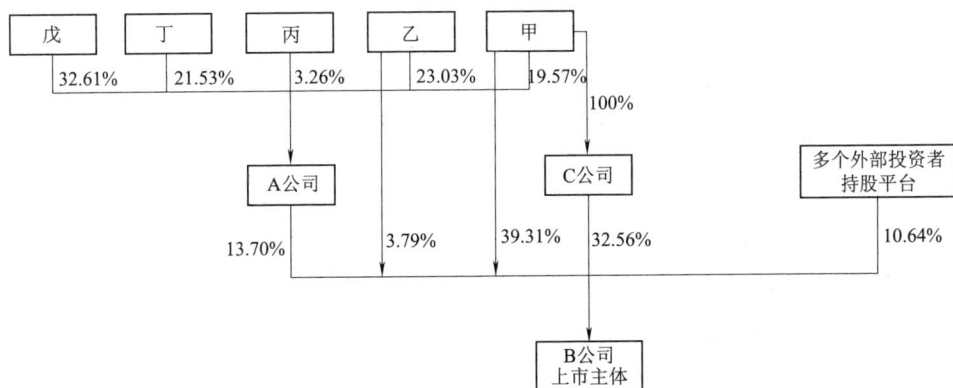

图 5-6　A 公司股权结构

B 公司于 2014 年 10 月上市，其首次公开发行票票价格 6.45 元/股，A

公司持有 B 公司股份 2 299.5 万股。此后 2017 年 5 月 24 日上市主体每 10 股转增 5 股，A 公司持股变为 3 449.25 万股（占总股本的 9.77％），每股的持股成本也稀释至 0.29 元。

2021 年 1 月 12 日，A 公司从连云港市东海经济开发区迁址到河南省开封市兰考县某金融小镇，并更名为河南 A 企业管理有限公司（以下仍简称 A 公司）。

2021 年 3 月 23 日，A 公司将持有的 B 公司股份 3 449.25 万股按 5 名自然人股东的持股比例进行了分配，分配的方式是股票非交易过户，见表 5-9。

表 5-9　股票非交易过户情况

| 序号 | 过出方 | 过入方 | 过户数量（股） | 占 B 公司总股本比例（％） | 股份性质 |
|---|---|---|---|---|---|
| 1 | A 公司 | 甲 | 6 750 182 | 1.91 | 无限售流通股 |
| 2 | | 乙 | 7 943 623 | 2.25 | |
| 3 | | 丙 | 1 124 456 | 0.32 | |
| 4 | | 丁 | 7 426 235 | 2.10 | |
| 5 | | 戊 | 11 248 004 | 3.19 | |
| 合计 | | | 34 492 500 | 9.77 | |

2021 年 3 月 26 日，A 公司注销，注销程序如图 5-7 所示。

| 2021.01.12 | 2021.03.16 | 2021.03.23 | 2021.03.26 |
| 迁址更名 | 决定清算 | 股票非交易过户 | 注销 |

图 5-7　注销程序

2022 年 7 月 15 日，开封市税务机关对 B 公司送达税务事项通知书，因 A 公司持有上市公司股份 3 449.25 万股无限售流通股股票（占公司总股本的 9.77％）已通过证券非交易过户的方式登记至自然人股东名下，相关手续已办理完毕。A 公司存在少缴企业所得税税款的情况。责令 B 公司限期 15 日到该局接受税务检查，缴纳应纳税款 2021 年企业所得税 134 453 675.77 元。鉴于 A 公司已注销登记，应纳 2021 年度企业所得税税款 134 453 675.77 元按股东投资比例向原股东 5 人追缴。

该通知书同时提到，根据《国家税务总局关于企业所得税核定征收有关问题的公告》（国家税务总局公告 2012 年第 27 号）第一条规定："专门从事股权（股票）投资业务的企业，不得核定征收企业所得税。"

2022 年 9 月 8 日，开封市税务机关对 B 公司 5 名原自然人股东送达"税务事项通知书"，因上市公司股票证券非交易过户存在少缴个人所得税情况。责令限期 30 日到该局接受税务检查，缴纳 2021 年个人所得税应纳税款，具体欠缴情况见表 5-10。

表 5-10 B 公司欠缴个人所得税列表

| 股东 | 个人所得税额（元） |
|---|---|
| 甲 | 15 752 505.27 |
| 乙 | 18 537 567.52 |
| 丙 | 2 624 075.99 |
| 丁 | 17 330 170.59 |
| 戊 | 26 248 809.25 |
| 合计 | 80 493 128.62 |

2021 年 9 月 14 日起，甲、乙、丙、丁、戊陆续公告减持 B 公司股票。

**【案例分析与合规管理】** 本案例是 2021 年起上市公司拆除持股平台股票非交易过户众多案例中的一个，但是其结果却一石激起千重浪，非交易过户到底要不要征税，税务机关到底是不是默许，从这个案例得到了回答。该案例是不是意味着税务机关开启对股票非交易过户的稽查，已经发生的同类行为是否可能面临同样稽查，尚在计划中的股票非交易过户是不是从此终止？

案例公开资料有限，下面展开推理分析。

**1. A 公司注销的目的**

当初为筹划上市成立持股平台时，股东们可能没有长远考虑，没有考量公司制持股平台的税负问题。B 公司 2014 年上市，限售期满后股票可以减持，股东们面临减持的税费问题，公司制持股平台整体税负 40%。股东们当然不愿意接受这么高的税负，于是股东们考虑拆除持股平台。

2021 年 3 月 16 日，A 公司决定清算时，B 公司股票按当天收盘价 17.51 元计算，仍然处于股价低点。2021 年 3 月后股价进入上涨趋势，股价一度超过 130 元。所以当时正是拆除平台的适当时点。

**2. 迁址更名的原因**

A 公司不是直截了当地解散注销，而是经过一轮操作，迁址、更名、过户打了一套组合拳。为什么要这样做呢？因为 A 公司清算应按持有的公允价值确认清算所得缴纳企业所得税，清算后将剩余财产分配给各股东，股东需要就投资所得缴纳个人所得税。虽然当时股价位于低点，但是股东们仍然希望避免缴纳税费，实现无税注销。

推测 A 公司迁入地提供地方性税收支持政策。税务处理通知书提到"专门从事股权（股票）投资业务的企业，不得核定征收企业所得税"，这句话可能不是无的放矢，当地有可能对公司制平台允许核定征收。

迁址更名再注销正在失效，当下税务机关加快税收治理手段的数字化升级和智能化改造，"以数控税"的发展趋势下，地区信息不对称的空子不好钻了。尤其是《国家税务总局关于优化若干税收征管服务事项的通知》（税总征科发〔2022〕87 号）下发以后，优化了跨省迁移税费服务流程，纳税人跨省迁移的，在市场监管部门办结住所变更登记后，向迁出地主管税务机关填报跨省（市）迁移涉税事项报告表。对未处于税务检查状态、已缴销发票和税控设备、已结清税（费）款、滞纳金及罚款，以及不存在其他未办结涉税事项的纳税人，税务机关出具跨省（市）迁移税收征管信息确认表，告知纳税人在迁入地承继、延续享受的相关资质权益等信息，以及在规定时限内履行纳税申报义务。经纳税人确认后，税务机关即时办结迁出手续，有关信息推送至迁入地税务机关。表面上看似方便了纳税人，实际上是实现了无缝衔接。希望靠迁址后税务机关信息不对称来消化纳税义务是行不通的。

**3. 补缴的税费如何计算**

补缴税费计算流程如图 5-8 所示。

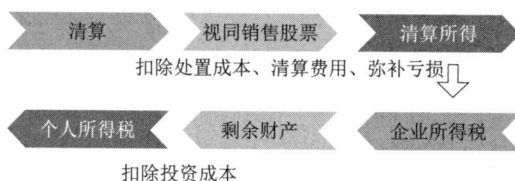

图 5-8　补缴税费计算流程

由于税务处理通知书提到"不得核定征收企业所得税"，猜测有两种可能：一是 B 公司清算时没有缴纳企业所得税，但是迁址后曾获批核定征收企业所得税，因此通知书特意说明不能按核定征收；二是 B 公司清算时已经按核定征收交过一次企业所得税，稽查纠正按查账征收。假设决定清算日 2021 年 3 月 16 日 B 公司股票的收盘价 17.51 元，按第二种可能测算，见表 5-11。

**表 5-11　企业所得税与个人所得税核算**

单位：元

| 企业所得税推算 | | 个人所得税推算 | |
| --- | --- | --- | --- |
| 股票数量 | 34 492 500.00 | 股票数量 | 34 492 500.00 |
| 股票价格 | 17.51 | 股票价格 | 17.51 |
| 销售收入 | 603 963 675.00 | 可变现价值 | 603 963 675.00 |
| 股票成本 | 9 991 460.20 | 清算企业所得税 | 148 493 053.70 |
| 股票收益 | 593 972 214.80 | 清偿债务、清算费用等 | 43 004 978.20 |
| 弥补亏损、清算费用等 | — | 剩余财产 | 412 465 643.10 |
| 清算所得 | 593 972 214.80 | 投资成本 | 10 000 000.00 |
| 应纳企业所得税 | 148 493 053.70 | 应纳税所得额 | 402 465 643.10 |
| 核定征收企业所得税 | 14 039 377.93 | 应纳个人所得税 | 80 493 128.62 |
| 应补企业所得税 | 134 453 675.77 | | |

　　以上数据是倒推测算，只是大概数据。A公司作为持股平台，没有其他经营业务，收益均来自股票收益，支出为日常费用，实收资本 1 000 万元，股票成本 9 991 460.20 元。由于缺乏 A 公司具体的财务数据，截至清算时账面资产负债、未分配利润和清算费用不得而知。B 公司除了未缴纳企业所得税和个人所得税外，也可能没有缴纳增值税。税务处理通知书没有提及增值税，可能是依据《财政部　税务总局关于明确无偿转让股票等增值税政策的公告》（财税 2020 年第 40 号），无偿转让股票是卖出价等于买入价，增值税为 0 元。

　　《关于明确无偿转让股票等增值税政策的公告》（财政部　税务总局公告 2020 年第 40 号）第一条

　　一、纳税人无偿转让股票时，转出方以该股票的买入价为卖出价，按照"金融商品转让"计算缴纳增值税；在转入方将上述股票再转让时，以原转出方的卖出价为买入价，按照"金融商品转让"计算缴纳增值税。

　　许多"筹划"在实施的时候，纳税人清楚其违反税法基本规定，但是仍然选择冒险尝试。从近年趋势看来，税收征管已经关注到这些问题，正在一项一项堵塞漏洞。纳税人即使一时侥幸过关，也不排除日后遭到清算。

**【案例 5-7】** **由有限公司持股变更为合伙企业持股是否具有合理性**

**【案例来源】** 某上市公司公告

**【案例背景】** A 公司是新三板拟挂牌企业，A 公司在股份制改革前，其控股股东为北京 B 公司，B 公司持有 A 公司 36% 的股权。B 公司实控人甲、乙、丙以 B 公司为持股平台控股 A 公司。2020 年 12 月 2 日，甲、乙、丙以 B 公司相同的出资比例在江西省设立了持股平台 C 有限合伙企业（以下简称 C 合伙），B 公司与 C 合伙的出资比例见表 5-12。

表 5-12  出资比例

| 名称 | 甲 | 乙 | 丙 | 合计 |
|------|------|------|------|------|
| B 公司 | 70.08% | 20% | 9.92% | 100% |
| C 合伙 | 70.08% | 20% | 9.92% | 100% |

C 合伙成立后，持股 A 公司股权情况见表 5-13。

表 5-13  A 公司股权情况

| 时间 | 事项 | 持股比例 |
|------|------|------|
| 2020-12-08 | B 公司将其持有的 A 公司 288.63 万元出资额以 1 010.212 万元的对价转让给 C 合伙，双方签订转让协议 | 14.63% |
| 2020-12-18 | C 合伙将其持有 A 公司 88.63 万元的出资额以 886.32 万元的对价转让给 D 合伙，D 合伙是外部战略投资者持股平台 | 10% |
| 2021-05-08 | C 合伙将持有 A 公司 160 万元的出资额以 3 200 万元的对价转让给 E 合伙，将持有 A 公司 40 万元的出资额以 800 万元的对价转让给 F 合伙。E 合伙和 F 合伙是外部战略投资者持股平台。本次股权转让的价格为每 1 元注册资本 20 元 | 0% |
| 2021-06-28 | 经全体合伙人一致决议，同意注销 C 合伙并进行清算 | |
| 2021-11-30 | 当地税务机关出示清税证明，证明 C 合伙已经根据《税收征收管理法》结清所有税务事项 | |
| 2022-01-21 | 当地行政审批局出具注销证明，证明 C 合伙已于 2022 年 1 月 20 日经核准办理注销登记 | |

A 公司在回复交易所问询函中认为，C 合伙在取得 A 公司股权后，又将股权对外转让的原因归于 A 公司通过老股转让方式引入外部投资者，考虑到若由 B 公司直接向外部投资者转让股权，B 公司作为有限责任公司需要先缴纳企业所得税，B 公司的利润分配至个人后，个人还需要缴纳个人所得税。而根据《合伙企业法》《企业所得税法》《中华人民共和国合伙企业所得税法

实施条例》的规定，合伙企业的生产经营所得和其他所得，由合伙人分别缴纳所得税，合伙企业层面无须缴纳企业所得税。为避免在引进外部投资人的过程中 B 公司的自然人股东双重纳税，B 公司的自然人股东同比例设立合伙企业 C 合伙，先将股权转让至 C 合伙，再由 C 合伙转让给外部投资人。C 合伙设立的主要目的为拟通过老股转让方式引入外部投资者，优化股权结构，并进行合理的税务筹划。因此，C 合伙在取得发行人股权数天后，根据设立时的安排将取得的部分股权转让给外部投资者，具有合理性。根据 C 合伙各出资人的完税凭证，以及 C 合伙注销前的清税证明，C 合伙的各出资人均已足额缴纳个人所得税，不存在违反税收征管相关法律法规规定的情形。

**【案例分析与合规管理】**

**1. 股权平移原因**

以案例为背景展开推测，A 公司有上市规划，筹备期间会引进战略投资者。战略投资者获得股权的方式主要是大股东转让老股，或者向目标公司增资。A 公司通过老股转让方式引入外部投资者，由实控人甲、乙、丙三名股东转让其间接持有 A 公司 14.63% 的股权，即从 B 公司直接持有的股权分出 14.63% 用于引进外部投资者。引进价格一般参考标的公司估值，将会产生大额溢价。

因此，C 合伙成立的意义只是作为节税工具，C 合伙的合伙人整体税负低于有限公司的自然人股东，控股股东先将股份平移至 C 合伙、再实施股权转让，全部转让完成后 C 合伙注销，显然是税务筹划的安排。

**2. 筹划效果**

股权原始成本＝288.63（万元）

平移价格＝1 010.21（万元）

平移收益＝1 010.21－288.63＝721.58（万元）

实际转让外部投资者总价格＝886.32＋3 200＋800＝4 886.32（万元）

实际收益＝4 886.32－288.63＝4 597.69（万元）

如果由 B 公司直接转让给外部投资者，企业所得税和个人所得税合计税负 40%。甲、乙、丙三人及 B 公司需要就 4 597.69 万元股权转让所得合计缴纳 1 839.08 万元所得税（4 597.69×40%）。

通过平移股权，将 4 886.32－721.58＝4 164.74（万元）收益转移到 C

合伙纳税。

案例没有披露 C 合伙所在地的地方税收政策，是否核定征收或地方返还，不能计算具体 C 合伙实际缴纳税费，但是筹划思路和过程已经非常清楚。

理论上，B 公司将所持股权转让给 C 合伙，适用企业所得税的征管政策，根据《企业所得税法》第四十七条规定："企业实施其他不具有合理商业目的的安排而减少其应纳税收入或者所得额的，税务机关有权按照合理方法调整。"不具有合理商业目的是指以减少、免除或者推迟缴纳税款为主要目的。具体执行包括《特别纳税调整实施办法（试行）》等企业所得税反避税政策。B 公司将股权平移到 C 合伙的主要目的是"避免在引进投资人的过程中控股股东 B 公司的自然人股东双重纳税"，C 合伙从设立到注销，仅作为股权转让过渡工具存在，不具有避税以外的其他的商业目的。因此理论上符合纳税调整的条件。

实际上，筹划安排是分步骤进行的，纳税也是按步骤进行的。如果没有把几次转让关联起来作为一揽子交易分析，税务机关不容易发现违法行为。

第一次股权转让，B 公司把股权平移到 C 合伙。按 A 公司的净资产份额确定价格推测，相对出资成本已经产生的较大额的转让收益，B 公司在北京申报纳税时数据没有异常。

第二次股权转让，C 合伙将股权转让给外部投资者，按 A 公司的评估值转让，转让价格真实，合伙人申报纳税的数据也是没有异常的。

虽然前两次转让在几天内发生，但是一次在北京纳税，一次在江西纳税，税务机关存在信息差及可能存在地方招商引资的需要，使得这类筹划有了存在空间。

**【案例 5-8】　多层合伙嵌套如何纳税**

**【案例来源】**　某上市公司公告

**【案例背景】**　2015 年，PA 合伙企业（以下简称 PA 合伙）持有 PA 有限公司[①]（以下简称 PA 公司）39 万元出资，是 PA 公司的实控人持股平台。2015 年 6 月，PA 合伙将所持有的 39 万元出资作价 2 000 万元转让外部投资人 H 合伙企业。PA 合伙的合伙人包括 PA 公司的实控人小欧、I 合伙企业（以下简称 I 合伙）和其他合伙人，I 合伙由小欧控制，小欧持有其 99% 合伙

---

[①]　PA 合伙企业是具有合伙性质的持股平台，PA 有限公司是股改之前的公司。

份额，I 合伙所在地可以提供税费返还等政策。

PA 合伙的合伙协议约定，小欧所持的合伙份额对应收益由 PA 合伙向 I 合伙分配（即 PA 合伙的合伙协议约定，I 合伙的分配比例＝I 合伙的合伙份额 $y\%$＋小欧的合伙份额 $x\%$），I 合伙再分配给小欧。PA 合伙位于甲市，I 合伙位于乙市。甲市无税收优惠政策，乙市出台了地方性税收补贴政策。直到 2020 年，小欧等合伙人尚未申报纳税。

PA 股份公司[①] 2016 年挂牌新三板市场，2017 年终止挂牌，2020 年，在创业板首次公开募股。

2020 年，PA 公司公告认为，由于 PA 合伙尚未对股权转让收入进行分配，故合伙人尚未申报缴纳税款。其中，小欧所持 PA 合伙份额对应收益由 PA 合伙向 I 合伙进行分配，小欧在 I 合伙所在地乙市申报纳税，可享受乙市的地方税收优惠政策。该分配方式符合《合伙企业法》第三十三条"合伙企业的利润分配、亏损分担，按照合伙协议的约定办理；合伙协议未约定或者约定不明确的，由合伙人协商决定……"的规定，小欧与 I 合伙之间的收益分配不涉及 PA 合伙其他合伙人权益，可由双方之间协商约定，故该分配方式符合《合伙企业法》关于合伙企业的利润分配的规定。多层合伙嵌套关系如图 5-9。

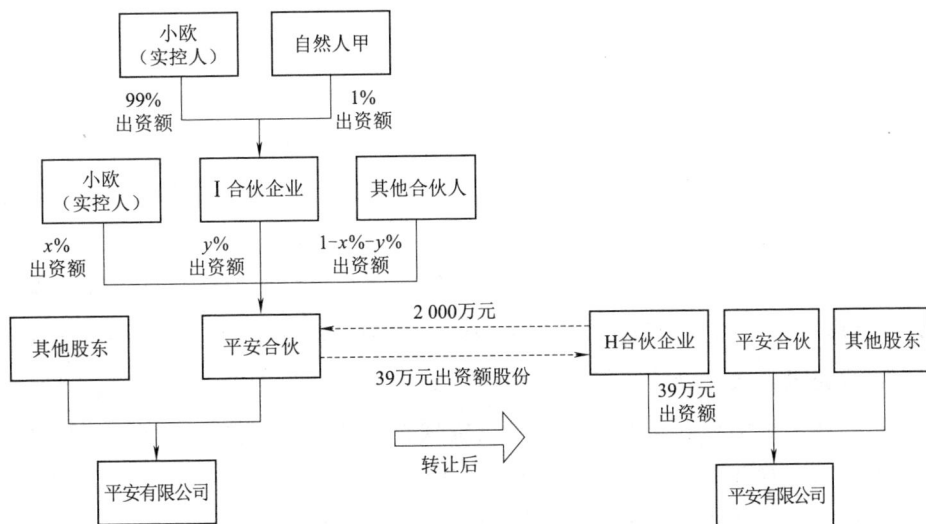

图 5-9　多层合伙嵌套关系

① PA 股份公司是上市主体，也是股改之后的公司。

**【争议焦点】** 分析案例筹划思路之前，先讨论两个相关的税务争议。

案例的持股结构属于多层合伙嵌套结构，实务中存在通过多层合伙嵌套结构利用财政返还、税收洼地转移税源，钻政策空子。既然政策不明确，纳税人利用漏洞的同时也面临税务争议风险。

为讨论方便，将案例双层结构简化如图 5-10 所示。

该双层结构最终穿透到实际投资人小欧缴纳个人所得税，小欧的应税所得来自 PA 合伙和 I 合伙。面对这些复杂组织结构，各地税务机关的应对口径出现不一致的现象。现有税收政策应用于新业态新模式时，往往出现政策理解差异，统一口径需要一段时间，某些纳税人于是利用政策反应的滞后性少交税。

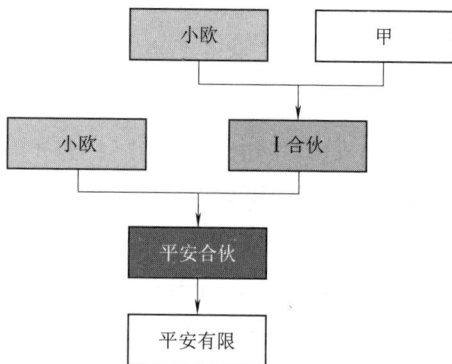

图 5-10　案例双层结构简化

双层嵌套的合伙企业结构，带来了新的困惑，新的税务争议。

争议一：多层嵌套合伙企业纳税地点如何确定

PA 合伙和 I 合伙分别位于不同地市，小欧的纳税地点是哪个城市，实务中存在争议。

观点一认为，小欧应在顶层合伙企业所在地纳税。因为小欧投资 I 合伙，I 合伙投资 PA 合伙，PA 合伙的收益属于 I 合伙，I 合伙的收益属于小欧，不管多少层嵌套，小欧的收益来源归根到底是 I 合伙的经营行为带来的，所以小欧应当在 I 合伙所在地乙市进行经营所得的个人所得税预缴申报和年度汇算。

以合伙基金为例，基金管理人用投资者的资金成立顶层合伙基金，为了分散投资，往往在底层嵌套多个合伙企业，分别投资各个项目。在整个投资结构中，收益来自底层合伙所投资的项目。如果投资者分别就各个合伙企业所得在其所在地申报纳税，一方面不同的投资项目有赚有亏，另一方面顶层合伙没有收入，却有管理费用支出，这些费用变成由顶层合伙独自承担，得不到扣除。如果穿透到顶层合伙再申报纳税，更能合理地反映投资者的实际收益。

观点二认为，小欧应当在各合伙企业所在地纳税。小欧直接投资了 I 合伙，又通过 I 合伙间接投资了 PA 合伙，小欧实际投资了两家合伙企业，根据《国家税务总局关于个人所得税自行纳税申报有关问题的公告》（国家税务总局公告 2018 年第 62 号）规定，从两处以上取得经营所得的，应分别向各合伙企业经营管理所在地主管税务机关办理预缴纳税申报，并选择向其中一处经营管理所在地主管税务机关办理年度汇总申报。小欧应当就来自 PA 合伙的所得向甲市税务机关申报缴纳个人所得税，就来自 I 合伙的所得向乙市的税务机关申报缴纳个人所得税，再选择甲市或乙市其中一处办理年度汇总申报。

另外，分别纳税，有利于解决多层嵌套之后税务机关掌握实际投资项目信息的不对称问题，降低税款征收管理难度。

争议二：底层 PA 合伙的经营所得穿透至上层 I 合伙，I 合伙作为"经营所得"还是"利息、股息、红利所得"？

观点一认为，I 合伙应作为"利息、股息、红利所得"，依据是国税函〔2001〕84 号的规定，多地的税务机关也持此观点。

财税〔2000〕91 号规定："合伙企业的经营所得作为投资者个人的生产经营所得，显然文件制定时只考虑到一层合伙，二十多年前没有预见到今天合伙企业多层嵌套的发展。所以财税〔2000〕91 号只能适用于一层合伙企业，没有明确适用于多层合伙。

> 《国家税务总局关于〈关于个人独资企业和合伙企业投资者征收个人所得税的规定〉执行口径的通知》（国税函〔2001〕84 号）第二条
>
> 二、关于个人独资企业和合伙企业对外投资分回利息、股息、红利的征税问题
>
> 个人独资企业和合伙企业对外投资分回的利息或者股息、红利，不并入企业的收入，而应单独作为投资者个人取得的利息、股利、红利所得，按"利息、股息、红利"所得应税项目计算缴纳个人所得税。以合伙企业名义对外投资分回利息或者股利、红利的，应按《通知》所附规定的第五条精神确定各个投资者的利息、股利、红利所得，分别按"利息、股息、红利所得"应税项目计算缴纳个人所得税。

如果认同观点一，穿透至 I 合伙应作为"利息、股息、红利所得"，那么纳税人可能又衍生出另一个想法：I 合伙的利润是否在 PA 合伙实际分配时才进行税务处理？国税函〔2001〕84 号）"……对外投资分回的利息或者股息、

红利"，"分回"是指实际分配。在一层架构中，合伙企业是在被投资企业分配利润时才确认应税所得的，比如 PA 公司宣告分配股利时，PA 合伙才能确认股息、红利所得。那么，I 合伙也应该在 PA 合伙宣告分配利润时才确认股息、红利所得。按照这个逻辑，顶层合伙的合伙人暂时就不需要缴纳所得税了，推迟到下层合伙实际分配时才缴纳。

观点二：I 合伙应作为"经营所得"。理由是依据合伙企业税收"透明体"的逻辑判断。根据财税〔2000〕91 号，合伙企业的所得税穿透到合伙人，由合伙人缴纳。一层合伙架构中，合伙企业的"经营所得"穿透到合伙人时性质仍然是"经营所得"，难道穿透一次是"经营所得"，穿透两次就变为"利息、股息、红利所得"吗？显然不合逻辑。

案例中底层合伙因股权转让取得大额收入，显然观点一对纳税人更有利，巨额"经营所得"经过第二层合伙企业后，变性为"利息、股息、红利所得"，再穿透到自然人合伙人时，从适用最高 35％税率变成适用"利息、股息、红利所得"20％税率。笔者赞成观点二，但是两个观点碰撞时，观点一有直接的依据，观点二更多是分析推理，这就是网上 12366 留言回复时多地税务机关倾向观点一的原因。

延伸一下，假如 PA 公司分红，PA 合伙分回的股息红利，穿透到第二层 I 合伙时，I 合伙作为"经营所得"还是"利息、股息、红利所得"呢？这个问题的争议思路与"争议二"基本一致，不再展开。笔者仍认为，既然穿透一次是"利息、股息、红利所得"，穿透两次，仍然是"利息、股息、红利所得"。

看到这里，该案例设计双层嵌套合伙结构的目的已露端倪，下面继续推测案例的筹划思路。

【案例分析】

### 1. 改变纳税地点

I 合伙显然没有实质性经营业务，小欧为什么要在 PA 合伙的上层嵌套 I 合伙呢？因为如果没有 I 合伙，小欧只能在 PA 合伙所在地甲市申报纳税，甲市没有税收优惠政策，PA 合伙转让股权收入属于经营所得，小欧很可能最高适用 35％税率。

小欧通过双层嵌套合伙企业，将纳税地点改变到上层合伙企业所在地乙市，再配合合伙企业"定向分红"，将大部分所得汇集到 I 合伙，一起享受乙市的税收优惠政策。税收政策规定合伙人可按合伙协议约定或合伙人协商决定的分配比例确定应纳税所得额，因此 PA 合伙经合伙人决定，可以将合伙人小欧的比例一并分配给 I 合伙。

在 PA 合伙层面，划分给合伙人小欧的经营所得接近于 0，小欧缴纳个人所得税可以忽略不计。在 I 合伙层面，I 合伙划分经营所得给小欧，小欧在 I 合伙所在地乙市纳税，享受地方税收优惠政策。从结构图可知，小欧持有 I 合伙 99％份额，小欧实际完全控制 I 合伙，I 合伙成立目的是改变纳税地点。

---

《国家税务总局关于个人所得税自行纳税申报有关问题的公告》（国家税务总局公告 2018 年第 62 号）第二条

二、取得经营所得的纳税申报

......

（四）个人从事其他生产、经营活动取得的所得。

纳税人取得经营所得，按年计算个人所得税，由纳税人在月度或季度终了后 15 日内，向经营管理所在地主管税务机关办理预缴纳税申报，并报送《个人所得税经营所得纳税申报表（A 表）》。在取得所得的次年 3 月 31 日前，向经营管理所在地主管税务机关办理汇算清缴，并报送《个人所得税经营所得纳税申报表（B 表）》；从两处以上取得经营所得的，选择向其中一处经营管理所在地主管税务机关办理年度汇总申报，并报送《个人所得税经营所得纳税申报表（C 表）》。

---

**2. 两次穿透改变所得性质**

PA 公司认为，由于 PA 合伙尚未对股权转让收入进行分配，故合伙人尚未申报缴纳税款。由此推出两个设想：一是纳税人认为 PA 合伙转让股权所得经过两次穿透后，I 合伙应作为"利息、股息、红利所得"；二是既然作为"利息、股息、红利所得"，I 合伙应当在 PA 合伙宣告分配时才确认所得。所以案例才认为 I 合伙的合伙人尚未申报缴纳税款的原因之一是 PA 合伙尚未进行分配。

如果仅仅为了改变纳税地点，PA 合伙可以迁址到乙市，所以推测所得改变适用税率才是设置双层合伙的主要目的。

**3. 上层合伙企业设立地的选择**

PA 合伙转让股权发生在 2015 年，所以 I 合伙注册地有可能提供核定征收政策。目前股权投资类企业核定征收全面停止，但是不少地区仍然有地方性税收优惠政策，除了税费返还等地方性政策外，有的地区对合伙制股权投资类企业的合伙人取得的收益，按照"利息、股息、红利所得"或者"财产转让所得"项目征收个人所得税，税率为20%。选择这些优惠地区作为注册地点时或者纳税地点，能起到减轻税负的效果。

【案例拓展】 假如该方案可行，回到"案例 5-5，拆除合伙持股平台非交易方式股票过户是否属于股权转让？"非交易过户存在视同股票转让的纳税风险，如果不拆除合伙持股平台，还有什么节税办法呢？多层嵌套合伙结构给了启示。各自然人股东选择在税收优惠地区成立上层 X 合伙企业，并向 E 合伙出资成为 E 合伙的合伙人，日后 E 合伙转让上市公司股票时，全体合伙人协商决定，各自然人股东所持合伙份额对应收益由 E 合伙向上层 X 合伙进行分配，再由 X 合伙向各自然人股东分配，各自然人股东在 X 合伙所在地按"利息、股息、红利所得"20%的税率缴纳个人所得税，同时享受地方税收优惠政策。此方法不需要拆除合伙持股架构，避免了拆除过程中剩余财产分配视同转让的纳税风险，换一种方式享受税收优惠，如图 5-11 所示。

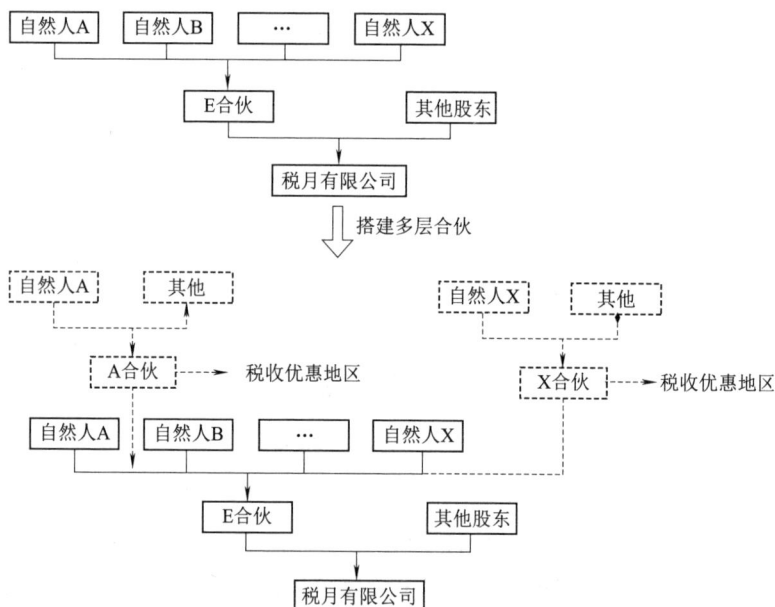

图 5-11 搭建多层合伙股权 （1）

或者如图 5-12 所示。

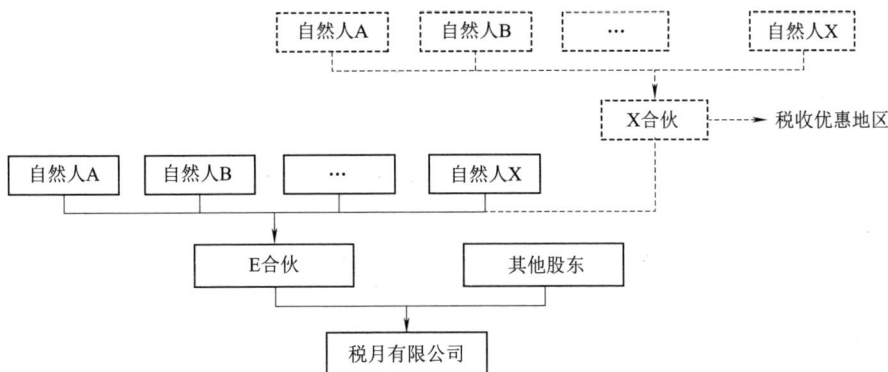

**图 5-12　搭建多层合伙股权（2）**

　　下面摘录部分地方税务机关关于多层合伙企业股权穿透生产经营所得的执行口径的回复。

　　问题：A 投资合伙企业作为合伙人入伙了 B 服务合伙企业。B 服务合伙企业产生经营所得，并向 A 投资合伙企业分配了经营分红。则 A 投资合伙企业对 A 的自然人合伙人应履行代扣代缴个人所得税的义务。请问 A 投资企业是应按"生产经营所得"还是"股息、利息分红所得"科目为 A 的合伙人申报代扣代缴个人所得税？（留言时间：2020-10-26）

　　1. 大连市税务局 12366 纳税服务中心答复：

　　《国家税务总局关于〈关于个人独资企业和合伙企业投资者征收个人所得税的规定〉执行口径的通知》（国税函〔2001〕84 号）规定：二、关于个人独资企业和合伙企业对外投资分回利息、股息、红利的征税问题个人独资企业和合伙企业对外投资分回的利息或者股息、红利，不并入企业的收入，而应单独作为投资者个人取得的利息、股息、红利所得，按"利息、股息、红利所得"应税项目计算缴纳个人所得税。以合伙企业名义对外投资分回利息或者股息、红利的，应按《通知》所附规定的第五条精神确定各个投资者的利息、股息、红利所得，分别按"利息、股息、红利所得"应税项目计算缴纳个人所得税。

《国家税务总局关于切实加强高收入者个人所得税征管的通知》（国税发〔2011〕50号）第二条第三款"……2. 对个人独资企业和合伙企业从事股权（票）、期货、基金、债券、外汇、贵重金属、资源开采权及其他投资品交易取得的所得，应全部纳入生产经营所得，依法征收个人所得税。"（2020-10-30）

2. 湖南省税务局12366纳税服务中心答复：

根据《国家税务总局关于〈关于个人独资企业和合伙企业投资者征收个人所得税的规定〉执行口径的通知》（国税函〔2001〕84号）第二条规定：二、关于个人独资企业和合伙企业对外投资分回利息、股息、红利的征税问题

个人独资企业和合伙企业对外投资分回的利息或者股息、红利，不并入企业的收入，而应单独作为投资者个人取得的利息、股息、红利所得，按"利息、股息、红利所得"应税项目计算缴纳个人所得税。以合伙企业名义对外投资分回利息或者股息、红利的，应按《通知》所附规定的第五条精神确定各个投资者的利息、股息、红利所得，分别按"利息、股息、红利所得"应税项目计算缴纳个人所得税。

3. 海南省税务局12366纳税服务中心答复：

根据《中华人民共和国个人所得税法》及其实施条例，合伙企业的个人合伙人来源于境内注册的个人独资企业、合伙企业生产、经营的所得是经营所得，以每一纳税年度的收入总额减除成本、费用以及损失后的余额，为应纳税所得额，适用百分之五至百分之三十五的超额累进税率。

根据《关于个人独资企业和合伙企业投资者征收个人所得税的规定》（财税〔2000〕91附件1）第四条规定，个人独资企业和合伙企业（以下简称企业）每一纳税年度的收入总额减除成本、费用以及损失后的余额，作为投资者个人的生产经营所得，比照个人所得税法的"经营所得"应税项目，适用5%～35%的五级超额累进税率，计算征收个人所得税。前款所称的收入总额，是指企业从事生产经营活动取得的各项收入，包括商品（产品）销售收入、营运收入、劳务服务收入、工程价款收入、财产出租或转让收入、利息收入、其他业务收入和营业外收入。

## 第三节　合伙企业分红争议

众所周知，自然人持股上市公司股票有特殊优势，可以适用股息红利差别化个人所得税政策和转让股票（非限售股）免税优惠。上市公司和新三板挂牌公司，自然人股东或者员工股权激励经常以合伙企业持股，按照国税函〔2001〕84号文的规定，个人独资企业和合伙企业对外投资分回的利息或者股息、红利，不并入企业的收入，而应单独作为投资者个人取得的利息、股息、红利所得，按"利息、股息、红利所得"应税项目计算缴纳个人所得税。那么在上市公司和新三板挂牌公司分配红利且限售股解禁后自然人合伙人能否"穿透"合伙企业适用股息红利差别化个人所得税呢？

**【案例5-9】**　个人合伙人"穿透"适用股息红利差别化个人所得税政策

**【案例来源】**　某上市公司公告

**【案例背景】**　创意公司2016年8月挂牌新三板证券交易所。创意合伙企业（以下简称创意合伙）成立于2012年7月，是创意公司实控人控制的合伙制持股平台。创意公司2016年12月和2017年11月送红股及派发现金红利。创意公司认为，创意合伙是实控人控制的合伙制持股平台，合伙企业持有股票而获得的股息红利，分红不并入合伙企业的收入，而是单独作为自然人的股息红利缴纳个人所得税，故缴纳个人所得税时参照《财政部 国家税务总局 证监会关于上市公司股息红利差别化个人所得税政策有关问题的通知》（财税〔2015〕101号）（以下简称财税〔2015〕101号），至该次利润分配股权登记日，创意合伙持有创意公司股份期限已超过1年，自然人合伙人免征个人所得税。

---

《关于上市公司股息红利差别化个人所得税政策有关问题的通知》（财税〔2015〕101号）第一条

……

一、个人从公开发行和转让市场取得的上市公司股票，持股期限超过1年的，股息红利所得暂免征收个人所得税。

---

个人从公开发行和转让市场取得的上市公司股票，持股期限在 1 个月以内（含 1 个月）的，其股息红利所得全额计入应纳税所得额；持股期限在 1 个月以上至 1 年（含 1 年）的，暂减按 50％计入应纳税所得额；上述所得统一适用 20％的税率计征个人所得税。

《关于继续实施全国中小企业股份转让系统挂牌公司股息红利差别化个人所得税政策的公告》（财政部 税务总局 证监会公告 2019 年第 78 号）①

……

一、个人持有挂牌公司的股票，持股期限超过 1 年的，对股息红利所得暂免征收个人所得税。

个人持有挂牌公司的股票，持股期限在 1 个月以内（含 1 个月）的，其股息红利所得全额计入应纳税所得额；持股期限在 1 个月以上至 1 年（含 1 年）的，其股息红利所得暂减按 50％计入应纳税所得额；上述所得统一适用 20％的税率计征个人所得税。

本公告所称挂牌公司是指股票在全国中小企业股份转让系统公开转让的非上市公众公司；持股期限是指个人取得挂牌公司股票之日至转让交割该股票之日前一日的持有时间。

……

《国家税务总局关于〈关于个人独资企业和合伙企业投资者征收个人所得税的规定〉执行口径的通知》（国税函〔2001〕84 号）

……

二、关于个人独资企业和合伙企业对外投资分回利息、股息、红利的征税问题。

个人独资企业和合伙企业对外投资分回的利息或者股息、红利，不

---

① 此政策于 2024 年 6 月 30 日失效。2024 年 6 月 28 日，财政部 税务总局出台《关于延续实施全国中小企业股份转让系统挂牌公司股息红利差别化个人所得税政策的公告》（财政部 税务总局公告 2024 年第 8 号）替代《关于继续实施全国中小企业股份转让系统挂牌公司股息红利差别化个人所得税政策的公告》（财政部公告 2019 年第 78 号）。

并入企业的收入，而应单独作为投资者个人取得的利息、股息、红利所得，按"利息、股息、红利所得"应税项目计算缴纳个人所得税。以合伙企业名义对外投资分回利息或者股息、红利的，应按《通知》所附规定的第五条精神确定各个投资者的利息、股息、红利所得，分别按"利息、股息、红利所得"应税项目计算缴纳个人所得税。

**【争议焦点】** 合伙企业自然人股东从新三板上市公司取得股息红利是否免征个人所得税，主要存在两种观点。

观点一认为间接分红不免税。

虽然依据国税函〔2001〕84 号的规定，合伙企业对外投资所获分红，不并入合伙企业的收入，而是按比例直接穿透到各个合伙人，由合伙人分别按"利息、股息、红利所得"应税项目计算缴纳个人所得税。但是应税所得"穿透"并没有改变间接分红的事实，对外投资的投资者是合伙企业，持有被投资企业股权（股份）的是合伙企业，不是合伙人个体。而财税〔2015〕101 号及《关于继续实施全国中小企业股份转让系统挂牌公司股息红利差别化个人所得税政策的公告》（财政部 税务总局 证监会公告 2019 年第 78 号）（以下简称财政部 税务总局 证监会公告 2019 年第 78 号）规定的优惠情况是"个人持有"挂牌公司的股票。优惠政策适用对象仅提及个人，不包括合伙企业。因此，在财政部、国家税务总局未更新政策口径前，不适用于合伙企业投资者的间接投资分红。

观点二认为免税政策也应"穿透"到合伙人免税。

既然以合伙企业对外投资所获分红要求"穿透"到个人分别按"利息、股息、红利所得"应税项目计算缴纳个人所得税。说明税收政策将此视同为个人获得分红，而个人股息红利所得可以依据财税〔2015〕101 号或"财政部 税务总局 证监会公告 2019 年第 78 号"的规定享受减免优惠。因此，合伙企业的自然人合伙人也可以适用该免税政策。

**【案例分析】** 虽然业内存在不同观点，但是实务中，基本倾向于免税政策适用对象仅限于个人，不包括合伙企业。因此，在财政部、国家税务总局未更新政策口径前，不适用于合伙企业投资者的间接投资分红。

笔者认同观点一，税收政策应分开应用。首先，合伙企业取得投资分红属于应税所得，个人合伙人不管是按照"经营所得"纳税，还是按"利息、股息、红利所得"纳税，均属于个人所得税的纳税范围。其次"国税函〔2001〕84号"规定按"利息、股息、红利所得"缴纳个人所得税，只是确定了应税税目，股息、红利属于个人所得税应税范围不变。再次，既然属于应税范围，能否免税要看是否有优惠政策。税收优惠政策严格依法制定和执行，优惠范围、优惠时间等都有明确规定，符合优惠政策才可享受对应优惠，如不符合，则不能享受，不存在类推情况。财税〔2015〕101号及"财政部税务总局 证监会公告2019年第78号"均规定优惠范围是个人取得上市公司股票，个人持有挂牌公司股票的情形，合伙企业的合伙人并没有取得或者持有相应股票，不符合优惠条件，不能享受免税优惠。观点二将股息红利政策和股息红免税优惠类推一起应用，认为税目相似，优惠也跟着一起同享，并不正确。

案例中创意合伙分别于2016年及2017年取得某挂牌新三板公司股票分红，直到2021年创意公司IPO时，其自然人合伙人一直没有缴纳个人所得税。创意公司及其股东认为创意合伙持股已经超过一年，合伙人可以享受免税优惠。

从案例可知，实务中存在纳税人认可免税观点并享受优惠，并且没有被税务机关通知纳税的情况，也可能因为税务机关未及时关注到创意合伙的收益情况，但仍然存在税务风险。

**【案例5-10】**　　**合伙持股平台获准适用股息红利差别化个人所得税政策**

**【案例来源】**　　某上市公司公告

**【案例背景】**　　以下为LS化学公司2022年3月21日公告部分内容摘录：

······

2. 发行人分红纳税情况

经核查，发行人历次股利分配对应的股东会（股东大会）决议、中国证券登记结算有限责任公司的权益分派结果反馈、股利分配的相关流水及本所律师对财务负责人的访谈，发行人历次股利分配情况见表5-14。

表 5-14 发行人历次股利分配情况

| 序号 | 历次利润分配 | 税收及完税情况 |
|---|---|---|
| 1 | 2018 年 5 月 17 日，经 2017 年年度股东大会审议通过，向全体股东按出资比例分配现金红利 259.2 万元，上述股利已于 2018 年 6 月分配完毕 | 根据发行人当时适用的《财政部 国家税务总局 证监会关于实施全国中小企业股份转让系统挂牌公司股息红利差别化个人所得税政策有关问题的通知》（财税〔2014〕48 号）和财税〔2015〕101 号的有关规定，持股期限超过 1 年的，股息红利所得暂免征收个人所得税。<br>（1）自然人股东牟某宇、俞某均持股 1 年以上，无须缴纳个人所得税；<br>（2）TZ 高投：经咨询当地税务局，对于合伙企业的自然人合伙人，根据省税务局政策口径，可参照按财税〔2015〕101 号规定执行，暂时免征个人所得税，因此未缴纳个人所得税 |
| 2 | 2019 年 5 月 16 日，经 2018 年年度股东大会审议通过，向全体股东按出资比例分配现金红利 494.1 万元，上述股利已于 2019 年 5 月分配完毕 | |
| 3 | 2020 年 5 月 14 日，经 2019 年年度股东大会审议通过，向全体股东按出资比例分配现金红利 1 474.2 万元，上述股利已于 2020 年 6 月分配完毕 | 根据发行人当时适用的财政部 税务总局 证监会公告 2019 年第 78 号规定，个人持有挂牌公司的股票，持股期限超过 1 年的，对股息红利所得暂免征收个人所得税。<br>（1）自然人股东牟某宇、俞某均持股 1 年以上，无须缴纳个人所得税；<br>（2）TZ 高投：经咨询当地税务局，对于合伙企业的自然人合伙人，根据省税务局政策口径，可参照"财政部 税务总局 证监会公告 2019 年第 78 号"执行，暂时免征个人所得税，因此未缴纳个人所得税 |

注：LS 化学，2016 年 8 月于新三板挂牌，2020 年 8 月终止挂牌。2015 年设立员工持股平台 TZ 高投，并于 2016 年对员工实施股权激励。

【案例分析】 该案例是企业为首次公开募股主动向当地税务机关咨询，得到的回复是针对合伙企业的自然人合伙人的。根据省税务局政策口径，可参照按财税〔2015〕101 号、"财政部 税务总局 证监会公告 2019 年第 78 号"规定执行，暂时免征个人所得税。

对于个人合伙人从挂牌公司分红可否适用股息红利差别化个人所得税政策，部分地区也有答复不适用合伙企业投资者的间接投资分红。

问题：个人持有合伙企业新三板公司股票超过 1 年，取得的分红，是否可以参照《财政部 税务总局 证监会关于继续实施全国中小企业股份转让系统挂牌公司股息红利差别化个人所得税政策的公告》（财政部 税

务总局 证监会公告2019年第78号）规定，个人持有挂牌公司的股票，持股期限超过1年的，对股息红利所得暂免征收个人所得税？（留言时间：2021-10-31）

河南省税务局答复：

一、根据《关于继续实施全国中小企业股份转让系统挂牌公司股息红利差别化个人所得税政策的公告》（财政部 税务总局 证监会公告2019年第78号）规定："一、个人持有挂牌公司的股票，持股期限超过1年的，对股息红利所得暂免征收个人所得税。个人持有挂牌公司的股票，持股期限在1个月以内（含1个月）的，其股息红利所得全额计入应纳税所得额；持股期限在1个月以上至1年（含1年）的，其股息红利所得暂减按50%计入应纳税所得额；上述所得统一适用20%的税率计征个人所得税。本公告所称挂牌公司是指股票在全国中小企业股份转让系统公开转让的非上市公众公司；持股期限是指个人取得挂牌公司股票之日至转让交割该股票之日前一日的持有时间。……"

二、根据《国家税务总局关于〈关于个人独资企业和合伙企业投资者征收个人所得税的规定〉执行口径的通知》（国税函〔2001〕84号）规定："二、关于个人独资企业和合伙企业对外投资分回利息、股息、红利的征税问题

个人独资企业和合伙企业对外投资分回的利息或者股息、红利，不并入企业的收入，而应单独作为投资者个人取得的利息、股息、红利所得，按'利息、股息、红利所得'应税项目计算缴纳个人所得税。以合伙企业名义对外投资分回利息或者股息、红利的，应按《通知》所附规定的第五条精神确定各个投资者的利息、股息、红利所得，分别按'利息、股息、红利所得'应税项目计算缴纳个人所得税。……"

因此，根据上述文件规定，"财政部 税务总局 证监会公告2019年第78号"规定的股息红利差别化个人所得税政策的适用主体为持有从全国中小企业股份转让系统公开取得的挂牌公司股票的个人，不包括个人通过合伙制的证券投资基金持有股票等情形。（答复时间：2021-11-02）

问题：个人透过合伙企业持有新三板公司股权超过 1 年，取得的分红，是否可以参照《关于继续实施全国中小企业股份转让系统挂牌公司股息红利差别化个人所得税政策的公告》（财政部 税务总局 证监会公告 2019 年第 78 号）规定，个人持有挂牌公司的股票，持股期限超过 1 年的，对股息红利所得暂免征收个人所得税？（留言时间：2021-08-12）

国家税务总局厦门市 12366 纳税服务中心答复：

根据《关于继续实施全国中小企业股份转让系统挂牌公司股息红利差别化个人所得税政策的公告》（财政部 税务总局 证监会公告 2019 年第 78 号）对适用对象仅提及个人，不包括合伙企业，因此，在财政部、国家税务总局未更新政策口径前，不适用于合伙企业投资者的间接投资分红。（答复时间：2021-08-17）

## 第四节 合伙持股平台股权激励税务争议

股权激励作为公司内部薪酬激励机制的创新，正被越来越多的公司采用。过去实施股权激励的公司绝大多数为上市公司，现在不少非上市公司也计划通过股权激励留住核心人才为企业赢得竞争优势。通过股权激励让公司高级管理人员和核心员工分享公司上市的红利的同时可以稳定公司的团队，对争取上市有利。

以何种方式持股是实施股权激励的重要考虑之一，股权激励主要有三种持股方式：直接持股、通过有限公司和通过合伙企业间接持股。在许多上市公司公告中都可以发现以有限合伙企业作为员工持股平台的安排，一般是源于控制权、税收规划、股权进出等方面的考虑。

控制权方面，平台持股是间接持股，接受股权激励的对象不是直接持有目标公司股权，因此不能直接享受股东权益，不会对实控人的控制权产生风险，保证公司股权结构稳定。公司实控人控制了持股平台，就可拥有持股平台所持目标公司全部股权对应的表决权，进而在释放给激励对象股权的同时，保留对于主体公司的控制权。有限公司与合伙企业两种平台相比，有限合伙企业更加容易实现实际控制人对持股平台的控制，员工作为有限合伙人，不享有执行合伙事务的权利，则可通过普通合伙人控制持股平台，能够以较少的出资决定持股平台的投资决策事项，可以有效地维护实控人对目标公司的控制。

股权进出方面，员工持股的获利方式主要是转让股权或者享受公司分红，持股平台间接持股的限制比上市公司高级管理人员等直接持股的限制少，员工股权的进出可以在持股平台层面解决。相对有限公司，合伙企业对收益分配与份额转让方面的约定更加灵活。

税收规划方面，相比公司持股，合伙企业能够避免转让或减持时的双层税负。公司持股涉及两次所得税，公司层面需要缴纳企业所得税，分配时个人股东需要缴纳个人所得税。合伙企业到合伙人层面直接缴纳所得税，只有一层税负。税收优化曾经是上市公司选择合伙企业作为持股平台的重要原因，主要源于税收有优惠政策的地区和核定征收。相对直接持股，平台间接持股可以更自由地选择纳税地，目前仍有部分地区有特定优惠政策。

合伙企业"核定征收"取消后，合伙企业持股在税收规划上的吸引力大大降低。并且由于合伙企业税收政策尚不完善，许多涉税事项存在争议。例如：合伙企业的个人合伙人能否享受股息红利差别化个人所得税政策；合伙企业转让股票按 20％还是按 5％～35％征收个人所得税；合伙企业间接持股能否享受股权激励递延税收政策等争议，更是加大了合伙企业作为持股平台税收不确定性的风险。

股权激励过程主要包括授予、行权、持有和转让几个环节。对激励对象而言，授予阶段因尚未持有股票，不产生纳税义务；行权时员工已经实际拥有股权，纳税义务已经产生，但是符合条件的可以享受递延纳税；持有环节目标公司分红时产生纳税义务，符合条件的可以享受股息红利差别化个人所得税政策；转让阶段发生收益时发生纳税义务。

股权激励的税收政策明确按照"工资、薪金"所得征收个人所得税，但是相关文件仅适用于上市公司（含所属分支机构）和上市公司控股企业的员工，其中上市公司占控股企业股份比例最低为 30％，不适用于非上市司。另外，自 2016 年 1 月 1 日起，全国范围内的高新技术企业转化科技成果，给予本企业相关技术人员的股权奖励，个人按照"工资薪金所得"项目纳税。符合条件的，可根据实际情况自行制订分期缴税计划，在不超过 5 个公历年度内（含）分期缴纳。

股权激励涉及的主要政策包括：《关于个人股票期权所得征收个人所得税问题的通知》（财税〔2005〕35 号）、《关于个人股票期权所得缴纳个人所得税有关问题的补充通知》（国税函〔2006〕902 号）、《国家税务总局关于股权激励有关个人所得税问题的通知》（国税函〔2009〕461 号）、《财政部 国家税务总局关于股票增值权所得和限制性股票所得征收个人所得税有关问题的通知》（财税〔2009〕5 号）、国家税务总局公告 2012 年第 18 号、《财政部 国家税务总局关于将国家自主创新示范区有关税收试点政策推广到全国范围实施的通知》（财税〔2015〕116 号）和《财政部 国家税务总局关于完善股权激励和技术入股有关所得税政策的通知》（财税〔2016〕101 号）（以下简称财税〔2016〕101 号）。

对于合伙企业作为股权激励平台，涉及的税务争议主要有：股权激励行权时公司能否作为工资薪金在企业所得税税前扣除，作为持股平台的合伙企业能否适用财税〔2016〕101 号进行递延纳税备案；在持有阶段，公司分红时员工能否适用股息红利差别化个人所得税政策；在转让环节，能否适用转让上市公司股票暂不征收个人所得税。

## 一、公司能否作为工资薪金税前扣除

根据《国家税务总局关于我国居民企业实行股权激励计划有关企业所得税处理问题的公告》（国家税务总局公告 2012 年第 18 号）（以下简称国家税务总局公告 2012 年第 18 号），在股权激励计划可行权后，上市公司可根据该股票实际行权时的公允价格与当年激励对象实际行权支付价格的差额及数量，计算确定作为当年上市公司工资薪金支出，依照税法规定进行税前扣除，符合条件的非上市公司可按照该公告执行。因此公司的股权激励费用，符合条件的可以作为工资薪金在所得税前扣除。

为什么定性为"工资薪金"呢？股权激励的主要目的是通过让员工分享公司成长所带来的收益，更好地激发员工的积极性和留住核心员工，其实质是以股份支付的方式替代现金的工资支付，是公司换取激励对象服务价值的一种支付方式，因此可以作为公司相关年度的成本或费用在企业所得税前扣除。在会计处理和税务处理上关于这一点的理解是共通的，但是在处理时点上存在差异，会计处理遵循权责发生制原则，要求等待期内每个资产负债表日企业应将取得的职工提供的服务计入成本费用，计入成本费用的金额应当按照权益工具的公允价值计量。税务关于工资薪金的处理要求按实际发生，因此国家税务总局公告 2012 年第 18 号规定：可立即行权的可作为当年的工资薪金扣除；存在等待期的，待实际行权年度作为工资薪金进行税前扣除。

国家税务总局公告 2012 年第 18 号第一条定义的股权激励，须符合以下条件：一是以本公司股票为标的，二是对其董事、监事、高级管理人员及其他员工的激励进行的长期性激励。以员工直接持股方式进行股权激励是符合上述条件的，然而实际中，更多的是以持股平台的方式持股，尤其是合伙平台持股一度盛行。合伙平台间接持股方式是否符合条件呢？（为讨论方便，下面表述时不再严格区分股票或股权）

《国家税务总局关于我国居民企业实行股权激励计划有关企业所得税处理问题的公告》（国家税务总局公告 2012 年第 18 号）

......

一、本公告所称股权激励，是指《管理办法》中规定的上市公司以本公司股票为标的，对其董事、监事、高级管理人员及其他员工（以下简称激励对象）进行的长期性激励。股权激励实行方式包括授予限制性股票、股票期权以及其他法律法规规定的方式。

限制性股票，是指《管理办法》中规定的激励对象按照股权激励计划规定的条件，从上市公司获得的一定数量的本公司股票。

股票期权，是指《管理办法》中规定的上市公司按照股权激励计划授予激励对象在未来一定期限内，以预先确定的价格和条件购买本公司一定数量股票的权利。

二、上市公司依照《管理办法》要求建立职工股权激励计划，并按我国企业会计准则的有关规定，在股权激励计划授予激励对象时，按照该股票的公允价格及数量，计算确定作为上市公司相关年度的成本或费用，作为换取激励对象提供服务的对价。上述企业建立的职工股权激励计划，其企业所得税的处理，按以下规定执行：

（一）对股权激励计划实行后立即可以行权的，上市公司可以根据实际行权时该股票的公允价格与激励对象实际行权支付价格的差额和数量，计算确定作为当年上市公司工资薪金支出，依照税法规定进行税前扣除。

（二）对股权激励计划实行后，需达到一定服务年限或者达到规定业绩条件（以下简称等待期）方可行权的。上市公司等待期内会计上计算确认的相关成本费用，不得在对应年度计算缴纳企业所得税时扣除。在股权激励计划可行权后，上市公司方可根据该股票实际行权时的公允价格与当年激励对象实际行权支付价格的差额及数量，计算确定作为当年上市公司工资薪金支出，依照税法规定进行税前扣除。

（三）本条所指股票实际行权时的公允价格，以实际行权日该股票的收盘价格确定。

三、在我国境外上市的居民企业和非上市公司，凡比照《管理办法》的规定建立职工股权激励计划，且在企业会计处理上，也按我国会计准则的有关规定处理的，其股权激励计划有关企业所得税处理问题，可以按照上述规定执行。

……

**【案例 5-11】**　合伙企业作为股权激励平台行权时公司未能计入工资薪金扣除

**【案例来源】**　某上市公司公告

**【案例背景】**　2016 年 2 月 2 日，CH 股份公司临时股东大会决议：公司向 HG 合伙企业（以下简称 HG 合伙）发行股份 804 285 股，HG 合伙以人民币 225.20 万元认购本次发行的全部股份，折合每股认购价格为 2.80 元。增资时可参考公允价值是每股 3.50 元（当期外部投资者投入价格），因 HG 合伙是 CH 公司员工持股平台，其实质为以权益结算的涉及职工的股份支付。因此将可参考公允价值与实际支付对价的差异 562 999.50 ［804 285×（3.50－2.80）］元确认为股份支付金额，计入 2016 年 1 至 3 月管理费用与资本公积。此次股份支付仅使公司 2016 年 1 至 3 月当期的管理费用增加 562 999.50 元，该管理费用在 2016 年度企业所得税前扣除。CH 公司于 2016 年 12 月在新三板挂牌上市。

2017 年 10 月 19 日，税务机关在对 CH 公司 2016 年 1 月 1 日起至 2016 年 12 月 31 日的纳税申报情况进行纳税评估后，认为 CH 公司该次股票发行不符合股权激励的规定条件，经约谈后对 CH 公司进行以下处理：调增 2016 年度应纳税所得额 562 999.50 元，税率 25％，并补缴应纳税所得额 140 749.88 元。公司已根据通知补缴 2016 年度企业所得税，并追溯调整 2016 年度财务报表，见表 5-15。

表 5-15　追溯调整

金额单位：元

| 资产负债表项目 | 2016 年 12 月 31 日 | | | 主要原因及性质说明 |
|---|---|---|---|---|
| | 更正前 | 更正后 | 影响 | |
| 应交税费 | 92 280.34 | 233 030.22 | 140 749.88 | 股份支付补缴所得税 |
| 盈余公积 | 59 830.98 | 45 755.99 | −14 074.99 | 股份支付补缴所得税 |
| 未分配利润 | 538 478.80 | 411 803.91 | −126 674.89 | 股份支付补缴所得税 |
| 利润表项目 | 2016 年度 | | | 主要原因及性质说明 |
| | 更正前 | 更正后 | 影响 | |
| 所得税费用 | 76 531.07 | 217 280.95 | 140 749.88 | 股份支付补缴所得税 |

【案例 5-12】　合伙企业作为股权激励平台行权时公司计入工资薪金税前扣除

【案例来源】　某上市公司公告

【案例背景】　HH 有限公司是 XL 股份公司（以下简称 XL 公司）的控股股东，HY 合伙企业（有限合伙）（以下简称 HY 合伙）是 XL 公司的员工持股平台。2019 年 9 月 25 日，HH 公司与 HY 合伙签署股权转让协议，约定 HH 公司将其持有致远有限公司 208.26 万元出资额（占注册资本 2.60％的股权）转让给 HY 合伙，转让对价为名义价格 1 元。HY 合伙是公司核心员工的持股平台。以 1 元的名义价格向 HY 合伙转让股权系 XL 公司考虑到受让方出资人的工作岗位及对公司的贡献程度所作的股权激励，XL 股份当年确认股权支付金额 769.20 万元一次性计入管理费用。

2020 年 3 月 12 日，XL 公司就上述股权激励对相关激励对象的个人所得税递延纳税事项进行备案，并取得当地税务局出具的非上市公司股权激励个人所得税递延纳税备案表，确认相关人员可暂不纳税。

【案例分析】 对比案例 5-11 和案例 5-12 不难发现，同样是员工持股平台股权激励，CH 公司股权激励费用未能作为工资薪金扣除，而 XL 公司股权激励费用作为工资薪金扣除。

案例 5-11 中，税务机关认为 CH 公司股票发行不符合股权激励的规定条件，追缴了扣除年度的企业所得税。案例没有具体描述不符合的原因，也没有说明是否可以在以后年度扣除。从会计更正数据分析，CH 公司没有计提递延所得税资产，说明不属于企业所得税时间性差异，而且是永久性差异，则会计上仍然是作为股份支付费用在管理费用科目列支，但在企业所得税前不能扣除。

案例 5-12 中，XL 公司公告中虽然没有直接披露股权激励费用可以作为工资薪金扣除，但是披露当年确认股权支付金额 769.20 万元一次性计入管理费用，并且披露股权激励对相关激励对象的个人所得税递延纳税事项已经进行备案并得到税务机关的确认。由此可知，XL 股份层面，已经作为工资薪金列支，持股平台层面，合伙人作为激励对象将行权所得作为"工资薪金"，并且享受《关于完善股权激励和技术入股有关所得税政策的通知》（财税〔2016〕101 号）的递延纳税政策：递延至转让该股权时纳税；股权转让时，按照股权转让收入减除股权取得成本及合理税费后的差额，适用"财产转让所得"项目，按照 20％的税率计算缴纳个人所得税。

【争议焦点】 观点一认为，根据政策要求股权激励费用不能作为工资薪金扣除。

根据国家税务总局公告 2012 年第 18 号，股权激励费用作为工资薪金扣除的条件，其中包括以下几点：以本公司股票（权）为标的；激励对象是董事、监事、高级管理人员及其他员工；行权当年扣除。

（1）合伙企业作为持股平台，股票由合伙企业持有，非激励对象直接持有，激励对象持有的是合伙企业份额，不满足"本公司股票（权）"的要求。

（2）合伙企业作为持股平台，激励对象可能不确定，部分合伙企业作为持股平台成立时，是预先代持用于激励的股权，尚未完全授予确定的员工，不满足激励对象的要求。

（3）合伙企业获得股权时，真正的激励对象（即员工）可能尚在等待期，尚未行权，需要满足行政条件时，再通过成为合伙企业的合伙人的方式获得激励的股权。不满足行权当年才能扣除的要求。

观点二认为，根据经济活动形式，股权激励费用不能作为工资薪金扣除。

一般来说，持股平台获得目标公司股票主要通过大股东低价转让和向目标公司不公允增资两种方式。参与股权激励计划的员工主要通过持股平台代持合伙人将其代持的合伙企业份额转让给受激励员工和员工增资至持股平台获得合伙企业份额两种方式行权，通过转让合伙企业份额或退伙结算两种方式实现退出。

合伙企业作为持股平台，员工所得并非直接来自目标公司。员工不论是以受让合伙企业份额还是以增资入伙的方式行权，均属于投资行为，不产生个人所得税的纳税义务，员工持有合伙企业份额期间所得也并非"工资薪金"所得，员工退出时不管是转让合伙企业份额还是退伙结算，均属于"财产转让所得"。如果员工采取先转让间接持有的股权，再退出合伙企业的方式，则是合伙企业先转让该员工间接持有的股权，再向该合伙人定向分配收益，自然人合伙人从合伙企业取得转让股权收益时属于"生产经营"所得项目，最后退出合伙企业时仍然属于"财产转让所得"。假如目标公司将股权激励费用作为"工资薪金"扣除，两者口径将不一致。同时，纳税时点也不一致，合伙持股平台获得股权时，如果目标公司就确认股份支付费用并且税前扣除，而合伙企业此时作为投资活动的开始，纳税义务尚未发生。我们也了解到，这种观点在拟上市公司将股权激励计划报告送交税务机关时容易被否定。

将案例 5-12 XL 公司的税务处理分解成两个层次：

一是 HY 合伙 1 元受让 XL 公司股票时，视同股权激励已经行权，XL 公司确认股权激励费用并税前扣除。

二是 HY 合伙将 1 元与所获股票公允价值的差额视同所得已经实现，并作为合伙人的"工资薪金"所得纳税，同时再享受财税〔2016〕101 号的递延纳税政策，暂不纳税，待转让股票时再按"财产转让所得"纳税。这样可能导致目标公司、持股平台、激励对象三方纳税的统一性出现不一致。

观点三认为，根据股权激励目的，股权激励费用可以作为工资薪金扣除。

股权激励相关税收政策出台的意义之一是支持"大众创业、万众创新"的形势下企业通过公司股权激励吸引人才，将进一步激发人才创新创业的活力和积极性，增加企业可持续发展能力，调整有效降低股权激励的税收负担。企业选择股权激励方式时，不仅要考虑税收政策，更要考虑有利于企业的经营发展，如果限制企业只能单一选择直接持股的激励方式，那将大大约束享受税收政策的企业范围。

因此，不管目标公司选择员工直接持股还是持股平台间接持股的方式进行股权激励，目的是相同的。员工通过持股平台间接持股，虽然形式上员工并未直接取得公司的股权，目的依旧是公司为了激励员工分享公司成长所带来的收益，实质上仍然是目标公司对员工的股权支付，而且会计处理上也视同是股份支付费用。因此，员工应当就合伙企业份额转让款或增资款低于所对应的目标公司股权公允价值的部分，适用"工资、薪金所得"项目，按照3％～45％的超额累进税率计算缴纳个人所得税。符合条件的可以根据财税〔2016〕101号再享受递延纳税政策。

目前在政策探讨层面，业界主流观点倾向于观点一和观点二，实务执行口径方面，则三种观点都存在。上市公司公告披露可以作为工资薪金扣除的案例也日渐增多，同时也有税务机关明确回复不能作为工资薪金扣除。这类属于现有政策执行口径不统一的争议，有待税务机关通过公告统一口径解决。

问题：根据《国家税务总局关于我国居民企业实行股权激励计划有关企业所得税处理问题的公告》（国家税务总局公告2012年第18号），在股权激励计划可行权后，上市公司方可根据该股票实际行权时的公允价格与当年激励对象实际行权支付价格的差额及数量，计算确定作为当年上市公司工资薪金支出，依照税法规定进行税前扣除。该文件讲述的是对其董事、监事、高级管理人员及其他员工（以下简称激励对象）进行的长期性激励，符合条件的可以作为工资薪金在所得税前扣除。现在有很多企业成立了作为职工持股平台的合伙企业，合伙人为企业职工，由该合伙企业持有公司的股票。如果通过合伙平台对其合伙人（即企业职工）进行股权激励，对授予给合伙人的股权激励是否可以按上述方法作为工资薪金计算扣除？如果不可以，应以何种方式予以扣除？谢谢！（留言时间：2020-05-22）

国家税务总局大连市税务局12366纳税服务中心答复：

1. 不适用，此文件仅适用于上市公司；

2. 根据《财政部 国家税务总局关于合伙企业合伙人所得税问题的通知》（财税〔2008〕159号）第三条规定，合伙企业生产经营所得和其他所得采取"先分后税"的原则。具体应纳税所得额的计算按照《关于个人独资企业和合伙企业投资者征收个人所得税的规定》（财税〔2000〕91号）及《财政部 国家税务总局关于调整个体工商户个人独资企业和合伙企业个人所得税税前扣除标准有关问题的通知》（财税〔2008〕65号）的有关规定执行。前款所称生产经营所得和其他所得，包括合伙企业分配给所有合伙人的所得和企业当年留存的所得（利润）。（2020-05-26）

## 二、激励对象能否享受递延纳税政策

如上文所述，企业股权激励计划给予员工直接持股的股票（权）期权、限制性股票、股权奖励等，员工应在行权等环节，按照"工资薪金所得"项目征税；对员工之后转让该股权获得的增值收益，则按"财产转让所得"项目适用20%的税率征税。但是员工在行权时，股权尚未变现，此时履行纳税义务，无形中给激励对象带来了经济压力。为减轻股权激励获得者的税收负担，解决其当期纳税现金流不足问题，2016年9月，财政部、国家税务总局出台财税〔2016〕101号进行了政策调整：一是对非上市公司符合条件的股票（权）期权、限制性股票、股权奖励，由分别按"工资薪金所得"和"财产转让所得"两个环节征税，合并为只在一个环节征税，即纳税人在股票（权）期权行权、限制性股票解禁，以及获得股权奖励时暂不征税，待以后该股权转让时一次性征税，解决在行权等环节纳税现金流不足问题；二是在转让环节的一次性征税统一适用20%的税率，有效降低纳税人税收负担。

合伙企业持股平台是否适用递延纳税政策呢？其实上文的分析已经回答了该问题，既然合伙企业持股平台的股权激励费用不宜作为目标公司的工资薪金税前扣除，员工在取得合伙企业份额时纳税义务并未产生，那么自然不存在递延纳税一说。但是，由于上文观点三的存在，认同观点三的企业和税务机关相应地也认为合伙企业持股平台适用递延纳税政策。实务中，部分税务机关不予递延纳税备案，但也存在部分地区税务机关按照财税〔2016〕101号文提供合伙企业持股平台进行递延纳税备案的案例。

关于该问题的争议分析过程与上文基本相同，不再重复。下文仅就财税〔2016〕101号文件的内容补充分析。

《关于完善股权激励和技术入股有关所得税政策的通知》（财税〔2016〕101号）

······

一、对符合条件的非上市公司股票期权、股权期权、限制性股票和股权奖励实行递延纳税政策

（一）非上市公司授予本公司员工的股票期权、股权期权、限制性股票和股权奖励，符合规定条件的，经向主管税务机关备案，可实行递延纳税政策，即员工在取得股权激励时可暂不纳税，递延至转让该股权时纳税；股权转让时，按照股权转让收入减除股权取得成本以及合理税费后的差额，适用"财产转让所得"项目，按照20％的税率计算缴纳个人所得税。

股权转让时，股票（权）期权取得成本按行权价确定，限制性股票取得成本按实际出资额确定，股权奖励取得成本为零。

······

财税〔2016〕101号文件对享受递延纳税优惠的股票期权、股权期权、限制性股票规定了以下限制条件，见表5-16。

表5-16    财税〔2016〕101号文件的限制条件

| 项　　目 | 条　　件 | 持股平台是否符合条件 |
|---|---|---|
| 实施主体 | 境内居民企业 | 不影响 |
| 审核批准 | 公司董事会、股东（大）会审议通过。未设立股东（大）会的国有企业，须经上级主管部门审核批准 | 不影响 |
| 激励股权标的 | 本公司的股权 | 不符合 |
| 激励对象范围 | 技术骨干和高级管理人员 | 不符合 |

| 项　　目 | 条　　件 | 持股平台是否符合条件 |
|---|---|---|
| 股权持有时间 | 期权自授予日起应持有满 3 年，且自行权日起持有满 1 年；限制性股票自授予日起应持有满 3 年，且自限售条件解除之日起持有满 1 年 | 不影响 |
| 行权时间 | 股票（权）期权自授予日至行权日的时间不得超过 10 年 | 不影响 |

**【案例 5-13】　合伙企业作为股权激励平台完成递延纳税备案（1）**

**【案例来源】**　某上市公司公告

**【案例背景】**　以下部分内容摘自 RY 科技公司（以下简称 RY 科技）"首次公开发行股票并在创业板上市招股意向书"。

报告期内，公司业务规模持续扩大，盈利能力快速提升。为了让骨干员工分享公司经营发展成果，吸引并留住人才，2017 年度公司实施股权激励政策，授予骨干员工股份合计 171.12 万股，认购价格为 2.60 元/股，授予股份的公允价值以 2018 年 1 月外部投资者增资价格 15.44 元/股确定，共形成股份支付金额为 2 197.34 万元，一次性计入 2017 年度当期损益。

其中，部分员工通过员工持股平台 AY 投资和 MM 投资获得了相应的股权激励。截至本招股说明书签署日，RY 科技已按照相关法律法规的要求向主管税务机关对所有获得股权激励的员工（包括通过员工持股平台获得股权激励的员工）进行了非上市公司股权激励个人所得税递延纳税备案登记。

2020 年 9 月 14 日，某县税务局出具了相关证明："截至本证明出具日，RY 科技已对上述获得股权激励的员工进行了非上市公司股权激励个人所得税递延纳税备案登记，相关手续完备，所有获得股权激励的员工的递延纳税情况符合相关规定，未发现涉税违法违规行为。"

……

综上所述，公司已按照相关法律法规的要求对获得股权激励的员工（包括通过员工持股平台获得股权激励的员工）进行了非上市公司股权激励个人所得税递延纳税备案登记，相关手续完备，备案登记合法合规，不存在相关税务风险。

**【案例 5-14】　合伙企业作为股权激励平台完成递延纳税备案（2）**

**【案例背景】**　以下内容摘自 TX 公司"发行人及保荐机构回复意见"。

为提高核心团队和业务骨干的稳定性和工作积极性，增强对公司和子公司长期发展的关切度和管理的参与度，同时使其共享公司经营发展成果而实施股权激励。发行人股权激励对象均为公司员工。公司综合考虑了净资产水平、核心骨干人才在公司及子公司发展历程中的贡献程度、目前所处职位的重要性、激励效果等因素，确定了 2.5 元/出资额的股权激励价格。

2020 年 9 月，控股股东决定将其持有的发行人 1 620 万元出资额转让给两个员工持股平台。其中 YL 企业以总价款 2 437.50 万元受让公司 975 万出资额，YZ 企业以总价款 1 612.50 万元受让公司 645 万出资额。

发行人员工持股平台合伙人的出资来源均为自有或自筹合法资金，股权激励计划的激励对象均已全部支付相应出资额的转让款，转让方已就份额转让增值部分依法纳税。激励对象已向主管税务机关进行了非上市公司股权激励个人所得税递延纳税备案登记，即取得股权激励时暂不纳税，递延至转让该股权时纳税。激励对象个税缴纳情况符合相关规定，不存在相关税务风险。

【案例分析】 案例 5-13、案例 5-14 中的摘录自拟挂牌或拟上市公司公告，属于真实案例。两家公司以合伙企业作为持股平台实施员工股权激励计划，增资或受让的股份立即授予或转让完成且没有明确约定服务期等限制条件的，标的公司股权激励价格与公允价值之间的差额作为股份支付费用计入成本费用。激励对象的纳税义务已经产生，激励对象已向主管税务机关进行了非上市公司股权激励个人所得税递延纳税备案登记，即取得股权激励时暂不纳税，递延至转让该股权时纳税。标的公司认为，激励对象个税缴纳情况符合相关规定，不存在相关税务风险。

部分地方税务机关也对合伙企业作为股权激励平台能否递延纳税备案作出了答复。

2022 年 7 月 7 日，重庆市税务局网站发布《支持企业上市涉税事项办理工作指引（1.0 版）》（以下简称《指引》），其中第 10 页摘录如下。

……

注意：1. 由于激励对象限于本公司员工，因此通过员工持股平台（持股平台是公司用来实施股权激励的一种操作模式，就是在母公司之外搭建一个有限合伙企业或者公司制的企业用来实现激励对象间接持有母公司股权的目的。）间接实施股权激励不属于税法所规定的股权激励，不适用前述政策；激励标的应是境内居民企业的本公司的股票（权），股权奖励的标的可以是技术成果投资入股到其他境内居民企业所取得的股票（权）。

2. 实施股权激励的企业为个人所得税扣缴义务人。递延纳税期间，扣缴义务人应在每个纳税年度终了后向主管税务机关报告递延纳税有关情况。

该段内容摘录《指引》第一章"改制阶段"第二节"涉税事项"第一部分"一、股权激励"最后的"注意"说明。

《指引》关于股权激励的描述是"股权激励，是指企业以企业股票（权）为标的，对员工进行的长期性激励。激励的对象可以包括董事、监事、高级管理人员、核心技术人员等，激励的形式主要有股票（权）期权、限制性股票、股票增值权、员工持股、管理层收购等。股权激励涉及个人所得税，非上市公司存量股权转让涉及产权转移书据印花税。股权激励其实是一种激励性的工资薪金，按照个人所得税法的规定，属于个人的应税所得"。

"注意"段落起到强调提示作用，该段内容认同持股平台是公司用来实施股权激励的一种操作模式，但强调其不属于税法所规定的股权激励，不适用财税〔2016〕101 号文件。

既然不属于税法所规定的股权激励，应可推论出自然不属于税法所规定的公司工资薪金，有关员工应根据其在持股平台层面的涉税业务规定纳税。

北京税务 2018 年 10 月征期企业所得税热点问题

问：持股平台作为股权激励的对象是否可以享受财税〔2016〕101 号文件优惠？

答：根据《关于完善股权激励和技术入股有关所得税政策的通知》（财税〔2016〕101 号）有关规定精神，享受递延纳税政策的激励对象主要限于个人，由于财税〔2016〕101 号对激励对象有人数的限制，持股平台的情况较为复杂，目前激励对象不包括对持股平台的激励。

# 第六章　对赌协议税务争议

对赌协议，简而言之，即包含对赌条款的私募股权投资协议，英文名称为 valuation adjustment mechanism（简称 VAM），直译为"估值调整机制"或"估值调整协议"。引用《全国法院民商事审判工作会议纪要》(以下简称《会议纪要》) 关于对赌协议的定义：实践中俗称的"对赌协议"，又称估值调整协议，是指投资方与融资方在达成股权性融资协议时，为解决交易双方对目标公司未来发展的不确定性、信息不对称，以及代理成本而设计的包含了股权回购、金钱补偿等对未来目标公司的估值进行调整的协议。从订立"对赌协议"的主体来看，有投资方与目标公司的股东或者实际控制人"对赌"、投资方与目标公司"对赌"、投资方与目标公司的股东、目标公司"对赌"等形式。

《会议纪要》的发布，明确了对赌协议合法性的问题，将对赌协议定性为估值调整机制，《会议纪要》针对"对赌协议的效力及履行"作了裁判指导、对于投资方与目标公司的股东或者实际控制人订立的"对赌协议"，如无其他无效事由，认定有效并支持实际履行。但投资方与目标公司订立的"对赌协议"则不能违反《公司法》关于"股东不得抽逃出资"、股份回购的强制性规定和利润分配的强制性规定。

---

《全国法院民商事审判工作会议纪要》第二条第一项

（一）关于"对赌协议"的效力及履行

实践中俗称的"对赌协议"，又称估值调整协议，是指投资方与融资方在达成股权性融资协议时，为解决交易双方对目标公司未来发展的不确定性、信息不对称以及代理成本而设计的包含了股权回购、金钱补偿等对未来目标公司的估值进行调整的协议。从订立"对赌协议"的主

---

体来看，有投资方与目标公司的股东或者实际控制人"对赌"、投资方与目标公司"对赌"、投资方与目标公司的股东、目标公司"对赌"等形式。人民法院在审理"对赌协议"纠纷案件时，不仅应当适用合同法的相关规定，还应当适用公司法的相关规定；既要坚持鼓励投资方对实体企业特别是科技创新企业投资原则，从而在一定程度上缓解企业融资难问题，又要贯彻资本维持原则和保护债权人合法权益原则，依法平衡投资方、公司债权人、公司之间的利益。对于投资方与目标公司的股东或者实际控制人订立的"对赌协议"，如无其他无效事由，认定有效并支持实际履行，实践中并无争议。但投资方与目标公司订立的"对赌协议"是否有效以及能否实际履行，存在争议。对此，应当把握如下处理规则：

5.【与目标公司"对赌"】投资方与目标公司订立的"对赌协议"在不存在法定无效事由的情况下，目标公司仅以存在股权回购或者金钱补偿约定为由，主张"对赌协议"无效的，人民法院不予支持，但投资方主张实际履行的，人民法院应当审查是否符合公司法关于"股东不得抽逃出资"及股份回购的强制性规定，判决是否支持其诉讼请求。

投资方请求目标公司回购股权的，人民法院应当依据《公司法》第35条关于"股东不得抽逃出资"或者第142条关于股份回购的强制性规定进行审查。经审查，目标公司未完成减资程序的，人民法院应当驳回其诉讼请求。

投资方请求目标公司承担金钱补偿义务的，人民法院应当依据《公司法》第35条关于"股东不得抽逃出资"和第166条关于利润分配的强制性规定进行审查。经审查，目标公司没有利润或者虽有利润但不足以补偿投资方的，人民法院应当驳回或者部分支持其诉讼请求。今后目标公司有利润时，投资方还可以依据该事实另行提起诉讼。

对赌协议是资本市场发展的产物，其广泛应用大大推动了企业并购重组，助力资本投资推动了资本市场的繁荣发展。用个例子通俗解说一下，小明希望小红投资他的公司，小明描述公司的前景一片光明，还找评估机构给公司评了一个很高的估值。小明让小红增资或者购买部分股权，小红将信将疑，想投资但又担心价格高了，万一以后公司发展不好就投亏了。于是双方就价格一直协商不下来。后来有人给小红出了个主意，暂时按照现在的估值确定价格，然后在合同中附加条件，如果以后公司的发展不好，与小明说的情况有出入，那么小明要求赔偿或者把股权以更高价买回去，这个附加条件是对投资者小红的保护（业绩承诺与补偿）。再复杂一点，小明认为评估机构评估的价格仍然不足反映他的公司价值，认为低估了，于是小明要求，如果以后证明公司的发展远远超出评估报告的预期，小红需要给予小明补充奖励（超额业绩奖励）。

资本投资是一项高风险行为，投资方希望控制投资风险，融资方在短期内获得足够现金支持企业发展，交易价格反复磋商是一场持久战。由于信息的不对称性，投资方对目标公司缺乏深入的了解，目标公司未来是否能实现预计的业绩或者是否能够上市难以判断。虽然投资前一般会对目标公司进行估值，但是估值计算具有不确定性，评估依赖一定的假设基础，评估的价值在未来是否能实现是不确定的。因此即使目标公司经过评估，投资方仍然不能以评估结果作为交易价格的依据。在此情况下，将交易价格与目标公司的经营业绩、预期盈利指标及其股权首次上市交易等挂钩，双方约定目标，双方的权利和义务根据约定目标能否实现而变化，约定目标一般可能是目标公司的经营业绩、预期盈利指标及能否完成首次公开募股。这类对赌协议最大的特点就是交易价格的不确定性，双方暂时确定一个价格，而最终的交易价格随目标公司的经营发展情况而变化，这种"暂时估价＋未来目标条件（或有对价）"的交易模式，双方可以依据目前的情况暂定价格，又可以随着未来的变化调整价格，可以最大限度地实现投资交易的合理与公平。因此，对赌协议是交易双方意思的真实表示，是双方签订的附条件的投资合同。

## 第二节　对赌协议的分类

对赌协议分类，按订立"对赌协议"的主体分类，可分为投资方与目标公司的股东或者实际控制人"对赌"；投资方与目标公司"对赌"；投资方与目标公司的股东、目标公司"对赌"。按或有对价支付方向分类，可分为正向对赌协议、反向对赌协议。按投资方式不同，可分为增资型、股权收购型。

按补偿方式分类，可分为现金补偿型、股权回购型、股权补偿型等。

对赌主要的投资主体中，私募股权投资和独立风险投资单纯地追求财务回报为投资目的，比较多见于对赌目标公司能否上市；企业风险投资和上市公司除追求财务回报外，还追求战略目标，常见于投资并购中对赌目标公司业绩指标。因此在对赌协议大都是倾向于对融资主体提出要求，保障投资主体的利益。

为便于理解，下面列举几种常见的对赌类型。

**1. 类型一：增资型（股权回购型）**

甲公司为中国境内注册的股份制企业（拟在境内上市），其控股股东为乙公司。2021 年 1 月 1 日，丙公司作为战略投资人向甲公司增资 3 亿元人民币，甲公司按照相关规定完成了注册资本变更等手续。增资后，丙公司持有甲公司 20％的股权，乙公司仍然控制甲公司。甲、乙、丙公司签署的增资协议约定，如果甲公司未能在 2024 年 12 月 31 日前完成首次公开募股，丙公司有权要求甲公司以现金回购其持有的甲公司股权，回购价格为丙公司增资 3 亿元和按 8％年化收益率及实际投资期限计算的收益之和。增资协议赋予丙公司的前述回售权属于持有人特征，即仅由丙公司享有，不能随股权转让。

为推进甲公司的上市进程，甲、乙、丙公司根据相关法律和监管规定，在首次公开募股申报前清理所有特殊权益，三方于 2021 年 6 月 30 日签署补充协议，约定自补充协议签署之日起中止丙公司的上述回售权；如果甲公司在 2024 年 12 月 31 日前未能完成首次公开募股，则于 2025 年 1 月 1 日恢复该回售权。

**2. 类型二：股权收购型（股权补偿型）**

乙公司为中国境内注册的股份制企业（拟在境内上市），其控股股东是丙公司。2022 年 12 月 31 日，甲公司收购乙公司 80％的股权，支付对价 1 000 万元。甲公司与丙公司签订业绩对赌协议，如果 2025 年 12 月 31 日乙公司未完成业绩对赌，丙公司将手中剩余的 20％乙公司股权无偿转让给甲公司。

**3. 类型三：增资型（股权补偿型）**

甲公司为中国境内注册的股份制企业（拟在境内上市）。2022 年 12 月 31 日，甲公司估值 10 亿元，乙公司作为战略投资者向甲公司增资 2 亿元。增资协议中约定：业绩承诺，A 公司 2023 年收入金额达到 1 亿元；业绩承诺补偿安排，若业绩不达标，需重新调整公司估值，调整后的估值为 2023 年收入金额的 10 倍。乙公司有权要求甲公司以零对价或其他法律允许的最低价格向乙公司增发注册资本（股权），补偿因估值下降导致乙公司所持股权的价值。

**4. 类型四：股权收购型**（现金补偿型）

甲公司为中国境内注册的股份制企业（拟在境内上市），其控股股东为丙公司。2021 年 12 月 1 日，乙公司作为战略投资者受让甲公司 30% 股权，乙公司作为长期股权投资核算。甲、乙、丙公司在股权转让协议中约定：业绩承诺，甲公司 2022 年盈利 2 000 万元，2023 年盈利 3 000 万元；盈利预测补偿安排，若业绩不达标则乙公司有权向丙公司要求现金补偿。

补偿金额＝（两年累计承诺利润－两年累计实际净利润）÷两年累计承诺利润×股权转让对价

**5. 类型五：股权收购型**（现金补偿型）

甲公司是一家上市公司，2021 年 12 月 1 日，甲公司向丙公司收购乙公司 51% 股权，收购价格 20 亿元，与评估值一致。甲、乙、丙公司在股权转让协议中约定业绩承诺：乙公司 2022 年盈利 1 亿元，2023 年盈利 2 亿元，2024 年盈利 3 亿元。盈利预测补偿安排，收购日先支付股权转让款的 70% 即 14 亿元。2022 年年度审计报告出具后 20 个工作日内，乙公司 2022 年度承诺净利润实现情况下，甲公司支付 1 亿元；2022 年年度审计报告出具后 20 个工作日内，乙公司 2023 年度承诺净利润实现情况下，甲公司支付 2 亿元；2022 年年度审计报告出具后 20 个工作日内，乙公司 2024 年度承诺净利润实现情况下，甲公司支付剩余 3 亿元。如果当年业绩不达标，则对应的股权转让款不支付。

由上述案例可知，投资方增资日或股权收购日的定价不是最终定价，只是暂定价格，对赌指标属于附加条件，最终定价要在对赌结算时才确定。因此交易价格的不确定性是"对赌协议"的最大特点，交易价格不确定却给税收征管带来了难题。由于市场交易的复杂性，"对赌协议"或有对价支付方式多种多样，对应的会计处理也不同，税会差异的情形也很复杂。对赌协议的税务处理，成了税法领域的理论与实践难题。目前，我国税法关于对赌协议的税务处理，并无直接明确的文件规范。

## 第三节　对赌协议的涉税争议

虽然司法层面对对赌协议作了定义，并明确对赌协议的效力和执行适用中的问题。从《会议纪要》可知，司法机关认为对赌协议相当于一份附条件的投资合同，从合同的订立到履行终止构成一项完整交易。合同订立时的投资行为与附加条件是否成就导致的后续补偿行为互相依存，不能独立分割成两项交易。《企业会计准则》相关指引及后续发布的案例等文件也对对赌协议的会计处理作出规范［例如《监管规则适用指引——会计类第 1 号》(发文机关：证监会)、《金融负债与权益工具的区分应用案例》(发布机关：财政部会计司)］，对赌协议的会计处理一般也将补偿条款作为或有对价，前期的投资行为与对赌协议约定的补偿条款属于一揽子交易，即使对赌过程可分为合同订立时的"增资或股权转让交易（初始交易）＋对赌结束后的现金补偿或股权补偿交易（后续交易）"，但两者并不是两项独立的交易。但民法规范的合同关系和会计准则规范的会计处理都不能代替税务政策，由于税收政策上的空白，实践中出现了不同的争议观点。

观点一认为税务处理应与会计处理一致。初始交易发生后，附加对赌条件作为后续交易的依据，因此后续补偿是原交易价格的调整，不管是采用现金补偿还是非现金补偿，原交易与对赌结束后的补偿应视作一个整体交易征税，后续补偿是对原交易价格的调整，这才符合对赌协议是"估值调整协议"的定义，否则有违量能课税原则。尤其以现金补偿的对赌协议，如果原交易中股权转让方按股权转让款全额纳税，后续对赌失败股权转让方将部分转让款返还给投资方，此时如果将原交易与现金补偿分成两个独立纳税事项，不予退税，这对纳税人显失公平；并且已经有地区的税务机关明确业绩可作为长期股权投资的初始投资成本调整，有地区的税务机关已经依据交易事实支持退税，这说明本观点在税收执法层面是可行的，应该在本观点的基础上具体情形具体分析，公平对待每一份对赌协议。支持"价格调整说"观点的代表性文件是海南地税《关于对赌协议利润补偿企业所得税相关问题的复函》(琼地税函（2014）198 号)。

观点二认为初始交易和后续补偿在所得税上应作为两个交易分别处理。现行所得税政策对应税行为的计税依据和纳税时间均有明确规定。因此，初始交易产生的应税所得应依法纳税，后续有新交易产生再依法计税。至于纳税后因为对赌失败发生现金补偿等情况能否退税，应根据税法的退税程序处理。现行税收政策没有退税规定的，不应退税。

由于对赌协议的复杂性，对赌补偿的形式各种各样，目前税务处理基本是初始交易发生时就先按规定征税，后续交易发生时税务机关未必认同与初始交易关联计税，很可能要求单独计税。简单列举几种可能，见表6-1。

表6-1　几种情形下的对赌补偿

| 类别 | 增资型 | 股权收购型 |
|---|---|---|
| 现金补偿型 | 增资＋现金补偿 | 股权转让＋现金补偿 |
| 争议：现金补偿的性质——赠与；股权成本调整；期权投资损益 | | |
| 股权回购型 | 增资＋股权转让（回购） | 股权转让＋股权转让（回购） |
| 争议：后续股权转让价格不公允；回购溢价是利润分配还是利息收入 | | |
| 股权补偿型 | 增资＋股权转让（不公允增资） | 股权转让＋股权转让（不公允增资） |
| 争议：后续股权转让价格不公允 | | |

对于非现金补偿型的后续交易，如果发生时税务机关认同交易价格不公允属于具备正当理由或者合理商业目的，不要求纳税调整，那么会计处理与税务处理的差异属于时间性差异，纳税人与对赌协议相关的支出和收入最终均纳入所得税核算。对于现金补偿型的后续交易，如果税务机关不同意现金补偿作为初始交易价格的调整，将初始交易多交的税费退回，对纳税人的影响出现两种情况：对于企业纳税人，现金补偿支出如果能作为企业成本费用在支出年度及以后年度税前扣除，仍然属于时间性差异；对于个人纳税人，则是永久地多缴税费，因此这种情况成为业内关于对赌协议税务争议的焦点。

## 一、股权回购型对赌协议案例

【案例6-1】　回购溢价属于分配利润还是利息收入

【案例背景】　甲公司为中国境内注册的股份制企业（拟在境内上市），其控股股东为乙公司。2021年1月1日，丙公司作为战略投资人向甲公司增资3亿元人民币，甲公司按照相关规定完成了注册资本变更等手续。增资后，丙公司持有甲公司20％的股权，乙公司仍然控制甲公司。甲、乙、丙公司签署的增资协议约定，如果甲公司未能在2024年12月31日前完成首次公开募股，丙公司有权要求甲公司以现金回购其持有的甲公司股权，回购价格为丙公司增资3亿元和按8％年化收益率及实际投资期限计算的收益之和。增资协议赋予丙公司的前述回售权属于持有人特征，即仅由丙公司享有，不能随股权转让。

为推进甲公司的上市进程，甲、乙、丙公司根据相关法律和监管规定，在首次公开募股申报前清理所有特殊权益，三方于 2021 年 6 月 30 日签署补充协议，约定自补充协议签署之日起中止丙公司的上述回售权；如果甲公司在 2024 年 12 月 31 日前未能完成首次公开募股，则于 2025 年 1 月 1 日恢复该回售权。

**【案例分析】**

**1. 甲公司会计处理**

2021 年 1 月 1 日，甲、乙、丙公司签署的增资协议包含或有结算条款，且不属于"几乎不具有可能性"的情形，甲公司不能无条件地避免以现金回购自身权益工具的合同义务，因此，甲公司应当根据收到的增资款确认股本和资本公积（股本溢价）；同时，按照回购所需支付金额的现值，将回购丙公司所持本公司股权的义务从权益重分类为一项金融负债。

（1）2021 年 1 月 1 日，增资 3 亿元时（金额单位为万元）。

| | | |
|---|---|---|
| 借：银行存款 | | 30 000 |
| 　　贷：股本 | | 3 000 |
| 　　　　资本公积——股本溢价 | | 27 000 |
| 借：股本 | | 3 000 |
| 　　资本公积——股本溢价 | | 27 000 |
| 　　贷：长期应付款 | | 30 000 |

（2）2021 年 12 月 31 日，计提利息（金额单位为万元）。

| | | |
|---|---|---|
| 借：长期应付款 | | 2 400 |
| 　　贷：财务费用——利息支出 | | 2 400 |

（3）2022 年 12 月 31 日，计提利息（金额单位为万元）。

| | | |
|---|---|---|
| 借：长期应付款 | | 2 592 |
| 　　贷：财务费用——利息支出 | | 2 592 |

（4）2023 年 12 月 31 日，计提利息（金额单位为万元）。

| | | |
|---|---|---|
| 借：长期应付款 | | 2 799 |
| 　　贷：财务费用——利息支出 | | 2 799 |

（5）2024 年 12 月 31 日，计提利息（金额单位为万元）。

| | | |
|---|---|---|
| 借：长期应付款 | | 3 023 |
| 　　贷：财务费用——利息支出 | | 3 023 |

（6）假设甲公司在 2024 年 12 月 31 日完成上市，丙公司丧失回购权。甲公司在上市日将该项金融负债重分类回权益（金额单位为万元）。

借：长期应付款　　　　　　　　　　　　　　40 815
　　贷：股本　　　　　　　　　　　　　　　　　3 000
　　　　资本公积　　　　　　　　　　　　　　　37 815

（7）假设甲公司 2024 年 12 月 31 日不能完成上市，丙公司 2025 年 1 月 1 日恢复该回售权，丙公司履行回售权时（金额单位为万元）。

借：其他应付款　　　　　　　　　　　　　　40 815
　　贷：银行存款　　　　　　　　　　　　　　　40 815

**2. 投资方丙公司的会计处理**

回售权属于嵌入于主合同（股权投资）中的衍生工具。投资方丙公司实质上承担的风险和报酬与普通股股东明显不同，该项投资应当整体作为金融工具核算，合同现金流量特征不满足仅为对本金和以未偿付本金金额为基础的利息的支付，应分类为以公允价值计量且其变动计入当期损益的金融资产。

（1）2021 年 1 月 1 日，向甲公司增资时（金额单位为万元）。

借：交易性金融资产　　　　　　　　　　　　30 000
　　贷：银行存款　　　　　　　　　　　　　　　30 000

（2）2021 年—2024 年年末，根据甲公司的情况对该项金融资产进行调整，确认公允价值变动损益。[根据实际财务状况填写金额，（2）（3）（4）仅编制会计分录。]

借：交易性金融资产
　　贷：公允价值变动损益

（3）假设甲公司在 2024 年 12 月 31 日完成上市，取得上市公司限售股，仍按金融工具核算。

（4）假设甲公司 2024 年 12 月 31 日不能完成上市，丙公司 2025 年 1 月 1 日恢复该回售权，丙公司履行回售权时，按交易性金融资产账面与收回的金额的差额，差额借记或贷记"投资收益"。

借：银行存款
　　投资收益
　　贷：交易性金融资产
　　　　（投资收益）

《监管规则适用指引——会计类第1号》（中国证券监督管理委员会）第一条

一、附回售条款的股权投资

对于附回售条款的股权投资，投资方除拥有与普通股股东一致的投票权及分红权等权利之外，还拥有一项回售权，例如投资方与被投资方约定，若被投资方未能满足特定目标，投资方有权要求按投资成本加年化10％收益（假设代表被投资方在市场上的借款利率水平）的对价将该股权回售给被投资方。该回售条款导致被投资方存在无法避免向投资方交付现金的合同义务。基于投资方对被投资方的持股比例和影响程度不同，区分为以下两种情形：

情形1：投资方持有被投资方股权比例为3％，对被投资方没有重大影响；

情形2：投资方持有被投资方股权比例为30％，对被投资方有重大影响。

现就上述两种情形下被投资方和投资方的会计处理意见如下：

情形1：

从被投资方角度看，由于被投资方存在无法避免的向投资方交付现金的合同义务，应分类为金融负债进行会计处理。

从投资方角度看，投资方对被投资方没有重大影响，该项投资应适用金融工具准则。因该项投资不满足权益工具定义，合同现金流量特征不满足仅为对本金和以未偿付本金金额为基础的利息的支付，应分类为以公允价值计量且其变动计入当期损益的金融资产。

情形2：

被投资方的会计处理同情形1。

从投资方角度看，长期股权投资准则所规范的投资为权益性投资，因该准则中并没有对权益性投资进行定义，企业需要遵照实质重于形式的原则，结合相关事实和情况进行分析和判断。投资方应考虑该特殊股权投资附带的回售权以及回售权需满足的特定目标是否表明其风险和报酬特征明显不同于普通股。如果投资方实质上承担的风险和报酬与普通股股东明显不同，该项投资应当整体作为金融工具核算，相关会计处理同情形1。如果投资方承担的风险和报酬与普通股股东实质相同，因对被投资方具有重大影响，应分类为长期股权投资，回售权应视为一项嵌入衍生工具，并进行分拆处理。对投资方而言，持有上述附回售条款的股权投资期间所获得的股利，应按该股权投资的分类，适用具体会计准则规定进行处理。

### 3. 投资方与被投资方的税务处理

从会计处理可知，在甲公司正式上市前，会计上将收到的增资款作为一项负债，年息率是8%，实质当成"明股实债"处理，因此每年确认8%的财务费用——利息支出。税务上，由于利息支出并未实现，所以每年均应纳税调增，不能在企业所得税前扣除。同样，丙公司每年核算的公允价值变动损益也要作纳税调整。

假设甲公司不能成功上市，2025年履行回购义务时，甲公司按照相关法律规定，回购股份履行了必要的减资程序，并且甲公司账面有未分配利润5 000万元。丙公司减资退出收回40 815万元，其中原投资成本3亿元，过去四年的公允价值变动损益及2025年投资收益共计10 815万元。问题是企业所得税的处理，甲公司支付给丙公司8%的固定收益应作为财务费用处理还是作为减资分配？丙公司应作为利息收入处理还是作为撤资处理呢？

根据《国家税务总局关于企业混合性投资业务企业所得税处理问题的公告》(国家税务总局公告2013年第41号)(以下简称国家税务总局公告2013年第41号)，虽然该项投资在会计上具有"明股实债"的特征，但不能同时符合该公告第一条的五个条件，因此不能按利息处理。丙公司经合法增资持有甲公司的股东，再经合法减资手续退出甲公司，甲公司作减资税务处理，丙公司作撤回投资税务处理，具体情形见表6-2。

表6-2　不同年度财税处理

| 时 间 | 甲公司 | | 丙公司 | |
|---|---|---|---|---|
| | 会计处理 | 税务处理 | 会计处理 | 税务处理 |
| 2021年初 | 明股实债 | 接受增资 | 交易性金额资产 | 股权投资 |

| 时　间 | 甲公司 | | 丙公司 | |
|---|---|---|---|---|
| | 会计处理 | 税务处理 | 会计处理 | 税务处理 |
| 2021 年末—2024 年末 | 计提利息合计 10 815 万元 | 纳税调增合计 10 815 万元 | 计提公允价值变动损益 $x$ 万元 | 纳税调减 $-x$ 万元 |
| 2025 年 | 清偿债务 3 亿元；支付利息 10 815 万元 | 企业减资税务不须处理 | 处置交易性金融资产确认投资收益（10 815－$x$）万元 | （1）纳税调减投资收益－（10 815－$x$）万元；<br>（2）企业撤回投资收回 3 亿元；股息所得 1 000 万元；投资资产转让所得 9 815 万元 |

《国家税务总局关于企业混合性投资业务企业所得税处理问题的公告》(国家税务总局公告 2013 年第 41 号)

……

一、企业混合性投资业务，是指兼具权益和债权双重特性的投资业务。同时符合下列条件的混合性投资业务，按本公告进行企业所得税处理：

（一）被投资企业接受投资后，需要按投资合同或协议约定的利率定期支付利息（或定期支付保底利息、固定利润、固定股息，下同）；

（二）有明确的投资期限或特定的投资条件，并在投资期满或者满足特定投资条件后，被投资企业需要赎回投资或偿还本金；

（三）投资企业对被投资企业净资产不拥有所有权；

（四）投资企业不具有选举权和被选举权；

（五）投资企业不参与被投资企业日常生产经营活动。

二、符合本公告第一条规定的混合性投资业务，按下列规定进行企业所得税处理：

（一）对于被投资企业支付的利息，投资企业应于被投资企业应付利息的日期，确认收入的实现并计入当期应纳税所得额；被投资企业应于应付利息的日期，确认利息支出，并按税法和《国家税务总局关于企业所得税若干问题的公告》(2011 年第 34 号) 第一条的规定，进行税前扣除。

（二）对于被投资企业赎回的投资，投资双方应于赎回时将赎价与投资成本之间的差额确认为债务重组损益，分别计入当期应纳税所得额。

......

《国家税务总局关于企业所得税若干问题的公告》（国家税务总局公告 2011 年第 34 号）

......

五、投资企业撤回或减少投资的税务处理

投资企业从被投资企业撤回或减少投资，其取得的资产中，相当于初始出资的部分，应确认为投资收回；相当于被投资企业累计未分配利润和累计盈余公积按减少实收资本比例计算的部分，应确认为股息所得；其余部分确认为投资资产转让所得。

被投资企业发生的经营亏损，由被投资企业按规定结转弥补；投资企业不得调整减低其投资成本，也不得将其确认为投资损失。

......

## 二、现金补偿型对赌协议案例

【案例 6-2】　对赌失败后补偿支出从股权转让收入扣除

【案例来源】　税务稽查公告

【案例背景】　2014 年 5 月，B 公司拟收购 A 公司 100％的股权，交易总价 7.2 亿元，其中：现金支付 2.016 亿元，发行股份支付 5.184 亿元，发行数量 37 894 736 股，每股作价 13.68 元。A 公司的股东是程某、李某、曾某三个自然人。其中李某持有 A 公司的 38.096％股权，出资额 9 524 000 元。李某与 B 公司签署"B 公司与程某、李某、曾某发行股份及现金购买资产协议"约定：李某将持有的 A 公司的 38.096％股权转让给 B 公司，取得股份对价收入 197 490 200 元（B 公司股份 14 436 421 股，每股作价 13.68 元）和现金对价收入 7 680 万元。另外，双方还签署"资产盈利预测补偿协议"及相关补充协议。上述协议约定，如果 A 公司 2014 年、2015 年和 2016 年各年度的实际净利润数低于预测数，李某将向 B 公司进行补偿。

之后，双方办理了股东变更和股份登记手续，B 公司向李某支付现金对价 76 800 000 元。其中：现金对价收入应缴纳的个人所得税税款 14 826 656 元划付给 A 公司，股权转让款项 61 973 344 元划付至李某账户。A 公司代李某就上述股权转让事项申报缴纳个人所得税 14 826 656 元和印花税137 145.60 元。

2017 年 3 月，经审计后 A 公司 2014—2016 年实际净利润完成了预测数的 101.65％，原股东李某等三人无须作出业绩补偿。2018 年 7 月，证监局检查发现，A 公司会计核算不正确。会计差错更正后，A 公司未完成承诺，原股东需要对 B 公司进行补偿，其中李某补偿 B 公司股票 1 038 644 股。

【税务处理】 税务机关于 2017 年 12 月 22 日至 2020 年 3 月 17 日对 A 公司 2014 年 1 月 1 日至 2016 年 12 月 31 日期间的税费申报缴纳情况进行了检查，发现李某转让 A 公司股权未足额申报缴纳个人所得税。税务机关于 2020 年 3 月 31 日作出处理决定，李某向 B 公司转让 A 公司股权，应在 2014 年 11 月（税款所属时期）缴纳"财产转让所得"项目个人所得税 50 084 080.90 元，减除 A 公司已代申报缴纳的 14 826 656 元，应补缴个人所得税 35 257 424.90 元。为方便理解作图说明，如图 6-1 所示。

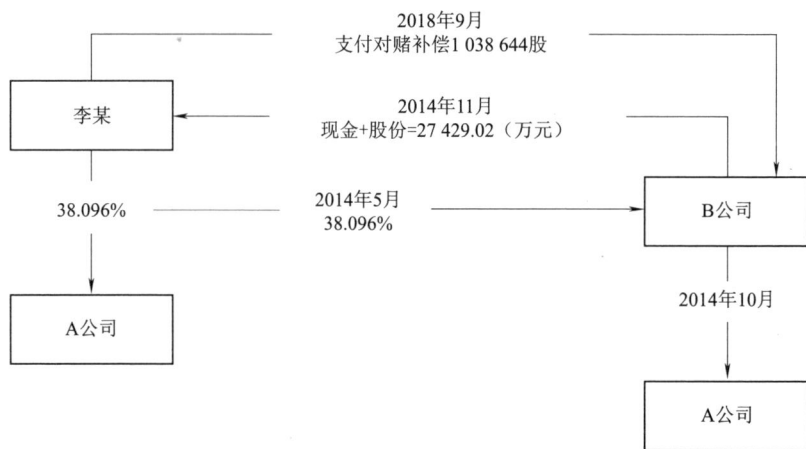

图 6-1　出资比例及支付流程

【案例分析与合规管理】

1. 应补税款计算逻辑

税务机关稽查后认为李某转让 A 公司股权应缴纳的税款为 50 084 080.90 元，

分析计算过程见表 6-3。

**表 6-3　应缴纳税款明细**

| 行次 | 项目 | 时间/金额 |
|:---:|:---|:---|
| 1 | 股权转让协议 | 2014 年 5 月 |
| 2 | 股权取得成本 | 9 524 000 元 |
| 3 | 股权转让价格 | 274 290 200 元 |
| 3-1 | 其中：股份支付 | 197 490 200 元 |
| 3-2 | 现金支付 | 76 800 000 元 |
| 4 | 股权过户时间 | 2014 年 10 月 |
| 5 | 转让对价支付时间 | 2014 年 11 月 |
| 6 | 股权转让印花税 | 137 145.60 元 |
| 7 | 股权转让所得 | 264 629 054.40 元（274 290 200－9 524 000－137 145.60） |
| 8 | 2014 年 11 月应纳个人所得税 | 52 925 810.88 元（264 629 054.40×20%） |
| 9 | 已缴个人所得税（现金对价部分） | 14 826 656.00 元 |
| 10 | 2014 年 11 月未缴个人所得税 | 38 099 154.88 元 |
| 11 | 确定对赌失败 | 2018 年 7 月 |
| 12 | 支付业绩补偿 | 1 038 644 股（14 208 649.92 元） |
| 13 | 股权转让净收益 | 250 420 404.48 元（264 629 054.40－14 208 649.92） |
| 14 | 应缴个人所得税 | 50 084 080.90 元 |
| 15 | 应补个人所得税 | 35 257 424.90 元 |

根据国家税务总局公告 2014 年第 67 号，2014 年 10 月，A 公司股东变更为 B 公司，李某应当在 2014 年 11 月申报缴纳个人所得税，见表 6-3 第 8 行，此时应纳个人所得税是 52 925 810.88 元，李某只就现金对价部分缴纳了个人所得税 14 826 656.00 元，尚欠个人所得税 38 099 154.88 元。但是税务机关稽查后只要求补缴个人所得税 35 257 424.90 元，差额 2 841 729.98 元，原因在于从股权转让收入中扣除了 2018 年支付的业绩补偿 1 038 644 股（14 208 649.92 元），再按扣除后的股权转让净收益计算应缴个人所得税仅为 50 084 080.90 元。

因此，该案例的意义在于，税务机关认同对赌失败支付的业绩补偿能在股权转让收入中扣除。

**2. 完税后再支付业绩补偿可否退税**

案例中，虽然税务机关稽查时从股权转让收入中扣除了业绩补偿，但是税务机关认为李某本应在 2014 年 11 月（税款所属时期）缴纳税款。假如李某在 2014 年 11 月申报纳税，则应缴纳个人所得税 52 925 810.88 元。既然补税的时候对赌失败支付的业绩补偿能扣除，那么先完税再支付业绩补偿，也理应退税。但是假如李某在 2014 年 11 月足额完税，2018 年支付业绩补偿后再申请退税，税务机关也很可能以没有退税依据为由拒绝退税。本案例中，李某支付的业绩补偿款得以扣除，原因在于李某并未足额缴税，加上稽查补税处理在业绩补偿之后作出。因此，本案例只能说明当地税务机关认同对赌失败支付的业绩补偿可以在股权转让收入中扣除，但不能说明可以退税。

**【案例 6-3】 对赌失败后业绩补偿允许作为长期股权投资成本**

**【案例来源】** 税务稽查公告

**【案例背景】** 2012 年度，上市公司 A 光伏公司未能达到预测利润。2013 年 3 月，原股东 ZJ 公司以现款方式将 2012 年全部的利润差额 507 581 981.80 元支付给上市公司 A 光伏公司，并计入长期股权投资的投资成本。2015 年，ZJ 公司转让股票时将 507 581 981.80 元全部作为投资成本，在计算投资收益时扣除。根据相关对赌协议，利润差额部分实际应由 20 名股东按各自持有的 A 光伏公司股份比例承担，ZJ 公司是原 A 光伏公司的股东之一，股份占比 33.65%。决定对 ZJ 公司 2015 年在二级市场转让 A 光伏公司股票时多列支投资成本问题，补征 2015 年企业所得税。

经计算可知，应补缴企业所得税 = 507 581 981.80 × (1−33.65%) × 25% = 84 195 161.23（元），税务机关在补征税款时，允许 ZJ 公司应承担的 33.65% 业绩补偿份额作为投资成本扣除。

**【案例分析与合规管理】** 关于发生业绩补偿是否可以调整长期股权投资的成本，即最终作为投资成本扣除，各地税务机关的意见并不一致，比如海南税务机关认为"对赌协议中取得的利润补偿可以视为对最初受让股权的定价调整，即收到利润补偿当年调整相应长期股权投资的初始投资成本"。宁波税务机关则认为"企业的各项资产，包括固定资产、生物资产、无形资产、长期待摊费用、投资资产、存货等，以历史成本为计税基础"，相关内容如下。

《海南省地方税务局关于对赌协议利润补偿企业所得税相关问题的复函》（琼地税函〔2014〕198号）

......

依据《中华人民共和国企业所得税法》及《中华人民共和国企业所得税法实施条例》关于投资资产的相关规定，你公司在该对赌协议中取得的利润补偿可以视为对最初受让股权的定价调整，即收到利润补偿当年调整相应长期股权投资的初始投资成本。

......

《国家税务总局四川省税务局关于答复政协四川省第十二届委员会第三次会议第0427号提案的函》

......

近年来，我国资本市场重组频繁，助推了对赌协议的广泛应用，而对赌协议的广泛应用又推动了资本市场的繁荣发展。对赌协议的所得税处理，一直是税法领域的理论与实践难题，即便在欧美等所得税制体系较为完善的国家，因其交易的复杂性，对价方式的多样性，也一直处于不断发展中。目前，我国企业所得税关于对赌协议的税务处理，并无直接明确的文件规范；个人所得税现行政策依据为《股权转让所得个人所得税管理办法（试行）》（国家税务总局公告2014年第67号），该办法从原则上明确了基本政策，具体操作仍需要进一步细化。

2019年，我局已就相关问题进行了调研、探讨，形成了处理该问题的观点和建议，并向国家税务总局所得税司作了专题报告。接到您的提案建议后，因省税务局没有政策解释权，我局专题研究了该问题，再次以书面形式向国家税务总局报告，提请国家税务总局商财政部研究出台政策文件。下一步，我局将坚持税不重征也不漏征、税会处理一致的处理原则，继续跟进落实提案相关工作要求，推动早日解决对赌协议涉及的税收难题。

问题：A公司从交易对手方收购了目标公司100％的股权，同时签署了对赌协议，约定目标公司应在三年内实现一定利润经营目标，否则交易对手方应向A公司支付补偿金。现因目标公司未实现利润经营目标，交易对手方向A公司实际支付了补偿金。请问对这部分补偿金如何确认，是否可以调整相应长期股权投资的初始投资成本？海南税务机关2014年5月5日《海南省地方税务局关于对赌协议利润补偿企业所得税相关问题的复函》(琼地税函〔2014〕198号) 明确，"依据《中华人民共和国企业所得税法》及其实施条例关于投资资产的相关规定，对赌协议中取得的利润补偿可以视为对最初受让股权的定价调整，即收到利润补偿当年调整相应长期股权投资的初始投资成本"请问是否可以比照此规定执行？谢谢（留言时间：2020-03-13）

宁波市12366呼叫中心答复：

《中华人民共和国企业所得税法实施条例》第五十六条规定：企业的各项资产，包括固定资产、生物资产、无形资产、长期待摊费用、投资资产、存货等，以历史成本为计税基础。

前款所称历史成本，是指企业取得该项资产时实际发生的支出。

问题：2020年1月，张三向李四购买持有的A公司100％股权，李四对A公司的投资成本为100万元，张三购买A公司的价格为200万元，溢价了100万元，李四已经就该笔股权转让收益缴纳了20万元个人所得税。在转让协议上，李四承诺，如果A公司2020年度的净利润低于50万元，李四将补偿50万元给张三。2020年4月，A公司经审计的净利润金额为35万元，没有完成承诺的利润目标，因此，李四需要补偿张三50万元。请问：

1. 李四支付50万元补偿款后，是否可以向税务机关申请退回10万元股权转让的个人所得税？

2. 张三收到这50万元补偿款，是否需要缴纳个人所得税？是否需要按照偶然所得缴纳20％的个人所得税？（留言时间：2021-06-01）

福建税务局12366呼叫中心问题答复：

根据《中华人民共和国个人所得税法》第六条规定，财产转让所得，以转让财产的收入额减除财产原值和合理费用后的余额，为应纳税所得额。您所述的情形没有退还个人所得税的相关政策。偶然所得，是指个人得奖、中奖、中彩以及其他偶然性质的所得。如您所述"张三收到这50万元补偿款"不属于偶然所得，不缴纳个人所得税。

【案例 6-4】　对赌失败已缴税款没有退税依据

【案例来源】　中国裁判文书网

【案例背景】　2013 年 5 月 20 日，王某与付某出资 2 000 万元注册成立了××天然气有限公司（以下简称 A 公司），王某出资额 1 560 万元，占注册资本的 78%，付某出资 440 万元，占注册资本的 22%。2018 年 1 月 28 日，××燃气投资有限公司（以下简称 B 公司）与王某、付某签订股权购买协议，协议约定：B 公司分别以 60 342 857 元和 27 657 143 元购买王某、付某持有的 A 公司的 48% 和 22% 的股权，王某的股权原值为 960 万元，付某的股权原值为 440 万元。该价款分三期支付，各期付款应满足先决条件，即 A 公司必须达到协议约定的燃气供应范围。

2018 年 4 月 24 日，在付款条件满足前，B 公司作为扣缴义务人，为王某代缴股权转让个人所得税 10 142 537.11 元，为付某代缴股权转让个人所得税 4 648 662.89 元。

2019 年 6 月 3 日，因当地政府不断调整 A 公司的燃气经营区域导致 A 公司经营区域大幅减少，股权价值降低，达不到股权购买协议的付款条件。B 公司与王某、付某签订股权购买协议的修改协议。该协议约定：因目标公司的特许经营区域减少，双方约定将股权转让价款由 8 800 万元调整为 500 万元。

【争议焦点】　2021 年 4 月 14 日，王某以股价转让未取得收益为由，向当地税务分局申请退还其已缴纳的个人所得税。税务分局的税务行政答复认为，股权转让合同未履行完毕，解除股权转让合同及补充协议等应由仲裁委员会作出合法有效的法律文书，其再根据仲裁委员会做出的裁决审核是否符合退税条件，故王某与 B 公司之间签订的补充修改协议不能作为税务机关退税的依据。当地税务局的行政复议决定认为，王某申请退税的依据是双方签订的修改协议，该协议是缴纳个人所得税之后发生的行为。相关法律法规并没有规定税款征缴完毕后，基于新发生的情况而退税的情形，故决定维持税务分局作出的答复。

**【裁判结果】** 股权购买协议的修改协议不能作为税务机关退税的依据，王某申请退税不符合条件，申请退还个人所得税没有事实和法律依据。

**【案例分析与合规管理】** 2018 年，王某、付某与 B 公司签订的股权购买协议，虽然约定股权转让价款为 8 800 万元，但协议包含对赌条款，要求价款分三期支付，A 公司必须达到协议约定的燃气供应范围。可知该股权购买协议存在或有对价安排，如果对赌失败，B 公司不会实际支付 8 800 万元。2019 年，由于 A 公司达不到对赌要求，B 公司并没有实际支付股权转让价款，所以王某不需要支付业绩补偿，而是直接减少股权转让款，双方重新协商股权转让价格，从 8 800 万元变成 500 万元。因此，2018 年签订的股权购买协议是一份包含对赌协议的合同，股权转让价格包含或有对价，而 2019 年签订的修改协议相当于对赌失败后最终确定了股权转让价格。

该案例的典型意义在于凸显了个人股权转让对赌失败后的涉税争议焦点：纳税人认为这是一项整体交易，税务机关阶段性征税，没有考虑整体性。纳税人在股权转让环节就按合同暂定价纳税，后续或有对价如果是增加收入，按国家税务总局公告 2014 年第 67 号第九条规定："纳税人按照合同约定，在满足约定条件后取得的后续收入，应当作为股权转让收入。"本案例中纳税人不满足约定条件导致减少收入，却不能视为负收入给予退税。以约定条件满足为前后阶段，阶段性少缴了有补缴的规定，而阶段性多缴了却不能退还，显然不符合公平原则。而本案例股权转让价格 500 万元，缴纳税款 1 479.12万元，却不能退税，其原因是没有退税的法律依据。退税争议中，退税没有法律依据是税务机关拒绝退税的典型理由之一。

案例中的税务分局答复认为，股权转让合同未履行完毕，解除股权转让合同及补充协议等应由仲裁委员会作出合法有效的法律文书，其再根据仲裁委员会做出的裁决审核是否符合退税条件。通过法定机构出具的合法证明文书作为退税依据，税务机关可以避免执法风险，该方式在股权代持还原，撤销交易等案例中也时有发生。

国家税务总局公告 2014 年第 67 号第二十条规定了个人转让股权的纳税时间，具有规定情形之一的，扣缴义务人、纳税人应当依法在次月 15 日内向主管税务机关申报纳税，其中前三种情形包括："（一）受让方已支付或部分支付股权转让价款的；（二）股权转让协议已签订生效的；（三）受让方已经实际履行股东职责或者享受股东权益的。"同时规定了计税依据，以股权转让收入减除股权原值和合理费用后的余额为应纳税所得额。对于存在对赌协议的股权转让合同，满足纳税义务条件时，股权转让收入因为或有对价的原因未最终确定，而税法却规定必须按时纳税，导致纳税义务发生时间与计税依据确定时间不一致。税务机关要求必须按时申报纳税，纳税人按暂定价格纳税后，后期因为或有对价导致收入减少如何处理都没有规定，正是税法在该问题上的空白，导致税务机关处理退税时顾虑重重，纳税人退税难。

---

问题：企业股权转让签订对赌协议，协议要求三年净利润不低于3亿元，达不到要求按规定进行现金补偿，个人所得税已缴纳。现三年已过，因净利润达不到要求，要现金补偿，那么之前缴纳个人所得税部分能否申请退还？（留言时间：2019-06-25）

福建税务局12366呼叫中心答复：

您好，根据您提供的信息，您所述的情形没有退还个人所得税的相关政策。

---

**【案例6-5】** 　对赌失败后税务机关批准退税

**【案例来源】** 　某上市公司公告

**【案例背景】** 　2014年和2017年，A公司合计投资11.35亿元收购B公司100%股权。2016年6月，上市公司A公司与B公司的原股东许某、高某签订了业绩承诺补偿协议。由于B公司2016年度至2018年度累计实现扣除非经常性损益后的净利润为－5 609.00万元，而2016年度至2018年度B公司累计承诺业绩为73 000万元，B公司业绩承诺完成率为0。根据业绩承诺补偿协议，许某、高某需对公司进行业绩补偿（即对公司进行股份及现金补偿并退还已从公司取得的分红款）。具体金额见表6-4。

表 6-4 业绩补偿明细

| 姓名 | 业绩补偿—股份补偿 | | 业绩补偿—现金<br>补偿金额（元） | 合计业绩补<br>偿金额（元） | 应退回分红<br>款金额（元） |
|---|---|---|---|---|---|
| | 应补偿股<br>份数（股） | 股份补偿<br>金额（元） | | | |
| 胡某 | 31 510 968 | 339 373 125.36 | 189 083 318.63 | 528 456 443.99 | 6 900 599.49 |
| 许某 | 11 514 503 | 124 011 197.31 | 65 451 038.34 | 189 462 235.65 | 2 349 365.62 |
| 高某 | 9 226 369 | 99 367 994.13 | 52 444 694.69 | 151 812 688.82 | 1 882 378.24 |
| 合计 | 52 251 840 | 562 752 316.80 | 306 979 051.66 | 869 731 368.46 | 11 132 343.35 |

业绩补偿支付情况如下：

（1）A 公司于 2019 年 6 月 14 日完成回购注销胡某、许某、高某的股份共计 52 251 840 股（562 752 316.80 元），胡某、许某、高某其股份补偿义务已完成。

（2）2019 年 9 月 26 日，许某、高某已向公司支付现金补偿款合计 6 235 120.79元，其中许某支付的现金补偿款金额为 3 461 491.94 元；高某支付的现金补偿款金额为 2 773 628.85 元。

（3）A 公司于 2019 年 7 月向东莞市税务局提交了个人所得税退税申请，根据 B 公司原股东胡某、许某、高某补偿的股票申请退税 112 550 463.36 元（其中许某和高某二人合计申请退税金额为 44 675 838.29 元）。若上述个人所得税得以退回，B 公司原股东胡某、许某、高某的该部分退税可冲抵其业绩补偿款现金补偿部分金额。

（4）2019 年 12 月 4 日，公司收到胡某、许某、高某现金补偿款合计112 550 462.76元，其中胡某的现金补偿款为 67 874 624.87 元，许某的现金补偿款金额为 24 802 239.26 元，高某的现金补偿款金额为 19 873 598.63 元。

【案例分析】 （1）此案例是典型的收购方与目标公司原股东对赌协议，若目标公司不能完成业绩承诺，则表示当初收购目标公司估价过高，原股东需要向收购方支付业绩补偿。

（2）从 A 公司公告披露的信息分析，B 公司的原股东转让 B 公司股权已完税。2019 年确认对赌失败，原股东需要支付业绩补偿，为此向税务机关申请退税。对比 A 公司公告的业绩补偿款支付情况第（3）和第（4）点：A 公司 2019 年 7 月向税务机关申请退税，并约定以退税金额冲抵业绩补偿款。2019 年 12 月 4 日，A 公司确认收到业绩补偿款，申请退税的金额与确认业绩补偿款的金额高度一致。结合以上信息分析，税务机关已就 A 公司 2019 年 7 月提交的个人所得税退税申请办理了多缴税款退税，具体内容见表 6-5。

表 6-5　申请退税

金额单位：元

| 姓　名 | 2019 年 7 月<br>申请退税金额 | 2019 年 12 月 4 日<br>业绩补偿金额 | 差异 |
|---|---|---|---|
| 胡某 | 67 874 625.07 | 67 874 624.87 | 0.20 |
| 许某 | 44 675 838.29 | 24 802 239.26 | 0.40 |
| 高某 | | 19 873 598.63 | |
| 合计 | 112 550 463.36 | 112 550 462.76 | 0.60 |

既然包括对赌协议的个人股权转让存在退税风险，是否可以改变付款方式，则暂不支付全部股权转让价款，待对赌结果确认后，再结算最终价款。通过付款方式的改变，减少股权转让环节的应缴个人所得税，避免后续的退税风险呢？

**【案例 6-6】　签订对赌协议后约定分期付款是否可以分期纳税**

**【案例背景】**　甲公司是一家上市公司，2021 年 12 月 1 日，甲公司向丙公司收购乙公司 51％股权，收购价格 20 亿元，与评估值一致。甲、乙、丙公司在股权转让协议中约定：业绩承诺，乙公司 2022 年盈利 1 亿元，2023 年盈利 2 亿元，2024 年盈利 3 亿元。盈利预测补偿安排，收购日先支付股权转让款的 70％即 14 亿元。2022 年年度审计报告出具后 20 个工作日内，乙公司 2022 年度承诺净利润实现情况下，甲公司支付 1 亿元；2022 年年度审计报告出具后 20 个工作日内，乙公司 2023 年度承诺净利润实现情况下，甲公司支付 2 亿元；2022 年年度审计报告出具后 20 个工作日内，乙公司 2024 年度承诺净利润实现情况下，甲公司支付剩余 3 亿元。如果当年业绩不达标，则对应的股权转让款不支付。

**【案例分析】**

**1. 税务合规思路**

上市公司进行资产收购时，经常附有业绩承诺条款，前文介绍了对赌补偿的常见方式，其中包括正向对赌和反向对赌，相应的现金补偿包括正向补偿和反向补偿，本案例可视为反向补偿的方式之一。双方约定收购款支付方式时，考量的因素很多，税收成本并非唯一因素，但是有观点认为，选择反向现金补偿是可行的税收规划思路。

退税争议是对赌协议主要税务争议之一，在反向对赌并约定现金补偿的情况下，收购方前期足额支付了资产收购价款，被收购方足额完税。如果标的资产未来不能完成业绩承诺，业绩承诺方往往需要按约定的方式补偿上市公司，但是已缴纳的税费却未必能退回。假如设计成分期收款并分期纳税，即资产收购的对价支付进度与对赌协议挂钩，根据业绩承诺的完成情况支付相应收购款，被收购方按照收款的实际金额申报纳税，即可避免多纳税的风险。具体到本案例，假如2021年股权收购时对赌协议约定甲公司一次性支付收购对价20亿元，至2022年末，乙公司不能实现业绩承诺，丙公司向甲公司补偿1亿元。但是丙公司已经按股权转让收入20亿元全额申报纳税，退回的1亿元收购款能否退税存在不确定性。如果不能退税，只能考虑在发生当年及以后年度税前扣除，2023年和2024年同样处理。案例中，甲公司支付的20亿元收购款与标的公司业绩挂钩分期支付，其中14亿元是确定性收入，6亿元是或有对价。转让方丙公司的税务处理是否可以分期纳税，从而避免退税的问题呢？

**2. 分期纳税思路的可行性**

会计处理方面，本案例中，或有支付的定价是基于未来被收购方收益，该支付实质上是对被购买方公允价值的核实和调整，该或有支付属于企业合并中的或有对价。需根据《企业会计准则第37号——金融工具列报》的规定，判断该或有对价是属于一项金融负债还是一项权益工具。本案例中，收购方甲公司基于被收购方乙公司未来净利润指标，相应向丙公司支付或不支付现金，对于甲公司该或有对价属于一项金融负债。对于B公司，则因该合同而确认一项以公允价值计量且其变动计入当期损益的金融资产。

2021年的股权处置日，丙公司应对或有对价公允价值进行估计，确认金融资产初始确认。或有对价作为股权转移对价的一部分进行会计处理，而不是简单地因为支付的不确定性而只确认14亿元收入，应合理估计或有对价计入股权转让收益，因此分期确认股权转让收入在会计上不可行。

税务处理方面，对于丙公司转让股权是否可以分次确认收入并分次纳税则存在不同观点。

观点一认为不可以。国税函〔2010〕79号规定："三、……企业转让股权收入，应于转让协议生效、且完成股权变更手续时，确认收入的实现。

······"要一次性计入确认收入的年度计算缴纳企业所得税，因此分期确认股权转让收入在企业所得税上不可行。除非丙公司和甲公司约定推迟办理股权变更手续，当乙公司业绩已经确定，或有对价的不确定性消除时，再办理股权变更手续和申报纳税，才可以达到延迟缴纳企业所得税和避免退税争议的目的。但是推迟办理股权变更手续的条件在上市公司收购中一般难以实现。

观点二认为可以。丙公司后续取得的收入源于其将持有的乙公司股权出售给甲公司，即其获得的收入与该股权转让行为相关，因此丙公司应当将后续收到的现金补偿作为股权转让收入计缴企业所得税。虽然国税函〔2010〕79号规定，企业转让股权收入，应于转让协议生效且完成股权变更手续时，确认收入的实现。但在2021年企业所得税汇算清缴计算该项股权转让所得时，除已经确定的14亿元转让价款以外，其余的转让收入均未最终确定。众所周知，税法强调确定性原则，不承认会计估计。因此丙公司虽然在会计上合理估计了股权转让的总收入，但税务处理只承认确定性的收入14亿元，只需按14亿元的股权转让收入申报缴纳企业所得税。后续三个年度，丙公司实际收到其余部分的股权转让款时，可再补充申报2021年度的股权转让收入。

虽然税务处理上存在争议，但实务中也有企业将此作为解决问题的一个思路。同时可以将对赌业绩补偿修改为业绩奖励，即设定目标业绩，达成之后给予转让方相应的奖励，如果没有实现则不予支付奖励，如此一来就避免了股权转让总价一次性确认收入的争议。

《国家税务总局关于贯彻落实企业所得税法若干税收问题的通知》（国税函〔2010〕79号）

······

三、关于股权转让所得确认和计算问题

企业转让股权收入，应于转让协议生效、且完成股权变更手续时，确认收入的实现。转让股权收入扣除为取得该股权所发生的成本后，为股权转让所得。企业在计算股权转让所得时，不得扣除被投资企业未分配利润等股东留存收益中按该项股权所可能分配的金额。

······

正向对赌现金补偿不能避免对赌失败时企业所得税的退税风险，能否避免个人所得税的退税风险呢？

假定本案例中将股权转让方丙公司改为自然人股东丙先生，即：甲公司是一家上市公司，2021年12月1日，甲公司向丙先生收购乙公司51％股权，收购价格20亿元，与评估值一致。甲、乙、丙在股权转让协议中约定：业绩承诺，乙公司2022年盈利1亿元，2023年盈利2亿元，2024年盈利3亿元。盈利预测补偿安排，收购日先支付股权转让款的70％即14亿元，2022年年度审计报告出具后20个工作日内，乙公司2022年度承诺净利润实现情况下，甲公司支付1亿元；2022年年度审计报告出具后20个工作日内，乙公司2023年度承诺净利润实现情况下，甲公司支付2亿元；2022年年度审计报告出具后20个工作日内，乙公司2024年度承诺净利润实现情况下，甲公司支付剩余3亿元。如果当年业绩不达标，则对应的股权转让款不支付。

甲公司向自然人丙先生收购乙公司的股权，丙先生应申报个人所得税，财产转让所得应按次纳税，计税所得是转让财产的收入额减除财产原值和合理费用后的余额。股权转让属于财产转让，根据国家税务总局公告2014年第67号规定，股权转让收入包括因股权转让而获得的各种形式的经济利益，包括现金、实物、有价证券等。与股权转让相关的各种款项（包括违约金、补偿金，以及在满足约定条件后取得的后续收入等）均应当并入股权转让收入。据此分析，个人股权转让收入政策上存在分次纳税的空间，即股权转让发生时已经确定的收入，应在次月申报纳税，后续发生的包括违约金、补偿金，以及在满足约定条件后取得的收入，在发生的次月申报纳税。具体到本案例，丙先生2021年转让乙公司股权，股权作价20亿元由两部分构成："确定性收入14亿元+不确定性收入6亿元"（满足约定条件后取得的后续收入），其中14亿元在2021年度申报纳税，不确定收入在实现时申报纳税。因此，个人转让股权可以通过正向对赌的方式，股权转让对价支付进度与对赌协议挂钩，避免对赌失败后退税的风险。当然，这种支付方式过于单一，未必能大范围适用，同时转让方因推迟收款将会失去资金的时间利益和失去"落袋为安"的保障。

《中华人民共和国个人所得税法实施条例》第十七条

第十七条　财产转让所得，按照一次转让财产的收入额减除财产原值和合理费用后的余额计算纳税。

《股权转让所得个人所得税管理办法（试行）》（国家税务总局公告2014 年第 67 号）第七条、第八条、第九条、第二十条

第七条　股权转让收入是指转让方因股权转让而获得的现金、实物、有价证券和其他形式的经济利益。

第八条　转让方取得与股权转让相关的各种款项，包括违约金、补偿金以及其他名目的款项、资产、权益等，均应当并入股权转让收入。

第九条　纳税人按照合同约定，在满足约定条件后取得的后续收入，应当作为股权转让收入。

……

第二十条　具有下列情形之一的，扣缴义务人、纳税人应当依法在次月 15 日内向主管税务机关申报纳税：

（一）受让方已支付或部分支付股权转让价款的；

（二）股权转让协议已签订生效的；

（三）受让方已经实际履行股东职责或者享受股东权益的；

（四）国家有关部门判决、登记或公告生效的；

（五）本办法第三条第四至第七项行为已完成的；

（六）税务机关认定的其他有证据表明股权已发生转移的情形。

实务中存在纳税人因交易取消、撤销等原因导致交易终止并向税务机关申请退税的案例，同时纳税人通过诉讼的方式取得法院的判决书或者调解书，让税务机关采信交易终止的真实性，避免税务机关以没有退税依据为由拒绝退税。如果将该思路应用到对赌退税，对赌失败导致股权回购，是否可转变为交易取消或者撤销，并以此为理由申请退税呢？

**【案例 6-7】　对赌协议终止后股权转让是否可以退税**

**【案例来源】**　某上市公司公告

**【案例背景】**　2017 年 6 月 14 日和 2017 年 6 月 30 日，上市公司甲公司召开第三届董事会第十六次会议和 2017 年第一次临时股东大会，审议同意公司收购深圳乙公司、丙公司、丁公司各 50.01％的股权。

2017 年 7 月，甲公司与乙、丙、丁三家公司原股东（均为自然人）签订股权收购协议，股权收购协议约定如下：

**1. 交易价格及定价依据**

对乙、丙、丁三家目标公司整体价值进行评估，以评估结果作为本次交易的定价参考，并由双方协商确定最终交易价格，分别为现金 13 341.67 万元、13 334.17 万元、13 332.17 万元。

**2. 转让款的支付**

甲方以现金方式支付收购对价，各方同意采取分期支付的方式：协议生效后 5 个工作日内，甲方按照交易总价款的 20% 支付首笔转让款。

交易的标的股权交割后（以办理工商变更登记为准），甲方应当按照本次交易总价款的 20% 支付第二笔转让款。

经甲方认可的具有证券从业资格的注册会计师审核确认，目标公司实现 2017 年承诺净利润，在该审计报告出具后五个工作日内，甲方应当按照本次交易总价款的 40% 支付第三笔转让款。

经甲方认可的具有证券从业资格的注册会计师审核确认，目标公司全额实现 2018 年承诺净利润，在该审计报告出具后五个工作日内甲方应当支付本次交易剩余 20% 转让价款。付款情况见表 6-6。

表 6-6 付款情况列表

| 付款进度 | 付款比例 | 条 件 |
|---|---|---|
| 第一笔 | 20% | 股权收购协议生效 |
| 第二笔 | 20% | 办理标的股权工商变更后 |
| 第三笔 | 40% | 经审计实现 2017 年业绩承诺后 |
| 第四笔 | 20% | 经审计实现 2018 年业绩承诺后 |

**3. 业绩承诺及补偿安排**

目标公司原股东分别承诺目标公司 2017 年至 2019 年每年净利润（各目标公司 2017 年净利润不低于人民币 2 000 万元、2018 年净利润不低于 2 833 万元、2019 年净利润不低于 3 533 万元）。

各方另行签署股权收购协议之业绩承诺与补偿协议，如目标公司不能实现股权收购协议之业绩承诺与补偿协议约定的情形，目标公司原股东应当按照约定的计算方法给予甲方现金补偿。同时，若标的股权的减值额大于乙方补偿资金总额，则乙方同意除前述补偿外另行向甲方作出资产减值补偿。补偿总额不超过本次交易的价格总额。

2017 年 7 月，甲公司分别预付乙、丙、丁三家公司第一笔股权转让款 2 668.33 万元、2 666.83 万元、2 666.43 万元，共计 8 001.59 万元，并分别完成了这三家公司的股权过户手续及相关工商变更登记。

2018 年 4 月，受金融政策的变化及经济下行的影响，收购事项无法继续履行。甲公司决定终止收购乙、丙、丁三家公司各 50.01% 股权的事项。甲公司与乙、丙、丁三家公司原股东签订股权收购协议及业绩承诺与补偿协议之终止协议。根据协议，甲公司与乙、丙、丁三家公司原股东将股权及预付股权转让款项相互返还至恢复原状，协议相关约定不再履行，因上述股权收购或终止事宜造成双方所涉及的相关税费由甲公司承担（包括但不限于个人所得税、印花税、滞纳金、罚款等）。

2018 年 5 月 24 日，甲公司根据协议将收购的股权返还并变更登记至深圳乙、丙、丁三家公司股东名下，但三公司股东并没有按协议约定退还预付股权转让款。截至 2018 年 12 月 31 日，乙、丙、丁三家公司未退还预付股权转让款合计 7 467.59 万元。

甲公司咨询税务部门，在甲公司预付了部分股权转让款并完成股权过户的情况下，即使交易已终止，仍认定为前次股权交易完成，乙、丙、丁三家公司股东个人所得税纳税义务已产生。根据终止协议，乙、丙、丁三家公司股东缴纳的个人所得税由甲公司承担，考虑到税费风险大，预计可能给公司造成损失。

2018 年 11 月，由乙、丙、丁三家公司原股东以甲公司应当先行缴纳税款为由，拒绝履行还款义务。甲公司对此非常重视，组织专人多次采取现场、发函、邮件、电话、短信等方式进行催收，在多次催收无果的情况下，甲公司向人民法院提请诉讼并申请财产保全，冻结了交易方持有的交易标的股权及部分个人资产。2019 年 3 月，在人民法院调解下，各方达成一致，法院予以确认并出具了民事调解书。民事调解书明确了乙、丙、丁三家公司原股东继续支付甲公司剩余的预付股权转让款合计 7 467.59 万元，并另行支付资金占用费 158.72 万元，但如发生相关税费仍然由甲公司承担。

2019 年 4 月 26 日，甲公司及乙、丙、丁三家公司股东收到当地税务部门下发的税务事项通知书，这三家公司部分股东依据税务事项通知书将应退还甲公司的预付股权转让款作为其股权转让个人所得税税款缴纳至当地税务部门共计 3 497.19 万元。

根据民事调解书，本次收购终止属于未完成的交易事项。甲公司派专人常驻乙、丙、丁三家公司所在地，与当地税务部门详细汇报了甲公司与乙、丙、丁三家公司股东关于股权收购终止事宜的发展过程及相关情况，并就此类情况下缴纳个人所得税是否合理进行了反复、深入的研讨交流，并且，前往国家税务总局汇报交易情况并咨询相关政策。

2019 年 5 月和 2019 年 7 月，乙、丙、丁三家公司缴税股东提出退税申请。当地税务部门于 2019 年 8 月下发同意退税通知。2019 年 8 月 20 日，相关股东收到退税款并将所退税款共计 3 497.19 万元支付至甲公司。

【案例分析】 影响甲公司终止股权收购交易可能存在多方面的综合因素，下面仅从税务考虑方面进行推测分析。

**1. 股权转让终止原因分析**

甲公司是上市公司，公告披露收购乙、丙、丁三家公司的目的是培育新的利润增长点，提升公司盈利能力、完善公司智能制造板块的布局，打造公司可持续发展能力。收购比例是 50.01%，刚好超过 50% 达到控制可以纳入合并报表的条件。

但是标的资产评估增值率较高，以收益法评估后的乙、丙、丁三家公司股东全部权益价值增值率分别高达 2 885.43%、583 951.70% 和 66 307.37%。如此高的溢价主要是基于标的资产具有较高的盈利能力和较快的业绩增长速度等未在账面反映的核心资产价值得出的估值结果。相应地，如标的公司的业绩增长和盈利能力低于预期，将可能导致标的资产的价值低于评估值。因此甲公司面临股权收购价偏高的风险。因此甲公司与标的公司的股东签订了对赌协议，乙、丙、丁三家公司的自然人股东均作出了业绩承诺，补偿方式是现金补偿，甲公司付款进度与标的公司的业绩情况挂钩，因此这是正向对赌。但是同时约定，业绩承诺期限届满，若标的股权的减值额大于乙、丙、丁三家公司原股东补偿资金总额，则原股东除前述补偿外另行向甲公司作出资产减值补偿，因此又混合了反向对赌，"交易总额＝预付款＋或有对价"。

甲公司仅支付了 20% 的股权转让款，半年后就披露不能按期支付余下款项，原因是受国家货币政策的影响。换个角度推测，不排除因估值过高导致对赌失败而终止交易，避免造成更大损失，原股权转让方则避免个人所得税损失。

### 2. 股权转让个人所得税分析

根据国家税务总局公告 2014 年第 67 号第二十条规定，甲公司已经部分支付股权转让价款，且股权转让协议已签订生效，扣缴义务人、纳税人应当依法在次月 15 日内向主管税务机关申报纳税。因此，甲公司或乙、丙、丁三家公司的原股东应当在 2021 年 8 月 15 日前就该股权转让交易申报纳税。甲公司预计，股权转让总价款扣除相应成本费用后，按个人所得税税率计算最高可能缴纳税款约 7 900 万元。计算过程大致见表 6-7。

表 6-7　个人所得税计算过程

金额单位：万元

| 股　　东 | 注册资本 | 股权转让金额 | 转让比例 |
|---|---|---|---|
| 乙公司原股东 | 1 000 | 13 341.67 | 50.01% |
| 丙公司原股东 | 100 | 13 334.17 | 50.01% |
| 丁公司原股东 | 50 | 13 332.17 | 50.01% |
| 小计 | 1 150 | 40 008.01 | 50.01% |
| 个人所得税 | 7 886.58 万元〔（40 008.01～1 150×50.01%）×20%〕 | | |

虽然甲公司是分期支付股权转让款，并且除 40% 是确定性金额外，另外的 60% 是或有对价，或有对价部分如何纳税存在不确定性，但是出于谨慎性考虑，甲公司按照最高额预计个人所得税。

### 3. 交易终止退税分析

如果把本案例的发生过程当成纯粹的税务规划，全过程考虑比较周全，表现出相当的专业水平。尤其是通过诉讼获取退税依据的处理过程，细节处理到位。

首先，交易双方选择了正向对赌，分期支付股权转让款的方式，将或有对价部分变成不确定性的待付款，避免了即时全额纳税的风险，并且交易双方在股权转让协议成立，支付 20% 的对价时，并没有及时申报纳税，这为交易终止沟通不纳税或者退税赢得了沟通机会。

其次，双方决定终止交易，与税务机关协商税费处理时，如果以对赌失败为由争取不纳税或者退税，不可避免需要面对"业绩补偿是否属于合同标的估值调整""对赌失败能否退税"的争议，当地税务机关退税的立场难以确定，因此，交易双方绕开了对赌失败的争议。

再次，甲公司以受国家货币政策的影响，不能按期支付余下款项为由，双方终止股权转让交易，并约定互相返还股权和已付对价。可推测交易双方拟以合同解除为由提出无须纳税或者退税。但是参考过去实践案例，在支付股权转让款并完成股权过户的情况下，即使交易已终止，仍认定为前次股权交易完成，而股权回转给原股东则可能认定为第二次股权转让，因此交易双方需要考虑如何避免被认定为两次股权转让行为。

交易双方围绕《国家税务总局关于纳税人收回转让的股权征收个人所得税问题的批复》（国税函〔2005〕130号）（以下简称国税函〔2005〕130号）文件的规定，比较完美地契合了此文件第二条不征个人所得税的要求：一是股权转让协议包含正向对赌，按业绩阶段付款，至交易终止时，只支付了第一阶段的对价，甲公司提出"股权转让合同未履行完毕"，比较容易得到税务机关认可；二是为了获得更充分有力的证据，进一步获得税务机关的支持，交易双方通过民事诉讼获得了法院出具的民事调解书，确认解除合同的事实。而实践中，税务机关一般会接受法院或仲裁机构的裁决，同时降低税务机关的执法风险。因此，我们认为，税务机关最终同意退税，并非认同对赌失败可以退税，而是基于国税函〔2005〕130号文的解除股权转让合同并满足特定条件时纳税人不应缴纳个人所得税而退税。

最后，专业的税务知识和耐心细致的沟通必不可少，甲公司因此派专人常驻当地，与当地税务部门详细汇报关于股权收购终止事宜的发展过程及相关情况，并就此类情况下缴纳个人所得税是否合理进行了反复、深入的研讨交流，并且，前往国家税务总局汇报交易情况并咨询相关政策，最终才能得到税务机关的认可并顺利退税。

**【案例6-8】**　　对赌协议中的超额业绩补偿与定向分红

**【案例来源】**　　某上市公司公告

**【案例背景】**　　乙公司是丙公司的全资子公司，上市公司甲公司以支付现金的方式，收购乙公司60%的股权（以下简称"标的股权"）。交易股权收购价格参考评估公司出具的资产评估报告，拟定为840 476 566.15元。

交易协议约定了业绩承诺及补偿：

**1. 业绩承诺**

业绩承诺的承诺期为2023年度、2024年度和2025年度。丙公司为本次交易的利润补偿方。丙公司向甲公司承诺：乙公司 2023 年度、2024 年度和 2025 年度实现的净利润分别不低于 60 896 245.39 元、94 537 171.39 元、111 989 310.12 元，承诺期累计实现的净利润之和不低于 267 422 726.90 元。

### 2. 业绩补偿

承诺期届满后，如乙公司于承诺期内累计实际实现净利润低于（不含本数）承诺期累计承诺净利润的 90%，或虽未低于承诺期累计承诺净利润的 90% 但在承诺期届满后 4 个月内，经甲公司聘请已办理证券服务业务备案的中介机构对乙公司出具减值测试报告，该报告表明资产存在减值的，则丙公司应在收到甲公司书面通知后 10 个工作日内对甲公司进行补偿。补偿方式为股权和现金。

### 3. 超额业绩奖励

承诺期满，若乙公司累计实际实现净利润超过累计承诺净利润的，则在承诺期满后进行超额业绩奖励，超额业绩奖励金额＝（承诺期累计实际实现净利润－承诺期累计承诺净利润）×50%；

超额业绩奖励在乙公司 2025 年度专项审核报告披露的 10 个工作日内，由乙公司召开股东会定向分红给丙公司。超额业绩奖励总额不超过本次标的公司交易价格总额的 20% 即 168 095 313.23 元。

【案例分析】

### 1. 业绩超额奖励的实质

这是一个反向对赌加业绩超额补偿的协议，由于股权收购价格建立在评估报告的基础上，评估报告采用了收益法，乙公司的估价建立在预估未来业绩的基础上。因此交易双方约定业绩承诺，还约定了双向的业绩补偿。业绩不达标，意味着标的公司被高估了，交易价格相应过高，原股东需要给新股东补偿。业绩超额，意味着标的公司被低估了，交易价格相应过低，新股东需要对原股东补偿。

### 2. 业绩超额奖励的税务风险

总的来说，超额业绩奖励属于正向对赌，在本案例中属于整项对赌的一部分，从交易性质来说，应当由股权受让方向股权转让方支付补偿。假设承诺期满，甲公司按承诺向丙公司支付超额业绩奖励，对丙公司而言，税务处理不管是认定为股权转让价格调整，还是认定为甲公司对丙公司的赠与，丙公司均需将补偿纳入企业所得税应税收入。对甲公司而言，如果认定为股权转让价格调整，则可以作为股权投资成本。如果认定为对丙公司的赠与，则企业所得税前扣除存在争议风险。

**3. 合规分析**

乙公司超额完成利润，如果正常进行利润分配，甲公司应享有 60% 的权益，丙公司享有 40% 的权益。经三方决议，乙公司将应当分配给甲公司的分红，额外多分配给丙公司。相当于乙公司代甲公司将分红代支付给丙公司，间接实现了甲公司向丙公司支付奖励。但由于乙公司是以分红的名义向丙公司支付，分红属于企业所得税免税收入，丙公司因此免缴企业所得税。而甲公司则可避免了向丙公司支付业绩奖励款时被认定为赠与而不能税前扣除的风险。不同支付方式产生税费如图 6-2 所示。

"对赌协议"下的资产（股权）收购是资本市场创新发展的产物，其本质仍然是传统的资产交易，虽然资产交易对价的支付方式创新了，但未出台针对性的税收政策，仍然适用资产交易的一般性税收政策。因此，对赌协议产生的税务争议属于新交易模式下缺乏针对性的税收政策，税务机关采用现有政策征管时，对交易理解和政策适用产生的争议。多个地方口径的出现，导致了多个处理方式不同的案例，这给部分纳税人带来了不公平影响。

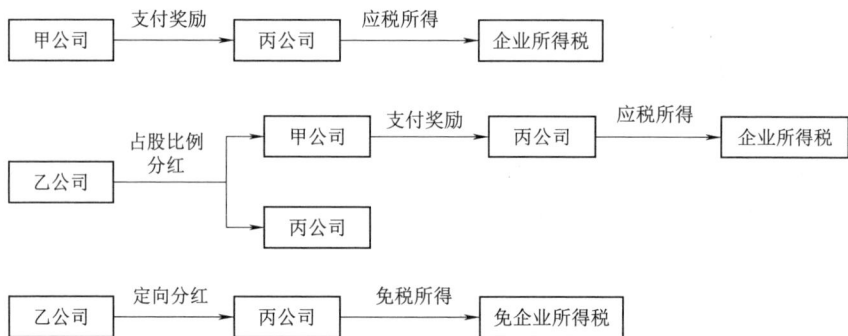

**图 6-2　不同支付方式产生的不同效果**

税收征管应当支持市场的发展与创新，与时俱进地依法行使职权，为广大纳税人提供确定的、统一公平的纳税依据。在全国层面出台对赌业绩承诺补偿的针对性税收政策，或者在适用现有政策的基础上统一理解，才能在执法层面解决争议。一直以来，及时出台文件统一口径是解决该类争议的主要方式，在此原则上规定了企业各种商品销售方式的确认收入实现时间。

民法将对赌协议定性为"估值调整协议"，会计处理一般将对赌协议理解为或有对价。因此，民法和会计均将业绩补偿理解为对价的一部分。税务处理尚未形成统一意见，但在多种观点中，"价格调整说"得到比较广泛的支持。早在 2008 年，《国家税务总局关于确认企业所得税收入若干问题的通知》（国税函〔2008〕875 号）规定"一、除企业所得税法及实施条例另有规定外，企业销售收入的确认，必须遵循权责发生制原则和实质重于形式原则"。因此，明确对赌协议或有对价的实质是征税的关键，对赌协议是资产交易合同的一部分，对赌源于资产估值的不确定性，因此"价款调整说"符合交易的实质，在法律方面体现了合法性，在交易双方权利义务方面体现了公平合理性。建议税务处理以"价格调整说"为基础，将能实现法律、会计、税务理解一致，并在"价格调整说"的基础上再针对各类具体对赌协议发布税务规范文件。

# 第七章　实质课税的争议

实质课税原则是指对于某种情况不能仅根据其外观和形式确定是否应予以课税，而应根据实际情况，尤其应当注意根据其经济目的和经济生活的实质，判断是否符合课税要素，以求公平、合理和有效地进行课税。比如"名股实债"的收益部分应当认定为利息还是分红，以股权转让之名行房地产交易之实能否还原为不动产交易征税。

一般认为，实质课税的理论基础源于税法中的"量能课税"这一基本原则。税务机关在行使其征税权的过程中，援用实质课税原则并无不妥，只是在具体适用过程中，其适用界限会引发争议，其中争议较大的则为税务机关是否有权直接根据实质课税原则对交易定性。

如同税务筹划一样，追求的是合法的税负最小化，只要不违背税法规范的实质要求，合理的税收筹划行为应当是被允许的，而一旦越过界线实施了税法规范所禁止的行为就有可能被定性为违法行为。很多时候，某些税务筹划方法需要改变业务模式、改变交易路径。对于纳税人而言，更多的会强调税收法定原则，如果税务机关可以毫无限制地援用实质课税原则对交易定性，则可能随时要求纳税人对已申报的涉税事项进行调整，纳税人的业务创新、模式创新可能被税务机关认定为虚构业务，导致税收征管具有不确定性，违反了税收法定原则。因此把握实质课税原则与遵循税收法定原则的边界尤为重要。

## 第一节　公司以转让股权方式转让房地产

公司转让二手房地产最常用的筹划方式是什么？众所周知的方法是转让公司股权间接实现转让房地产，因为不需要征收增值税和土地增值税，股权转让和房地产转让是完全不同的行为，股权转让时并没有导致房地产权属发生变更，不属于房地产转让，因而不属于土地增值税的应税行为。

多数人会存在一个疑惑，以转让股权名义转让房地产行为到底能否征收土地增值税。简单言之，税务机关能否基于实质课税原则，穿透条文，按交易的实质计税，认定交易形式为股权转让，而实质为不动产转让，从而按照不动产交易征税。这个风险让考虑实施转让房地产税务筹划的纳税人心存顾忌。

明明是转让股权，为何会认定为转让房地产行为征税呢？主要源于以下文件。

《国家税务总局关于以转让股权名义转让房地产行为征收土地增值税问题的批复》(国税函〔2000〕687号)

……鉴于深圳市能源集团有限公司和深圳能源投资股份有限公司一次性共同转让深圳能源（钦州）实业有限公司100%的股权，且这些以股权形式表现的资产主要是土地使用权、地上建筑物及附着物，经研究，对此应按土地增值税的规定征税。

《国家税务总局关于土地增值税相关政策问题的批复》(国税函〔2009〕387号)

……鉴于广西玉柴营销有限公司在2007年10月30日将房地产作价入股后，于2007年12月6日、18日办理了房地产过户手续，同月25日即将股权进行了转让，且股权转让金额等同于房地产的评估值。因此，我局认为这一行为实质上是房地产交易行为，应按规定征收土地增值税。

《国家税务总局关于天津泰达恒生转让土地使用权土地增值税征缴问题的批复》(国税函〔2011〕415号)

……经研究，同意你局关于"北京国泰恒生投资有限公司利用股权转让方式让渡土地使用权，实质是房地产交易行为"的认定，应依照《土地增值税暂行条例》的规定，征收土地增值税。

国家税务总局通过上述文件三次明确对以转让股权名义转让房地产行为征收土地增值税。国家税务总局针对深圳市、广西壮族自治区、天津市三个涉事企业土地增值税征管案件做出的个案批复，体现了实质课税原则。批复认为，明为股权转让，实质上是房地产交易行为，应按规定征收土地增值税。

然而这些批文只是税务机关内部个案批复，属于内部指导性文件而非正式对外公开发布的政策性文件，并未成为全国性统一口径，只对内部具有指导作用却不具备法律法规的强制效力。这导致了全国各地税务机关执行口径的不一致，目前有部分省份明确以转让股权名义转让房地产行为征收土地增值税，例如广西壮族自治区、湖南省、天津市等，部分地区明确对该行为不征土地增值税，例如广东省、福建省、重庆市、青岛市等。更多的地方则是没有明确到底是否征收土地增值税，这种不确定性给纳税人选择交易方式时带来了困惑。

---

《湖南省地方税务局财产和行为税处关于明确"以股权转让名义转让房地产"征收土地增值税的通知》（湘地税财行便函〔2015〕3号）

······

据各地反映，以股权转让名义转让房地产规避税收现象时有发生，严重冲击税收公平原则，影响依法治税，造成了税收大量流失。

总局曾下发三个批复明确"以股权转让名义转让房地产"属于土地增值税应税行为。

为了规范我省土地增值税管理，堵塞征管漏洞。

对于控股股东以转让股权为名，实质转让房地产并取得了相应经济利益的，应比照国税函〔2000〕687号、国税函〔2009〕387号、国税函〔2011〕415号文件，依法缴纳土地增值税。

《安徽省地方税务局关于对股权转让如何征收土地增值税问题的批复》（皖地税政三字〔1996〕367号）

······

据了解，目前股权转让（包括房屋产权和土地使用权转让）情况较为复杂。其中，对投资联营一方由于经营状况等原因而中止联营关系，正常撤资的，其股权转让行为，暂不征收土地增值税；对以转让房地产为盈利目的的股权转让，应按规定征收土地增值税。因此，你局请示中的省旅游开发中心的股权转让，可按上述原则前款进行确定。

······

---

《青岛市地方税务局关于印发〈房地产开发项目土地增值税清算有关业务问题问答〉的通知》(青地税函〔2009〕47号)

问答十八:"股东将持有的企业股权转让,企业土地、房屋权属不发生转移,不征收土地增值税"。

广东省地方税务局关于广东省云浮水泥厂转让股权涉及房地产是否征税问题的批复(粤地税函〔1998〕65号)

……

全资企业将其股权转让他人,不属于《中华人民共和国营业税暂行条例》和《中华人民共和国土地增值税暂行条例》规定的征税范围,不予征收营业税和土地增值税。

同时,税务总局"以转让股权名义转让房地产行为征收土地增值税"的解释引发了诸多争议,包括业界理论层面的争议、纳税人与税务机关的个案争议,甚至引发纳税人与税务机关的行政诉讼,纳税人方面当然认为股权转让不涉及房地产过户,不应当征收土地增值税。无论是不同税务机关执行层面,还是不同法院审判裁决层面,均存在不同观点,没有形成统一意见。

**【案例7-1】**　**以转让股权名义转让房地产规避税收法律是否导致合同无效**

**【案例来源】**　中国裁判文书网

**【案例背景】**　2020年5月,马某一、马某二与RS公司签订"股权转让协议"约定:马某一和马某二将所持CF公司共计80%的股权转让给RS公司,总价款4 000万元。同日签订"股权转让补充协议一"约定:经双方友好协商,确定在2021年12月31日前,RS公司或其指定的第三人对马某一持有的剩余20%CF公司股权以协议价格1 000万元进行收购。"股权转让补充协议二"约定:RS公司以6 910万元收购马某一、马某二持有CF公司100%的股权,RS公司先以4 118万元收购马某一和马某二共计80%的公司股权,马某一所持剩余20%的股权在RS公司支付余下转让款2 792万元后转让给RS公司或其指定第三人。RS公司除支付约定的转让款外,还需偿还TB公司借款1 000万元和工业园管理委会款项325万元,以及中国银行汉口支行的借款本金46 101 791元,利息和罚息共计11 150 687元。在RS公司按约定支付 3 000 万元（向马某一、马某二支付 1 675 万元，向 CF 公司支付 1 325 万元）后 10 个工作日内，马某一、马某二应配合 RS 公司办理 80％ 股权转让手续。

2020 年 5 月，RS 公司以银行转账方式向马某一和马某二支付 1 675 万元，向 CF 公司支付 1 325 万元用于偿还 TB 公司借款 1 000 万元和工业园管理委会款项 325 万元。2020 年 8 月，RS 公司向马某一支付 825 万元，向 CF 公司支付 118 万元。2022 年 5 月，CF 公司办理股东变更登记，马某一、马某二将 80％ 股权过户给 RS 公司。

马某一、马某二于 2022 年 6 月向法院提起诉讼，请求判令 RS 公司继续履行合同；判令 RS 公司支付已到期的股权转让款 1 500 万元，并向马某一、马某二支付违约金。RS 公司提起反诉，请求确认 RS 公司与马某一、马某二签订的"股权转让协议""股权转让补充协议一""股权转让补充协议二"无效；判令马某一、马某二返还已收取的股权转让款 2 618 万元；判令马某一、马某二支付 RS 公司代为偿还的债务 72 052 479.04 元，并赔偿经济损失 4 000 万元。

**【争议焦点】**　RS 公司认为"股权转让协议"和两份补充协议名为股权转让，实际上是将 CF 公司的土地使用权，以及房产、附属设施、机械设备、办公设备、绿化苗木等资产一揽子进行转让。双方的缔约目的也正是通过借股权转让变相进行土地使用权及资产的整体转让。以股权转让方式实现土地使用权转让目的的行为属于典型的规避法律的行为。股权转让只需缴纳企业或者个人所得税等少数税种，而避免缴纳土地使用权交易中应缴的契税和土地增值税等税款，本案三份股权转让协议与在工商登记机关备案的股权转让合同约定不一致。两份股权转让协议的转让价款明显低于实际执行的转让协议的约定，采取平价转让股权的假象，其目的也是逃避个人所得税。因此，以股权转让方式实现土地使用权转让目的的行为其内容实质性违法，应当认定其为无效。

马某一、马某二认为股权转让协议及补充协议没有违反法律法规的强制性规定，且已实际履行，并办理了股权变更工商登记手续，合法有效。

**【裁判结果】**　股权转让协议及补充协议不存在法定无效情形，为有效合同。不论 RS 公司购买 CF 公司全部股权是为将 CF 公司名下的工业用地土地使用权性质变性后进行房地产开发或其他经营目的，均不因此而影响股权转让合同的效力。

股权与建设用地使用权是完全不同的权利，股权转让与建设用地使用权转让的法律依据不同，两者不可混淆。公司在转让股权时，该公司的资产状况包括建设用地使用权的价值，是决定股权转让价格的重要因素。但不等于说，公司在股权转让时只要有土地使用权，该公司股权转让的性质就变成了土地使用权转让，进而认为其行为是名为股权转让实为土地使用权转让而无效。虽然出现备案的合同内容与实际履行的合同内容不一致，不影响案涉股权转让合同效力。由于转让股权和转让土地使用权是完全不同的行为，当股权发生转让时，目标公司并未发生国有土地使用权转让的应税行为，目标公司并不需要缴纳增值税和土地增值税。如双方在履行合同中有规避纳税的行为，应向税务部门反映，由相关部门进行查处。

**【案例分析与合规管理】**　该案虽然不是直接涉及税务征管的合同，但是从裁判规则可以看出，基本思路还是认为股权转让与不动产交易是两个不同的法律制度，即便土地使用权是公司的唯一资产，也不能认定股权转让就是土地使用权转让。通过分析相关案例，可以发现，虽然各层面均存在不同意见，但是整体而言，倾向认为股权转让并非房地产转让，不应征收土地增值税。法院认为股权转让与土地使用权转让是两种不同的经济行为。例如"（2014）苏商再终字第0006号"判决书阐述的观点为：以股权转让形式控制公司名下的土地使用权的受让人，主要是通过受让公司股权从而间接控制股权所对应的土地使用权，公司股东虽发生了变化，但土地使用权并未发生流转，仍登记在具有独立法人人格的公司名下。以股权转让形式控制公司名下的土地使用权，在性质上仍属于股权转让，并非土地使用权转让。按照我国现行相关税法的规定，土地使用权作价入股并未逃避土地增值税和契税纳税义务。由于股权转让并不导致土地使用权的转让，因而不需缴纳土地增值税和契税。现行税法没有对涉及土地使用权的项目公司的股权转让作出是否征收土地增值税和契税的规定。根据税收法定主义，税法未规定需要纳税的，当事人即可不交税。

《中华人民共和国民法典》（以下简称《民法典》）规定的合同无效情形包括：无民事行为能力人实施的民事法律行为无效；行为人与相对人以虚假的意思表示实施的民事法律行为无效；违反法律、行政法规的强制性规定的民事法律行为无效；违背公序良俗的民事法律行为无效；行为人与相对人恶意串通损害他人合法权益的民事法律行为无效。因此在实务中也长期存在一种担忧，就是规避税收是否会因为违反法律、行政法规的强制性规定导致合同无效，从本案判决结果来看，法院的观点倾向于不直接认定合同无效，涉及税务事项由税务机关处理。根据现行税收征管协调机制，法院在审理过程中涉及税务事项会将线索移送税务机关。因此在签订合同时为了规避税收而规划的路径可能因为履行合同过程中的争议而显现出来。

另外，值得注意的是，我国对转让土地有严格的管理规定，获得土地使用权后，未按出让合同的规定进行投资开发和利用，就以股权转让的形式将土地作价非法转让、倒卖牟利，可能会被认定为倒卖土地使用权，涉嫌非法倒卖土地使用权罪，相关判例可查看"（2014）金义刑初字第 2867 号""（2019）云刑终 1196 号""（2015）绍越刑初字第 24 号""（2011）浙杭刑终字第 468 号"等判决书。

在股权转让时，土地增值税最终并未流失，因为股权转让只是股东的变换，土地使用权权属没有变化，股权无论经过多少次转让，土地无论如何增值，公司初始受让土地支付对价的成本不变。但是只要房地产发生了权属流转，公司就需要按最终的实际房地产销售价与最初的房地产成本价之间的增值部分缴纳土地增值税。

对于以转让股权名义转让房地产是否应当穿透征税，归根到底是税收法定原则与实质课税原则的博弈。一种观点认为，以转让股权名义转让房地产的经济目的和经济活动的实质是转让房地产，符合土地增值税的课税要素。另一种观点认为，以转让股权名义转让房地产不符合土地增值税的课税条件，根据《中华人民共和国土地增值税条例》，在没有法律特别规定的情形下，只有房地产权属发生转移才可以征收土地增值税，而股权转让时房地产权属并没有发生变更。在税收法定主义原则下，必须有税法的特别规定才可以适用，不得擅自扩大征税范围。

税务机关适用实质课税原则往往是出于反避税目的，遵从实质课税原则，则可中和税法条文的刚性问题和弥补滞后性问题，有力防范此类行为。但是，我国税法并没有明确普遍适用实质课税原则，相反，我国强调的是依法行政。实质课税原则可能弊大于利，虽然可以防止一定的违法行为，但是赋予了税务机关更大的自由裁量权，如果实质课税原则能超越税收法定原则从而对纳税人课税，税法将会缺乏安定性，容易造成纳税人的不安全感。并且，税法的疏漏及滞后可以通过立法解决，通过修订税法或者发布新的税收政策，可以在维护税收法定原则的同时合法反避税。

房地产交易，是大宗资产交易，作为企业的重要经济活动，结合实际情况采取各种交易方式、合作方式或者新的商业模式，以实现企业利益最大化是正常商业行为之一，其中税收当然是必不可少的影响因素之一，但未必是全部因素。简单粗暴以认定股权转让就是土地使用权转让，也不利于市场发展。

**【案例 7-2】** 名为购房，实为借贷按照利息收入追缴税款

**【案例来源】** 中国裁判文书网

**【案例背景】** 2023 年初，LX 公司因项目开发建设需要，与陈某和林某达成协议，以 LX 公司部分房产作为抵押向林某和陈某合计借款 6 000 万元，月息 5%，利息按月支付，期限一年。2023 年 3 月 20 日，林某、陈某与 LX 公司签订合同时，发现 LX 公司只能提供 85 坎店面，店面面积合计 10 008.73 平方米，两人只同意借给 LX 公司 5 500 万元，双方签订总价为 5 500 万元的商品房买卖合同。同日，LX 公司将多余的 500 万元汇还给林某。2024 年 1 月 17 日，林某因资金周转需要从 LX 公司抽回 300 万元。2024 年 3 月 19 日即一年放贷期满，林某、陈某和 LX 公司通过仲裁委员会仲裁解除上述商品房买卖合同。从 2023 年 5 月 20 日至 2024 年 3 月 19 日，陈某和林某陆续收到 LX 公司转入资金扣除本金后多出人民币 3 328 万元。陈某、林某取得利息收入未申报缴纳增值税、个人所得税、城市维护建设税、教育费附加及地方教育附加。

**【争议焦点】** 陈某和林某认为，上述款项系 LX 公司支付的"履约保证金"，商品房买卖合同经仲裁调解予以解除，认定商品房买卖合同关系构成民间借贷关系事实不清。

税务机关认为，案涉行为符合非典型抵押担保的借贷关系，仲裁调解书内容均为自述内容，而非仲裁庭依法查明的案件事实，不能作为确定案涉重要事实的根据。LX 公司在税务机关调查中并不承认存在所谓"履约保证金"，且出售商品房的房地产公司逐月按特定比例给购房人支付所谓"履约保证金"也并不符合商品房买卖交易习惯，而更符合民间借贷交易习惯，双方在补充条款中所约定的高额"履约保证金"依法不应采信。

**【裁判结果】** 税务机关一般并不履行认定民事法律关系性质职能，且税务机关对民事法律关系的认定一般还应尊重生效法律文书相关认定效力的羁束。但是，税务机关依照法律、行政法规的规定征收税款是其法定职责，在征收税款过程中必然会涉及对相关应税行为性质的识别和判定，而这也是实

质课税原则的基本要求。否定税务机关对名实不符的民事法律关系的认定权，不允许税务机关根据纳税人经营活动的实质内容依法征收税款，将不可避免地影响税收征收工作的正常开展，难以避免纳税义务人滥用私法自治以规避或减少依法纳税义务，从而造成国家法定税收收入流失，而有违税收公平原则。而且，税法与民法是平等相邻之法域，前者体现量能课税与公平原则，后者强调契约自由；对同一法律关系的认定，税法与民法的规定可能并不完全一致：依民法有效之契约，依税法可能并不承认；而依民法无效之契约，依税法亦可能并不否认。因此，税务机关依据税收征收法律等对民事法律关系的认定，仅在税务行政管理、税额确定和税款征缴程序等专门领域有既决力，而当事人仍可依据民事法律规范通过仲裁或民事诉讼等方式另行确认民事法律关系。因而，在坚持税务机关对实质民事交易关系认定负举证责任的前提下，允许税务机关基于确切让人信服的理由自行认定民事法律关系，对民事交易秩序的稳定性和当事人权益并不构成重大威胁。当然，税务机关对实质民事交易关系的认定应当符合事实与税收征收法律规范，税务机关认为其他机关对相应民事法律关系的认定与其认定明显抵触的，宜先考虑通过法定渠道解决，而不宜迳行作出相冲突的认定。

虽然相关仲裁文书确认商品房买卖合同予以解除，但该仲裁由 LX 公司于 2024 年 3 月 18 日申请，次日即 3 月 19 日即以调解书结案，且未独立认定任何案件事实。案涉商品房买卖合同仅仅是双方为了保证出借资金的安全而签订，具有一定的让与担保属性，但该交易行为也符合《民法典》规定的借贷合同法律关系。因此，税务机关依据实质课税原则，根据当事人民事交易的实质内容自行、独立认定陈某、林某与 LX 公司之间实际形成民间借贷法律关系，将陈某、林某收取的除本金以外的 3 328 万元认定为民间借贷利息收入，符合事实和法律，即依据纳税人民事交易活动的实质而非表面形式予以征税。

**【案例 7-3】** 资产转让变更为股权转让被认定为偷税

**【案例来源】** 税务稽查公告

**【案例背景】** 2018 年 4 月 10 日，SJ 公司股东会决议，同意设立全资子公司 SJDC 公司。2018 年 4 月 19 日，SJ 公司与 DC 公司签订资产转让合同，合同标的为不动产，合同书立资产转让全部价款为 125 296 000 元（含税价）。

2018 年 5 月 8 日，DC 公司向 SJ 公司出具指示函，要求将 2018 年 4 月 19日签订的资产转让合同的被转让方变更为 ZS 公司。2018 年 5 月 9 日，SJ 公司与 ZS 公司签订 SJDC 公司股权转让协议，以 3 000 万元人民币将 SJ 公司持有的 SJDC 公司 100％股权转让给 ZS 公司。

2018 年 5 月 11 日，SJ 公司与 SJDC 公司签订不动产转让合同，将不动产转让给 SJDC 公司，合同金额 67 923 809.52 元。

2018 年 4 月 12 日至 2019 年 2 月 20 日，双方共计 20 笔转账金额 125 296 000 元，付款人为 DC 公司指定的付款人员，收款人为 SJ 公司指定的收款人员。

【税务处理】 SJ 公司与 DC 公司的一系列交易行为，实质是房产土地转让行为。双方交易的涉及金额是交易价款 125 296 000 元，而不是 SJ 公司向税务机关申报的 67 923 809.52 元。SJ 公司应以实际取得转让房产收入125 296 000 元（含税）为计税依据，申报缴纳相关税费，少缴的土地增值税、增值税等相关税款。SJ 公司少缴税款情况如下：增值税 2 570 285.55 元、城市维护建设税128 514.29 元、土地增值税 17 680 207.39 元、印花税 62 648 元。SJ 公司少缴税款合计 20 441 655.23 元。根据《税收征收管理法》第六十三条规定，对 SJ 公司处以偷税金额合计 20 441 655.23 元百分之五十的罚款，即 10 220 827.62 元。

在不考虑税务机关是否采用实质课税原则穿透征税的情况下，本案例的操作令人费解。SJ 公司并没有按照通常的思路先将不动产划转全资子公司 SJDC 公司，而是先股权转让后按不动产交易过户，如果 SJ 公司只是想降低不动产交易时的增值税和土地增值税，将资产交易的部分价款转换成股权转让对价，那么股权转让价款与不动产转让价款合计应该要等于实际交易金额，然而双方签订的不动产转让合同金额 67 923 809.52 元与股权转让合同金额 3 000 万元之和仅有 97 923 809.52 元，既然如此，设立子公司还有何意义，不如直接向收购方转让不动产。

【案例 7-4】　以不动产向收购方增资后转让股权

【案例来源】　某上市公司公告

【案例背景】　HT 公司成立于 2002 年 7 月，位于甲镇，经过不断发展，需要土地和厂房来扩大再生产。RG 公司是一家生产型企业，在甲镇有土地使用权、房屋建筑物及附属设施设备。在当地政府土地集约利用政策的指导和撮合下，RG 公司先后两次以土地使用权、房屋建筑物及附属设施设备等非货币资产按评估值对 HT 公司进行增资，后又将其持有的 HT 公司全部股权转让给 HT 公司的股东小明和小红，从而实现 RG 公司向 HT 公司转移土地使用权和厂房等资产。具体内容见表 7-1。

表 7-1　增资过程列示

| 时　间 | 过程 |
|---|---|
| 2011 年 3 月 | 第一次增资：RG 公司以实物（房屋建筑物）及无形资产（土地使用权）向 HT 公司增资 512 万元 |
| 2012 年 5 月 | 第一次转让股权：RG 公司将所持 HT 公司股权全部以 1 元/出资额（总价 512 万元）的价格转让给 HT 公司股东小明 |
| 2015 年 11 月 | 第二次增资：RG 公司以实物（房屋、附属构筑物、机器设备、绿化等）及无形资产（土地使用权）向 HT 公司增资 2190 万元 |
| 2020 年 5 月 | 第二次转让股权：RG 公司所持股权全部以 1 元/出资额（总价 2190 万元）的价格转让给 HT 公司股东小明、小红 |

【案例分析】　　RG 公司两次以增资的方式对 HT 公司进行非货币出资后将股权全部转让，其目的不是为了持有 HT 公司股权，而是为了将土地、房产转移至 HT 公司。如果直接转让资产，转让土地、房产可能面临较高的土地增值税、营业税等税费，通过投资入股的方式，将土地、房产转移到受让方名下，依照当时的政策，可不征或免征相应税费。具体内容见表 7-2。

表 7-2　依据政策

| 税　种 | 政策依据 | 政策应用 |
|---|---|---|
| 营业税<br>（2015 年前存在营业税） | 《财政部 国家税务总局关于股权转让有关营业税问题的通知》（财税〔2002〕191 号）第一条规定："一、以无形资产、不动产投资入股，参与接受投资方利润分配，共同承担投资风险的行为，不征收营业税。" | 增资环节：免营业税 |
| 土地增值税 | 《财政部 国家税务总局关于土地增值税一些具体问题规定的通知》（财税字〔1995〕48 号）①（以下简称财税字〔1995〕48 号）"一、关于以房地产进行投资、联营的征免税问题<br>　　对于以房地产进行投资、联营的，投资、联营的一方以土地（房地产）作价入股进行投资或作为联营条件，将房地产转让到所投资、联营的企业中时，暂免征收土地增值税。对投资、联营企业将上述房地产再转让的，应征收土地增值税。" | 第一次增资：免征土地增值税 |

---

① 根据《财政部 国家税务总局关于企业改制重组有关土地增值税政策的通知》（财税〔2015〕5 号）规定，财税字〔1995〕48 号第一条、第三条废止。因本案例第一次增资发生在 2011 年，故表 7-2 中的政策文件有效。

| 税种 | 政策依据 | 政策应用 |
|------|----------|----------|
| 土地增值税 | 《财政部 国家税务总局关于企业改制重组有关土地增值税政策的通知》(财税〔2015〕5号)第四条"四、单位、个人在改制重组时以国有土地、房屋进行投资,对其将国有土地、房屋权属转移、变更到被投资的企业,暂不征土地增值税。" | 第二次增资:不征土地增值税 |
| 契税 | 《中华人民共和国契税暂行条例细则》第八条第一项:"土地、房屋权属以下列方式转移的,视同土地使用权转让、房屋买卖或者房屋赠与征税:(一)以土地、房屋权属作价投资、入股" | 增资环节:征收 |
| 企业所得税 | — | 增资环节:非货币资产交易所得,征收;<br>股权转让环节:按投资成本转让,无差价无税 |

　　HT公司要收购RG公司的土地、房产,没有采用直接收购RG公司100%股权的方式,也没有采取RG公司先新设子公司,将土地、房产投资到子公司,再向HT公司转让子公司100%股权的方式。RG公司分次将土地、房产投资到HT公司,取得HT公司股权,再转让HT公司的股权实现退出,可以实现三个目的:首先,规避《国家税务总局关于以转让股权名义转让房地产行为征收土地增值税问题的批复》(国税函〔2000〕687号)等三个文件关于以转让股权名义转让房地产行为征收土地增值税的风险。其次,HT公司购买土地、房产是为了扩大生产,不是为了开发房地产,可以直接持有土地、房产的产权,不通过项目公司间接持有。最后,直接取得土地、房产权属,避免收购RG公司后,可能需要承担RG公司潜在的历史风险。

　　两次增资的定价依据为土地使用权、房屋建筑物的评估值,按照评估值作价。退出时,两次股权转让均以初始出资额512万元为依据转让退出。同时,短时间内HT公司的生产经营不会发生明显变化,土地、房产也不会发生大幅增值,因此股权不会发生大幅增值,原价退出不算股权转让价格明显偏低,股权转让环节无价差,不涉及相关税费。但需要缴纳契税。

　　针对本案例,买卖双方可能采用的方案有:

方案一：RG公司新设子公司，后将拟售房地产向子公司增资，再转让子公司100%股权给HT公司。

方案二：RG公司将拟售房地产向HT公司增资，再将取得的HT公司股权转让给HT公司股东，即本案例中的方案。

方案三：RG公司股东将RG公司的100%股权转让给HT公司。

针对不同方案的税收待遇对比见表7-3。

表 7-3　不同方案税收对比

| 主要税种 | 方案一 | 方案二 | 方案三 |
|---|---|---|---|
| 土地增值税 | 不征 | 不征 | 不征 |
| 增值税 | 增资环节征收。两方案一致 | | 不征 |
| 城市建设维护税及教育费附加 | 随增值税征收。两方案一致 | | 不征 |
| 契税 | 免征 | 征收 | 不征 |
| 企业所得税 | 增资环节征收，可享受五年递延，两方案一致。股权转让环节基本无所得 | | 不征 |
| 个人所得税 | RG公司分配环节征收，纳税人为股东 | | 征收，纳税人为股东 |

三个方案中，仅考虑当前税费的话，方案三最节税。方案一和方案二均需缴纳一定的税费。从交易双方整体税负对比分析如下：

土地增值税：三个方案均不征，三个方案无区别。

增值税：方案一、方案二增资环节均需缴纳增值税，但RG公司缴纳后，HT公司可抵扣，从整体考虑可忽略，但交易双方存在税费。三个方案无区别。

城市维护建设税及教育费附加：方案一、方案二随增值税征收，方案三不征。

契税：方案二多一次契税，但是方案二可以避免以转让股权名义转让房地产行为征收土地增值税。

企业所得税：方案一、方案二在增资环节产生非货币性资转让所得，RG公司需要缴纳企业所得税，方案三未发生资产转让，不需缴纳企业所得税。但是，RG公司缴纳企业所得税后，被投资企业的房地产计税基础按评估值重新确定，而方案三的房地产计税基础不变，因此三个方案相比，企业所得税是时间性差异以及最终税费由谁承担的问题，交易双方存在税费承担博弈，三个方案整体税负无区别。

个人所得税：RG 公司的股东最终均需缴纳个人所得税，但是有时间差异，方案三产生即时纳税义务。如果以不动产增资环节的企业所得税未能转嫁给收购方，则方案一和方案二存在双重征税。

**【案例 7-5】** 收购股权后划转土地，间接持有变直接持有

**【案例来源】** 某上市公司公告

**【案例背景】** A 公司是成立于 2011 年 3 月的外商独资企业。2011 年 12 月，A 公司与当地市国土资源局签订土地使用权出让合同，受让宗地 20 656 平方米（工业用地），土地使用权出让金总额为 2 891 840 元。

直至 2013 年 4 月，A 公司由于各种原因一直未在该地块动工筹建，经当地有关部门介绍，B 公司决定收购 A 公司并承接该地块。直至 2020 年 8 月，B 公司收购行为实施完毕，A 公司未开展实际经营，仅通过向 B 公司出租土地和厂房取得租金收入。

2022 年 8 月，B 公司作出决定，将 A 公司拥有的土地使用权、房屋所有权无偿划转给母公司 B 公司。2022 年 11 月，B 公司办理不动产权变更手续；2022 年 12 月 A 公司注销。

**【案例分析】** 根据《关于促进企业重组有关企业所得税处理问题的通知》（财税〔2014〕109 号）和《国家税务总局关于资产（股权）划转企业所得税征管问题的公告》（国家税务总局公告 2015 年第 40 号）的相关规定 100% 直接控制的居民企业之间按账面净值划转股权或资产，凡具有合理商业目的、不以减少、免除或者推迟缴纳税款为主要目的，股权或资产划转后连续 12 个月内不改变被划转股权或资产原来实质性经营活动，且划出方企业和划入方企业均未在会计上确认损益的，可以选择特殊性税务处理：划出方企业和划入方企业均不确认所得，划入方企业取得被划转股权或资产的计税基础，以被划转股权或资产的原账面净值确定，划入方企业取得的被划转资产，应按其原账面净值计算折旧扣除。

A 公司资产划入 B 公司后，不改变被划资产原有的经营活动，A 公司及B 公司在会计上均不确认损益，被划转资产的计税基础以被划转的资产的原账面净值确定，并按其原账面净值计算折旧扣除。因此本次无偿划转无须缴纳企业所得税。

增值税、土地增值税、契税等适用相应重组政策，无须缴纳。

此案例通过"收购股权＋划转＋注销",实现了通过收购股权间接持有房地产后,再通过划转直接持有。类似方案还有"收购股权＋合并＋注销"。

## 第二节  明股实债

### 一、明股实债的定义

明股实债顾名思义"明为股权,实为债权""明为投资,实为借贷"。明股实债是指投资回报不与被投资企业的经营业绩挂钩,不以企业的投资收益或者亏损进行分配,而是向投资者提供保本保收益承诺。根据约定定期向投资者支付固定收益,并在满足特定条件后由被投资企业赎回股权或者偿还本息的投资方式,常见形式包括回购、第三方收购、对赌、定期分红等。以与融资方约定投资资本金远期有效退出和约定固定收益的刚性实现为要件。

### 二、明股实债的特点

第一,融资企业层面,明股实债拓宽了融资渠道,可以解决公司因为资产负债率较高或抵押物不足无法从银行获得贷款的问题,而且可以根据现实需要对项目公司进行"出表""入表"处理。虽然成本高于传统金融机构融资,但是相对于传统的增资扩股融资方式,明股实债的投资方虽然形式上持有融资企业股权,但只是作为一种风险控制措施。投资结束时,投资方将退出股权,不会真正稀释融资企业原股东的股权,也不会削弱其控制权,解决了原股东失去企业控制权的担忧。随着企业的发展,企业管理者的控制权越来越强;对于投资者而言,合法占有企业的股权只是一种对现有债权权益的增信措施。投资者掌握企业的控制权不是主要目的,而是确保其收益的稳定;当投资结束退出时,投资者获得本金及债权收益的同时通常也会将控制权交还予企业的管理者。

第二,投资者层面,明股实债模式投资人可以合法持有融资企业股权,起到股权担保或股权质押的增信作用,在此基础上还可以要求融资企业及实控人增加连带担保等其他保证措施,以保障其本金安全和收益稳定。因此,明股实债模式具有"本金保障＋固定收益"的保本特征。

所以，明股实债的主要特点包括：投资回报不与被投企业经营业绩挂钩；不承担被投企业的经营风险；以获取固定收益为目的；明确的股权回购期限或股权退出条件；不参与被投资企业经营管理。

### 三、明股实债的基本模式

明股实债模式出现初期，尚未受到资本市场的关注和青睐，初期的交易结构比较简单直接，尤其集中在中小房地产企业。房地产企业融资困难，金融机构外的单位借入资金，借出方为了保障借款的安全，要求资金以增资或者受让股权的方式投入，持有房地产企业的股权作为担保。归还借款后，借出方退出房地产企业或者向实控人转让股权，具体流程如图7-1所示。

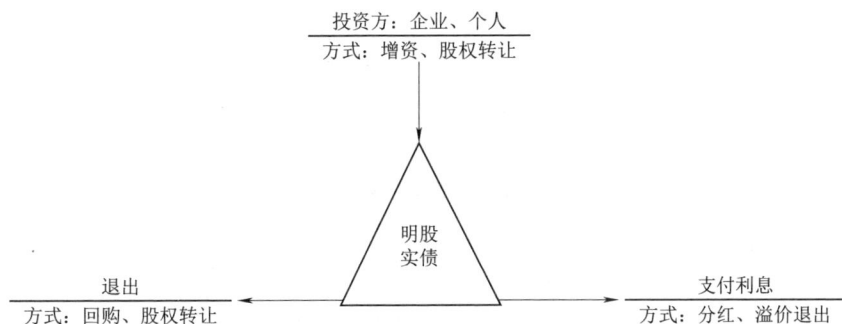

图 7-1　一般交易流程

最基础的明股实债交易的结构很简单，交易主体包括融资企业、融资企业股东、投资方，交易过程包括资金投出、利息收支、回购退出三个环节，资金投入方式一般包括增资或受让股权，资金退出方式一般包括股权回购（减资）或转让股权。

明股实债发展成为资本市场的新兴投资模式之后，资金来源以银行理财、集合信托及保险资金为主，整体投资环节增加。投资主体以特殊形式存在，主要包括股权投资计划、信托计划及私募股权投资基金等；退出方式主要有回购、第三方收购、对赌、优先（定期）分红等。虽然交易结构越来越复杂，甚至可能多层嵌套的投资结构，但明股实债的基本交易逻辑不变，如图7-2所示。

主要投资方　　　　　　　　　　　　　　交易过程

银行理财、集合信托、　　　　　明股实债　　　　　认购、投资入股、退出
保险资金

股权投资主体（SPV）　　　　　　　　　　退出方式

股权投资计划、信托计　　　　　　　　　　回购、减资、转让、
划、私募股权投资基金　　　　　　　　　　对赌、分红

投资者

认购 ↓　　↑ 分配收益

母公司/实控人等 —回购→ 资管计划、信托计划 ←设立— 信托公司/基金公司/
　　　　　　　　　或私募股权基金　　　　　　证券公司等

投资 ↓　　↑ 固定收益/到期退出

被投资企业

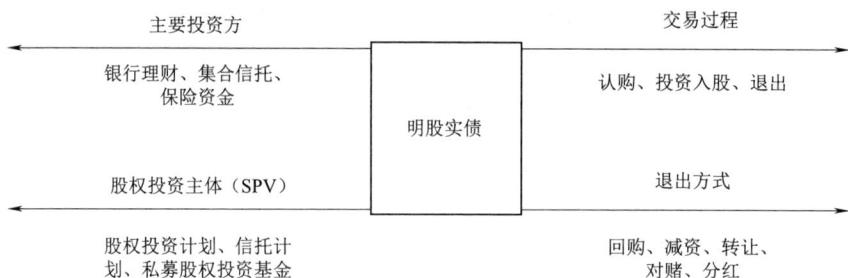

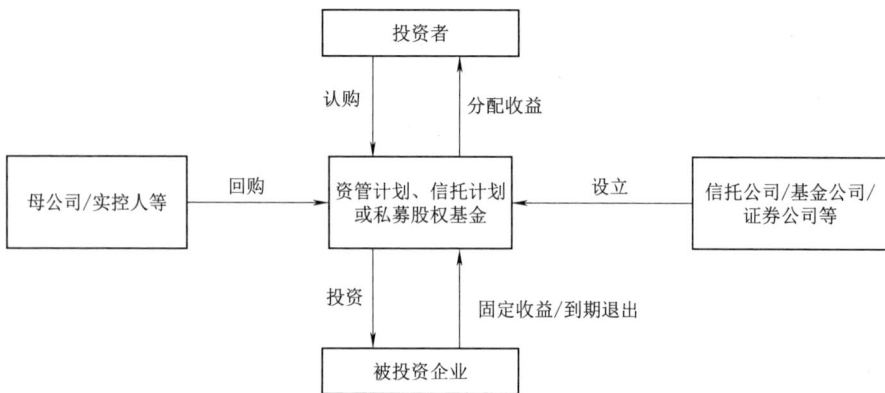

**图 7-2　复杂交易流程**

明股实债模式交易见表 7-4。

**表 7-4　明股实债交易模式**

| 常见模式 | 特点 |
| --- | --- |
| 股权回购 | 事先签订的股权投资协议或单独签署的股权回购或受让协议中约定由目标公司其他股东或实际控制人等资金需求方按照一定溢价率无条件回购或受让投资方股权，保证投资方在约定期限后收回本金及收益 |
| 定期分红 | 定期分红不与目标公司经营情况挂钩，投资方优先或固定从目标公司获得一定金额分红，投资方累计获得的分红为其投资本金与按一定溢价率计算的收益之和，投资方通常不参与目标公司经营管理 |
| 差额补足 | 指为了保障主权利人和主义务人之间的权利义务关系，当主义务人未按约定履行义务时，由第三人按照约定履行差额补足义务的行为 |
| 对赌 | 设置非市场化或存在明显不合理约定的对赌条款，间接构成回购承诺 |
| 假性"债转股" | 假借债转股的模式及概念，行债权投资之实，实现明股实债的投资目的（非典型名股实债） |

| 常见模式 | 特点 |
|---|---|
| 结构化资管产品 | 资管产品层面以设置保本保收益安排，由劣后级对优先级的本息进行担保，确保优先级足额收回本息以实现退出 |
| 远期实缴 | 对其他投资方提供保本保收益安排 |

## 四、明股实债的税务争议

明股实债的税务处理主要围绕债权还是股权涉及若干争议问题。

### （一）增值税的处理

关于明股实债的增值税处理，没有制定针对性的税收政策，因此适用增值税的一般规定。

《财政部 国家税务总局关于全面推开营业税改征增值税试点的通知》（财税〔2016〕36号）

附件1 营业税改征增值税试点实施办法

附：销售服务、无形资产、不动产注释第一条第五项第1点

1. 贷款服务。

贷款，是指将资金贷与他人使用而取得利息收入的业务活动。

各种占用、拆借资金取得的收入，包括金融商品持有期间（含到期）利息（保本收益、报酬、资金占用费、补偿金等）收入、信用卡透支利息收入、买入返售金融商品利息收入、融资融券收取的利息收入，以及融资性售后回租、押汇、罚息、票据贴现、转贷等业务取得的利息及利息性质的收入，按照贷款服务缴纳增值税。

......

以货币资金投资收取的固定利润或者保底利润，按照贷款服务缴纳增值税。

附件2 营业税改征增值税试点有关事项的规定第一条第三项

（三）销售额。

1. 贷款服务，以提供贷款服务取得的全部利息及利息性质的收入为

销售额。

......

《关于明确金融 房地产开发 教育辅助服务等增值税政策的通知》（财税〔2016〕140号）第一条

一、《销售服务、无形资产、不动产注释》（财税〔2016〕36号）第一条第（五）项第1点所称"保本收益、报酬、资金占用费、补偿金"，是指合同中明确承诺到期本金可全部收回的投资收益。金融商品持有期间（含到期）取得的非保本的上述收益，不属于利息或利息性质的收入，不征收增值税。

### 1. 关于投资方的利息收入

明股实债的本质是借款，其特点是"保本＋固定收益"，因此对于投资方而言，其经济实质是"债权投资业务"。根据《财政部 税务总局关于全面推开营业税改征增值税试点的通知》（财税〔2016〕36号），"以货币资金投资收取固定利润或者保底利润的，按照贷款服务缴纳增值税"，明股实债的投资方约定收取固定收益符合财税〔2016〕36号文"固定利润或者保底利润"的情况，虽然其收取固定收益的方式多样化，包括定向分红、溢价回购等，但其实质仍然属于固定利息收入，所获分红也不符合"共享收益、共担风险"的股权分红性质，因此构成了财税〔2016〕36号文规定的"贷款服务"，应当以取得的全部利息及利息性质的收入为销售额缴纳增值税。

但是，实际情况并非完全如此，明股实债模式越来越复杂和越来越多样化，纳税人存在不缴纳增值税的情况。部分企业故意将明股实债作为股权投资处理，税务机关不容易发现其属于增值税应税项目；部分纳税人税务基础较弱，不理解明股实债是什么，不管是会计还是税务都直接作为股权处理；部分纳税人认为应按形式征税，投资方与被投资企业没有签订贷款合同，签订的是股权投资协议不存在债权债务关系，不属于增值税应税项目。但是，财税〔2016〕36号文规定贷款服务包括"各种占用、拆借资金取得的收入"，强调实质课税原则，不要求形式上存在借款或者贷款关系才属于贷款服务，利息收入强调包括各种利息性质的收入。

至于以资管产品运营方式的明股实债产品，虽然《财政部 国家税务总局关于明确金融 房地产开发 教育辅助服务等增值税政策的通知》(财税〔2016〕140号)第四条规定的"资管产品运营过程中发生的增值税应税行为，以资管产品管理人为增值税纳税人"，但是由于明股实债的资管产品种类不一，利息收取方式多样，同样存在有意或无意不缴纳增值税的风险。

**2. 关于投资方的股权回售收入**

退出环节一般通过被投资企业回购、减资或者实控股东受让股权的方式实现，单独来看，不管是减资还是股权转让都不涉及增值税。但是，明股实债模式从资金投入到资金收回全程构成一项完整的贷款服务，退出环节不管是回购、减资、股权转让或其他方式，实质都是收回本金的方式。如果存在本金外的溢价，实质是到期才支付的利息，连本带利一并收回。

那么，收回贷款本金及利息是否需要缴纳增值税呢？一种观点认为，收回贷款本金不应涉及增值税，但是超过本金的部分属于利息收入应当缴纳增值税；另有一种观点认为，股权回购或转让属于金融商品转让，按照卖出价扣除买入价后的余额计缴增值税。理由是，既然定性为贷款服务，那么投资人持有一项债权，回售实质是转让债权，应按转让金融商品征税。但是，转让债权是否属于转让金融商品也是一个典型的税务争议，不管是主流观点还是实务层面，基本倾向于认为转让债权不属于财税〔2016〕36号文规定的"金融商品"的范畴，因此不属于征税项目。笔者认同第一种观点，对同一个事项征税口径应当一致，既然界定为贷款服务，固定收益界定为利息收入，退出环节就是收回贷款本金，这是一揽子交易。税法方面没有贷款收回本金也要征税的规定，因此应对本金以外的溢价作为利息收入征收增值税。后面的讨论，关于增值税的计算，均以此观点为依据，具体内容见表7-5。

表7-5　不同收入来源增值税的处理

| 观　　点 | 收入来源 | 增值税 |
| --- | --- | --- |
| 收回本金 | 利息收入 | 贷款服务 |
| 转让债权 | 债权转让差价收入 | 不征 |

《财政部 国家税务总局关于全面推开营业税改征增值税试点的通知》(财税〔2016〕36 号)

附件1　营业税改征增值税试点实施办法

附:销售服务、无形资产、不动产注释第一条第五项第4点

4. 金融商品转让。

金融商品转让,是指转让外汇、有价证券、非货物期货和其他金融商品所有权的业务活动。

其他金融商品转让包括基金、信托、理财产品等各类资产管理产品和各种金融衍生品的转让。

税务处理还存在交易双方口径不一致的问题,比如被投资企业作为债务处理,账面核算利息支出,但是投资方作为股权投资处理,账面核算分红收入,投资方不愿意为此开具增值税发票给被投资企业,导致被投资企业要么不能取得合法票据,要么选择与投资方一样作为股权投资处理。

## (二)企业所得税的处理

与明股实债模式相关的企业所得税文件是国家税务总局公告2013年第41号,该文件将混合性投资业务定义为"企业混合性投资业务,是指兼具权益和债权双重特性的投资业务",据此定义,明股实债属于企业混合性投资业务。但是并不是所有混合性投资业务都适用国家税务总局公告2013年第41号的企业所得税的税务处理,国家税务总局公告2013年第41号规定必须满足五个前提条件。

《国家税务总局关于企业混合性投资业务企业所得税处理问题的公告》(国家税务总局公告2013年第41号)

根据《中华人民共和国企业所得税法》及其实施条例(以下简称税法)的规定,现就企业混合性投资业务企业所得税处理问题公告如下:

一、企业混合性投资业务,是指兼具权益和债权双重特性的投资业务。同时符合下列条件的混合性投资业务,按本公告进行企业所得税处理:

（一）被投资企业接受投资后，需要按投资合同或协议约定的利率定期支付利息（或定期支付保底利息、固定利润、固定股息，下同）；

（二）有明确的投资期限或特定的投资条件，并在投资期满或者满足特定投资条件后，被投资企业需要赎回投资或偿还本金；

（三）投资企业对被投资企业净资产不拥有所有权；

（四）投资企业不具有选举权和被选举权；

（五）投资企业不参与被投资企业日常生产经营活动。

二、符合本公告第一条规定的混合性投资业务，按下列规定进行企业所得税处理：

（一）对于被投资企业支付的利息，投资企业应于被投资企业应付利息的日期，确认收入的实现并计入当期应纳税所得额；被投资企业应于应付利息的日期，确认利息支出，并按税法和《国家税务总局关于企业所得税若干问题的公告》（2011年第34号）第一条的规定，进行税前扣除。

（二）对于被投资企业赎回的投资，投资双方应于赎回时将赎价与投资成本之间的差额确认为债务重组损益，分别计入当期应纳税所得额。

......

符合规定的混合性投资业务，对投资企业获得收益的分成两项收益处理。第一项是利息收入，包括各种形式的利息性质的收入；第二项债务重组损益，指投资赎回时，赎回价与投资成本之间的差额。对被投资企业亦然。

对于被投资企业利息支出，同时还要求符合《国家税务总局关于企业所得税若干问题的公告》（国家税务总局公告2011年第34号）第一条的规定。

《国家税务总局关于企业所得税若干问题的公告》（国家税务总局公告2011年第34号）第一条

一、关于金融企业同期同类贷款利率确定问题

根据《实施条例》第三十八条规定，非金融企业向非金融企业借款的利息支出，不超过按照金融企业同期同类贷款利率计算的数额的部分，

准予税前扣除。鉴于目前我国对金融企业利率要求的具体情况，企业在按照合同要求首次支付利息并进行税前扣除时，应提供"金融企业的同期同类贷款利率情况说明"，以证明其利息支出的合理性。

"金融企业的同期同类贷款利率情况说明"中，应包括在签订该借款合同当时，本省任何一家金融企业提供同期同类贷款利率情况。该金融企业应为经政府有关部门批准成立的可以从事贷款业务的企业，包括银行、财务公司、信托公司等金融机构。"同期同类贷款利率"是指在贷款期限、贷款金额、贷款担保以及企业信誉等条件基本相同下，金融企业提供贷款的利率。既可以是金融企业公布的同期同类平均利率，也可以是金融企业对某些企业提供的实际贷款利率。

对于债务重组损益，在退出阶段，国家税务总局公告 2013 年第 41 号表述为"被投资企业赎回投资"，规定双方均作为债务重组处理。由此可知，退回阶段作为收回债权或清偿债务处理，不是股权退出处理，这与第一项利息收入保持一致。不一致之处在于，明股实债既然是保本保收益的债权投资，在投资协议达成之前就已经约定了利息和赎回方式，并以恰当的方式写入投资协议，不可能约定以低于投资成本（借款本金）的方式赎回。如果赎回前已经足额支付利息，则平价赎回只支付本金，如果约定到期连本带利一起赎回，或者部分利息在收回本金时一起支付，则溢价赎回支付本金加利息。因此，溢价部分（赎价与投资成本之间的差额）其实是利息收入。除非到期被投资企业不能赎回（不能偿还借款或利息），另外与投资方协商，就清偿债务的时间、金额或方式等重新达成协议，则应属于债务重组，见表 7-6。

表 7-6　债务重组

| 赎回方式 | 投资方 | 被投资企业 |
|---|---|---|
| 平价赎回 | 本金收回 | 偿还本金 |
| 溢价赎回 | 连本带利收回 | 偿还本金和利息 |
| 不能赎回 | 债务重组 | 债务重组 |

国家税务总局公告 2013 年第 41 号将赎回差价作为重组收益处理，使得名股实债的利息支出因结算方式不同导致收入性质不同，如果约定赎回前单

独计算利息，则属于国家税务总局公告 2013 年第 41 号规定的利息收支，若约定以溢价赎回的方式支付利息，则属于国家税务总局公告 2013 年第 41 号规定的重组损益，这样规定使企业所得税处理与增值税处理可能不一致。溢价部分如果按利息收入需要缴纳增值税，如果按债权转让收入则不需要缴纳增值税。对于被投资企业，作为利息支出不能取得增值税专用发票（投资方开具增值税普通发票），投资方需要缴纳增值税，被投资企业不能作为进项抵扣。赎回时增值税如果按债权转让处理，则不属于增值税应税范围，企业所得税作为债务重组收益也不需增值税发票作为税前扣除凭证。

简单列示两种情况下赎回时的投资方增值税和企业所得税对比，见表 7-7。

表 7-7    两种赎回方式下税费对比

| 方　式 | 增值税观点 | | 企业所得税 |
|---|---|---|---|
| | 收回本金 | 债权转让 | |
| 定期付息，平价赎回 | 应税收入 0 | 不征税 | 应税收入 0 |
| 到期付息，溢价赎回 | 溢价部分应税 | 不征税 | 债务重组收益 |

另外，国家税务总局公告 2013 年第 41 号发布于 2013 年，国家税务总局解释该文件是对我国金融工具交易和金融产品创新而制定的配套税收政策。

实践发现，国家税务总局公告 2013 年第 41 号限定条件较多，适用范围较窄，难以适应资本市场发展下变化多端的金融创新业务。即使明股实债业务，也只有个别情况下才能适用国家税务总局公告 2013 年第 41 号。

### 1. 限定只能被投资企业赎回

对于被投资企业赎回的投资，投资双方应于赎回时将赎价与投资成本之间的差额确认为债务重组损益，分别计入当期应纳税所得额"，由此可知该规定只适用于"被投资企业赎回的投资"的情况。被投资企业赎回本公司股权（股份）的方式包括回购公司股权（股份）和减资，股份公司在满足《公司法》第一百四十二条的情况下可以回购本公司股份，有限责任公司在满足《公司法》第七十四条的情况下可以回购本公司股权。现实中接受名股实债模式的被投资企业基本是有限责任公司，有限责任公司一般不符合回购本公司股权的条件，所以如果有限责任公司赎回投资，基本选择减资的方式。相对而言，被投资企业股东等第三方受让投资方持有的股权更加方便易行，因此实践中第三方回购更为普遍，但是这样不适用国家税务总局公告 2013 年第 41 号的规定。

假如被投资企业选择以减资方式赎回投资，对于投资方撤回或减少投资的税务处理，《国家税务总局关于企业所得税若干问题的公告》（国家税务总局公告 2011 年第 34 号）规定"投资企业从被投资企业撤回或减少投资，其取得的资产中，相当于初始出资的部分，应确认为投资收回；相当于被投资企业累计未分配利润和累计盈余公积按减少实收资本比例计算的部分，应确认为股息所得；其余部分确认为投资资产转让所得"。该公告与国家税务总局公告 2013 年第 41 号规定不一致，应该如何适用呢？《国家税务总局关于企业所得税若干问题的公告》（国家税务总局公告 2011 年第 34 号）普遍适用于投资企业撤回或减少投资的所得税处理，国家税务总局公告 2013 年第 41 号仅适用于符合规定条件的"企业混合性投资业务"的所得税处理，更有优先性，因此应当适用国家税务总局公告 2013 年第 41 号，按债务重组损益处理。

**2. 难以同时符合五个条件限制条件**

同时符合五个条件才能适用国家税务总局公告 2013 年第 41 号，过于刚性的限制条件使许多名股实债业务难以同时满足条件。还有一种情况是，交易双方如果不愿意适用国家税务总局公告 2013 年第 41 号，可以很容易通过人为设置条款规避适用条件。

这给财务人员带来了许多困惑：

一是如果不能适用国家税务总局公告 2013 年第 41 号，是否企业所得税就不用作为债权投资业务处理，只能作为股权投资处理呢？还是仍然要求根据业务实质按照债权投资处理，只是不适用国家税务总局公告 2013 年第 41 号呢？

二是企业所得税与增值税，在选择作为债权投资处理还是股权投资处理时，是否口径必须一致？

三是会计处理根据实质重于形式的原则，明股实债一般作为金融工具（债权债务）处理，如果税务作为股权投资处理，税会差异将会增加。

四是明股实债投资协议越来越复杂，有的还存在违法协议。交易双方可能通过隐蔽性条款人为选择股权投资处理或者债务投资处理。

五是企业所得税作为股权投资处理，退出阶段多数采用第三方受让股权，如果股权转让价格低于公允价值，如果税务机关不认可则可能面临更高的股权转让所得税。

对于一般企业，股权投资还是债权投资税务处理更有利呢？下面作一个简单对比（假设增值税处理和企业所得税处理选择同一口径），见表7-8。

表7-8　两种投资方式下税费对比

| 投资方式 | 税种 | 投资方 | | 被投资企业 | |
|---|---|---|---|---|---|
| | | 持有环节 | 赎回环节 | 持有环节 | 赎回环节 |
| 股权投资 | 增值税 | 无 | 无 | 无 | 无 |
| | 企业所得税 | 股息红利（征） | 股权转让（征） | 利润分配 | — |
| 债权投资 | 增值税 | 贷款服务 | 差额征税 | 进项税额不能抵扣 | 进项税额不能抵扣 |
| | 企业所得税 | 利息收入 | 债务重组收益 | 利息支出 | 债务重组损失 |

对比可知，对于投资方而言，选择股权投资税务处理更有利，不但不涉及增值税，还能通过分红取得投资收益免征企业所得税，选择平价退出不涉企业所得税。对于被投资企业而言，选择债权投资并适用国家税务总局公告2013年第41号更有利，被投资企业支付利息不是增值税纳税一方，利息支出能作为成本费用在企业所得税前扣除，超过扣除限额的利息支出可以在赎回时一次性支付作为债务重组损失，尤其对房地产企业有利。整体而言，企业所得税整体税负相同，增值税则选择股权投资处理更有利，因此投资方利息收入缴纳了增值税，被投资企业却不能抵扣进项。

综上所述，对于明股实债模式，一般企业大多数作为股权投资处理为主，在不适用国家税务总局公告2013年第41号的情况下，债权投资税务处理整体不划算。实务中也很少有税务机关要求纳税调整的案例，因为投资方获得被投资企业股权时，依法履行了相关程序，是法律意义上的真正股东。虽然纵观整个交易过程，商业目的和经济实质是债权投资。但是，税务机关如果要将一项法律形式合法的股权重新界定为债权，再进行纳税调整，需要证明其法律形式与经济本质不一致，股权投资不具有合理商业目的，实践中难以识别而且取证困难。

【案例7-6】　附回售权的股权转让未申报所得税被追缴

【案例来源】　中国裁判文书网

【案例背景】　A公司在2010年筹备上市期间，为满足上市需要的资本条件，吸收多名投资人对其进行投资。B公司作为原有股东之一，以签订股权转让协议的方式，将自己持有 A 公司的 1.97％股权（对应注册资本金 371.28 万元）转让给 C 有限合伙企业（以下简称 C 合伙），并实际收到股权转让价款 1 400 万元。A 公司于 2010 年 12 月 15 日办理了股权变更登记手续，C 合伙成为 A 公司的新股东。

同时，B 公司还与 C 合伙、A 公司等主体签订了一份投资协议，该协议约定：C 合伙以现金形式向 B 公司进行增资扩股，成为 A 公司股东，并以此投资协议为由，C 合伙支付了 1 400 万元增资扩股款；C 合伙在完成入资后即成为 A 公司的股东，完成工商变更登记手续后即可按股权比例进行利润分配；如果 A 公司 36 个月后没有在 A 股上市，C 合伙有权要求 B 公司回购股权并给予相应的收益，C 合伙不参与 A 公司经营。

2016 年 4 月 12 日，税务机关对 B 公司 2010 年 1 月 1 日至 2015 年 12 月 31 日期间的涉税情况进行检查。发现 B 公司于 2010 年 9 月向 C 合伙转让持有的 A 公司 1.97％的股权（对应注册资本金 371.28 万元），股权转让款 1 400 万元计入其他应付款，未计收入，未申报纳税。税务机关于 2016 年 10 月 26 日同时作出税务处理决定书和税务行政处罚决定书，要求 B 公司补缴 2010 年度企业所得税 2 535 839.50 元，并从滞纳税款之日起按日加收滞纳税款万分之五的滞纳金。B 公司对此提起税务行政诉讼。

【争议焦点】 B 公司认为，根据股权转让协议，该协议是附条件生效的债权投资协议。如果 A 公司 36 个月后没在 A 股上市，C 合伙有权要求申请人回购股权，退还股权后又退回到未转让前的状态。1 400 万元的性质属于明股实债，不属于 B 公司的收入，B 公司没有任何收益，企业也没有所得。

税务机关认为，纳税义务是基于税法的规定产生的，股权转让协议中当事人之间关于回购的约定属于民事法律范畴，税务机关与 B 公司之间是行政法律关系。而《企业所得税法》及《企业所得税法实施条例》明确规定，企业转让股权收入应于转让协议生效且完成股权变更手续时，确认收入的实现，扣除为取得该股权所发生的成本后，为股权转让所得。B 公司与 C 公司签订了合法有效的股权转让协议，于协议生效后收到了股权转让款共计 1 400 万元，且在工商部门完成了股权变更登记手续，股权转让交易流程已经完成，应当进行申报纳税。

【裁判结果】 法院认为，B 公司将持有 A 公司 1.97％股权转让给 C 合伙，并实际收到 C 合伙股权转让价款 1 400 万元，同时 A 公司办理了股权变更登记手续。故 C 合伙支付的 1 400 万元属于股权转让款。经法院审查，股权转让协议明确约定 C 合伙在完成入资后即成为 A 公司的股东，完成工商变更登记手续后即可按股权比例进行利润分配。关于交易回转的约定，属于 A 公司与 C 合伙之间对控制投资风险事项的约定，与 B 公司是否应当缴纳企业所得税并无关联。根据国税函〔2010〕79 号第三条规定，"……企业转让股权收入，应于转让协议生效、且完成股权变更手续时，确认收入的实现。转让股权收入扣除为取得该股权所发生的成本后，为股权转让所得。……"B 公司 2010 年 9 月与 C 合伙签订股权转让协议，取得股权转让款 1 400 万元。根据股权转让协议约定，2010 年 12 月 15 日，A 公司的股权信息在工商部门作了相应变更，C 合伙成为 A 公司的股东，股权变更手续完成，故本次股权转让扣除成本后应属于企业所得。至于协议当事人事后是否回购，则是当事人之间的民事法律关系，与股权转让所得是否应计入企业本年度收入无关。

**【案例分析与合规管理】** 在明股实债模式中，投资方取得股权的方式包括受让和增资。本案例是通过受让取得，被投资企业原股东向投资方转让股权。

案例中，B 公司认为 C 合伙对 A 公司的投资是附对赌条款的投资。如果对赌失败，B 公司履行回购义务，那么在股权转让款 1 400 万元是名股实债性质，不应缴纳企业所得税。

"对赌"可能是战略性投资也可能是明股实债的外衣，本来就难以区别。不管是真实的对赌，还是明股实债融资，税务对 B 公司转让股权的行为均要求在股权转让完成当年纳税。

被投资企业股东对投资方转让股权的方式进行明股实债融资，融资开始的股权转让环节就需要申报纳税。因此，实践中多以投资方对被投资企业增资，退出时以被投资企业股东等第三方回购为主，回购价格包括按投资成本回购或者投资成本加上固定收益，回购价格很可能低于被回购股权的公允价值。本案例中，税务机关认为，纳税义务是基于税法的规定产生的，股权转让协议中当事人之间关于回购的约定属于民事法律范畴，税务机关与 B 公司之间是行政法律关系。参考该观点，履行回购义务时，也应当按税法的规定履行纳税义务，股权回购价格存在明显偏低的税务风险。

明股实债作为投融资工具的发展过程中，有关部门包括中国银行业监督管理委员会①、中国证券投资基金业协会、最高人民法院、财政部、国家税务总局等均发布过相关文件在各自管辖范围内对明股实债问题作出规定。但整体而言，这些文件互相之间不关联，以针对某些具体问题为主，碎片化特点明显，并且文件的发布远滞后于市场变化。

关于明股实债的合法性。2015 年之前，根据《最高人民法院关于审理联营合同纠纷案件若干问题的解答》[法（经）发〔1990〕27 号]第四条第二项"企业法人、事业法人作为联营一方向联营体投资，但不参加共同经营，也不承担联营的风险责任，不论盈亏均按期收回本息，或者按期收取固定利润的，是明为联营，实为借贷，违反了有关金融法规，应当确认合同无效。……"2015 年实施的《最高人民法院关于审理民间借贷案件适用法律若干问题的规定》（法释〔2015〕18 号）关于法人之间为生产、经营需要订立的民间借贷合同原则有效的规定，"明股实债"协议不因企业之间借贷而无效；参考最高人民法院 2019 年 11 月 8 日印发的《全国法院民商事审判工作会议纪要》关于债务人将财产形式上转让至债权人名下，债务人到期清偿债务则债权人将该财产返还，债务人到期没有清偿债务则债权人可以对财产拍卖、变卖、折价偿还债权的，人民法院应当认定合同有效的规定，"明股实债"协议不因"让与担保"而无效。

**【案例 7-7】　增资后约定溢价回购股份**

**【案例来源】**　某上市公司公告

**【案例背景】**　B 公司是 A 公司的全资子公司，2019 年，为进一步扩大生产经营规模，B 公司拟建设新的工厂，需筹集建设资金 1 亿至 1.5 亿元。C 公司实际控制人为当地财政局，在当地具有较好金融资源，为了直接解决部分项目建设资金及有助于当地金融机构提升 B 公司的授信额度，因此 A 公司决定与 C 公司合作。

2020 年 1 月 17 日，A 公司与 C 公司签署投资协议。协议约定 C 公司对 B 公司进行增资扩股，投资总额为 1 500 万元，其中 1 000 万元计入注册资本，剩余 500 万元计入资本公积金。本次交易完成后，C 公司持有 B 公司 11.11% 股权。

---

① 2018 年 3 月撤销。2018 年，成立中国银行保险监督管理委员会。2023 年 3 月，中共中央、国务院印发《党和国家机构改革方案》。在中国银行保险监督管理委员会基础上组建国家金融监督管理总局，不再保留中国银行保险监督管理委员会。

根据投资协议的规定，C公司在投资期限内，每年享有实缴资金的年收益率不低于10%，不与B公司的经营业绩挂钩。投资结束时，A公司回购C公司持有的B公司股权。A公司认为，C公司对B公司的持股为明股实债安排，其交易实质是C公司向B公司提供1 500万元的长期融资，A公司将其在长期应付款科目核算。

2022年10月，经双方协商，A公司以1 717.40万元的价格回购C公司持有的B公司11.11%股权。

【案例分析】 本案例与前一个案例非常相似，区别在于利息的支付方式。前一案例以定向分红的方式支付利息，本案例以第三方溢价回购的方式支付利息。对比一下投资方的企业所得税差异，见表7-9。

表7-9 企业所得税差异对比

| 方式 | 定向分红 | 溢价回购 |
|---|---|---|
| 应税所得 | 免税 | 转让差价 |

两种方式的企业所得税整体税费相同，但是税费承担方不同，税费缴纳时间不同。溢价转让股权，投资方收到的溢价应当缴纳企业所得税，回购方取得股权的成本是溢价回购款。定向分红后平价转让，投资方收到分红免税，回购方取得股权的成本是借款本金，相当于税费转移给了回购方，缴纳时间推迟到再次处置股权时。

因此，定向分红对投资方有利，溢价回购对回购方有利。整体来说，定向分红推迟了纳税时间。

【案例7-8】 股权投资约定固定回报确认为债权投资
【案例来源】 新三板某公司公告
【案例背景】 A公司是拟挂牌企业，曾于2019年5月收购B公司60%股权。2021年5月28日，B公司自然人股东甲与A公司签订股权回购协议和关于股权回购协议的补充条款，甲回购A公司持有的B公司40%股权，回购价格674万元，剩余20%股权公允价值为269万元。双方约定，剩余的20%股权按每年固定收益分红，不论B公司的盈利情况如何，需按269万元的同期银行贷款利息，在每年1月1日支付前一年的固定分红。逾期支付分红，股东甲按269万元及利息将剩余20%股权一次性付款收购。同时A公司出具股东放弃表决权与剩余财产分配权的声明，声明无条件放弃剩余20%股权应享有的表决权和剩余财产的分配权。

A公司认为，所持有的B公司20％股权实质为明股实债，故剩余20％股权在会计上确认为债权性投资，计入其他非流动资产。根据双方签订的协议条款，不论B公司的盈利情况如何，B公司需以269万元为依据支付固定分红，如将来A公司转让剩余20％股权时，将按269万元转让给甲，故剩余20％股权按269万元计量。

**【案例分析与合规管理】**　　由于A公司拟挂牌新三板，具备较完善的财务及税务处理基础，可以根据交易的实质进行适当的财税处理。

A公司持有B公司20％股权，但是按同期银行贷款利息收取固定收益，约定了股权回购条件，放弃表决权不参与B公司的经营管理，具备明股实债的典型特征。那么是否符合国家税务总局公告2013年第41号的企业所得税处理条件呢？不符合，因为不是约定由被投资企业B公司赎回股权。

A公司的会计处理：根据实质重于形式的原则，该项投资不符合权益工具的定义，作为金融资产核算。会计上确认为债权性投资，每年的固定分红作为利息收入。

A公司的税务处理：税务处理与会计处理一致，作为利息收入处理，按照贷款服务缴纳增值税，并向B公司开具增值税普通发票。

B公司的会计处理：由于B公司不承担回购义务，因此确认为一项权益。对于每年应支付的利息，确认为财务费用（利息支出）。由于按同期银行贷款利息支付，所以在取得发票的情况下可以税前扣除。

可能存在的税务风险。由于该项明股实债是以股权的形式存在，并且不符合国家税务总局公告2013年第41号有关企业所得税处理的规定。税务处理可能存在两种意见：一是按照实质课税原则，该项交易按债权投资处理，交易双方账面已经作为债权投资处理，所以无须调整；二是该项交易是股权交易，并且不适用国家税务总局公告2013年第41号，因此B公司不能作为利息支出在税前扣除。股权回购时，如果该项股权公允价值已经明显超过269万元，可能面临股权转让价格明显偏低核定转让收入的风险。

作为迅速发展的新兴投融资模式，监管的滞后性给交易各方带来不确定风险。首先是法律滞后性。相关法律法规不完善，缺乏针对性的法律规定，适用目前一般性法律法规时容易产生争议。其次，有关部门持续发布相关监管措施，加强明股实债的管理，但是由于文件发布的滞后性和持续性，导致已经进行中的明股实债交易随时面对未来新的监管规定。并且在资本的推动下，明股实债的交易结构日益复杂，协议条款内容烦琐且法律专业性强，大大增加双方纠结时的法律适用风险。例如，银保监会等机构对资本市场投融资合规性管理、司法实践对明股实债合同纠纷判决不确定、依据《企业会计准则》进行财务处理的不确定性、税务处理实质课税或形式课税的不确定性。

此外，投资都有风险，这是市场共识。明股实债既是融资模式也是投资模式，本身就存在投资风险。投资风险的影响因素很多，简单归纳其中几点：融资企业的经营风险；投资方信息不对称风险；投资方股东身份的风险；回购主体的信用风险。投资收益来自融资企业，如果融资企业经营不善，破产清算，投者方不但利息收益落空，作为本金保证的股权也没有多少价值，要求融资企业实控人等第三方担保人履行担保承诺将是漫长的追索过程。由于投资人一般不参与融资企业的经营管理，决定了投资人未必完全了解融资企业的情况，投资开始就潜在决策失误的风险，后续存在信息缺失，出现异常情况时不能及时止损。投资人作为股东进了工商登记，对外具有公示效力。对内虽然是明股实债，对外不能对抗第三方，投资人对外需要承担作为公司股东的法律责任。投资退出股权回购是收回本金的主要方式，回购主体的财务实力、违约成本可能影响回购不能或者故意违约，特殊情况回购主体可因经营失败陷入破产危机，这些因素都可以将投资人拖进漫长的维权争议。

## 第三节　交易取消

在对行为征税时，如果交易取消即相关的行为未发生，那么理论上征税就缺乏依据，已经缴纳的税款是否可以退还呢？课税要素是指国家征税必不可少的要素即必须具备的条件。从狭义上说主要针对税收实体法要素，包括征税主体、征税客体、税率等。课税要素理论是判定相关主体的纳税义务是否成立及国家是否有权征税的标准，只有满足课税要素，相关主体才能成为税法上的纳税人并负有依法纳税的义务，国家才能作为征收主体对其征收税款。其中征税客体即主要解决对什么征税的问题，一般界定为物，主要涉及商品、所得及财产等。税收依据指纳税人据以缴纳税款的原因和国家可以据以征收税款的理由，国家征收是否有法可依、有据可循是征收活动是否合法有效进行的基础性前提，如征税无据则税务机关可能涉嫌侵权。交易取消后，税收客体不复存在，纳税人曾缴纳的税款已不符合课税要素的必要条件，不具备税收依据的基础，不再符合税的根本属性。

实务中纳税人交易双方打官司解除或撤销合同，然后拿着法院判决书或者调解书，要求有关部门直接办理资产过户手续，或者要求税务机关免税退税！当然，现实中，确实存在大量合同签订后又因为各种原因解除的情况，纳税人可能在合同成立时已经缴纳了税款，后来交易取消，申请退回已缴纳的税款。税务机关可能会以没有退税依据为由拒绝退税，双方因此引发税务争议。

**【案例 7-9】** 股权转让合同撤销属于第二次股权转让

**【案例来源】** 中国裁判文书网

**【案例背景】** 2012 年 9 月 5 日，A 公司与 B 公司签订股权收购协议书等文件，约定 A 公司将其所持有的 C 公司 70％股权转让给 B 公司。同时 B 公司将其所持有的某新药知识产权变更到 C 公司名下。股权收购协议书签订后，B 公司给付 A 公司股权转让金 3 916 万元，A 公司将 C 公司 70％股权转让给 B 公司，并于 2012 年 9 月 21 日进行了工商登记变更，税务机关征收 A 公司股权转让企业所得税及滞纳金约 714 万元。后 A 公司以 B 公司违反股权收购协议书的约定，认为其对所谓的某新药并无任何的知识产权，其行为显属欺诈为由，向法院提起诉讼，要求撤销双方签订的股权收购协议书。法院以该股权转让显失公平为由，判决撤销了双方签订的股权收购协议书。

双方于 2014 年 2 月 27 日签订新协议书约定，A 公司通过法院向 B 公司返还股权收购款并给付相应利息，以及 B 公司派驻管理人员的报酬合计 4 300 万元。2015 年 7 月 14 日，A 公司以法院判决撤销了双方签订的股权收购协议书为由，向税务机关提出退税申请。税务机关于 2015 年 9 月 16 日作出关于不能退还企业所得税的批复。A 公司不服，申请行政复议，复议决定维持税务机关的批复。

**【争议焦点】** A 公司认为：

（1）法院已经判决撤销双方签订的股权收购协议书，A 公司已经通过法院返还股权转让款。按照法律规定，A 公司向 B 公司出让股权的行为被人民法院依法撤销，该协议及股权转让行为自始无效，税务机关根据该协议及股权转让行为收取的税费失去依据，应予退还。

（2）根据国家税务总局国税函〔2005〕130 号《关于纳税人收回转让的

股权征收个人所得税问题的批复》，纳税人收回转让的股权应该退还已纳的所得税。

《国家税务总局关于纳税人收回转让的股权征收个人所得税问题的批复》(国税函〔2005〕130号)

......

一、根据《中华人民共和国个人所得税法》(以下简称个人所得税法) 及其实施条例和《中华人民共和国税收征收管理法》(以下简称征管法) 的有关规定，股权转让合同履行完毕、股权已作变更登记，且所得已经实现的，转让人取得的股权转让收入应当依法缴纳个人所得税。转让行为结束后，当事人双方签订并执行解除原股权转让合同、退回股权的协议，是另一次股权转让行为，对前次转让行为征收的个人所得税款不予退回。

二、股权转让合同未履行完毕，因执行仲裁委员会作出的解除股权转让合同及补充协议的裁决、停止执行原股权转让合同，并原价收回已转让股权的，由于其股权转让行为尚未完成、收入未完全实现，随着股权转让关系的解除，股权收益不复存在，根据个人所得税法和征管法的有关规定，以及从行政行为合理性原则出发，纳税人不应缴纳个人所得税。

税务机关认为：

(1) A公司申请退还依法征收的企业所得税及滞纳金没有事实和法律依据。征收企业所得税是根据股权转让协议约定及履行的结果，如果因为一方原因或者过错导致股权转让协议被撤销，相对方依法要求对方赔偿损失主张权利，要求税务机关退还依法征收的税款是没有法律依据的。税务机关无论实施征税行为或退税行为都需要具备充分的法律法规依据。

(2) 至于《国家税务总局关于纳税人收回转让的股权征收个人所得税问题的批复》(国税函〔2005〕130号)，该文件是关于个人所得税问题的批复，并且是指股权转让合同未履行完毕，因解除股权转让合同而退税。A公司是企业法人，故对本案不适用。

（3）从 A 公司的账务处理情况看，2014 年 3 月，双方撤销原股权转让合同，实施了 4 300 万元高价回购，实质上是一笔新的交易事项。

（4）从 A 公司与 B 公司于 2014 年 2 月 27 日签订的协议书及其所载明的内容看，其以协商方式确定双方的权利义务，通过人民法院判决的形式帮助双方实现协商目标。而协议书约定的有关通过人民法院判决撤销股权转让协议而申请退税并平分、产生费用均摊内容显然有恶意串通损害国家利益的嫌疑。

**【裁判结果】**　目前税收征收管理法律法规规定的退税情形中没有关于股权转让协议被撤销后，应退回之前所缴纳的企业所得税的规定。本案中，虽然法院判决撤销了 A 公司与 B 公司签订的股权收购协议书，从规定上来看，该协议及股权转让行为自始无效。就股权收购双方应互相返还，或向对方赔偿损失。但从行政法律关系上来讲，合同被撤销或有效无效不是决定税款是否退还的关键，退税要有法律依据。A 公司向某市税务局书面提出退还企业所得税的申请，某税务局作出批复，其答复在合理期限内。

**【案例分析】**　从税务机关第（3）观点分析，A 公司与 B 公司的合同撤销之诉是双方提前协商的结果，诉讼前双方已经就权利义务达成协商一致，B 公司返还股权，A 公司支付 B 公司 4 300 万元费用。税务机关认为双方的诉讼程序是为了通过人民法院判决撤销股权转让协议而申请退税并退税成功平分、产生费用均摊，恶意串通损害国家利益的嫌疑。这也是税务机关认为 4 300 万元高价回购，实质上是一笔新的交易事项的原因之一。

假设双方的合同撤销之诉并非串通，股权转让协议确实因为一方的过错导致撤销，那么该不该退税呢？A 公司认为股权转让协议被人民法院依法撤销，该协议及股权转让行为自始无效，税务机关根据该协议，以及股权转让行为收取的税费失去依据，应予退还。这个观点具有一定的道理，被撤销的合同自始没有法律约束力，相应撤销前的应税行为无效，征税基础已经不存在，税费应该退还。但是税务机关却从另一个角度认为，法无授权不可行，税务机关退税需要充分的法律法规依据，对于撤销合同，税法没有退回企业所得税的相关规定。在实务中，没有退税依据确实是纳税人退税难的症结之一。站在税务工作人员实际工作环节来说退税落地的现实问题，让执法人员很为难。作出退税决定必须要有政策依据，即使税务机关愿意作出退税的决定，作出处理决定时依据哪个文件呢？

**【案例7-10】**　没有征税的依据，就是最好的退税依据

**【案例来源】**　中国裁判文书网

**【案例背景】**　2009年3月3日，刘某购买涉案房屋，总价款1 465 156元。2009年3月6日，刘某与张某登记结婚。2010年1月26日，刘某与张某协议离婚，并在离婚协议书中约定涉案房屋归男方张某所有，女方刘某协助办理过户，所欠贷款由张某偿还。

2010年4月，刘某因借贷纠纷，法院作出民事调解书，确定刘某在约定时间内偿还债权人85万元借款，如不按期还款，刘某应将涉案房屋过户给债权人或债权人指定的第三人。后因刘某不履行还款义务，涉案房屋被法院强制执行，要求刘某将涉案房屋过户给第三人沈某。2011年，刘某以出售房屋的方式向税务局缴纳税款约4.6万元及买方契税25 500元。2012年4月20日，法院再审判决撤销民事调解书。在此期间，刘某前夫张某向法院提起系列诉讼称房屋为其所有。2012年，法院判决房屋权属归刘某前夫张某所有，后房屋已过户登记到张某名下。

刘某与沈某之间的房屋交易失败，2016年，刘某向税务局申请退税。税局认为：退税申请已超过《税收征收管理法》第五十一条规定的"三年"退税申请期限。刘某申请行政复议，复议维持税务机关的决定。之后，刘某向法院提起行政诉讼，请求退税。

**【争议焦点】**　依照法律规定，相关税款是在房屋交易成功的情况下税务机关收取的，现刘某与沈某之间的房屋交易失败，税务机关应予退回。

税务机关认为刘某要求退税没有法律依据。

（1）刘某于2011年9月5日缴纳相关税费，于2016年12月13日提出退税申请，已超过《税收征收管理法》第五十一条规定的"三年"退税申请期限，其提出的退税申请不符合退税条件。

（2）刘某主张"税款是在房屋交易成功的情况下税务机关收取的，现刘某与沈某之间的房屋交易失败，税务机关应予退回"没有法律根据，不能成立。《税收征收管理法》第五十一条规定"超过应纳税额缴纳的税款"的产生原因有多种，包括因法律原因、技术原因，以及其他原因导致的多缴税款。该条还规定，应退还的纳税人多缴的税款有两类：一是由税务机关发现；二是由纳税人自己发现。由纳税人发现的多缴税款，无论什么原因造成，都应在结算缴纳税款之日起3年内申请退还，超过3年申请退税的，税务机关不

能办理退还手续。

**【裁判结果】** 法院认为：（1）刘某曾缴纳的税款自其与沈某基于以房抵债的行为不具备法律效力时，已不符合税的根本属性，不具备课税要素条件和税收依据，依法应予退还，否则将有违税法的立法精神和宗旨。

（2）税务机关针对纳税人提出的退税申请，应遵循税法的立法精神，秉承行政合法性原则为基础、行政合理性原则为补充的执法理念，正确行使税收管理职责，切实维护行政相对人的合法权益。

（3）在税收征缴过程中，当事人缴纳了相关款项，但经查明实际上不负有纳税义务的，以缴纳税款名义实际缴纳的款项，该种情形不属于《税收征收管理法》第五十一条规定的"超过应纳税额缴纳"问题，对该款项的退还，亦不宜适用《税收征收管理法》第五十一条的规定。

**【案例分析】** 没有征税的依据，就是最好的退税依据。交易取消能否退税？这个问题应该换一个角度来论证：不应该讨论退税的依据是什么，应该讨论征税的依据是什么。

税务机关作为公权力部门，征税必须有法可依。退税是建立在征税的基础上的，先有征税，才有退税。征税既然没有依据，退税自然是顺理成章的事。

当然，对于征税行为成立，应当遵守《税收征收管理法》退税的相关规定，这种情况下征税基础是成立。

刘某与债权人的民事调解书，相当于一份附条件的房屋买卖合同，当刘某不按期还款时，房屋买卖合同成立。后来民事调解书被法院撤销，相当于合同被撤销。因此该案例与上一个案例的相同之处在于，合同被法院撤销，合同自始无效，合同约定的交易行为自始无效。合同无效导致不具备课税要素条件和税收依据，因此应予退税。判决书中列举的《国家税务总局关于无效产权转移征收契税的批复》（国税函〔2008〕438号）文件体现的也是这个精神，虽然该文件后来被废止，但是新的文件《关于贯彻实施契税法若干事项执行口径的公告》（财政部 税务总局公告2021年第23号）也是延续了这种思路。

---

《关于贯彻实施契税法若干事项执行口径的公告》（财政部 税务总局公告2021年第23号）第五条

五、关于纳税凭证、纳税信息和退税

---

> ……
>
> （四）纳税人缴纳契税后发生下列情形，可依照有关法律法规申请退税：
>
> 1. 因人民法院判决或者仲裁委员会裁决导致土地、房屋权属转移行为无效、被撤销或者被解除，且土地、房屋权属变更至原权利人的；
>
> ……

撤销合同与解除合同对比，撤销的合同自始没有法律约束力，合同无效。合同无效是指合同根本不符合法律规定的合同有效的条件，合同关系不应该成立；合同解除是指消灭已经有效成立的合同。合同解除后，双方的权利义务关系终止，不影响合同中结算和清理条款的效力。因此，合同解除未必意味着应该退税，还要看合同履行到什么阶段，价款是否已经部分结算，纳税义务是否已经发生。

综上所述，合同撤销应该退税，合同解除则还要区分情况处理，相对而言，撤销合同退税理由更充分。但是，纳税人缴纳税款之后再要求退税一般是比较被动的，而在缴纳税款之前主动撤销应税行为则比较主动。

【案例 7-11】　自认虚假增资不需要补缴税

【案例来源】　中国裁判文书网

【案例背景】　2017 年 3 月，D 公司完成了以未分配利润向股东转增注册资本 900 万元的工商变更登记，并提交了股东会决议、修订后的公司章程。

2018 年 9 月的营业账簿记账凭证载明，对 2009 年底未分配利润 830 万元及股东出资 70 万元增加实收资本的补记，实收资本变成 1 000 万元。

2019 年 1 月，冲回上述会计处理。将实收资本从 1 000 万元调整为 100 万元。

2019 年 5 月 9 日，D 公司填报 2018 年 1 月 1 日至 2018 年 12 月 31 日资产负债表，载明实收资本从 100 万元增加至 1 000 万元。

2019 年 9 月，税务机关向 D 公司发出税务检查通知和调取账簿资料通知，对 D 公司 2017 年 1 月至 2018 年 12 月纳税情况进行税务检查。

2019 年 11 月 4 日，D 公司在税务检查情况核对意见书中向税务机关提出

2010 年营业账簿记载实收资本增加 900 万元未申报缴纳印花税 4 500 元、2018 年 9 月以未分配利润向股东转增资本未代扣代缴个人所得税 1 643 400 元两项事项的异议,并陈述了 2017 年 3 月为参加工程竞标,委托中介公司办理以未分配利润转增注册资本至 1 000 万元的虚假增资情况。

2020 年 3 月 26 日,D 公司通过股东会决议、修改公司章程,办理纠正 2017 年 3 月以未分配利润转增注册资本的虚假增资更正手续,全部股东以货币 900 万元出资补缴未实际到位的注册资本,出资比例未变。2020 年 5 月 8 日,D 公司改正虚假增资登记行为的申请获得工商管理机关准许,并办理了备案登记。

2020 年 5 月 25 日,D 公司填报 2019 年 1 月 1 日至 2019 年 12 月 31 日财务报表,将实收资本从 1 000 万元调整为 100 万元。

2020 年 6 月 28 日,税务机关收到工商管理部门复函,称"2020 年 4 月 25 日收到 D 公司以现金方式重新出资改正 2017 年 3 月虚假出资的备案申请。根据规定,对经自查自纠补交出资、能够提供审计报告备案的企业,不予行政处罚;对该企业 2017 年 3 月增资情况,我局依据验资报告确认资金到位,无须再进行核查"。

2020 年 12 月 3 日,税务机关作出税务行政处罚告知书,告知认定的违法事实和拟作出的处罚为:①少申报缴纳 2018 年 9 月营业账簿记载实收资本增加 900 万元的印花税 4 500 元,拟依照《税收征收管理法》第六十四条第二款的规定,罚款 2 250 元;②少代扣代缴 2018 年 9 月以分配利润方式转增 5 名个人股东股本共计 821.70 万元应代扣代缴的个人所得税 164.34 万元,拟依照《税收征收管理法》第六十九条的规定,罚款 82.17 万元。

D 公司认为 2017 年 3 月是虚假增资,2018 年 9 月记账凭证是账务处理错误,2020 年 4 月,D 公司已经在工商管理机关以现金出资改正了虚假增资。

**【裁判结果】** 法院认为,2020 年 5 月,工商管理机关确认并准予 D 公司以股东现金出资 900 万元的方式改正 2017 年 3 月的虚假增资行为,因此,D 公司 2018 年 9 月营业账簿记载的增加实收资本 900 万元缺乏实收资本的事实基础,该公司已经不具备纳税的事实基础,税务机关决定追缴税款,缺乏事实基础,不符合法律规定。至于 D 公司的虚假出资及会计行为是否违法的问题,不属于本案审查范围。

**【案例分析】** 该案例的要点在于纳税人承认虚假增资,未分配利润转增实收资本的应税行为未发生，因此不具备课税依据。纳税人采取包括 2020 年现金更正增资等一系列措施均是为了证实 2009 年增资是虚假行为，因此不具备纳税的事实基础。该理由否定了应税行为的存在，堪比撤销合同的作用。权衡之下，D 公司承认虚假增资，并且以现金补足增资款项。

## 第四节　股权代持

股权代持又称委托持股、隐名投资或假名出资，是指实际出资人与他人约定，以他人名义代实际出资人履行股东权利义务的一种股权或股份处置方式。实际出资人又称为隐名股东，代持人又称为显名股东，并以显名股东的名义办理公司工商登记。代持的方式有自然人为自然人代持，企业为企业代持，自然人为企业代持，企业为自然人代持。

在民商法层面，股权代持关系受法律保护，《最高人民法院关于适用〈中华人民共和国公司法〉若干问题的规定（三）》第二十五条明确股权代持关系受法律保护。股权代持在法律上被认定为"委托法律关系"，实际出资人委托名义出资人代为持有股权，由实际出资人出资并实际享有投资权益，实际出资人为委托人，名义出资人为受委托人，他们之间是委托法律关系。排除非法因素外，委托关系受法律的保护和约束，《最高人民法院关于适用〈中华人民共和国公司法〉若干问题的规定（三）》也明确规定保护实际出资人的投资权益归属。

《最高人民法院关于适用〈中华人民共和国公司法〉若干问题的规定（三）》第二十五条

第二十五条　有限责任公司的实际出资人与名义出资人订立合同，约定由实际出资人出资并享有投资权益，以名义出资人为名义股东，实际出资人与名义股东对该合同效力发生争议的，如无合同法第五十二条规定的情形，人民法院应当认定该合同有效。

前款规定的实际出资人与名义股东因投资权益的归属发生争议，实际出资人以其实际履行了出资义务为由向名义股东主张权利的，人民法院应予支持。名义股东以公司股东名册记载、公司登记机关登记为由否认实际出资人权利的，人民法院不予支持。

实际出资人未经公司其他股东半数以上同意，请求公司变更股东、签发出资证明书、记载于股东名册、记载于公司章程并办理公司登记机关登记的，人民法院不予支持。

既然法律明确股权代持关系合法，并且明确支持投资权益归属实际出资人。这使股权代持关系在税法层面如何认定的争议更加突出，尤其在显名股东将股权归还给隐名股东时，即股权还原环节，纳税人要求税务机关承认股权代持的事实，不作为股权转让征税的要求更加强烈。而在税务机关层面，除了《国家税务总局关于企业转让上市公司限售股有关所得税问题的公告》（国家税务总局公告2011年第39号）有关于代持限售股的规定外，目前还没有在全国层面统一关于股权代持的征管口径，导致实务中税务机关倾向于按形式征税，但是各地也出现了不同意见的征管案例。

在实务中，对股权代持关系税务上如何管理主要存在两种观点：

观点一认为应按交易形式征税。我国强调依法行政和税收法定，股权代持过程中双方或多方产生的交易均有对应的税收征管，满足相关征收条件时，税务机关应当依法征税。因此，股权代持过程中产生的分红收益、转让收益和股权还原，根据税收征管系统和相关部门管理系统登记的资料，均可找到符合税法规定的纳税人，税务机关据此征税并无不当。

观点二认为应按业务实际征税。征税依据在于纳税人发生了应税行为，因此税务机关应当依据纳税人真实的经济活动征税。股权代持已经被法律认可为合法的委托法律关系，显名股东与隐名股权之间是委托关系，并且明确保护隐名股东的投资权益，税务机关应当对双方委托业务产生的经济活动征税，对隐名股东按照真正股东征管。代持过程中显名股东并没有获得投资权益，无所得不征税。因此，不能针对投资权益向显名股东征税，隐名股权作为投资权益的真实归属人，税务机关针对投资权益应当向隐名股东征税。

**1. 对观点一进行分析**

（1）税务机关有充分理由认为显名股东是真正的股东。

股权代持的目标公司办理公司工商登记时是显名股东的名义，公司章程、出资协议、股东会决议等系列资料均由显名股东签具，提交给税务机关的资料也是显名股东的名字。在"（2018）最高法民再 325 号"再审民事判决书中，最高人民法院认为，商事法律具有公示原则和外观主义原则，公司公示的对外效力具有一定强制性。《公司法》第三十二条规定非常明确，公司应当将股东的姓名或者名称及出资额向公司登记机关登记，登记事项发生变更的，应当变更登记，未经登记或者变更登记的，不得对抗第三人，依法登记的股东对外具有公示效力。因此，税务机关有充分理由相信显名股东就是真正的股东，并对其按股东身份管理。

（2）税务机关难以判断股权代持关系的真实性。

与税务机关有充分的理由相信显名股东是真正的股东相反，当纳税人提出存在股权代持关系时，税务机关难以识别股权代持的真实性。股权代持就具有隐蔽性，从公开渠道难以佐证代持关系的存在。直到股权代持还原之前，显名股东、隐名股东，以及代持股权所属公司一般不会公开代持关系，税务机关也一直认为显名股东是真正股东。当某一时点，纳税人提出隐名股东才是真正的股东，并且要求税务机关据此征税，税务机关作为税收征管部门，并不具备判断民事法律关系的职能。因此，税务机关存在识别股权代持关系真伪的风险。

（3）股权代持关系属于债权债务关系。

在"（2018）最高法民再 325 号"再审民事判决书中，最高人民法院认为，即使隐名股东可以依据股权代持关系享有股东的权利，但也并不因此就享有股东的地位，其要取得股东地位仍需符合一定的条件。隐名股东基于股权代持关系对名义股东和目标公司享有的请求确认为股东等权利，在性质上属于请求权范畴，在本质上是一种债权。由《最高人民法院关于适用〈中华人民共和国公司法〉若干问题的规定（三）》第二十四条规定可知，实际出资人与名义股东之间的纠纷采用合同机制解决，故实际出资人与名义股东之间的股权代持关系，本质上仍为债权债务关系，实际出资人基于股权代持协议获得实际权益，是基于合同关系取得，而非基于公司法及相关司法解释的规定取得。由此可知，股权代持只代表显名股东与隐名股东之间因委托而存在债权债务关系，双方属于合同关系，并非公司法规定的关系，显名股东并不因此享有股东的地位。相反，显名股东对目标公司的股东身份是基于公司及相关司法解释的规定取得，是合法的股东身份，税务机关对其按股东身份征税并无不当。

(4) 显名股东与隐名股东双方的民事关系，不影响公司股东的身份。

《国家税务总局厦门市税务局关于市十三届政协四次会议第 1112 号提案办理情况答复的函》(厦税函〔2020〕125 号) 第二条

二、办理情况

(一) 关于显名股东纳税义务的认定

根据《中华人民共和国税收征收管理法实施细则》第三条第二款规定："纳税人应当依照税收法律、行政法规的规定履行纳税义务；其签订的合同、协议等与税收法律、行政法规相抵触的，一律无效。"显名股东作为登记在股东名册上的股东，可以依股东名册主张行使股东权利，依据《中华人民共和国企业所得税法》《中华人民共和国个人所得税法》，是符合税法规定的转让股权和取得投资收益的纳税人，其取得股息红利所得、股权转让所得，应当依法履行纳税义务。

《公司注册资本登记管理规定》(国家工商行政管理总局令第 64 号) 第八条 "股东或者发起人必须以自己的名义出资" 明确了行政管理的方式是要求股东以自己的名义出资。而《最高人民法院关于适用〈中华人民共和国公司法〉若干问题的规定 (三)》第二十五条的相关规定，仅说明人民法院认可代持合同具有法律效力，规范的是代持当事人内部的民事法律关系，不属于对《公司注册资本登记管理规定》中关于股东出资规定的调整或变化。

……

### 2. 对观点二进行分析

(1) 征税基础应是纳税人真实合法的经济活动所得。

税收依据指纳税人据以缴纳税款的原因和国家可以据以征收税款的理由，国家征收是否有法可依、有据可循是征收活动是否合法有效进行的基础性前提。股权代持税务争议主要涉及所得税，所得税征税依据应是纳税人取得应税所得。在股权代持关系中，显名股东与隐名股东是委托关系，法律保障股权投资权益归属隐名股东，投资权益不属于显名股东。因此，针对投资权益产生的税费，纳税主体不应是显名股东，显名股东仅应就委托关系所获收益纳税。例如，股权还原环节，相当于委托关系解除，显名股东将股权归还给隐名股东，隐名股东不需要支付股权费用，显名股东无所得，既然无所得，不需要缴纳所得税。

税收作为一项公民的义务，税务机关不应少收一分，也不应多收一分。所得税征税的本质是对纳税人取得经济收益征税。具体到税法中，无论是《个人所得税法》还是《企业所得税法》，所得税的课税基础是"所得（收入）"，如果没有"所得"就没有课税的基础，当然也没有纳税义务发生。

在一些税法没有明确规定征收政策的个案中，税务机关根据"实质课税原则"进行了执法，所以股权代持也可以在尊重事实的基础上按"实质课税原则"进行税企沟通。

（2）依照公平原则，纳税人能证明代持关系时，税务机关应当认同。

税务机关认为股权代持应对显名股东征税的一个重要原因是税法没有针对股权代持出台专门政策，因此应正常按照股东身份征税。但是，众所周知的《国家税务总局关于企业转让上市公司限售股有关所得税问题的公告》（国家税务总局公告 2011 年第 39 号）（以下简称国家税务总局公告 2011 年第 39 号）第二条第二项"依法院判决、裁定等原因，通过证券登记结算公司，企业将其代持的个人限售股直接变更到实际所有人名下的，不视同转让限售股"的规定，即明确股权代持关系下股权还原不属于股权转让，体现了税法承认股权代持关系并在基础上征税的精神。同理，既然税法承认限售股中的股权代持。按照法律公平原则，对一般的股权代持也应当同样对待处理。

至于文件前置条件"依法院判决、裁定等原因，通过证券登记结算公司"，可以理解为获取充分合法的股权代持还原依据，降低税务机关的执法风险，解决税务机关不具备判断民事法律关系的职能，难以识别股权代持关系真伪的风险。同理，一般的股权代持中纳税人应当承担举证责任，当纳税人能提供具有公信力的证据时，能充分证明股权代持的真实性和合法性，税务机关应当采纳。例如，纳税人参考国家税务总局公告 2011 年第 39 号的规定，通过法院审理过程确认相关资料的真实性，借助司法判决确认股权代持关系的真实性，税务机关可以采信具有证明力的司法判决书，并按股权代持关系征税。

《国家税务总局关于企业转让上市公司限售股有关所得税问题的公告》（国家税务总局公告 2011 年第 39 号）第二条

二、企业转让代个人持有的限售股征税问题

因股权分置改革造成原由个人出资而由企业代持有的限售股，企业在转让时按以下规定处理：

（一）企业转让上述限售股取得的收入，应作为企业应税收入计算纳税。

上述限售股转让收入扣除限售股原值和合理税费后的余额为该限售股转让所得。企业未能提供完整、真实的限售股原值凭证，不能准确计算该限售股原值的，主管税务机关一律按该限售股转让收入的 15%，核定为该限售股原值和合理税费。

依照本条规定完成纳税义务后的限售股转让收入余额转付给实际所有人时不再纳税。

（二）依法院判决、裁定等原因，通过证券登记结算公司，企业将其代持的个人限售股直接变更到实际所有人名下的，不视同转让限售股。

产生争议的主要原因是税收利益，股权代持带来的涉税利益是双重税负问题，焦点集中体现在两方面：收到投资收益（分红或股权转让）时和代持股权还原时。

（1）被投资企业分红时，被投资企业将股息红利直接支付给显名股东，显名股东再支付给隐名股东。股权转让时，显名股东与受让方签订合同，收取股权转让款，再支付给隐名股东。整个过程存在两次支付，因此产生了显名股东和隐名股东该如何纳税的问题，下面以为分红为例说明。

观点一按交易形式征税纳税义务分析，仍然以《国家税务总局厦门市税务局关于市十三届政协四次会议第 1112 号提案办理情况答复的函》的意见为例，分红征税情况如图 7-3 所示。

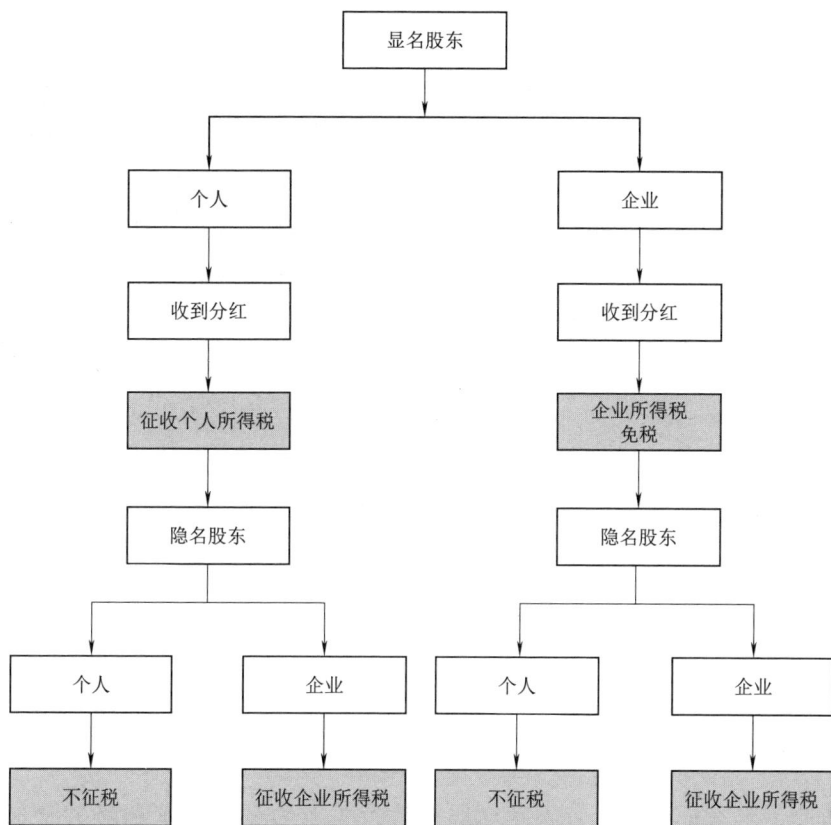

**图 7-3　分红征税情况示意图**

《国家税务总局厦门市税务局关于市十三届政协四次会议第 1112 号提案办理情况答复的函》第二条

二、办理情况

……

（二）关于隐名股东纳税义务的认定

1. 隐名股东为自然人的情形。《中华人民共和国个人所得税法》第二条，明确了应当缴纳个人所得税的九种所得，显名股东将取得的税后股息红利所得、股权转让所得，转付给隐名股东（自然人），不属于法律规定应当缴纳个人所得税的所得。

2. 隐名股东为企业的情形。《中华人民共和国企业所得税法》第六条规定，企业以货币形式和非货币形式从各种来源取得的收入，为收入总额，包括其他收入；第七条、第二十六条，分别列明了法定的不征税收入和免税收入。据此，隐名股东（企业）从显名股东取得基于代持合同关系产生的所得，不属于法定的不征税收入和免税收入，应当按照企业所得税法规定缴纳企业所得税。

（三）其他

关于显名股东（企业）取得股息红利后，转付给隐名股东（企业），隐名股东（企业）是否能够适用"符合条件的居民企业之间的股息、红利等权益性投资收益为免税收入"的问题，由于隐名股东（企业）和显名股东（企业）之间并未构成股权投资关系，隐名股东（企业）从显名股东（企业）取得的收入不符合股息、红利所得的定义，税法也未规定可以"穿透"作为隐名股东（企业）取得权益性投资收益对其免税。

......

按交易形式征税观点，不考虑股权代持关系，显名股东和隐名股东分别独立计税。目标公司分红产生了四种情况：情况一，个人为个人代持，分红缴纳个人所得税；情况二，个人为企业代持，个人需要缴纳所得税，个人显名股东将分红款转给企业隐名股东时，企业同样需要计入应纳税所得缴纳一次所得税；情况三，企业为个人代持，企业不需要缴纳所得税，通常情况下个人可能也没有申报所得税；情况四，企业为企业代持，显名企业股东不需要缴纳所得税，但是显名企业股东将分红款转给隐名企业股东时，企业同样需要计入应纳税所得缴纳一次所得税。情况二存在重复征税的问题，情况四由原本不需要征税变为需要征税，情况三则因为显名企业股东获得被投资企业分红不需纳税，再支付给隐名个人股东时很可能并未反映，成为漏洞。当然如果该企业不能正常消化分回的利润，最终可能转化为该企业股东的纳税义务。同理，显名股东转让股权，再将转让款支付给隐名股东时，也存在四种情形。

观点二按业务实质征税纳税义务分析，如图7-4所示。

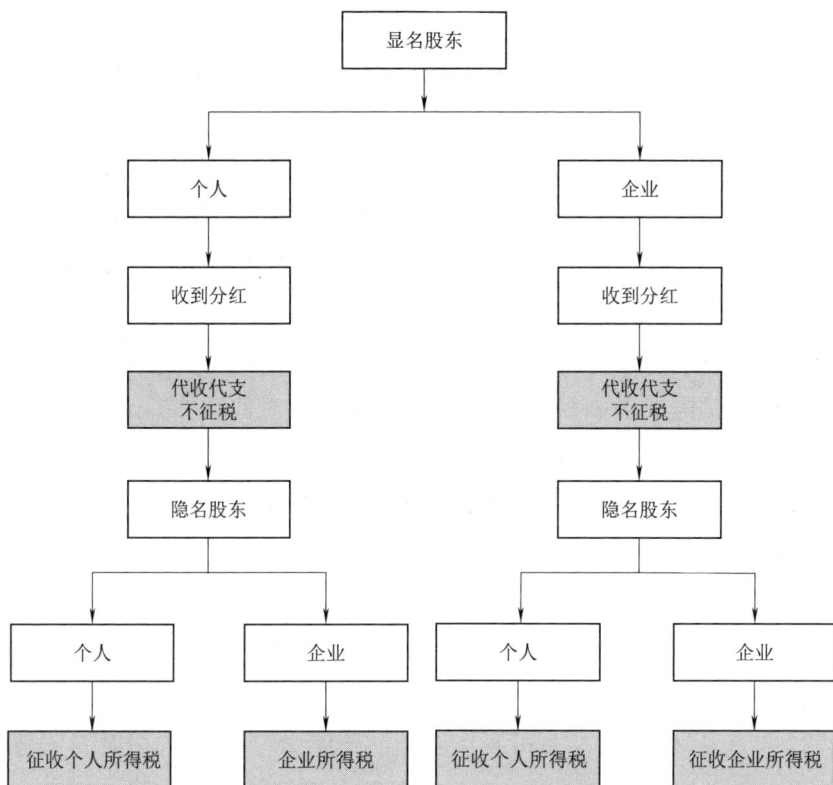

图 7-4　按业务实质征税纳税义务分析

按业务实质征税观点，显名股东和隐名股东之间是委托关系，显名股东收取分红只是代收代支义务，穿透到隐名股东征收所得税。此观点只产生一次所得税纳税义务，显名股权代为转让股权亦是同样道理。

【案例 7-12】　转让代持股权显名股东被追缴税款

【案例来源】　中国裁判文书网

【案例背景】　2017 年 6 月 17 日，A 公司与 B 公司签订股权代持协议，约定由 B 公司出资 1 474.516 177 万元，以 A 公司名义代 B 公司持有 C 公司100％股权，代持股期间发生的任何税费均由 B 公司承担。2019 年 12 月，A公司按 B 公司要求，将 C 公司 100％股权转让给 D 公司，D 公司直接向 B 公司支付了全部股权转让款，但未向 A 公司支付代持股期间应缴纳的税费。2023 年 12 月 25 日，税务机关向 A 公司送达了税务事项通知书，要求 A 公司收到通知后 30 日内就 A 公司代持股期间应缴纳的税收进行纳税申报，逾期未申报的，将按《税收征收管理法》的相关规定进行处理。A 公司起诉要求撤销税务机关的税务事项通知书。

**【争议焦点】** A 公司认为其仅代持股权，股权转让款直接付给 B 公司的，B 公司应为纳税义务人。

税务机关认为税务事项通知书内容、程序合法，该通知书仅是通知原告作为纳税义务人进行纳税申报，未明确应纳税款的具体数额，尚未进入实质征收环节，原告也未缴纳税款；该通知书是行政处理决定作出前的程序性准备行为，本身缺乏独立性，对原告的权利义务不产生实际影响。

**【裁判结果】** 法院认为，税务事项通知书内容为通知 A 公司因 2019 年的股权转让行为构成了纳税义务，其应当在规定时间内自行进行纳税申报，该通知未对 A 公司权利义务产生实际影响，不属于行政诉讼受案范围。

**【案例 7-13】** **转让代持股权隐名股东被追缴税款**

**【案例来源】** 税务稽查案件

**【案例背景】** 广西 A 公司实收资本 1 000 万元，陈某持股 60%、唐某持股 40%。其中陈某实际持股 30%，代李某持股 30%，唐某持股 40% 均是代罗某持有。

2023 年 3 月 31 日，A 公司股东陈某、唐某分别与 B 公司及 B 公司指定方杨某签订了股权转让协议书，A 公司原股东陈某、唐某将所持有的 A 公司股权转让给 B 公司及其指定方杨某，股权转让金额 53 000 000 元。并于 2023 年 4 月 7 日完成股权变更登记，B 公司和杨某正式成为 A 公司的股东，B 公司持股比例 95%，杨某持股比例 5%。罗某在股权收购协议中实际转让 40% 的股权，股权原值 400 万元。

税务机关认为，罗某转让 A 公司股权，B 公司向罗某支付了部分股权转让款，并完成了股权变更登记。作为股权实际转让方，是个人所得税的纳税人，应按"财产转让所得"申报缴纳个人所得税，罗某应向税务局申报缴纳个人所得税。

罗某共取得股权转让款 2 120 万元，股权原值为 400 万元。转让股权行为应按"财产转让所得"申报缴纳的个人所得税为 344 万元 [（2 120－400）×20%]。

B 公司及杨某作为代扣代缴义务人，并未代扣代缴上述税款，罗某本人也并未缴纳上述税款。税务机关决定追缴罗某少缴的个人所得税 344 万元。

**【案例 7-14】** **转让代持股权缴纳两次企业所得税**

**【案例来源】** 某上市公司公告

**【案例背景】** 2016 年，北京 A 公司与上海 B 公司签订关于 C 公司相关股份的委托代持协议，委托上海 B 司作为北京 A 公司的名义持有人认购 C 公司股份，北京 A 公司作为实际出资者，对 C 公司享有实际的股东权利并有权获得相应的投资收益。2022 年，北京 A 公司出售上海 B 公司所代持的股票。

上海 B 公司在 2022 年所得税汇算清缴中，其主管税务机关参照国家税务总局公告 2011 年第 39 号为依据，认为 C 公司股票取得的相关投资收益应当在上海 B 公司注册地计算缴纳税款。因此，上海 B 公司在上海缴纳了企业所得税，将其出售股票的收益扣除应交的企业所得税后的余额转交给北京 A 公司。

北京 A 公司因其所属地在北京，所以，当地税务机关认为应按属地原则在北京缴纳税款。但根据事实重于形式的原则，且税款已经入国库，没有产生税源流失，同一笔款项不重复交税的原则，与税务机关达成共识，采取如下处理方式：税务机关认定上海 B 公司代北京 A 公司持有 C 公司股票的行为为贷款服务行为，取得的投资收益为贷款服务的利息收入。根据《企业所得税法》中关于应纳税所得额的规定，北京 A 公司应按照实际收到的全部利息及利息性质的收入缴纳企业所得税。即在北京缴纳的所得税是按照扣除上海 B 公司已交的税金后计算缴纳的所得税。

**【案例分析与合规管理】** 在实践中，由于股权代持关系在还原前一般不公开，所以目标公司分红时，以显名股东申报纳税的情况为主，所以分红环节的涉税争议比较少见。显名股东需要将股权归还给隐名股东时，代持关系公开，股权还原是否应作为股权转让纳税的争议为主要争议。

观点一认为，按交易形式征税纳税义务分析，显名股东将代持的股权归还给隐名股东，按股权转让处理，显名股东应就股权转让所得申报纳税。

观点二认为，按业务实质征税的纳税义务分析，显名股东与隐名股东是委托代持关系，股权还原过程中股权的实际持有人并没有发生变化，因此股权还原不是股权转让，隐名股东未取得股权转让所得，股权还原无须缴纳所得税。

股权代持的税务争议焦点集中在股权还原环节，实践中一般通过股权转让还原，由于税务机关的处理口径不统一，转让价格包括 0 元转让、1 元转让、平价转让、按净资产转让、公允价值转让等情况。虽然实践中同时存在代持还原征税和不征税的案例，但一般情况下税务机关出具不征税证明的案例并不多见。因此，纳税人自行判断代持还原不需纳税存在税务风险。

过去股权过户，变更股东只需要在工商部门办理，股权代持还原时不需要经过税务机关，因此不少股权还原绕过了征税环节。近年税务机关加强了股权转让的征管，各地陆续出台股权转让"先税后证"措施。代持股还原将面对是否需要视同股权转让的问题，尤其股权增值很大时，将面临巨大的税务风险。所以股权代持双方应当在一开始就保存所有的证据材料，包括但不限于：股权代持协议、出资资金来源及其支付凭证、公司股东会的决议、利润分配的转账凭证、分红的代收代付，等等，各项资料应能构成完整证据链条，充分证明代持关系的真实性。最好在委托代持关系开始时就进行公证，取得公证机构证明，或者主动与税务机关沟通，取得税务机关的认可。

对于过去已经形成的股权代持，必要时可通过司法判决确认股权代持关系的真实性，向税务机关提供具有公信力的文书资料，从而让税务机关认可股权代持关系，并据此按照实质课税原则进行征税。

对于个人代持的股权，还原时可沟通是否属于国家税务总局公告 2014 年第 67 号第十三条规定的股权转让收入明显偏低，视为有正当理由的第四个条件，即"股权转让双方能够提供有效证据证明其合理性的其他合理情形"。在已经证明股权代持真实性的情况下，个人 0 元或者平价还原股权是否属于"其他合理情形"？关于"其他合理情形"的判断，一般认为属于税务机关的裁量权范围内，如果与税务机关沟通认可代持还原属于"其他合理情形"，则可以解决个人股权代持还原不征税的依据问题，不征税有法可依。

**【案例 7-15】** 股权代持还原按股权转让征税（1）

**【案例来源】** 某上市公司公告

**【案例背景】** 1999 年，黄某与他人一起设立 A 公司，出于工作精力及企业经营风险等因素的考虑，暂时难以全身心参与新设公司经营，亦不愿作为显名股东。决定暂由马某代黄某持有股权，在历次增资过程中，由马某代黄某出资的资金共计 510 万元，持股比例 51%。

2022 年 5 月，在中介机构的指导和规范下，黄某将与马某之间的代持安排还原为真实持股情况，马某与黄某签订了"甲公司股权转让合同"，马某将其持有公司 47.40% 的股权（对应出资额 474 万元）转让给黄某，转让价格为 474 万元，黄某将剩余 3.60% 股权无偿赠予马某。

2022 年 5 月 23 日，甲公司完成了本次股权变更的工商登记。鉴于上述股权转让是股权代持的解除，故黄某先于 2022 年 6 月向马某支付了股权转让对价 474 万元，后期由马某将该笔款项返还给黄某。

**【合规管理】** 经当地税务机关审核后确认，上述股权转让应按照实际转让价格与每股净资产之间的差额核定征收个人所得税 139.45 万元。2024 年 1 月，马某按规定向税务部门申报缴纳个人所得税，相关税款实际由黄某支付。

**【案例 7-16】** 股权代持还原按股权转让征税（2）

**【案例来源】** 某上市公司公告

**【案例背景】** B 公司成立于 2015 年 6 月，各出资人为进一步增强拟设立公司的技术实力、吸引人才加盟，自愿将所持部分股份赠与公司核心技术人员敖某、李某。因赠与股份时，李某尚在其他公司任职，于是约定由刘某代其持有 250.00 万股公司股份。

**【合规管理】** 2020 年 12 月 22 日，李某与刘某签订股份转让暨代持解除协议，刘某将其所持公司 250 万股股份以 0 元的价格转让给李某解除股份代持。根据国家税务总局常州国家高新技术产业开发区税务局出具的证明，李某主动足额缴纳个人所得税。

**【案例 7-17】** 股权代持还原按股权转让未缴税

**【案例来源】** 某上市公司公告

**【案例背景】** C 公司成立于 2012 年 6 月，是 D 公司实际控制人以亲属名义成立的公司。2019 年 10 月，C 公司股东将持有的 C 公司出资额按注册资本转让给 D 公司。本次收购前 C 公司的股权均为代持人代 D 公司实际控制人持有。本次收购完成后 C 公司为 D 公司全资子公司。

**【合规管理】** 2021 年，国家税务总局聊城市东昌府区税务局出具"关于 C 公司股权转让税务合规的复函"，该局认为 D 公司实际控制人于 2019 年 11 月安排代持人将持有 C 公司全部股权按照已实缴的注册资本定价（1 元/股）转让给其控制的 D 公司，构成同一控制下股权资产整合，按照已实缴的注册资本为定价依据具备合理性。代持人与被代持人均无须就上述股权转让缴纳个人所得税。

**【案例 7-18】** 股权代持通过司法确权方式还原规避纳税义务

**【案例来源】** 某上市公司公告

**【案例背景】** A 公司成立于 2002 年 1 月，注册资本 50 万元，张某持股 60%，牟某持股 40%。

2017 年，原股东牟某退出公司，同意将其持有的 A 公司 40% 出资份额转让给股东张某。张某自 2011 年即开始筹划子女赴美留学事宜并计划长期在美国陪读，考虑到未来可能频繁、长时间赴美，张某安排两名亲属代其持有 A 公司全部股权。2017 年 5 月 15 日，张某分别与费某、范某签署股权代持协议，由费某代张某持有 A 公司 60% 出资份额，范某代张某持有 A 公司 40% 出资份额。

2017 年 5 月 23 日，张某、牟某分别与费某、范某签署股权转让协议。张某将其持有的 A 公司 30 万元出资额作价 30 万元转让给费某，股东牟某将其持有的 A 公司 20 万元出资额作价 20 万元转让给范某。费某并未向张某实际支付股权转让款，范某向牟某支付的股权转让款来自股权实际持有人张某向其支付的现金。2015 年 10 月，B 公司增资至 100 万元。其中费某以货币资金方式认缴注册资本 30 万元，范某以货币资金方式认缴注册资本 20 万元，增资款项实际来源于张某向两人支付的现金。

2020 年 11 月，为筹划"登陆"资本市场，张某决定进行股权代持还原。张某分别与费某、范某签署股权转让协议，费某将其持有的 A 公司 60 万元出资额作价 0 万元转让给股东张某，范某将其持有的 A 公司 40 万元出资额作价 0 万元转让给股东张某。上述股权转让为解除代持，股权还原，故股权转让定价均为 0 元。

由于张某与费某、范某并非直系亲属，上述解除股权代持相关事项难以在税务上得到认可，为避免代持还原时 0 元转让股权的税务风险，三人决定采取司法判决的方式对历史上曾经存在的股权代持关系进行确认。由于费某、范某已配合张某完成股权还原，故另外以费某、范某未返还股东利润分配款为由，以诉讼方式确定股权关系。

【合规管理】 2022 年 10 月 19 日，法院作出民事判决书部分内容如下："本案中，原、被告于 2012 年 5 月 15 日签订的股权代持协议系当事人真实意思表示，内容没有违反法律、行政法规的强制性规定，协议合法有效。""2020 年 11 月 20 日，原告（受让方）与被告（转让方）签订股权转让协议约定：鉴于双方于 2017 年 5 月 15 日签订股权代持协议，双方就转让代持的 A 公司 60% 股权达成如下协议，转让方同意将持有的 A 公司 60% 的股权无偿转让给受让方。""被告费某、范某称：对原告诉称的代持股事实及诉请请求均不持异议，现愿意将利润分配款返还给原告。"

# 第八章　特殊事项税务争议

## 第一节　买家"包税"

在市场交易中，基于交易习惯或者商业考虑，买卖双方可能会在合同中约定交易所涉及的税费由买方承担，俗称"净收"、"到手价"和买家"包税"。例如，二手房地产交易中卖方经常要求按净额实收，买方自行缴纳过户相关税费；房产租赁中，业主要求承租人自行到税务局交税开票；聘请专家顾问时，专家要求税后金额，代扣代缴的税款由客户承担。这些都是典型的"买家包税"约定。在合同履行的过程中，经常产生纠纷。例如，买方不如实缴纳税款，卖方被税务机关追缴税款；买家缴纳时发现税款超出意料，从而产生合同违约；税费的计算方式产生争议；买方为卖方承担相应税款后，主管税务机关可能不允许买方就该部分税款进行税前列支，等等。

买家"包税"除了买卖双方自行约定外，司法拍卖也经常采取"买家包税"的拍卖方式，虽然近年已经明显减少。司法拍卖也是销售交易，与市场上双方自愿交易一样需要按税法交易。税法没有对法院拍卖免除纳税义务或者特殊对待的规定，国家税务总局也曾经对此作出明确回复。因此，下文以司法拍卖为案例探讨税费计算，内容同样适用于一般市场交易中双方约定的"包税"业务。

---

《国家税务总局关于人民法院强制执行被执行人财产有关税收问题的复函》（国税函〔2005〕869 号）第二条

二、无论拍卖、变卖财产的行为是纳税人的自主行为，还是人民法院实施的强制执行活动，对拍卖、变卖财产的全部收入，纳税人均应依法申报缴纳税款。

---

**【案例 8-1】**　　以买家"包税"形式转让不动产纠纷移送税务稽查

**【案例来源】**　　税务稽查案件

**【案例背景】**　　A 公司于 2019 年 12 月 1 日与 B 公司签订房地产买卖合同和补充协议，其中约定 A 公司将位于某县的房产转让给 B 公司，转让价为1 000 万元，该转让价为卖方实收价，交易所产生的各项税费（包含但不限于土地增值税、房产税、契税、印花税及各项登记规费等）和签约时物业欠缴或必须补缴的各项税费均由买方承担。在合同履行过程中，双方在申报税费时确定的计税依据为 1 761 140.57 元，实际缴纳 398 558.27 元税费，某县税务局分别出具了纳税证明等文书予以确认。B 公司于 2021 年 3 月 1 日取得不动产权登记。

A 公司拟进行清算，委托税务师事务所进行税款清算，税务师事务所作出企业注销税务登记税款清算鉴证报告，认为案涉交易标的额为 1 000 万元，缴纳税费时本应以此作为计税依据，而双方在申报税费时确定的计税依据与实际不符。按转让价 1 000 万元重新测算后，需补缴 4 246 027.92 元（其中增值税 351 189.85 元、城市维护建设税 17 559.49 元、教育费附加 10 535.70 元、地方教育附加 7 023.80 元、产权转移书据印花税 4 060.90 元、土地增值税 3 855 599.52 元、其他营业账簿印花税 35 元、购销合同印花税 23.66 元）。

**【争议焦点】**　　A 公司认为上述款项应由 B 公司负担，并应直接支付给 A公司以便向税务机关缴纳。B 公司认为双方交易前已委托评估机构对交易标的物的价值进行评估，税务机关也已核定标的物的计税依据，B 公司按税务机关要求实际缴纳相应税费。因此，A 公司无权要求 B 公司向其支付所主张的补缴税费，况且 A 公司还未申报并实际缴纳。

**【裁判结果】**　　法院认为，双方签订的房地产买卖合同和补充协议系双方当事人真实意思表示，不违反相关法律法规的规定，也未损害其他人利益，合法有效，应受法律保护。双方合同约定交易所产生的各项税费和签约时物业欠缴或必须补缴的各项税费均由买方承担。A 公司主张双方交易额为 1 000 万元，申报纳税时未如实申报，仅缴纳各项税费 398 558.27 元，现仍需补缴4 246 027.92 元，请求 B 公司向其支付。根据《中华人民共和国税收征收管理法实施细则》（以下简称《税收征收管理法实施细则》）第四十七条的规定："……纳税人对税务机关采取本条规定的方法核定的应纳税额有异议的，应当提供相关证据，经税务机关认定后，调整应纳税额。"本案中，A 公司在未重新向税务机关申报纳税并经依法核定应纳税额的情况下，仅以其单方委托的审计机构作出的清算鉴证报告要求被告承担支付补缴税费的义务，没有法律依据。鉴于目前税务机关征收税款的数额尚未确定，A公司也未提供证据证实其已经承担了案涉税款。因此，A公司可在案涉税款数额确定，并由其实际承担后向被告另行主张权利。

之后，法院将案件情况移送税务机关，A公司法律意识比较强，认为既然该税款应由B公司承担，再三与税务机关沟通补税金额，并主动提出是否应将实收的1 000万元税后所得换算为税前所得，再计算应缴税款。税务机关对此意见进行了讨论，换算为税前所得后再测算，A公司应缴税费高达1 253.23万元。

**【案例分析】** （1）买家"包税"实质是一种代付行为，买方代卖方交税，纳税主体仍然是卖方，至于税款，已经从交易总价中扣掉，卖方只收取税后价。在民事法律领域，"包税"条款只要是双方当事人的真实意思表示，且在不造成国家税收流失、不违反其他国家强行性法律的情况下，属于合法有效的约定。目前在审判实践中，法院普遍认可"包税"条款的民事法律效力。因此，该案例中，法院是支持卖方向买方追讨税款的，但是由于卖方尚未补税，金额无法确定，所以暂时不能判决，须待卖家补税后再起诉。

（2）二手不动产市场交易买家"包税"是很普遍的方式：一来固然交易习惯如此；二来也有税务方面的考虑。作为卖方，如果由卖方自行完税，卖方当然要将税费纳入交易总价，税费仍然是买家交易成本的一部分。以本案为例，A公司的预期是税后到手1 000万元，如果自行完税，则

总价＝1 000＋1 253.23＝2 253.23（万元）

该厂房需要定价为2 253.23万元，则B公司需要支付A公司2 253.23万元，这个价格很可能超出B公司的接受程度。而买家"包税"的好处在于，卖方不需要考虑复杂的税费计算。对买家也有好处，因为实务中一般按双方约定的转让价计税，本案例按1 000万元纳税，需要缴纳4 644 586.19元（已缴398 558.27元，需补缴4 246 027.92元），远低于卖家自行完税的1 253.23万元。

（3）交易纠纷的原因。按案情分析，B公司可能隐瞒了真实的交易价格。因为A公司才是纳税主体，B公司交税后，将发票等资料交给了A公司。A公司卖厂房本来是为了清算，税务师事务所清算时，发现了问题，并披露在

鉴证报告中，同时建议 A 公司补税。A 公司则要求 B 公司按合同承担税费，反正是 B 公司承担税费，所以 A 公司主动提出最安全的建议，将 1 000 万元税后所得换算为税前所得再纳税。

（4）补税金额如何计算。税务师事务所出具的清算报告认为应补税约 426 万元，是按转让价 1 000 万元计算的，并未考虑 1 000 万元是 A 公司税后所得。A 公司是外资企业，投资时间比较长，当初获得土地的成本很低，厂房也使用多年了。2019 年房地产价格比较高，因此溢价很高。土地增值税采用四级超率累进税率，最低税率为 30%，最高税率为 60%，因此土地增值税将达到最高一档 60%。如果 A 公司不提出换算，按目前惯例，税务机关很可能不会考虑换算的问题，但是 A 公司提出了，税务机关就不得不考虑。

买家"包税"，应否换算为含税所得计算税款？

对于某些"包税"业务是否需要还原计算，国家税务总局曾经出台过相关文件，有代表性的包括：

《征收个人所得税若干问题的规定》（国税发〔1994〕089 号）第十四条

十四、关于单位或个人为纳税义务人负担税款的计征办法问题

单位或个人为纳税义务人负担个人所得税税款，应将纳税义务人取得的不含税收入换算为应纳税所得额，计算征收个人所得税。计算公式如下：

（一）应纳税所得额＝（不含税收入额－费用扣除标准－速算扣除数）／（1－税率）

（二）应纳税额＝应纳税所得额×适用税率－速算扣除数

······

《国家税务总局关于非居民企业所得税源泉扣缴有关问题的公告》（国家税务总局公告 2017 年第 37 号）第六条

六、扣缴义务人与非居民企业签订与企业所得税法第三条第三款规定的所得有关的业务合同时，凡合同中约定由扣缴义务人实际承担应纳税款的，应将非居民企业取得的不含税所得换算为含税所得计算并解缴应扣税款。

我国现行税法框架下的税种中，增值税属于"价外税"，计税依据不包含增值税本身。其他税种均属于"价内税"，计税依据包含该税种本身，但不包含增值税。

明确要求将不含税所得换算为含税所得，主要是针对个人所得税和非居民企业预提所得税。对于其他税种并没有发布明确要求换算为含税所得的文件，于是在相当长的时间内，实务中普遍认为，买家"包税"交易中，其他税种不需要考虑收入的换算问题。实务中，也极少发现税务机关要求换算的案例。但是，近年来，这个问题引起了较多的关注，相关的争议开始增多。

**【案例 8-2】    买家"包税"还原计算缴纳增值税**

**【案例来源】**    中国裁判文书网

**【案例背景】**    小明通过司法拍卖购得一幢房屋，拍卖公告声明：成交后应缴纳的税费均由买受人承担（买家"包税"），最终拍卖成交价 5 848 346 元。小明缴纳交易环节的税款时，因增值税的计算与税务机关产生争议。申请行政复议得不到支持后，小明向法院提起行政诉讼。

**【争议焦点】**    小明认为被拍卖人是增值税的纳税义务人，卖方收到的总成交金额 5 848 346 元包括了增值税，是含税价。

因此，涉案房地产的拍卖成交价是含税销售额，属于采用销售额和应纳税额合并定价方法，应该先进行价税分离计算。即：

拍卖成交价格＝含税销售额＝不含税销售额＋增值税

销售额＝拍卖成交价÷（1＋征收率）

销售额＝5 848 346÷（1＋5％）＝5 569 853.33（元）

应纳增值税额＝5 848 346÷（1＋5％）×5％＝278 492.67（元）

税务机关认为涉案房地产过户应缴税金及所需费用均由买方承担，也就是说，买方除了要支付拍卖成交价 5 848 346 元外，还应承担过户应缴税金及所需费用。因此，拍卖成交价是不包括应纳税额的，拍卖成交价即为销售额。即：

拍卖成交价＝销售额

应纳增值税＝销售额×税率＝5 848 346×5％＝292 417.30（元）。

法院支持了税务机关观点。

**【案例分析】**    （1）该案例的争议事项不复杂，简单来说，就是"包税"价是增值税含税价还是不含税价？该案例引起了一些财税人员的关注，其中不少朋友认同小明的观点。

按照增值税的计算逻辑，增值税是价外税，价税分离，从交易对价分析：

买家实际支付对价＝拍卖成交款（5 848 346元）＋缴纳的增值税

卖家实际获得对价＝到手价＋增值税（买家承担）＝拍卖成交款（5 848 346元）＋买方代缴的增值税

（2）假如小明观点正确，拍卖成交价里面已经包含增值税了，那么小明不需要另外再花钱缴纳增值税，增值税应该从拍卖成交价中分出来，由法院支付给税务机关，那就不存在由小明包增值税了。否则，拍卖成交价中包含增值税，小明又缴纳一次增值税，这是矛盾的。

（3）为了便于理解，再举一个例子，小红与小明协商一项交易，小红是卖方，小明是买家。小红提出两种付款方式：一种是小明直接支付小红10万元；另一种是小明支付小红8万元，另外代小红向小强还债2万元。请问，这个案例中，两种付款方式的交易总价相同吗？回答当然是相当的。都是10万元。将这个案例中的小强换成税务机关，道理也是一样的。卖方应承担的税费属于卖方欠税务机关的债务，卖方获得的总交易对价＝实收款＋买方代卖方承担的税费。因此：

"卖方取得的交易总对价＝货币形态的利益＋非货币形态的利益"，其中，非货币形态的利益中包括买方代卖方归还债务、免除卖方的还款义务、其他非货币支付。自然也包括买家代替卖家承担的税费。

通过上述案例可知，"包税"只是交易付款方式之一，对于同一项交易，"包税"或"不包税"不应是计税依据不相同的理由，交易的总价是卖方实际获得的总经济利益，征税也应以此为基础。

上述案例分析了增值税的"包税"计算，由于增值税属于"价外税"，卖方的"到手价""实收价"就是不含税销售额，直接作为计算增值税的计税依据，无须换算出"含税价"。对于"价内税"呢？如果买方也承担了卖方应缴的城市维护建设税、教育费附加、地方教育附加、土地增值税、个人所得税等"价内税"，是否需要换算为含"价内税"所得再计算应缴税款？近年针对这个问题，业内存在不同意见。

观点一认为买家包税中的"价内税"不需要换算到含税所得。税务机关虽然发布过若干要求将不含税所得换算为含税所得的文件，但是针对的只是特定业务中的个人所得税和企业所得税。对其他业务和其他税种并没有发布相关文件，因此要求换算的依据不足。

观点二认为"价内税"换算难度太大。假如一项交易中可能包括若干种"价内税"，有的"价内税"还是超额累进或超率累进税率。如果要求换算，税款与含税所得均为未知数，互相影响会导致反复循环计算，无法计算出精确的结果。

观点三认为买家包"价内税"应将不含税所得换算为含税所得。理由在前文已经论证过，交易总价＝货币形态的利益＋非货币形态的利益。当买方代卖方承担税费时，"交易总价＝到手价＋代付税款"，征税应以交易总价为计算基础。

笔者是支持观点三的，假设销售某幢房屋，采用两种不同的销售模式：

A 模式为正常销售，买卖双方各自负担应纳税费，售价 200 万元，卖方按 200 万元计算应纳税费，预计应缴税款 50 万元。

B 模式为买家"包税"，卖家按"到手价"实收 150 万元，买家按 150 万元计算应纳税费，预计应缴税款 30 万元。

销售同一幢房屋，因为税费的承担方式不同，导致税费不同，显然其中有一种计算方法是错误的，按"到手价"计税将导致税款减少。

至于观点一认为税务机关没有发文明确要求换算收入，所以没有换算依据。已经发布的关于个人所得税和非居民企业所得税的换算文件，并非是新制定的征税规定，征税规定不可能通过规范性文件或指导性文件发布，这些文件只是在税法已经规定的征税范围内，对一些常见的易错行为作出规范性指导，属于指导和纠错。

**【案例 8-3】** 买家"包税"如何换算价内税

**【案例来源】** 中国裁判文书网

**【案例背景】** 2019 年，某市法院在进行网上司法拍卖，拍卖物为一宗土地使用权，购置成本 232 990 元，评估价 1 304 350 元，评估报告认为应缴税费 828 098 元，因为法院准备采取买家"包税"的拍卖方式，因此减掉税费后评价估为 476 252 元，再按七折起拍价，起拍价 333 377 元，最终成交价 947 177 元。该项拍卖应缴纳多少元税款？

**【案例分析】**

**1. 以成交价为应税收入不还原计算**

增值税含税收入＝947 177（元）

应交增值税＝（947 177－232 990）÷（1＋5％）×5％＝34 008.90（元）

应交城市维护建设税及教育费附加＝34 008.90×12％＝4 081.07（元）

应交印花税＝456.58（元）

可扣除金额合计＝232 990＋4 081.07＋456.58＝237 527.65（元）

应交土地增值税＝（947 177－34 008.90－237 527.65）×60％－237 527.65×35％＝322 249.59（元）

应交个人所得税＝70 678.17（元）

税费合计：431 474.31（元）

买家总支付对价＝拍卖成交价＋税费＝947 177＋431 474.31＝1 378 651.31（元）

买家总共付出的对价非常接近评估价1 304 350元，符合买家的预期。买家"包税"销售二手房地产，实务中普遍是按上述方法计算，买家也是据以计算作为出价考虑，因此计算结算比较接近房地产市场价，见表8-1。

表8-1 两种税费计算对比

| 价值类型 | 起拍价 | 成交价 |
|---|---|---|
| 价格 | 333 377 | 947 177 |
| 成本 | 232 990 | 232 990 |
| A、增值税 | 4 780.33 | 34 008.90 |
| B、城市维护建设税 | 334.62 | 2 380.62 |
| C、教育费附加 | 143.41 | 1 020.27 |
| D、地方教育附加 | 95.61 | 680.18 |
| E、个人所得税 | 13 281.62 | 70 678.17 |
| F、土地增值税 | 28 460.62 | 322 249.59 |
| G、印花税 | 164.30 | 456.58 |
| 税费合计 | 47 260.51 | 431 474.31 |

**2. 将成交价换算为含税所得后计算**

设换算后含税所得＝$x$

土地成本B＝232 990元

不含税收入（拍卖成交价）＝947 177元

通过计算得出，以起拍价和成交价还原换算后含税价分别为433 460.66元和2 364 014.74元，应纳税费合计分别为100 083.66元和1 416 837.74元，还原后的含税价减除应纳税费合计与不含价税一致，见表8-2。

表 8-2　用换算后的含税价格计算税费

| 价值类型 | 起拍价 | 成交价 |
|---|---|---|
| 价格 | 333 377 | 947 177 |
| 换算后的含税价 | 433 460.66 | 2 364 014.74 |
| 成本 | 232 990 | 232 990 |
| A. 增值税 | 9 546.22 | 101 477.37 |
| B. 城市维护建设税 | 668.24 | 7 103.42 |
| C. 教育费附加 | 286.39 | 3 044.32 |
| D. 地方教育附加 | 190.92 | 2 029.55 |
| E. 个人所得税 | 25 096.75 | 178 546.75 |
| F. 土地增值税 | 64 130.84 | 1 124 179.75 |
| G. 印花税 | 164.30 | 456.58 |
| 税费合计 | 100 083.66 | 1 416 837.74 |

由此可见，换算后税费可能非常巨大，而且计算较为复杂，超出一般买家的承受能力。假如司法拍卖，采用买家"包税"并要求换算后再计税，将非常难以实行。实务中也普遍采用不还原的计算方式，但是也因此导致了存在争议。

但是，换算后再计税，更加符合税法规定。从目前趋势来看，越来越多的地方法院不再采用买家"包税"了，而且是由法院从拍卖款中支付税费。假如买家"包税"能逐步消失，司法拍卖将不再需要考虑税费换算问题。

普通市场交易中，买家"包税"业务可能像案例 8-1 买家"包税"转让不动产纠纷一样，遭遇换算后再计税的风险。

也许会有人提出来，这么复杂的计算过程，一般人根本无法完成，其实在信息化时代，不需要这样复杂的人工计算，通过计算机建立测算模型，可以很容易解决计算问题。

【案例拓展】　买方为卖方承担的税款后，能否在企业所得税税前列支？

在实务中，主管税务机关一般不允许买方列支"包税"的卖家税款，这也是业界关注的"包税"争议焦点之一。

观点一认为买家"包税"是常见的市场交易方式之一，"包税"条款在商业交易中十分常见。买家承担卖家的税费，是为了更高效促成交易，具备商业合理性。"包税"对应的业务如果属于买方正常生产经营行为，发生的支出属于与买方生产经营相关的支出。税款由买家实际向税务机关缴纳，具有真实性。所以"包税"符合《企业所得税法》真实性、关联性和合理性的要求。真实发生的支出，却不允许买方扣除，对买方不公平。

---

《企业所得税法》第八条

第八条　企业实际发生的与取得收入有关的、合理的支出，包括成本、费用、税金、损失和其他支出，准予在计算应纳税所得额时扣除。

---

观点二认为应按买卖双方合同约定的价款列支，买方为卖方承担的税款没有包括在合同价款中；买方为卖方"包税"纳税义务人是卖方，与买方所取得收入不存在关联性；买方为卖方支付的税款，没有取得企业所得税税前合法扣除凭证。

观点一认为买家承担的税费符合税前扣除真实性、关联性和合理性的要求，而观点二认为买家"包税"应满足税前合法扣除凭证要求，两种观点均有合理之处，但也有不完善之处。至于能否税前扣除，关键在于买方承担"卖方"税费时，是否已经换算为税前所得，取得的扣除凭证（发票）金额是多少。

情形一：买方只按"包税"价格作为计税基础纳税。比方"包税"价1 000万元，买方按交易总价1 000万元代卖方申报纳税，缴纳税金400万元。买方取得发票上注明的金额只有1 000万元，而另外支付的400万元税金，基于购买者承担相关税费并没有改变纳税义务人身份的原因，在税务机关开具的完税凭证上，纳税人仍是卖方，因此完税凭证不能作为买方的合法凭证。并且，卖方只按1 000万元申报收入，买方按1 000万元作为成本费用，也非常合理。

情形二：买方按"包税"换算为税前所得后纳税。比方"包税"价1 000万元，先将卖方税后所得1 000万元换算为税前所得。假设换算后是1 800万元。买方实际支付1 800万元，其中1 000万元支付给卖方，800万元缴纳给税务机关。因为是按换算后金额计税，开具的发票上总金额是1 800万元。至于观点二认为合同价款是1 000万元，另外的800万元不在合同约定中，结合前文所述"交易总对价＝"包税"价＋买方承担的卖方税费"可知，双方合同约定的1 000万元"包税"价不是合同总价，只是总价的一部分，即支付给卖方的部分，还有一部分是"包"的卖方税费，"包税"条款是明确写进合同的，是合同总价格的一部分。因此，换算后纳税的情况下，买家可按1 800万元税前扣除。

【合规管理】 买卖双方约定买家"包税"是双方意思真实表示，没有违背法律法规的强制性规定。合同成立后，如买方违约，卖方在向税务机关依法缴纳税费后，可以依合同约定要求买方承担税费。

由于目前实务中一般没有要求换算为含税所得，仅就交易环节而言，买家"包税"比卖方自行完税更节税。但买方对交易所涉税种、税额等都应充分熟悉，建议预算时进行换算测算，做好万一需要换算的心理预期，避免"包税"约定带来巨额税额追索。

买家应对"包税"交易的整体税费进行测算，买方承担的卖方税费，有可能不能税前扣除，增加企业所得税的负担。如果购买的是房地产，也不能作为计税成本，以后处置时，将增加土地增值税。

卖方应关注买方是否已经及时并足额缴纳问题，避免买方违约不申报或虚假申报，造成被税务机关追缴税款及滞纳金。如发生买家违约，卖家应尽快缴纳相关款项，再依据合同"包税"约定向买方追偿。

## 第二节  股权信托

信托发源于英国，在国外已有悠久的历史，我国的信托制度最早诞生于20世纪初，改革开放后真正得到发展。

### 一、信托基本概念

1979年10月，我国第一家信托机构——中国国际信托投资公司经国务院批准同意成立，标志着我国现代信托制度进入了新纪元，之后我国信托业得到快速发展，信托法律制度陆续建立。

信托法律法规主要包括《中华人民共和国信托法》(以下简称《信托法》)(2001年4月28日发布)、《信托投资公司管理办法》(中国人民银行2001年1月10日发布，后被《信托公司管理办法》替代)、《信托公司管理办法》(中国人民银行2007年1月23日发布)、《信托投资公司资金信托管理暂行办法》(中国人民银行2002年6月13发布，后被《信托公司集合资金信托计划管理办法》替代)、《信托公司集合资金信托计划管理办法》(中国银行业监督管理委员会 2007 年 1 月 23 日发布）。

《信托法》第二条将信托定义为："委托人基于对受托人的信任，将其财产权委托给受托人，由受托人按委托人的意愿以自己的名义，为受益人的利益或者特定目的，进行管理或者处分的行为。"

由此可见，信托的当事人包括委托人、受托人、受益人。

《信托公司管理办法》第七条规定："设立信托公司，应当经中国银行业监督管理委员会批准，并领取金融许可证。未经中国银行业监督管理委员会批准，任何单位和个人不得经营信托业务，任何经营单位不得在其名称中使用'信托公司'字样。法律法规另有规定的除外。"

因此，受托人一般是经批准成立的信托公司。委托人和受益人可以是自然人、法人或者依法成立的其他组织。委托人可以是受益人，也可以是同一信托的唯一受益人。

信托财产具有独立性。委托人虽然将财产权委托给了信托公司，股权、不动产等涉及权属登记的还会完成过户登记。但是，《信托法》保障了信托财产的独立性，信托财产独立于委托人、受托人、受益人，信托财产独立于信托当事人的债权人、信托财产不被强制执行和破产清算、信托财产不得抵销、混同或继承。信托财产的独立性突破了"一物一权"，形成所有权、控制权、管理权、受益权的"一物四权"分设，被认为是信托制度最本质的优势所在。也正是因此，给信托的所得税处理带来了困惑。

---

《中华人民共和国信托法》第十五条至第十八条

第十五条 信托财产与委托人未设立信托的其他财产相区别。设立信托后，委托人死亡或者依法解散、被依法撤销、被宣告破产时，委托人是唯一受益人的，信托终止，信托财产作为其遗产或者清算财产；委托人不是唯一受益人的，信托存续，信托财产不作为其遗产或者清算财产；但作为共同受益人的委托人死亡或者依法解散、被依法撤销、被宣告破产时，其信托受益权作为其遗产或者清算财产。

第十六条 信托财产与属于受托人所有的财产（以下简称固有财产）相区别，不得归入受托人的固有财产或者成为固有财产的一部分。

受托人死亡或者依法解散、被依法撤销、被宣告破产而终止，信托财产不属于其遗产或者清算财产。

第十七条　除因下列情形之一外，对信托财产不得强制执行：

（一）设立信托前债权人已对该信托财产享有优先受偿的权利，并依法行使该权利的；

（二）受托人处理信托事务所产生债务，债权人要求清偿该债务的；

（三）信托财产本身应担负的税款；

（四）法律规定的其他情形。

对于违反前款规定而强制执行信托财产，委托人、受托人或者受益人有权向人民法院提出异议。

第十八条　受托人管理运用、处分信托财产所产生的债权，不得与其固有财产产生的债务相抵销。

受托人管理运用、处分不同委托人的信托财产所产生的债权债务，不得相互抵销。

《信托公司管理办法》和《信托公司集合资金信托计划管理办法》两项办法的颁布时提出，其颁布目的是推动信托投资公司从"融资平台"真正转变为"受人之托、代人理财"的专业化机构，这也说明了信托公司的主要属性。信托是一种理财方式，也是一种特殊的财产管理制度和法律行为。信托活动也是一种经济活动，三方当事人之间存在财产和资金转移关系，概括来说，委托人和受托人之间存在委托关系和财产转移关系，受托人为受益人的最大利益处理信托事务，向受益人承担支付信托利益的义务。既然属于经济活动，有委托、有财产转移、有收益支付，自然与纳税少不了关系，如图 8-1 所示。

图 8-1　三者关系

## 二、信托主要税收政策

财税部门发布的信托税收政策主要包括：《财政部 国家税务总局关于信贷资产证券化有关税收政策问题的通知》（财税〔2006〕5号）（以下简称财税〔2006〕5号）、《财政部 国家税务总局关于证券投资基金税收政策的通知》（财税〔2004〕78号）（以下简称财税〔2004〕78号）和《关于基础设施领域不动产投资信托基金（REITs）试点税收政策的公告》（财政部 税务总局公告2022年第3号）（以下简称财政部 税务总局公告2022年第3号）。

上述三个文件分别对"银行业开展信贷资产证券化业务所涉信托"、"证券投资基金"和"基础设施领域不动产投资信托基金"三类信托作出了特殊的税务管理规定。而对于其他的信托活动，并没有专门的税收政策，因此其他的信托活动应该适用一般经济活动的相关税法规定。我国信托税制建设的"空白"状态，引发业内对信托活动如何征税的争议，并建议结合国外信托税制理论完善信托税制。

本书仅讨论目前我国信托税收制度下的实务争议，对于信托税制的理论不作过多探讨。

## 三、信托基本所得税处理

随着经济发展，信托产品走向多样化、复杂化，具体税务问题不尽相同，下面只讨论信托的基本税务架构。信托一般经过设立阶段、存续阶段和终止阶段。信托的税务问题涉及多个税种，最被关注的是所得税的处理，信托的所得税基本架构如图8-2所示（图中"?"号表示政策不明确而存在不确定性）。

### 1. 设立阶段

委托人将财产委托给信托公司，发生财产权益转移。除了现金、银行存款等货币性资产外，按照所得税相关规定，非货币性资产权属转移视同转让交易，委托人是法人时，缴纳企业所得税，委托人是自然人时，按"财产转让所得"缴纳个人所得税。

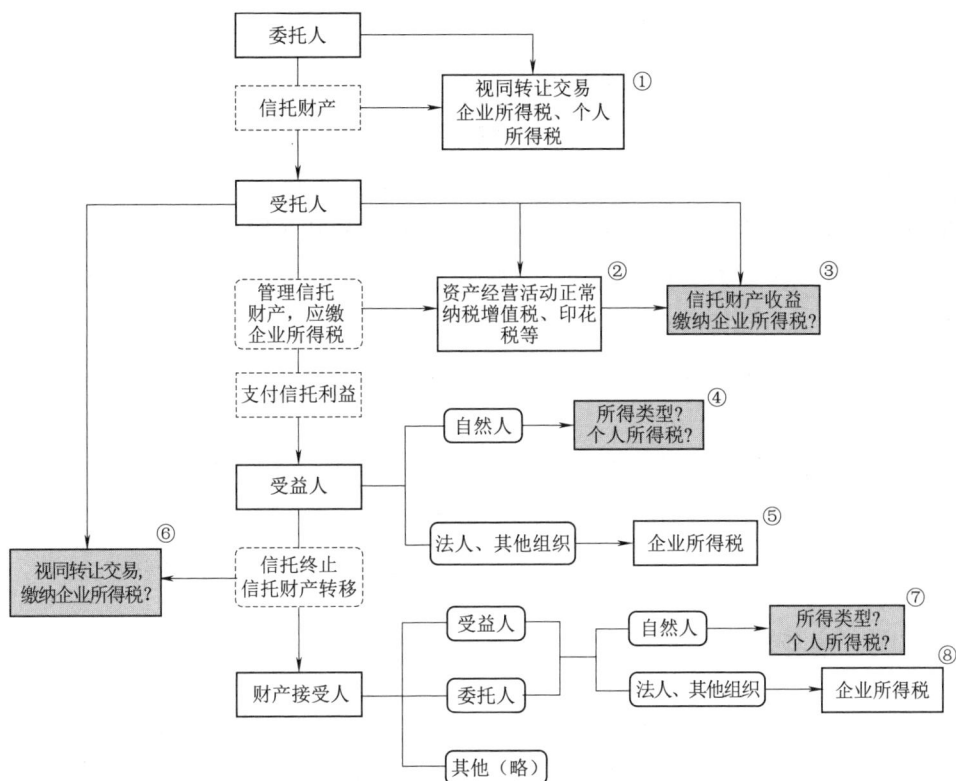

**图 8-2　信托所得税基本架构**

注：由于信托本身的特殊性和复杂性，本图并未包括信托完整涉税事项。

## 2. 存续阶段

受托人管理运营信托财产，产生运营收益，信托公司将收益分配到受益人。信托财产的运营收益如何缴纳所得税呢？既然信托财产的所有权转移到了信托公司，从形式上看应由信托公司缴纳企业所得税。但是信托财产四权分设，信托财产受益权不属于信托公司，所以实务中，信托公司是否需要缴纳企业所得税存在不确定性。既然没有明确的征税规则，信托公司一般就不会主动缴纳了。

信托公司将信托收益分配给受益人时，信托受益人在分配阶段是否缴纳所得税呢？如果受益人是法人，按照企业所得税法应当缴纳企业所得税。如果受益人是自然人，同样由于缺乏明确的征税规则，存在不确定性，实务中一般也没有缴纳。

### 3. 终止阶段

信托终止，信托财产归属于信托文件规定的人；信托文件未规定的，按下列顺序确定归属：①受益人或者其继承人；②委托人或者其继承人。与设立阶段一样，信托财产发生转移，作为除了现金、银行存款等货币性资产外，按照所得税法律相关规定，非货币性资产权属转移视同转让交易。但是，终止阶段的财产转让人是信托公司，从形式上看应由信托公司缴纳企业所得税，但是信托公司却没有获得相关收益。所以在实务中，信托公司是否需要缴纳企业所得税存在不确定性。既然没有明确的征税规则，信托公司一般就不会主动缴纳了。

信托公司将信托财产移交给接受人时，接受人是否缴纳所得税呢？如果接受人是法人，按照《企业所得税法》应当缴纳企业所得税。如果接受人是自然人，同样由于缺乏明确的征税规则，存在不确定性，实务中一般也没有缴纳。

## 四、信托主要税务争议

从上文已经可知，现行税收制度没有完全适用于信托的征税规则，从而产生了许多争议。下面讨论其中最受关注的所得税争议。

### 1. 信托存在企业所得税重复征税问题

企业所得税重复征税主要包括：信托设立阶段就信托财产"名义转移"产生的纳税义务与信托终止阶段就信托财产"真实转移"产生的纳税义务重复；信托存续阶段就信托财产收益产生的纳税义务与信托收益分配产生的纳税义务重复。在图 8-2 中，纳税环节①和⑥，如果要求信托公司在信托终止移交财产时视作转让缴纳企业所得税，即信托设立时就信托财产转移产生的纳税义务与信托终止时信托财产真实转移所产生的纳税义务重复；纳税环节③和⑤，如果要求信托公司运营信托财产需要对运营收益缴纳企业所得税，即信托存续期间信托收益产生和分配时企业所得税纳税义务相重复。重复征税可能是实践中信托公司在环节③和⑥不缴纳企业所得税的原因之一。②和⑧非重复纳税环节。

重复征税的问题根源之一是双重所有权原则与"一物一权"原则的冲突。现行税制对信托实行与其他经济业务相同的税收政策，将信托财产的转移视作资产交易征税，没有考虑信托财产权属的特殊性。例如，《关于基础设施领域不动产投资信托基金（REITs）试点税收政策的公告》（财政部 税务总局公告 2022 年第 3 号）规定："一、设立基础设施 REITs 前，原始权益人向项目公司划转基础设施资产相应取得项目公司股权，适用特殊性税务处理，即项目公司取得基础设施资产的计税基础，以基础设施资产的原计税基础确定；原始权益人取得项目公司股权的计税基础，以基础设施资产的原计税基础确定。原始权益人和项目公司不确认所得，不征收企业所得税。"这反过来也说明正常情况下适用一般性税务处理，则要征收企业所得税。所以对于其他没有专门政策规定可以适用特殊性税务处理的信托财产转移，应该按转让资产征税。

《信托法》第十五条规定："信托财产与委托人未设立信托的其他财产相区别。设立信托后，委托人死亡或者依法解散、被依法撤销、被宣告破产时，委托人是唯一受益人的，信托终止，信托财产作为其遗产或者清算财产；委托人不是唯一受益人的，信托存续，信托财产不作为其遗产或者清算财产；但作为共同受益人的委托人死亡或者依法解散、被依法撤销、被宣告破产时，其信托受益权作为其遗产或者清算财产"。第十六条规定："信托财产与属于受托人所有的财产（以下简称固有财产）相区别，不得归入受托人的固有财产或者成为固有财产的一部分。受托人死亡或者依法解散、被依法撤销、被宣告破产而终止，信托财产不属于其遗产或者清算财产。"

根据这些规定，受托人将财产转移给受托人后成为信托财产，信托财产与委托人的其他产品相区别，同时也与受托人的财产相区别，不属于受托人的固有财产。信托财产具有特殊的独立性，因此可以实现资产隔离。但是这导致信托财产的转移并非一般市场交易下的资产交易，受托人并非获得信托产品的所有权属，只是相当于一个代理人，视同资产交易纳税似乎有些太严格了。同理，在信托终止时，受托人将信托财产转移给相关接收人，如果视同受托人转让资产，也存在同样问题。

重复征税问题根源之二是信托收益的定性。信托公司对受益人分配收益时，如果受益人是法人，需要缴纳企业所得税，因为信托收益没有定性为直接的权益性投资产生的股权红利，没有免税规定。对比一下，法人企业来自居民企业权益性投资分红是免税的，这就导致了重复征税。

其实，现有针对"信贷资产证券化业务信托"、"证券投资基金"和"基础设施领域不动产投资信托基金"三类信托的税收政策不同程度地考虑了重复征税的问题。例如，财税〔2006〕5 号规定，对于信托取得的相关收益要秉承单次征税和当年不分配征税的原则；财税〔2004〕第78号规定，证券投资基金管理人运用基金买卖股票、债券的差价收入，免征企业所得税；财政部 税务总局公告2022年第3号规定原始权益人向基础设施REITs转移受托资产的环节适用特殊性税务处理，计税基础连续计算，不征收企业所得税。只是这些文件碎片化、个别化，未能形成全面的避免重复征税的信托税收制度，尚待以后进一步完善。

---

《财政部 国家税务总局关于信贷资产证券化有关税收政策问题的通知》（财税〔2006〕5号）第三条

三、关于所得税政策问题

……

（二）对信托项目收益在取得当年向资产支持证券的机构投资者（以下简称机构投资者）分配的部分，在信托环节暂不征收企业所得税；在取得当年未向机构投资者分配的部分，在信托环节由受托机构按企业所得税的政策规定申报缴纳企业所得税；对在信托环节已经完税的信托项目收益，再分配给机构投资者时，对机构投资者按现行有关取得税后收益的企业所得税政策规定处理。

……

《财政部 国家税务总局关于证券投资基金税收政策的通知》（财税〔2004〕78号）

……

自2004年1月1日起，对证券投资基金（封闭式证券投资基金，开放式证券投资基金）管理人运用基金买卖股票、债券的差价收入，继续免征营业税和企业所得税。

---

### 2. 信托存在个人所得税征收问题

因为《企业所得税法》要求法人受益人取得信托收益应缴纳企业所得税，所以信托公司不缴纳企业所得税未必导致违法。但在个人所得税层面却因为个人所得税政策的不明确导致违法。以信托所得税架构图8-2征税环节④和⑦为例，受益人获取的信托利益如何定性，应作为哪种应税收入没有明确的界定。因此，在目前税制下，能否对信托分配的收益征收个人所得税存在争议。

观点一认为，信托收益不在个人所得税的纳税范围内。依据是《个人所得税法》列举了九项应税所得，其中不包括信托收益，信托收益也不属于受益人投资所获取的股息红利，所以不能以"利息、股息、红利所得"征税。尤其当委托人与受益人不一致的时候，受益人获得信托收益，其性质更接近于获得赠与，众所周知，自然人接受赠与不需缴纳个人所得税。

税收法定是税法的重要原则之一，对信托而言，法律上的可税性需要明确征税所依据的具体税法规定。只有同时符合课税要素法定、课税要素明确、课税程序合法，信托才具有法律上的可税性。因此，在目前未明确的情况下，对信托收益征收个人所得税不具备合法性。

观点二认为，委托人将财产设立信托计划，再获取信托分配，性质相当于投资收益，属于"利息、股息、红利所得"，依据是《个人所得税法实施条例》（2018修订）第六条第六项规定："利息、股息、红利所得，是指个人拥有债权、股权等而取得的利息、股息、红利所得。"其中的"等"字意味着包括的范围不限于列举的"债权、股权"，留下了打补丁空间。信托很可能属于"等"的补丁范围。

信托是给予受益人利益的一项制度，应当由受益人承担信托税负，因此对受益人征收个人所得税具备合理性。

观点三认为，个人获得信托收益可以采取穿透定性的方法征收个人所得税，穿透到信托财产交易的实质，再决定是否征税和按什么性质征税。"信托"只是一个名词，虽然税法上没有这个名词，但是不排除这个名词所代表的交易不需交纳税，因此透过表象看实际，还是要看交易本身的经济实质，对应现行的税收政策。

综合上述观点，虽然对信托收益如何征收个人所得税并没有明确的结论，但是由于存在不同观点，其中包括支付征税的观点，因此并非没有税务风险。但是由于存在争议空间，在实务中，信托公司在向个人投资者分配收益时普遍没有扣缴个人所得税，个人投资者也没有主动申报个人所得税，这就导致信托规避个人所得税有扩大的趋势。

**【案例 8-4】** 某设立家族信托是基业传承还是税务规划

**【案例来源】** 某上市公司公告

**【案例背景】** 甲先生是上市公司 A 公司的控股股东、实际控制人，直接持有 A 公司 39.31％的股份。B 公司是甲先生成立的一人有限公司，B 公司持有 A 公司占比 25.64％股份。甲先生直接和间接持有 A 公司合计 64.95％的股份。

为实现家庭成员成长、家族基业传承，甲以自有资金委托 C 信托公司设立财富传承财产信托（以下简称家族信托）。2022 年 7 月，家族信托与甲共同出资设立 D 合伙企业（有限合伙）。其中甲为 D 合伙的普通合伙人、执行事务合伙人，家族信托为 D 合伙有限合伙人。

2022 年 8 月 19 日，D 合伙作为增资方与甲、C 公司签署增资协议，D 合伙增资成为 C 公司持股 75％的股东，从而间接控制 A 公司 25.64％股份。

A 公司声明，本次权益变动系甲与其所控制的主体间的权益变动，甲及其所控制主体合计控制 A 公司股份总数及比例无变化，仍为 64.95％，A 公司控股股东及实际控制人仍为甲。

**【案例分析】**　案例披露持股结构调整的目的是实现家庭成员成长、家族基业传承，没有说明是否考虑税收因素。假设存在税收因素，会对纳税产生什么影响呢？如图 8-3 所示。

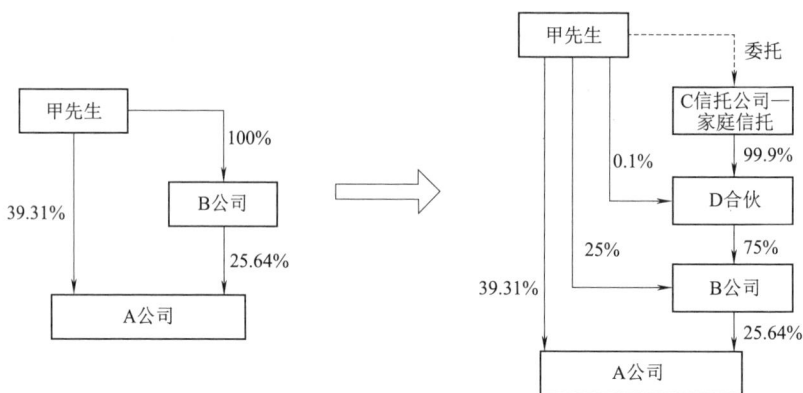

图 8-3　持股结构调整前

如图 8-4 所示，股权调整前甲先生通过 B 公司间接持有上市公司股份。假如 A 公司对 B 公司分红，B 公司再对甲先生分红，需要缴纳 20％个人所得税。假如 B 公司卖出 A 公司股票再分红给甲先生，税负更是高达 40％。股权变动后 B 公司对 D 合伙分红，D 合伙不缴纳所得税，穿透到合伙人层面纳税。穿透到信托计划后，信托计划层面是否需要缴纳企业所得税不明确，实务中信托计划一般选择不缴纳所得税。信托计划再分配给受益人，受益人一般也不缴纳个人所得税。具体流程如图 8-4 所示。

B公司转让A公司股票后分红纳税：

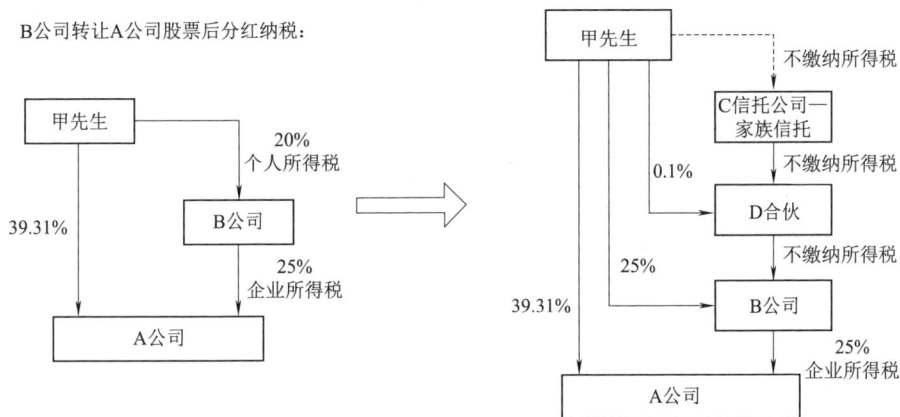

图 8-4　持股结构调整后

**【案例 8-5】　将上市公司股票装入信托后通过仲裁收回股票后减持**

**【案例来源】**　某上市公司公告

**【案例背景】**　X 集团相关成员包括 X 集团工会、X 创投公司、X 水泥公司（上市公司）（以下简称 X 工会，X 创投，X 水泥），以及其他四家成员公司。X 创投的股东为 X 集团员工及附属工会（为计算简便，以亿元为单位，计算尾数可能有差异）。

2006 年 6 月，X 工会作为委托人与 A 信托公司签订股权信托合同，将其合法拥有的 X 集团四家成员公司的部分股权委托给 A 信托公司设立信托，委托 A 信托公司进行经营管理。

2006 年 7 月，A 信托将其所持有的上述四家公司的股权全部转让给 X 创投，股权转让总价款为 38.30 亿元。四家公司的净资产总额约为 18.76 亿元，被转让的股权所对应的资产净值约为 7.89 亿元。但是，X 创投没有支付股权转让款 38.30 亿元，双方签订补充协议，约定在 X 创投认购 X 水泥新增股份的 3 年后完成支付，为此向 A 信托每年支付延期补偿金 1%。

2006 年 7 月，X 水泥完成股份制改造。X 创投将上述 4 家公司的股权作价 38.30 亿元对 X 水泥增资，认购 X 水泥新增股份 2.88 亿股，每股价格 13.30 元。

2009 年 2 月，以拖欠 2007 年、2008 年延期支付补偿款 7 660 万元为由，

A 信托向仲裁委员会提起仲裁申请，要求 X 创投将所持有的全部 X 水泥 A 股股份 2.88 亿股抵偿其所欠股权转让款及延期支付补偿金。

2009 年 7 月，仲裁委员会出具裁决书，裁决 X 创投以持有的 X 水泥 2.04 亿股抵偿 A 信托应得股权转让款人民币 27.11 亿元，每股作价 13.3 元。抵偿后，X 创投公司仍欠 A 信托债务 11.19 亿元。X 创投仍持有 X 水泥约 8 417.08 万股 A 股股票，约占 X 水泥总股本的 4.76%。2009 年 X 创投经营状况良好。2009 年 7 月 22 日，X 水泥权益变动报告书披露当日收盘价 48.53 元/股，按此计算抵债股票价值大约 99 亿元。

2010 年 7 月 15 日开始，A 信托持续减持 X 水泥股票。A 信托披露，其仅为 X 水泥股权信托的受托人，委托人是 X 工会，全部减持交易都是根据委托人的指令完成。

【案例分析与合规管理】 这是资本市场上一个比较有名的利用信托减持的典型案例。

**1. 整体思路**

X 集团工会相当于员工持股平台，X 水泥是上市公司，准备收购 X 工会持股的四家集团成员公司股权。为此，X 工会提前将上述股权委托给 A 信托，A 信托再将股权溢价转让给 X 创投，X 创投相当于工会间接持股上市公司股票的平台。X 创投再将股权增资换取 X 水泥的股份。X 创投不支付转让价款给 A 信托，反而 3 年后将 X 水泥的股票原价抵偿给 A 信托。A 信托再减持，收益分配给信托受益人（集团员工）。

**2. 信托财产**

信托财产基本情况见表 8-3。

表 8-3　信托财产基本情况

| 时　　点 | 信托财产 |
|---|---|
| 设立信托时 | X 工会所持有的 X 集团四家成员公司的部分股权 |
| A 信托转让股权后 | 应收 X 创投 38.30 亿元债权 |
| X 创投以股票抵债后 | X 水泥 20.40 亿股 A 股股票及应收 X 创投 11.19 亿元债权 |

**3. 主要涉税处理**

主要涉税处理见表 8-4。

表 8-4　主要涉税处理

| 交易事项 | 纳税人 | 所得税税务处理 |
|---|---|---|
| 信托成立：<br>X 工会→A 信托 | X 工会 | 视同转让四家成员公司股权缴纳企业所得税 |
| 转让股权：<br>A 信托→X 创投 | A 信托 | 由于信托税收立法尚不完善，缺乏明确的税务处理规定，存在较大的不确定性，实务存在信托公司取得信托财产收益不缴纳企业所得税的情况 |
| 股权出资：<br>X 创投→X 水泥 | X 创投 | 非货币性资产投资，按资产成本作价，不产生所得，无企业所得税 |
| 股票抵债：<br>X 创投→A 信托 | X 创投 | 按股票成本抵债，不产生所得，无企业所得税。<br>作价依据是仲裁委员会出具裁决书，以此作为低价抵债的理由 |
| 股票减持：<br>A 信托→受让方 | A 信托 | 由于缺乏明确的税务处理规定，存在较大的不确定性，实务中存在信托公司取得信托财产收益不缴纳企业所得税的情况 |
| 收益分配：<br>A 信托→受益人 | 受益人 | 由于缺乏明确的税务处理规定，存在较大的不确定性，实务存在受益人（自然人）取得信托分配收益不缴纳个人所得税的情况 |

通过上表很清楚地看出，数次资产转让，主要的溢价收益都发生在 A 信托对外转让环节，然后利用信托税收政策的空白达到节税目的。X 创投处置资产均按成本价处置，不产生所得也不需要纳税，再加上仲裁作为保障。

信托财产不仅仅限于股权，还包括房产、债权等各类资产。

股权信托节税基础模型如图 8-5 所示。委托人委托信托公司成立家族信托，家族信托与委托人成立有限合伙企业，委托人作为普通合伙人，保证其对上市公司的控制权。合伙企业持股标的公司，持股标的公司带来的收益经过合伙企业层面穿透到家族信托，直至信托收益分配给受益人。

信托节税的基础主要依据两点：一是信托层面是否缴纳企业所得税没有明确规定，于是信托公司对信托财产收益不缴纳企业所得税；二是信托收益分配给自然人受益人时，是否缴纳个人所得税没有明确规定，于是受益人不缴纳个人所得税。

同样通过信托节税也存在两方面的税务风险：一是各地税务机关可能不认可这两个不纳税观点；二是近年信托立法的呼声不断，信托税收立法迟早必行，信托节税模式必然不能长期存在。

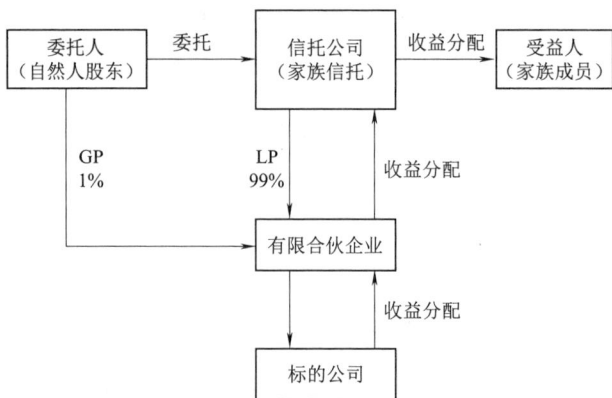

图 8-5　股权信托节税基础模型

**【案例 8-6】　债权资产信托规避借款利息纳税义务**

**【案例来源】**　咨询案例

**【案例背景】**　小明是一位资产高净值人士，拥有大量的存款，想寻找比较好的投资机会，包括直接或间接借款给一些企业，获取比较高额的利息。利息收入是个人所得税的应税项目。

后来，朋友小红给小明推荐一家信托公司，可以为小明提供债权资质信托服务。小红介绍说：债权信托是指委托人将其合法拥有的各类债权委托给信托投资公司，由其管理、运用或者处分，以提高债权资产的价值和流动性。小红向小明保证，通过信托，可以解决借款利息收入的纳税问题，实现不纳税也不违法。小红要求小明签署一系列文书，其中包括"××号财产权信托计划信托合同"、债权转让协议、债务确认函和借款协议书等。

其中，债务确认函和借款协议书由小明和债务人签署，目的是确认小明将资金借给债务人的事实，确认标的债权的真实性、合法性、有效性不存在问题。

"××号财产权信托计划信托合同"由小明与 A 信托公司签署，确认委托人小明自愿将享有合法所有权的债权委托给受托人 A 信托公司，设立信托计划。受托人同意按照委托人的指示，根据本合同的约定设立事务管理类信托计划，根据委托人指令为受益人的利益管理和运用信托财产。信托合同将小明设定为信托计划的受益人，信托计划存续期间，信托收益按合同约定的方式支付给小明。信托终止，信托财产返还受益人小明。合同具体内容包括信托目的、信托计划类型、信托计划的设立、信托财产界定和交付、信托期限、信托财产的管理、委托人的权利和义务、受托人的权利和义务、受益人的权利和义务、信托财产分配顺序、信托费用和信托利益、信托财产的归属和分配方式、信托变更、终止和信托当事人的违约责任及纠纷解决方式等内容。

债权转让协议由小明与A信托公司签署，签署前述的"××号财产权信托计划信托合同"后，小明需要将债权转移给信托公司，成为独立的信托财产。债权转让协议确认：标的债权于信托计划成立日即成为信托项下的信托财产，受让人即以信托合同项下信托计划受托人的身份管理、运用和处分标的债权。转让人将"标的债权"作为信托财产委托给受让人，设立信托计划，受让人无须支付对价。双方确认，信托计划成立日起，受让人按信托合同约定，享有标的债权对债务人享有的权利，包括但不限于以受让人名义以任何方式向债务人追偿标的债权。转让人小明作为信托合同的受益人，享有信托受益权。债权转让协议其他内容在此不一一描述。

【案例分析】　这个通过一系列的文书，将小明的借款利息收入转换为信托收益，然后利用信托收益是否应缴纳个人所得税的争议观点一，如图8-6所示，思路如下：

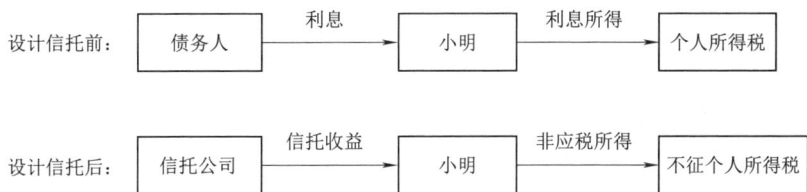

图 8-6　设计信托前后税收情况

简化债权信托的思路，实则是改变应税收入的性质，转换为非应税收入。以此类推，股权信托也存在同样的操作手法。

权益性投资的回报往往很丰厚，个人直接转让权益性投资，按财产转让所得计算缴纳个人所得税，税率20%。

财政部　税务总局2021年第41号发布之前，个人独资企业和合伙企业可以核定征收，不少投资者以合伙企业作为持股平台，转让股权后核定征收少纳大部分的个人所得税。例如，私募基金和员工持股，在企业上市前成立合伙企业持股，上市解禁后转让获利按核定征收纳税，个人所得税的税负较低。

《关于权益性投资经营所得个人所得税征收管理的公告》（财政部 税务总局公告 2021 年第 41 号）第一条

一、持有股权、股票、合伙企业财产份额等权益性投资的个人独资企业、合伙企业（以下简称独资合伙企业），一律适用查账征收方式计征个人所得税。

**【案例 8-7】** 利用股权资产信托规划股权退出

**【案例来源】** 咨询案例

**【案例背景】** 2021 年，B 公司正处于上市筹备期，准备实施员工股权激励计划，本打算成立合伙企业为员工持股平台，合伙企业采取核定征收方式。

2021 年底，财政部 税务总局公告 2021 年第 41 号发布，合伙企业作为持股平台不能采用核定征收。朋友小红向 B 公司财务总监小明推荐一家信托公司，可以为 B 公司员工提供股权资产信托服务。小红介绍说：股权作为财产权的一种，可以成为信托财产。股权信托是指委托人将其持有的公司股权转移给受托人，或委托人将其合法所有的资金交给受托人，由受托人以自己的名义，按照委托人的意愿将该资金投资于公司股权。股权信托中，如果受益人为企业的员工或经营者，则称为员工持股信托或经营者持股信托。小红说，股权信托比合伙企业持股效果好。

小明对信托不是很了解，不敢轻信，于是向会计师咨询。

**【案例分析与合规管理】** 当合伙企业持股核定征收取消之后，B 公司就想寻找其他的低税率持股方式。此时，信托持股，闯入了 A 公司的视线。

基本框架如图 8-7 所示。

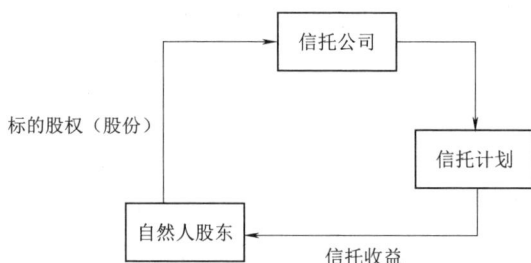

图 8-7　信托基本框架

简单描述过程：B公司的员工或者外部投资者，上市前与信托公司签署信托合同，将股权作为信托财产委托给信托公司，设立"××信托计划"。信托公司需要按照委托人的指示管理和运用信托财产，并按照合同的约定向受益人（受益人也可以是委托人自己）分配信托利益。信托公司处置信托财产（限售股），处置收益支付给受益人（持股员工）。原来的股权转让所得，变成了信托收益。

如果员工已经持股，则可将其持有的公司股权转移给信托公司，设立信托计划；如果员工尚未持股，可将把投资款交给信托公司，由信托公司以自己的名义，按照委托人的意愿将该资金投资于公司股权。

上述两个案例利用债权资产信托与股权资产信托都是单方面确信个人取得信托收益不需要缴纳个人所得税，然而信托收益是否属于个人所得税纳税范围一直是有争议的话题，稳妥的税务方案不应当建立在税务争议之上。市场经济各种交易模式层出不穷，法律法规需要时间制定，所以有一定的滞后性。当某个空白或者未明确的地带被广泛运作且获取明显不公平或者不合理的利益时，这个地带肯定会很快被弥补或明确。例如财政部 税务总局公告2021年第41号，迅速堵上了股权转让核定征收的空子。

## 第三节　个人独资企业变更投资人

2020年的时候，不止一次有财税同行咨询个人独资企业变更投资人的征税问题。

其实早在几年前，各地出台政策支持个体工商户（个人独资企业）变更为公司性企业。当时有财税人员误解，认为有政策支持，办理程序上给予了很多支持措施，因此税务上应该可以直接办理变更登记备案。这个误解还是比较容易消除的，支持政策主要在办理程序上提供方便，并不是实体法律层面网开一面，该履行的纳税义务不能少。从个体工商户（个人独资企业）变更为公司制企业，民事责任主体和纳税主体都已经变更，个人所得税变成企业所得税，税务上应当进行注销清算。

【案例拓展】　2022年10月1日，国务院发布《促进个体工商户发展条例》（中华人民共和国国务院令第255号），自2022年11月1日起施行。其中第十三条"个体工商户可以自愿变更经营者或者转型为企业"引起财税同行的关注。

《促进个体工商户发展条例》（中华人民共和国国务院令第 755 号）第十三条

第十三条　个体工商户可以自愿变更经营者或者转型为企业。变更经营者的，可以直接向市场主体登记机关申请办理变更登记。涉及有关行政许可的，行政许可部门应当简化手续，依法为个体工商户提供便利。

个体工商户变更经营者或者转型为企业的，应当结清依法应缴纳的税款等，对原有债权债务作出妥善处理，不得损害他人的合法权益。

《中华人民共和国市场主体登记管理条例实施细则》（国家市场监督管理总局令第 52 号）第三十八条

第三十八条　个体工商户变更经营者，应当在办理注销登记后，由新的经营者重新申请办理登记。双方经营者同时申请办理的，登记机关可以合并办理。

个体工商户变更经营者，与个人独资企业变更投资人有相似之处。如果通过变更个人独资企业投资人可以实现不动产免税转让，是不是也可实现个体工商户名下的房地产免税转让呢？《促进个体工商户发展条例》（中华人民共和国国务院令第 755 号）实施之前，个体工商户想将店铺转让给他人，需要先注销，再设立。2022 年 11 月 1 日之后，个体工商户可以自愿变更经营者或者转型为企业。变更经营者的，可以直接向市场主体登记机关申请办理变更登记，同时要求应当结清依法应缴纳的税款等。工商办理程序虽然可以简化，税费如何缴纳应当按照税法的规定。

问题：总局政策明确，个体工商户的经营者将其个人名下的房屋、土地权属转移至个体工商户名下，或个体工商户将其名下的房屋、土地权属转回原经营者个人名下，免征契税。但是，对于是否征收个人所得税和增值税，基层税务干部中有极大争议，咨询税法法律专业人士，有观点认为，在民法上，个体户是自然人的延伸，二者是等同的法律主体。此外，个体户只是自然人的名义经营实体，最终收益归经营者，且经营者将其名下房产转给其个体户不是法律意义上的交易，不产生交易收入，故不是税法意义上的转让财产或销售财产，总局明确不征契税应同此理。请问，该观点是否正确？（2020-07-31）

福建省税务局答复：

根据《个体工商户个人所得税计税办法》（国家税务总局令 2014 年第 35 号）规定，个体工商户在生产经营活动中，应当分别核算生产经营所得和个人、家庭费用，个体工商户从事生产经营以及与生产经营有关的活动而取得的货币形式和非货币形式的各项收入，为收入总额。根据我国个人所得税分类征收的税制安排，个体工商户和投资者的纳税义务不能混淆，房产转让应依法计算缴纳个人所得税。

增值税上，个体工商户经营者以其个人不动产转移至个体工商户名下，不征收增值税。

……

问题：1. 个人独资企业的房产无偿过户到投资人名下，是否要缴纳个人所得税和增值税？

2. 如已享受增值税的留抵退税政策，在过户时是否需要视同销售缴纳增值税？

3. 该房产已经以计提折旧的形式在经营所得税前扣除，过户时是否需要对已提折旧部分作纳税调整缴纳经营所得个人所得税？（2022-08-16）

浙江 12366 中心答复内容：

根据财税〔2000〕91 号规定，经营所得是指企业从事生产经营及与生产经营有关的活动所取得的各项收入，包括商品（产品）销售收入、营运收入、劳务服务收入、工程价款收入、财产出租或转让收入、利息收入、其他业务收入和营业外收入。因此，个人独资企业将房产无偿过户至投资人名下，应适用上述经营所得规定计算申报个人所得税。根据税收征收管理法三十五条第（六）项规定，"纳税人申报的计税依据明显偏低，又无正当理由的，税务机关核定应纳税额……"已按照会计规定计算的折旧部分，税法上如无特殊规定的，无需纳税调整。

如企业注销清算，根据财税〔2000〕91号规定，企业进行清算时，投资者应当在注销工商登记之前，向主管税务机关结清有关税务事宜。企业的清算所得应当视为年度生产经营所得，由投资者依法缴纳个人所得税。前款所称清算所得，是指企业清算时的全部资产或者财产的公允价值扣除各项清算费用、损失、负债、以前年度留存的利润后，超过实缴资本的部分。

根据《财政部 国家税务总局关于全面推开营业税改征增值税试点的通知》（财税〔2016〕36号）第十四条规定："下列情形视同销售服务、无形资产或者不动产：

......

（二）单位或者个人向其他单位或者个人无偿转让无形资产或者不动产，但用于公益事业或者以社会公众为对象的除外。

不少财税朋友认为，个人独资企业变更投资人，就跟公司变更股东一样的道理，个人可以转让公司，当然也可以转让个人独资企业，两者在税务处理上应该相似。既然如此，转让公司股权时，公司名下有房地产是不需要缴纳增值税和土地增值税的，那么转让个人独资企业时，个人独资企业名下有房地产，也不应该征收增值税和土地增值税。

**【案例8-8】 利用股权资产信托规划股权退出**

**【案例来源】** 咨询案例

**【案例背景】** 小明成立一家个人独资企业，将自己拥有的商铺转入个人独资企业名下，由于个人独资企业不是独立法人，财产所有权属于投资人，商铺的所有权没有发生转移，没有发生房地产交易行为，所以不需要缴纳任何税费。

接着，小明将个人独资企业转让给小红，属于转让企业整体产权，只征收个人所得税和印花税。接着小红注销个人独资企业，将房地产转入自己名下，此环节也不视作交易，按名称变更处理，也不征税。至此，该房地产转让交易已经完成，只征收了个人所得税和印花税，不征增值税、城市维护建设税、教育费附加、土地增值税和契税。

【争议焦点】 个人转让个人独资企业（个人独资企业名下有房地产）如何纳税？对此有两种观点：

观点一认为不是转让房地产行为，不征收增值税、土地增值税，按"转让财产所得"征收个人所得税。

观点二认为属于转让房地产行为，应当征收增值税、城市维护建设税、教育费附加、印花税、土地增值税及个人所得税。

笔者是倾向于观点二的，然而这两种观点均有值得商榷之处。

【案例分析】

**1. 观点一的依据**

（1）不征收增值税的依据。

理由一：根据财税〔2016〕36 号附件 2 第一条第二项第 5 点"在资产重组过程中，通过合并、分立、出售、置换等方式，将全部或者部分实物资产以及与其相关联的债权、负债和劳动力一并转让给其他单位和个人，其中涉及的不动产、土地使用权转让行为"的规定，不征收增值税。个人独资企业变更投资人，如果视同交易，也是将房地产连同债权债务及劳动力一并转让，不征收增值税。

理由二：按《中华人民共和国增值税暂行条例》（以下简称《增值税暂行条例》），转让企业产权，不在增值税征税范围内。转让企业产权不属于货物、劳务、服务、无形资产、不动产等应税项目，不管是财税〔2016〕36 号还是《增值税暂行条例》都无法找到相对应的税目，所以不能征收增值税，相应地，也不能征收城市维护建设税及教育费附加。

---

《中华人民共和国增值税暂行条例》第一条

第一条 在中华人民共和国境内销售货物或者加工、修理修配劳务（以下简称劳务），销售服务、无形资产、不动产以及进口货物的单位和个人，为增值税的纳税人，应当依照本条例缴纳增值税。

---

理由三：如果视同销售单项资产征收增值税，无法开具发票。

既然整体转让企业产权不属于增值税的征税范围，那么能否拆分单项资产转让，按各个单项资产的税目征税，即按转让不动产征税。

但是发票应该怎样开呢？不动产登记在个人独资企业名下，企业转让后，不动产的产权没有改变，也不需要过户，仍然在个人独资企业名下。但该由谁来开具发票呢，原投资人还是个人独资企业？

如果原投资人开票，购买方是新投资人，那么就会出现资产在个人独资企业名下，发票却开给了投资人，后续个人独资企业的资产计税基础如何确定呢？比如个人独资企业有存货，销售存货发票开给了投资人，但是个人独资企业账面存货余额是不会变的，在计算个人独资企业经营所得时难道可以依据开给投资人的发票来确定其销售成本吗？同样道理，个人独资企业核算经营所得时可以依据开给投资人的发票来确定房屋、土地和机器设备的折旧摊销额吗？目前税收政策并没有相应的规定。

如果个人独资企业开票，那购买方是谁呢？财产还在个人独资企业名下，难道由个人独资企业自己给自己开票吗？显然是不合常理的。

（2）不征土地增值税的依据。

理由一：小明将商铺投入个人独资企业环节不征土地增值税。

当小明将商铺投入到个人独资企业时，由于个人独资企业不是独立法人，财产所有权属于投资人，商铺的所有权没有发生转移，没有发生房地产交易行为，所以不需要缴纳相关税费。可参考的地方文件有《海南省地方税务局关于个人以土地使用权投资入股征免土地增值税和个人所得税问题的通知》（琼地税函〔2010〕304号）。

《海南省地方税务局关于个人以土地使用权投资入股征免土地增值税和个人所得税问题的通知》（琼地税函〔2010〕304号）

......

一、关于个人以土地使用权投资成立个人独资企业涉税问题

（一）《中华人民共和国个人独资企业法》第二条规定：个人独资企业，是指依法在中国境内设立，由一个自然人投资，财产为投资人个人所有，投资人以其个人财产对企业债务承担无限责任的经济实体。由于个人独资企业的财产为投资人个人所有，因此，个人以其拥有的土地使

用权投资成立（或转入）个人独资企业的行为，不属于土地增值税的应税行为，不征收土地增值税。

......

理由二：转让个人独资企业环节不征土地增值税

个人独资企业投资人变更的，只需要变更登记内容（投资人名称），但是企业名称不变，企业的统一社会信用代码不变，独资企业的主体不变，企业仍然存续。所以，个人独资企业变更投资人实质上是将企业的整体产权转让，企业名下的财产仍然在企业名下，只是投资人层面的交易，仍以原企业名义持续经营，类似公司股权转让。所以不征收增值税，涉及的房产、土地的转让也不征收土地增值税。

（3）按"财产转让所得"征收个人所得税。

理由一：个人独资企业转让不属于股权转让，不按转让股权征收个人所得税。

《股权转让所得个人所得税管理办法（试行))》第二条

第二条　本办法所称股权是指自然人股东（以下简称个人）投资于在中国境内成立的企业或组织（以下统称被投资企业，不包括个人独资企业和合伙企业）的股权或股份。

理由二：个人转让企业产权属于转让财产所得，因此要缴纳个人所得税，纳税主体为转让企业的投资人。

《中华人民民共和国个人所得税法》第二条

第二条　下列各项个人所得，应当缴纳个人所得税：

......

（八）财产转让所得；

......

《中华人民共和国个人所得税法实施条例》第六条

第六条　个人所得税法规定的各项个人所得的范围：

......

（八）财产转让所得，是指个人转让有价证券、股权、合伙企业中的财产份额、不动产、机器设备、车船以及其他财产取得的所得。

......

## 2. 观点二的依据

前提：个人独资企业不具有法人资格。

个人独资企业不具有法人资格，法律规定个人独资企业的财产所有权属于投资人。虽然其具备了企业的全部特征，因此赋予其拟制的人格，可以作为独立的民事主体以自己的名义从事民事活动。同时，由于个人独资企业本身具有一定的相对独立的财产，所以规定个人独资企业财产不足以清偿债务的，投资人才以其个人的其他财产予以清偿。

但是，这并不是说个人独资企业具备独立的人格，企业的存在与投资人个人的民事人格不可分割，个人独资企业所表现出来的权利能力和行为能力，都是投资人个人权利能力和行为能力在法律上的延伸，其主体事实上是投资人本身。尽管个人独资企业可以有名称，领取营业执照，并以企业的名义与外界发生经济交往，但其产生的责任和权利归属投资人，投资人承担一切相关的后果，并享受因之而产生的权益。虽然对于产生的债务，法律有规定先要用个人独资企业的财产清偿，不足部分才由投资者个人的其他财产清偿，很多人以此为理由，说个人独资企业有独立的人格，事实上，这种清偿只是顺序问题，是为了保障债权人的，前后都是投资人的财产，先用哪部分财产清偿并没有改变投资人的无限责任。

《中华人民共和国个人独资企业法》第十七条

第十七条　个人独资企业投资人对本企业的财产依法享有所有权，

其有关权利可以依法进行转让或继承。

《中华人民共和国民法典》第一百零二条

第一百零二条　非法人组织是不具有法人资格，但是能够依法以自己的名义从事民事活动的组织。

非法人组织包括个人独资企业、合伙企业、不具有法人资格的专业服务机构等。

（1）征收土地增值税的依据。

理由一：征税与否，回归到土地增值税最基本的法规，看看征税对象和纳税人是什么？征税对象是有偿转让国有土地使用权及地上建筑物和其他附着物产权所取得的增值额。纳税人是转让国有土地使用权及地上建筑物和其他附着物产权、并取得收入的单位和个人。

转让个人独资企业（个人独资企业名下有房地产），是否发生了转让房地产行为呢？答案是肯定的。个人独资企业名下的房地产，所有权属于投资人，企业不具备法人资格，没有财产权。房地产虽然在企业名下，产权却属于投资人。个人独资企业的投资人如发生变更（转让）的，由于个人独资企业名下的房地产属于投资人本人所有，投资人变更后，企业名下的房地产的权属当然发生转移。

简单地说，投资人 A 把其所有的房地产转让给了投资人 B，并且取得了收入。这完全属于土地增值税的征税范围，转让个人独资企业也不符合《关于继续实施企业改制重组有关土地增值税政策的公告》（财政部　税务总局公告 2023 年第 51 号）中企业改制重组暂不征土地增值税的条件。

理由二：引用《海南省地方税务局关于个人以土地使用权投资入股征免土地增值税和个人所得税问题的通知》（琼地税函〔2010〕304 号），投资人将房地产投入到个人独资企业时，不征收增值税，是因为财产混同，房地产仍然属于投资个人所有。注意，不征税的原因是房地产的产权没有转移，仍属个人。同理，当个人独资企业变更投资人时，因为投资人变了，而企业的财产属于投资人，所以企业的财产权属跟着变成新投资人，房地产的产权发生了转移，此时应该征税。

产权是经济所有制关系的法律表现形式。它包括财产的所有权、占有权、支配权、使用权、收益权和处置权。个人独资企业没有财产产权，投资变更到个人独资企业名下时，以财产权属没有变更为理由不征税。转让个人独资企业时，财产权属变更了，又以房产仍登记在个人独资企业名下不交税。既然变更到企业名下不征税，说明登记在企业名下，不是决定征不征税的条件。案例中的方案明显在偷换概念。

理由三：在第七章第一节中，我们讨论了"公司以转让股权方式转让房地产"被稽查追补土地增值税的案例。主要争议为公司是企业法人，有独立的法人财产，享有法人财产权；在物权层面，不动产物权的所有人是公司，并未转让其名下的房地产，没有发生转让不动产的民事法律行为。所以不该征收土地增值税。如果将公司股权换成个人独资企业，上述争议的理由就不存在了，征税就变得合法合理了。

（2）征收增值税的依据。

理由一：与征收土地增值税的理由基本相同。

理由二：观点一不征增值税的三点理由不成立。

首先，观点一认为在资产重组过程中，通过合并、分立、出售、置换等方式，将全部或者部分实物资产以及与其相关联的债权、负债和劳动力一并转让给其他单位和个人，其中涉及的不动产、土地使用权转让行为，不征增值税[①]。这个理由不成立，税法定义的资产重组不包括个人独资企业变更投资人，个人独资企业变更投资人实质是个人财产转让行为。

个人独资企业与投资人财产混同，债权债务最终归属于投资人个人，个人独资企业并不能独立承担债权债务，那么个人独资企业的债权债务能一并转让吗？债权人是基于对投资人个人偿债能力的信赖而发生债权，并不完全是基于企业本身，这与有限公司是明显不同的，有限公司的债权债务与投资人互相独立，但个人独资企业的债权债务与投资人并不能互相独立。因此投资人转让了个人独资企业，即使转让时双方就约定企业的债权债务由新投资人承担，也不得对抗债权人，这种债务的转让的法律上效力不完整。参考案

---

[①] 《财政部 国家税务总局关于全面推开营业税改征增值税试点的通知》（财税〔2016〕36号）附件2《营业税改征增值税试点有关事项的规定》："一、营改增试点期间……（二）不征收增值税项目。……5.在资产重组过程中，通过合并、分立、出售、置换等方式，将全部或者部分实物资产以及与其相关联的债权、负债和劳动力一并转让给其他单位和个人，其中涉及的不动产、土地使用权转让行为。"

例"（2015）浙嘉商终字第457号"民事判决书摘录：……二、个人独资企业在责任承担上具有相对独立性。"

《中华人民共和国个人独资企业法》第三十一条明确规定："个人独资企业财产不足以清偿债务的，投资人应当以其个人的其他财产予以清偿。"由此可见，个人独资企业具有一定的独立偿债能力，且在企业和投资人之间体现不同顺位的特点。由于现投资人承担责任的基础仅仅在于受让了承担企业债务一般担保功能的财产，故现投资人所承担的责任应当限制在受让财产范围内，即其承担的是一种有限责任，否则对受让人有失公允。同时，原投资人应对转让前债务继续承担补充责任，以此充分保障债权人的合法利益和交易安全，防止债务人规避法律、恶意逃债。至于原投资人与现投资人之间就企业债务承担作出的约定，属于内部约定，不得对抗债权人。当然，本案中的原投资人即为共同借款人，应当直接承担还款责任。

其次，观点一认为根据《增值税暂行条例》，转让企业产权不在增值税征税范围内。这个理由也不成立，财产所有权属于投资人个人，不属于独资企业，实际就是个人转让财产，应分别按转让各项财产征税。

最后，观点一认为如果视同销售单项财产，将无法开具发票。这个理由也不成立，既然财产所有权属于个人，个人转让资产，购买方又是另一个人，那开票方是原投资人，购买方是新投资人即可。至于开票金额与独资企业原账面资产的差异如何处理是另一个话题。差异如何处理不能成为转让财产不征税的理由。

（3）转让个人独资企业是"转让财产所得"还是"生产经营所得"？

转让个人独资企业，原投资人需要申报个人所得税，这一点没有争议。但是按"财产转让所得"适用税率20%，按"生产经营所得"适用税率5%～35%。当应税所得比较少时，按"生产经营所得"缴税对纳税人有利，反之按"财产转让所得"有利。笔者认为应按"财产转让所得"征税。

首先，生产经营所得，收益来自个人独资企业层面的经营利润，个人独资企业的经营利润归属投资人所有，在个人独资企业和投资人之间，有一个产生所得→支付所得顺序关系。转让个人独资企业，是新旧投资人层面进行的交易，收益来自投资人转让财产所得。

其次，生产经营所得，收益由个人独资企业开展生产经营活动，是以该独资企业为形式主体、以独资企业的名义对外开展经济活动。而转让个人独资企业，是投资人以自己的名义进行的，独资企业成为被转让标的，转让所得并非来自该企业的生产经营。

最后，生产经营所得由独资企业积极的生产经营活动产生，其是企业本身的经营收入带来的，转让企业不属于企业本身的经营收入。例如，个人独资企业对外投资分回的利息或者股息、红利，不并入企业的收入，而应单独作为投资者个人取得的利息、股息、红利所得，按"利息、股息、红利所得"应税项目计算缴纳个人所得税。独资企业的投资分红就不属于"生产经营"所得，因为不是由企业积极的生产经营活动产生的，同理，转让个人独资企业也不属于生产经营收入。打个比喻：将个人独资企业比作投资人养的一只母鸡，下蛋、孵养小鸡就是母鸡的经营活动。蛋和小鸡所得收益是来自母鸡的生产经营所得。如果投资人把母鸡卖了，应是财产转让所得。造成这种困惑的关键因素是，个人独资企业"经营所得"的界定不够细致和规范。个人独资企业与投资人财产混同，而目前个人所得税中的"经营所得"只是将个人独资企业对外投资分红穿透后按照"股息、红利所得"征税，而"财产租赁所得""财产转让所得"甚至包括投资人的工资都作为"经营所得"计算。同一项财产出租或者转让，在个人独资企业名下，则要并入"经营所得"征税，在个人名下，则按照财产租赁所得或财产转让所得征税，而不管是在个人独资企业名下，还是投资人名下，所有权都是投资人的。

当然，即使是按照"转让财产所得"征税，如何计算也是一个问题：是作为整体按转让企业产权计算，还是分开按单项资产计算？根据《个人所得税法》第二条规定，"下列各项个人所得，应当缴纳个人所得税：……（八）财产转让所得；……"根据《个人所得税法实施条例》第六条规定，"个人所得税法规定的各项个人所得的范围：……（八）财产转让所得，是指个人转让有价证券、股权、合伙企业中的财产份额、不动产、机器设备、车船以及其他财产取得的所得。……"列举范畴中没有个人独资企业财产或企业产权。其实，"合伙企业的财产份额"与个人独资企业财产有相似之处，但合伙企业是多个合伙人，里面的单项财产不能单独分属某个合伙人，所以个人要转让的话，转让的只能是财产份额。如果不把"合伙企业的财产份额"作为一个征税明细，就会产生能不能征税的争议。但是个人独资企业不存在这个问题，每项资产的所有权都属于投资人的，本来就可以对转让单项资产征税，不必另外设置"个人独资企业财产份额"这样的税目明细。同时，前文已经提到，个人独资企业的债务不宜转让。因此，理论上可以按分别转让单个财产计算所得，个人独资企业的债务另行考虑，至于个人独资企业的利润，由于已经按"先分后税"的原则缴纳个人所得税，所以应当可以扣除。

# 第九章　追征期争议

　　纳税人在过往经济行为中，因为种种原因造成未缴、少缴的情况不在少数，其中有一直没有被发现的，也有后来纳税人自行发现或者税务机关稽查发现的。此时，围绕是否需要补缴或追征，是否罚款等问题就产生很多的争议。追征期，看似很简单的一个问题，在实务中却存在许多争议。对法规条款具体应用时，纳税人、税务机关、法院存在不同理解；不同地区、不同个案出现执行口径不同。争议点通常涉及追征期的开始时点和截止时间，税务机关的责任还是纳税人的责任，若纳税人不进行申报如何判断追征期等。

## 第一节　追征期的起点

　　《税收征收管理法实施细则》第八十三条规定："税收征管法第五十二条规定的补缴和追征税款、滞纳金的期限，自纳税人、扣缴义务人应缴未缴或者少缴税款之日起计算。"也就是追征期自"纳税人、扣缴义务人应缴未缴或者少缴税款之日起计算"，这分两种情况：一是应缴未缴；二是应缴少缴。但是具体从哪个时点开始计算，却存在不同的理解。观点一认为，纳税期限届满还不缴，叫应缴未缴，所以应当自纳税期满的次日起算。应缴少缴，纳税人在期限内申报缴纳时，就已经确定少缴了，所以应当按缴纳时起算。

　　观点二认为，追征期的起点应当是纳税期限届满的次日起算。即使纳税人在纳税期限内申报时少缴了，但是只要申报期未满，纳税人都可以更正申报，此时不算违反税法规定，超过申报期了才存在"追缴"。在申报期内，纳税人应按税法规定自核自缴，自行如实申报纳税，并对申报结果承担法律责任。税务机关没有法定职责在纳税人自行缴纳时就对税款进行审查，所以在申报期内，纳税人应该可以自行更正。但是过了纳税期限，税务机关追征补缴就要计算滞纳金。

　　观点三认为，追征期应当自纳税人发生纳税义务，即税法规定纳税义务发生时间开始计算。

**【案例 9-1】　耕地占用税从纳税义务发生时开始计算追征期**

**【案例背景】**　某市高速公路建设管理处（以下简称"管理处"）负责的某高速路段项目于 2014 年 6 月开工，管理处于 2014 年按每平方米 2 元申报缴纳了耕地占用税。2015 年，该省人民政府修订了耕地占用税实施办法，将该高速路段所在地的耕地占用税标准提高到了每平方米 15 元并且从 2008 年 1 月 1 日开始执行。国土部门对管理处使用土地作出的批复时间为 2017 年 2 月。依据国土部门批复和测绘公司的报告，该高速路段占用土地 2 927 054 平方米，其中农用地面积 2 487 410 平方米。税务机关于 2020 年 7 月 6 日向管理处下达了税务检查通知书，认定管理处占用的耕地面积 80 000 平方米，未按每平米 15 元申报缴纳耕地占用税，造成少缴耕地占用税 1 040 000 元，对管理处应交未交的耕地占用税 1 040 000 元处以少缴税款百分之五十的罚款 520 000 元。管理处对处罚有异议并且认为已经超过了法定的追征时间。

**【争议焦点】**　管理处认为已按照 2 元/平方米的标准缴纳了全部的耕地占用税，收税时税务机关也持有相关文件。作为专业的征税机构，完全知道也应当告知纳税人纳税标准和数额，征收机构没有提出异议反而给原告出具了完税证明。原告已取得完税凭证，可以证实已进行了纳税申报。从少缴税款之日即 2014 年 7 月 15 日起算税务追征期限，税务机关于 2020 年 7 月 21 日才作出处理决定，已超过最长 5 年的法定追征期限。

税务机关认为耕地占用税的纳税义务发生时间为 2017 年 2 月，征税决定未超过税款追征期限，处罚决定未超过处罚追溯期限。

**【裁判结果】**　一审法院和二审法院均支持税务机关的观点。

法院认为，作为纳税人应按税法规定自核自缴，自行如实申报纳税，并对申报结果承担法律责任。税务机关没有法定职责和权限对其自行缴纳的税款进行审查。而征税机关出具的完税证明，仅仅是对纳税人实际缴纳的税款出具的证明，并不代表纳税人足额缴纳了税款。管理处虽于 2014 年缴纳了部分税款，但从 2017 年 2 月 22 日起应当补缴欠缴的税款一直未主动补缴，税务追征期的计算应当自纳税人发生纳税义务即税法规定纳税义务发生时间开始计算，土地管理部门对管理处使用土地作出的批复时间为 2017 年 2 月，此为耕地占用税的纳税义务发生时间，应从此时起计算税务追征期，故税务机关作出的处罚并未超过 5 年追溯期限。

**【案例 9-2】** 企业所得税从汇算清缴期满开始计算追征期

**【案例来源】** 中国裁判文书网

**【案例背景】** 2016 年，BTL 公司收到区政府扶持发展资金合计人民币 20 851 320 元，时间分别为 2016 年 3 月 23 日、4 月 2 日、5 月 11 日。BTL 公司未将该笔资金作为应纳税收入申报缴纳企业所得税。税务机关 2021 年 11 月 4 日向 BTL 公司发出税务检查通知，2022 年 5 月 8 日作出的税务处理决定书，调增 2016 年度应纳税所得额 20 851 320 元，应补企业所得税 5 212 830 元，从滞纳税款之日起，按日加收税款万分之五的滞纳金。

**【争议焦点】** BTL 公司认为 2016 年收到持续发展资金至 2021 年稽查时已超过法定追征期。

税务机关认为涉案税款追缴期限符合法律规定，并未超过追征期。

**【裁判结果】** 法院认为，BTL 公司并非偷税，未缴纳税款的数额超过法律规定的特殊情况的 10 万元限额，追征期可以适用"特殊情况"下的五年，BTL 公司 2016 年收到区政府扶持发展基金，该款项的汇算清缴期限为 2017 年 5 月 31 日。追征税款的期限应当自纳税人、扣缴义务人应缴或少缴税款的法定纳税期限到期的次日起计算。税务机关于 2021 年 11 月 4 日对公司开始检查，2022 年 5 月 8 日作出税务处理决定书，并未超过法律规定的追缴期限。

**【案例分析与合规管理】** 该案是以汇算清缴期满后开始计算追征期。曾经有判决认为企业所得税第四季度预缴期满即 1 月 15 日之后开始计算追征期〔如（2013）深中法行终字第 126 号判决〕。笔者认为该观点欠妥，因为企业所得税季度申报是预缴，对于季度预缴少申报的税款，税务机关并不会自 1 月 16 日就计算滞纳金。

追征期的起点计算争议并不限于以上几种情况，整体而言，笔者更倾向于从纳税期限届满的次日起算。


## 第二节　追征期的截止点

相对于追征期的起算时点而言，追征期的截止点更为复杂。

曾经有财税朋友咨询一个问题：2018 年税务机关对甲公司进行例行检查，2019 年时发现企业 2016 年的 A 事项少缴税款。对于 A 事项的追征期，如果按 2018 年税务机关发出检查通知作为截至计算，就未超过 3 年，如果按

2019 年发现 A 事项少缴税款作为截至计算，就超过 3 年了。追征期的终点应该按哪个时间计算？

《国家税务总局关于欠税追缴期限有关问题的批复》（国税函〔2005〕813 号）

……

税收征管法第五十二条有关追征期限的规定，是指因税务机关或纳税人的责任造成未缴或少缴税款在一定期限内未发现的，超过此期限不再追征。纳税人已申报或税务机关已查处的欠缴税款，税务机关不受该条追征期规定的限制，应当依法无限期追缴税款。

提问者的意思是，依据《国家税务总局关于欠税追缴期限有关问题的批复》（国税函〔2005〕813 号），追征期以税务机关"发现"作为截止时点。税务局开始例行检查时，并没有发现 A 事项少缴税款的情况，检查过程中才发现，A 事项的追征截止点能否以发现 A 事项少缴税款的时间为准。

将这个问题一般化之后，实际就是关于税务机关"发现"企业违法行为的时点争议，到底"发现"的时点怎样确定，是检查立案时，就当成"发现"，还是发现具体违法行为时，才是"发现"。展开变成三个问题：

（1）税务机关获得稽查线索，启动稽查特定违法行为的时间，是不是"发现"时点？

（2）税务机关专项检查、重点税源随机检查、评估异常检查，检查开始时并未发现具体税收违法行为的，下达通知检查的时候是不是"发现"时点？

（3）税务机关用什么文件作为"发现"税收违法行为时点的依据？

《全国人民代表大会常务委员会法制工作委员会关于提请明确对行政处罚追诉时效"二年未被发现"认定问题的函的研究意见》（法工委复字〔2004〕27 号）指出，行使社会公权力的机关对违法违纪行为启动调查、取证和立案程序，均可视为'发现'；群众举报后被认定属实的，发现时效以举报时间为准。

由于现行税收法律法规缺乏关于追征期截止时点的明确规定，对该"发现"时点的认定，纳税人与税务机关及司法机关存在较大争议。实务案例中，有观点认为"发现"是指已经发现具体违法行为的时点，但也有观点认为是例行检查的立案或者通知时间。至于证明材料，不乏以立案表、检查通知书、税务处理决定书或处罚决定书作为"发现"时间依据的案例。

在这几个时点上，立案时间最早，通常对税务机关更为有利，但是较少能够获得支持，立案表一般作为税务机关内部启动立案程序的审批资料，内部证据依据不充分。常规的检查通知书送达时，虽然不一定表明已经发现税收违法行为，但是多数法院均采用了这一观点，最高人民法院也在相关司法判例中支持该观点。从纳税人的角度，更多的是作出税务处理决定书或处罚决定书时，税务机关已经完成调查取证，然而从"发现"问题到完成证据收集、内部审批等流程，需要比较长的时间，以此作为"发现"时点也不科学，因此需要具体案件具体分析。

**【案例 9-3】** 德发案与伟华案均以检查通知书作为追征期截止时点

提到追征期就不得不提及最高人民法院的两则典型司法判例——广州德发案和清远伟华案。两则案例涉及的争议点较多，本处仅对追征期加以分析，故对案例背景和其他争议焦点不再赘述。

德发案裁判思路：最高人民法院（2015）行提字第 13 号行政判决书节选：本案核定应纳税款之前的纳税义务发生在 2005 年 1 月，广州税稽一局自 2006 年对涉案纳税行为进行检查，虽经 3 年多调查后，未查出德发公司存在偷税、骗税、抗税等违法行为，但依法启动的调查程序期间应当予以扣除，因而广州税稽一局 2009 年 9 月重新核定应纳税款并作出被诉税务处理决定，并不违反上述有关追征期限的规定。德发公司关于追征税款决定必须在 2008 年 1 月 15 日以前作出的主张不能成立。

**【案例分析与合规管理】** 该案虽然没有明确以检查通知书作为追征期的截止时点，但是按该判决计算逻辑，追征期的截止时点是以作出税务处理决定的时间再扣减调查程序期间为准，实则是以开始检查的时间作为"发现"时点。而开始检查的时间一般以检查通知书为准的。因此，有观点认为最高人民法院明确以检查通知书作为追征期截止日期，成为实务中追征期截止日确认问题的一个参照标准。但该案是专项检查，检查开始时已经发现违法行为的存在，以开始检查的时间作为"发现"时点并无不妥。

伟华案裁判思路："（2016）最高法行申 5121 号"行政裁定书节选：虽然清远市地税局对伟华公司作出"清地税处〔2014〕2 号"税务处理决定书的时间在 2014 年 9 月 1 日，但伟华公司就本案所涉转让物业分别于 2009 年 3

月及 2010 年 9 月进行纳税申报，清远市地税局在一审期间提交的税务检查通知书和调取账簿资料通知书表明，清远市地税局于 2011 年 4 月 25 日即已经开始对伟华公司 2009 及 2010 年间应补缴的税款追征，可见，清远市地税局追征该税款的行为并未超过 3 年的期限。

**【案例分析与合规管理】**　该案以税务检查通知书、调取账簿通知书作为"发现"依据截至追征期，目前实务中很多法院也认同此观点。这个截止时点对税务机关追缴税款有利。

综上所述，最高人民法院的两则判决表明，最高人民法院支持以税务检查通知书送达时间为追征期截止时点，成为业内作为追征期截止日确认问题的一个参照标准。

笔者并不赞成一刀切以税务检查通知书、调取账簿通知书等文书作为"发现"的证据，应当具体情况具体分析。在司法实践中，税务机关有材料证明在送达税务检查通知书之前就已经"发现"税收违法行为的，以实际"发现"时间为准。

## 第三节　追征期限

依照税法规定，追征期分为 3 年、5 年、无限期。其中"因税务机关的责任，致使纳税人、扣缴义务人未缴或者少缴税款的"的情况只能在 3 年内追征，并且不得加收滞纳金。纳税人经常会申诉未缴或者少缴税款的原因是税务机关的责任所致。税务机关的责任一般分两种情况：税务机关适用税收法律、行政法规不当（实体违法）和执法行为违法（程序违法）。

---

《中华人民共和国税收征收管理法》第五十二条

第五十二条　因税务机关的责任，致使纳税人、扣缴义务人未缴或者少缴税款的，税务机关在三年内可以要求纳税人、扣缴义务人补缴税款，但是不得加收滞纳金。

因纳税人、扣缴义务人计算错误等失误，未缴或者少缴税款的，税务机关在三年内可以追征税款、滞纳金；有特殊情况的，追征期可以延长到五年。

---

对偷税、抗税、骗税的，税务机关追征其未缴或者少缴的税款、滞纳金或者所骗取的税款，不受前款规定期限的限制。

《中华人民共和国税收征收管理法实施细则》第八十条

第八十条　税收征管法第五十二条所称税务机关的责任，是指税务机关适用税收法律、行政法规不当或者执法行为违法。

如果税务机关因为适用税收法律、行政法规不当导致纳税人未缴或者少缴税款，发现后追征税款时，相关文书会说明错误，以及应当正确适用的税收法律、行政法规。税务机关执法行为违法，则多数为纳税人提出，并以此作为适用3年追征期的理由。行政诉讼中，纳税人经常用各种理由证明是税务机关的责任，争取3年的追征期，或者免除滞纳金，纳税人申诉税务机关执法行为违法的常见理由：

（1）纳税人申报缴纳时，税务机关没有指出申报错误，表明税务机关认可申报金额。

（2）税务机关作为行政部门，工作应该有主动性，应及时关注纳税人的未缴少缴行为。

（3）税务机关未履行查验、审核、监督等法定的程序，以至于没有及时发现未缴少缴税款。

诉讼案例中，理由（1）一般不成立，纳税人申报纳税时，税务机关根据纳税人的申报内容按程序办理，纳税人是否如实申报，因是其法定义务，税务机关在受理申报时并不对其真实性进行审查。理由（2）和理由（3）在一些案例中会成立，具体要看法律法规有没有相关职责规定。实务中税务工作人员有时出于惯例，并没有把所有的法定要求一一做足，纳税人就有了申辩的机会。税务机关回应的要点是，法律法规有没有规定这些程序和义务。具体违反了哪份文件的规定，举证责任在纳税人。

**【案例 9-4】**　稽查过程中改变计税方式属于税务机关的责任

**【案例来源】**　中国裁判文书网

**【案例背景】**　2016 年 12 月 8 日，伟华公司从拍卖行以 3 981 万元竞拍取得总面积为 6 108 平方米三层物业（均为商铺）。每层物业均取得一份发票，其中二、三层物业发票于 2017 年 3 月 14 日取得，首层物业发票于 2017 年 3 月 29 日取得。2017 至 2020 年度伟华公司将上述物业分别转让，共签署 10 余份商铺买卖合同，合同金额共计 5 466 万元。2020 年 9 月 27 日，伟华公司以整体收入 5 466 万元减去整体成本 3 981 万元的方式申报缴纳土地增值税 209 万元。

2021 年 4 月 25 日至 2024 年 7 月 16 日，税务机关对伟华公司 2016 年度至 2020 年度期间的纳税情况进行检查，认为伟华公司应按照每间商铺的面积平均计算各商铺的成本价，以每间商铺的销售收入减去成本价计算土地增值税。要求伟华公司补缴转让物业少缴的土地增值税 531 万元，对少缴的土地增值税加收滞纳金。

**【争议焦点】** （1）伟华公司以整体收入减去整体成本的方式计算土地增值税是否构成虚假申报，如果虚假申报则可能构成偷税而不受追征期的限制。

（2）税务机关要求伟华公司改变土地增值税计算方式是否属于税务机关的责任，如果属于税务机关的责任则追征期为 3 年，且不能加收滞纳金。

**【裁判结果】** 法院认为，伟华公司分批多次购进和分别转让物业，其采取整体收入减去整体成本的方式计算营业额并进行纳税申报并不恰当，税务机关按照每间物业的销售收入减去受让原价的方式计算营业额更符合行业习惯，亦不违反规定。营业额的计算方式调整后，伟华公司转让物业的营业额发生变化，其即存在少缴税款的情形，税务局要求伟华公司补缴这部分税款并无不当。伟华公司转让物业少缴税款，并非伟华公司在纳税申报时少申报或虚假申报，而是由于税务机关在稽查过程中改变计税方式导致，因此属于"因税务机关的责任，致使纳税人、扣缴义务人未缴或者少缴税款的"情形。根据上述规定，税务机关的追征期限应为 3 年。

**【案例分析与合规管理】** 将稽查过程中改变计税方式导致少缴税款归为税务机关的责任，很多人尤其是税务人员可能觉得难以接受，"税务机关的责任"只能是适用税收法律、行政法规不当或者执法行为违法，在本案中税务机关属于"适用税收法律、行政法规不当"还是"执法行为违法"，显然两者都不属于，否则法院不会认可追征补税行为。

笔者认为法院的裁判逻辑是伟华公司对于计税方式选择不恰当确实不存在偷税的主观故意，不构成虚假申报，不属于纳税人的责任，反推出改变计税方式是税务机关要求的，在一定程度上将"因税务机关的责任"解释为

"因税务机关的原因"，这样也许就更好理解。

**【案例 9-5】　监管缺失是否构成税务机关过错**

**【案例来源】**　中国裁判文书网

**【案例背景】**　KM 食品公司有两份土地使用权证书，两份土地使用权证书系同一宗土地。一份土地使用权证书上记载的占地面积 8 840.38 平方米，而另一份土地使用权证书记载的占地面积为 660 平方米。KM 食品公司多年来一直按 660 平方米申报土地使用税。税务机关接到举报后，通过自己工作人员测量并结合举报人提供的 KM 食品公司占地 8 840.38 平米的土地证认定KM 食品公司瞒报、少报土地使用税，决定追缴少缴税金 291 420 元并处少缴税款 0.7 倍罚款 203 994 元。

**【争议焦点】**　KM 食品公司认为，对于未申报部分并非纳税人主观恶意少缴造成，而且对于纳税依据，应当是由税务机关到当地土地管理机关核实相应数据确定。对于未申报的税款，属于税务机关的责任，其中有部分税款属于 3 年前的，该部分税款不应当继续追缴。

税务机关认为从土地使用权证书可以明确看出，KM 食品公司的用地面积是 8 848.38 平方米。但是 KM 食品公司一直申报的是 660 平方米，少申报8 180.38 平方米。本案少缴税款是因 KM 食品公司瞒报、少报所致，而非税务机关过错所致，故对未申报税款追缴未超过追缴期限。

**【裁判结果】**　法院认为，税务机关多年来对纳税人以占地 660 平方米征收土地使用税，在有人举报后才进行测量并追缴少缴税款，负有监管缺失的责任。同时在行政处罚过程中存在程序违法，判决撤销税务行政处罚，同时责令税务机关在法定期限内重新作出行政行为。

**【案例分析与合规管理】**　法院认为税务机关负有监管缺失的责任，是否应属于"税务机关的违法行为"，但是判决书中未说明税务机关没有实地测量土地面积具体违反哪份文件规定，该案中法院同时也提及税务机关没有测量资质。因此，该案中关于"监管缺失"的界定难以形成普遍参考标准。面对庞大的纳税人群体，如果将监管缺失归咎于税务机关的责任是值得商榷的，毕竟对于日常监管，更多的是强调纳税人诚信纳税、如实申报，税务机关只能是形式上的审核而非实质性审查，对所有涉税事项进行实质性审查是不现实的。

当然从最终结果来看，法院虽然撤销了行政处罚决定书，但是同时责令税务机关重新作出行政行为。对于纳税人而言，可能赢了官司同样难逃被追缴税款甚至被加收滞纳金与处以罚款的结局。

【案例 9-6】　　纳税人与税务机关均存在过错如何认定追征期限

【案例来源】　　中国裁判文书网

【案例背景】　　DL 公司于 2009 年 12 月 14 日登记设立，从事道路客运服务。自 2010 年至 2014 年度止，税务机关对 DL 公司企业所得税采取应税所得率方式核定征收，应税所得率为 10%。

据税务机关内部网上审批的《企业所得税征收方式鉴定申请审批》，只有执行期限为 2013 年 1 月 1 日至 2013 年 12 月 31 日止的企业所得税核定征收鉴定表"主管税务机关意见"栏和"县级税务机关审核意见"栏均有鉴定审批意见。2012 年 7 月 1 日至 2012 年 12 月 31 日止的企业所得税核定征收鉴定表的"主管税务机关意见"栏和"县级税务机关审核意见"栏均为空白未作鉴定审批意见。而 2011 年 1 月 1 日至 2012 年 6 月 30 日，以及 2014 年 1 月 1 日至 2014 年 12 月 31 日止两个时间段没有相应的企业所得税核定征收鉴定表。

自 2010 年至 2014 年度，DL 公司每月按营业收入申报缴纳营业税，但同时申报的企业所得税每月只固定将"公路运输——城市公共交通"收入62 000 元计入应税收入，按应税所得率核定征收方式申报缴纳企业所得税1 550 元，"公路运输——其他客运收入"未申报。DL 公司 2012 年度营业总收入为 13 007 570.70 元，已申报企业所得税的应税收入额 744 000 元，缴纳企业所得税 18 600 元，未申报企业所得税的应税收额 12 263 570.70 元。2016年 11 月，省地税经纳税评估发现 DL 公司可能少缴 2012 年度企业所得税306 589.27 元。根据上述通知要求，税务机关经过调查，发现 DL 公司在2012 年度企业所得税纳税申报中"公路运输—其他客运收入"未申报，少缴企业所得税 306 589.27 元。税务机关先后通知法定代表人接受询问、作出限期改正通知书等措施，DL 公司依照限期改正通知书要求对 2012 年少缴的企业所得税重新进行申报。2017 年 1 月税务机关作出税务事项通知书，通知 DL公司缴纳 2012 年 1 月 1 日至 2012 年 12 月 31 日的应缴税款 306 589.27 元，并从税款滞纳之日起至缴纳或解缴之日止，按日加收滞纳税款万分之五的滞纳金及救济途径。

【争议焦点】　　DL 公司少缴企业所得税 306 589.27 元的责任在于谁？2016 年 11 月，追缴 2012 年度企业所得税是否超过追征期，DL 公司是否应当补缴企业所得税及其滞纳金。

【**裁判结果**】　　纳税人预缴的企业所得税是由主管税务机关根据纳税人应纳税额的大小确定纳税人按月或者按季预缴，故纳税人每月预缴企业所得税1 550元应为主管税务机关所确定。而税务机关在对纳税人2012年度企业所得税进行鉴定认定时，未依法作出鉴定、未向纳税人送达企业所得税核定征收鉴定表、未依法进行公示、未依法对上年度企业所得税汇算清缴进行审核检查，在程序上和纳税征管中，税务机关履职存在明显过错。

在年度终了之日起5个月内如实向税务机关报送年度企业所得税纳税申报表并汇算清缴，结清应缴应退税款是纳税人的法定义务，DL公司未如实申报"公路运输——其他客运"收入12 263 570.70元，少缴企业所得税306 589.27元，其自身存在过错，应当依法予以补缴该税款。但是税务机关在履行法定职责中存在的过错与DL公司少缴2012年度税款之间有一定的因果关系，少缴税款不应完全归因及归责于DL公司，加收少缴税款的滞纳金明显加重了DL公司的负担，该项决定违背了法定的行政行为合理性及程序正当的原则。

【**案例分析与合规管理**】　　纳税人和税务机关同时存在过错并非偶然事件，税务机关强调依法申报是纳税人的法定义务，而纳税人通常会主张在税务征管过程中税务机关未能勤勉尽责，尤其是以前采用行政审批制时大部分纳税人会认为某事项经过税务机关许可，为何事后又来追究纳税人的责任。近年来随着"放管服"改革，行政审批减少，大大提高了办事效率和便利性，但是其实同时也加大了行政相对人自身的责任。

判决书清晰列示了税法相关规定，具体指出了税务机关在纳税征管程序存在缺失，"税务机关的违法行为"认定符合税法规定。实务中对核定征收的管理存在一次核定长期适用的情况，平时不重视程序成了败诉的原因。

法院既认定税务机关存在过错，免除了滞纳金，但是又未全部归责于税务机关，未将追征期限定于3年，对于该结果纳税人和税务机关均未提起上诉。

从以上案例可知，实务中如何时认定税务机关的责任并无固定规则可循，甚至可能突破适用法律错误或执法行为违法的限制，需要具体个案具体应对。

如果不能证明未缴少缴税款是"税务机关的责任"导致，则属于纳税人的责任。纳税人的责任导致未缴少缴税款的，追征期分为3年、5年和无限期。适用 3 年或 5 年追征期的条件包括：一是非主观故意的偷漏税；二是计算错误导致的，包括计算公式运用错误或者明显的笔误。实务中大多数的少缴未缴，都不是计算公式错误或者笔误的原因。因此，属于纳税人的责任同时可以适用 3 年或 5 年追征期的情形并不多，更多情况下可能适用无限期追征。行政诉讼纳税人经常以不知道、对法规理解有误、对计算依据理解有误等理由来申辩非主观故意，应该适用 3 年或 5 年追征期，但是基本不会被法院认可。至于纳税人已申报却不缴纳或者不足额缴纳的税款，税务机关已查处的欠缴税款，显然属于纳税人明知的欠税，应当依法无限期追缴税款。

> 《中华人民共和国税收征收管理法实施细则》第八十一条、第八十二条
>
> 第八十一条　税收征管法第五十二条所称纳税人、扣缴义务人计算错误等失误，是指非主观故意的计算公式运用错误以及明显的笔误。
>
> 第八十二条　税收征管法第五十二条所称特殊情况，是指纳税人或者扣缴义务人因计算错误等失误，未缴或者少缴、未扣或者少扣、未收或者少收税款，累计数额在 10 万元以上的。
>
> 《国家税务总局关于未申报税款追缴期限问题的批复》（国税函〔2009〕326 号）
>
> ……税收征管法第六十四条第二款规定的纳税人不进行纳税申报造成不缴或少缴应纳税款的情形不属于偷税、抗税、骗税，其追征期按照税收征管法第五十二条规定的精神，一般为三年，特殊情况可以延长至五年。
>
> 《国家税务总局关于欠税追缴期限有关问题的批复》（国税函〔2005〕813 号）
>
> ……
>
> 税收征管法第五十二条有关追征期限的规定，是指因税务机关或纳税人的责任造成未缴或少缴税款在一定期限内未发现的，超过此期限不再追征。纳税人已申报或税务机关已查处的欠缴税款，税务机关不受该条追征期规定的限制，应当依法无限期追缴税款。

# 第四节　未进行纳税申报的追征期

纳税人的责任导致未缴少缴税款适用 3 年或 5 年追征期的情形，适用的前提是非主观故意和非偷骗抗税，在此基础上满足"有申报，属于计算错误——用错公式"或者"有申报，计算错误——明显的笔误"两种情形之一。

在进行追征期抗辩中，《国家税务总局关于未申报税款追缴期限问题的批复》（国税函〔2009〕326 号）（以下简称国税函〔2009〕326 号）经常被纳税人在未进行申报的情况作为有限期追征的依据，却忽略了其前提是不属于偷抗骗税。《税收征收管理法》第六十三条规定"……或经税务机关通知申报而拒不申报或者进行虚假的纳税申报，不缴或者少缴应纳税款的，是偷税。……"所以经税务机关通知了还不申报的，是可以无限期追征的。"税务机关通知"阻断了纳税人不进行纳税申报却适用追征期的企图。

"税务机关通知"的界定对追征期具有重要影响，"税务机关通知"具体包括哪些形式，实中存在争议。

观点一认为，纳税人办理了税务登记，就已经明确自行按期纳税的义务，属于已经"通知"。该观点的主要依据是《最高人民法院关于审理偷税抗税刑事案件具体应用法律若干问题的解释》（法释〔2002〕33 号）（以下简称法释〔2002〕33 号）第二条第二款"已经依法办理税务登记的应当认定为刑法第二百零一条第一款规定的'经税务机关通知申报'的规定。在税务行政诉讼案例中，既有直接引用"法释〔2002〕33 号"文件办理税务登记即认定为经税务机关通知申报，也有对该文件的适用性予以否定的案例。且法释〔2002〕33 号文件属于刑事法律规范，不能作为行政管理行为中对偷税行为认定的法律依据。

观点二认为，税务机关发出并非针对单一纳税人的纳税申报公告。例如，《国家税务总局关于办理 2022 年度个人所得税综合所得汇算清缴事项的公告》（国家税务总局公告 2023 年第 3 号）、国家税务总局天津市税务局在官网发布《关于 2022 年度企业所得税汇算清缴相关问题的须知》等均属于"通知"。

依照上述观点，没有办理税务登记的以自然人为主，但是 2018 年的《个人所得税法》规定自然人有自行纳税申报的义务，所以按上述理解，纳税人不进行纳税申报又适用有限追征期的情形极少。

《中华人民共和国个人所得税法》第十条

第十条　有下列情形之一的，纳税人应当依法办理纳税申报：

（一）取得综合所得需要办理汇算清缴；

（二）取得应税所得没有扣缴义务人；

（三）取得应税所得，扣缴义务人未扣缴税款；

（四）取得境外所得；

（五）因移居境外注销中国户籍；

（六）非居民个人在中国境内从两处以上取得工资、薪金所得；

（七）国务院规定的其他情形。

扣缴义务人应当按照国家规定办理全员全额扣缴申报，并向纳税人提供其个人所得和已扣缴税款等信息。

笔者并不认同上述观点。《税收征收管理法》第六十三规定"……或经税务机关通知申报而拒不申报或者进行虚假的纳税申报，不缴或者少缴应纳税款的，是偷税……"的规定，应当是指税务机关已经发现纳税人发生应纳行为但未进行纳税申报，通知纳税人申报的情况。再结合《国家税务总局关于未申报税款追缴期限问题的批复》（国税函〔2009〕326号）强调"……税收征管法第六十四条第二款规定的纳税人不进行纳税申报造成不缴或少缴应纳税款的情形不属于偷税、抗税、骗税，其追征期按照税收征管法第五十二条规定的精神，一般为三年，特殊情况可以延长至五年"可知，纳税人不进行纳税申报适用3年或5年追征期，并非偷税，当税务机关发现并通知申报时，欠税行为已经被发现，通知申报仍拒不申报才属于偷税，当然可以无限期追征。所以自行纳税的政策规定并不代表"税务机关通知"。

纳税人不进行纳税申报能否适用3年或5年追征期的争议中，广受关注的是自然人转让股权不申报纳税的情形。过去由于股权转让办理股东工商变更登记无须提供纳税资料，存在部分自然人股权转让所得不申报纳税，受让方亦未代扣代缴个人所得税。而随着监管的加强和信息化技术的进步，这些未申报的税款成了一个潜在的风险，到底能不能适用3年或5年追征期侥幸过关，成了这些纳税人关心的焦点。

这些交易有的后续因为举报等原因已经被发现,且发现时已经超过五年,实务中存在纳税人不进行纳税申报被无限期追征的案例。

**【案例 9-7】** 股权转让未进行纳税申报超过 5 年仍追征且被追究刑事责任

**【案例来源】** 中国裁判文书网

**【案例背景】** 陈某在 2017 年 12 月将所持有的 A 公司股权转让,共获取股权转让费 7 200 万元。税务局在对 A 公司股权转让检查时发现陈某获得转让费后一直未申报缴纳税款。税务局于 2023 年 10 月向陈某下达了限期缴纳税款通知书,陈某未按期足额缴纳。2023 年 11 月,公安局立案侦查。

**【裁判结果】** 法院经审理认定陈某采用欺骗、隐瞒手段,不申报纳税,逃避缴纳税款数额巨大并且占应纳税额 30% 以上,其行为已构成逃税罪。

**【案例分析与合规管理】** 既然国税函〔2009〕326 号已经明确纳税人不进行纳税申报造成不缴或少缴应纳税款的情形不属于偷税、抗税、骗税,应适用 3 年或 5 年追征期,税务机关如果要无限期追征,除非能认定为偷税、抗税、骗税行为,不申报纳税行为一般与抗税和骗税无关,只可能认定为偷税行为。关于偷税的认定,目前的判决观点倾向以"主观故意"为前提,且主观故意的举证责任在税务机关。

**【案例 9-8】** 个人股权转让未进行纳税申报超过 3 年不追征

**【案例来源】** 中国裁判文书网

**【案例背景】** 2012 年 4 月,刘某江、刘某蕊对外转让股权共收到 5 500 万元。2023 年,张某向税务机关举报,内容为"刘某江、刘某蕊共收到 5 500 万元股权转让费,除去出资和其他费用 900 多万元,他们共获得红利 4 500 多万元,需要缴纳个人所得税 900 多万元。"税务机关稽查后认为已经超过 5 年的最长追征期限,作出不予追征的决定。张某向法院起诉税务机关不履行征缴税款法定职责。

**【裁判结果】** 法院认为,刘某江、刘某蕊夫妻未对转让股权收入进行申报纳税的行为,属于《税收征收管理法》第六十四条第二款规定的"纳税人不进行纳税申报,不缴或者少缴应纳税款的……"情形,不属于该法第五十二条第二款规定的可无限期追征的偷税、抗税、骗税情形,对未进行纳税申报导致不缴或者少缴应纳税款情形的追征期限应为 3 年,特殊情况可以延长至 5 年。

张某检举所涉的股权转让、股东变更登记及支付转让款等行为发生在

2012 年至 2016 年期间，而提出检举的时间是 2023 年 6 月，已经超过 5 年的最长追征期限，税务机关作出不予追征的决定，事实清楚，符合法律规定。

**【案例分析与合规管理】**　案例 9-7 和案例 9-8 同为个人股权转让未进行纳税申报并且数额巨大，同时都超过了 5 年才被发现，然而两个案例的结果却截然不同，案例 9-7 中陈某不仅被追缴了税款还追究了刑事责任，而案例 9-8 则未被追征，甚至税务机关为此还与举报人对簿公堂。

与追缴税款密切相关的是罚款与滞纳金。既然纳税人不进行纳税申报造成不缴或少缴应纳税款的情形不属于偷税、抗税、骗税，所以不应处以罚款。但是如果在追征期内，应加处滞纳金。对于负有代扣代缴义务的扣缴义务人，因其不是纳税义务人，所以不适用追征期，依据《税收征收管理法》第六十九条的规定，应对其应扣未扣、应收未收税款的税收违法行为处以罚款，但是依据《税收征收管理法》第八十六条的规定，该违法行为超过 5 年未被发现的，不再给予行政处罚。

《中华人民共和国税收征收管理法》第六十九条、第八十六条

第六十九条　扣缴义务人应扣未扣、应收而不收税款的，由税务机关向纳税人追缴税款，对扣缴义务人处应扣未扣、应收未收税款百分之五十以上三倍以下的罚款。

第八十六条　违反税收法律、行政法规应当给予行政处罚的行为，在五年内未被发现的，不再给予行政处罚。

随着政府大力推进行政执法规范化，对超过追征期的税款税务机关主动不予追缴的案例不断出现在公开信息中。甚至有税务机关对纳税人已缴的超过追征期税款予以退还。

**【案例 9-9】**　税务机关对超过追征期的税款主动不予追缴（1）

**【案例背景】**　刘某与冯某于 2014 年签订合作协议书，双方约定刘某出资 1.35 亿元购买冯某持有的 DLS 矿业有限公司 50% 的股权。刘某受让 DLS 公司股权所签订的合作协议书未按"产权转移书据"缴纳印花税 67 500 元。

刘某应作为冯某本次财产转让所得的个人所得税扣缴义务人进行扣缴申报，应扣未扣冯某所属期 2014 年 4 月的个人所得税 24 391 666.67 元。

【税务处理】　税务机关于 2022 年 4 月 21 日至 2022 年 7 月 20 日对该事项进行检查，因 2014 年 4 月签订合作协议书发生印花税纳税义务至税务机关发现未履行印花税纳税申报之时已超过 3 年，决定不予追缴。

对刘某应扣未扣冯某所属期 2014 年 4 月个人所得税的税收违法行为处以罚款，鉴于上述税收违法行为已超出行政处罚期限，决定不予行政处罚。

**【案例 9-10】　税务机关对超过追征期的税款主动不予追缴（2）**

【案例背景】　某电子公司 2016 年 11 月取得他人虚开的增值税专用发票 5 份，申报抵扣进项税额 6 887.91 元，导致少申报缴纳增值税 6 887.91 元、城市维护建设税 482.15 元、教育费附加 206.64 元和地方教育附加 137.76 元。2021 年，税务机关收到已证实虚开通知单对该公司进行协查。

【税务处理】　税务机关对某电子公司 2016 年 11 月少交税费因已超过追征期，决定不予追缴。

对该电子公司 2021 年 8 月已缴增值税 6 887.91 元、城市维护建设税 482.15 元、教育费附加 206.64 元和地方教育附加 137.76 元予以退还。

**【案例分析与合规管理】**　依法行政是税务征管的应有之义，该收的一分不少，不该收的一分不要。税务机关主动对超过追征期的税款不予追缴，尤其是对纳税人已缴的税款予以退还，确实是征管思维的进步。按照以前的习惯，对于类似应缴未缴税款通常是不予处理，表现的不是主动作为而是怠于行使职权。也许会有人看到这些案例之后，会产生一种错觉，既然因税款超过追征期，对不进行申报或取得虚开发票已抵扣的企业不予追缴及罚款，那是不是意味着只要想办法拖过 3 年或 5 年就可以了呢，然而应该清楚，如果存在主观故意，一旦认定为偷税是可以无限期追征的，税务机关规范执法同样也需要纳税人诚实守信，这样才能共同营造良好的税务征管环境。

除了经过税务机关处理的案例或经过行政诉讼判决适用追征期的案例外，还有不少纳税人自行判断适用追征期的案例，多见上市公司的公告。企业在申请上市的过程中，需要说明公司历史沿革中历次股权变动、整体变更、利润分配过程中各股东是否均依法履行纳税申报义务，是否存在违法违规情形，上市公司自然人股东存在股权转让未进行纳税申报的情形并不少见。

**【案例 9-11】　上市公司公告自然人股东股权转让少缴个人所得税已超过追征期（1）**

【案例背景】　A 公司 2022 年计划在新三板挂牌，公开转让说明书披露：

2015 年 11 月，陆某、蒋某、潘某合计将其持有远大有限公司 40％的股权以 3.75 元/注册资本转让给外部投资人俞某、凯路投资公司、钱某、于某及徐某，将其持有远大有限公司 5.87％的股权以 3.20 元/注册资本转让给持股平台博创投资企业。该股权转让价格高于投资成本，陆某、蒋某及潘某应缴纳个人所得税，截至公开转让说明书签署之日，陆某、蒋某及潘某就该次股权转让已缴纳 20.51 万元个人所得税，尚有 308.15 万元个人所得税未缴纳，其中潘某未缴个人所得税金额为 24 万元。

【税务处理】　股权转让发生在 2015 年 11 月，距 2022 已逾期 6 年，时间较长，已超过相关法律法规规定的 5 年最长处罚期限。2022 年 8 月，国家税务总局某县税务局某税务所出具证明，确认陆某、蒋某、俞某、赵某及潘某在公司历次股权转让过程中不存在欠缴个税的情形。

故纳税人因上述事项受到行政处罚的风险较小。

【案例 9-12】　上市公司公告自然人股东股权转让少缴个人所得税已超过追征期（2）

【案例背景】　某公司 IPO 招股说明书披露：在公司历史沿革中，实际控制人陈某存在 2004 年 6 月的股权转让未缴纳个人所得税的情形，转让价款总计 5 000 万元。除前述情形外，在 2004 年 6 月、2005 年 8 月、2010 年 12 月涉及陈某作为受让方的股权转让中，因目前无法与转让方取得联系，未能确认其是否依法缴纳所得税。此外，根据《税收征收管理法》《个人所得税法》，陈某作为前述股权转让的受让方，存在未履行代扣代缴义务的情形。

【税务处理】　根据《税收征收管理法》第五十二条规定："……因纳税人、扣缴义务人计算错误等失误，未缴或者少缴税款的，税务机关在三年内可以追征税款、滞纳金；有特殊情况的，追征期可以延长到五年……"第八十六条规定："违反税收法律、行政法规应当给予行政处罚的行为，在五年内未被发现的，不再给予行政处罚。"

故纳税人因上述事项受到行政处罚的风险较小。

【案例分析与合规管理】　企业上市过程的涉税问题越来越受到关注，2022 年，证监会或证券交易所共审核了 584 家企业，问询函中含有税务问题的企业共 440 家，整体涉税问询率为 75.34％，共涉及 1 630 个税务问题，且涉税问题率逐月增高，提出的问题越来越专业。IPO 未获通过企业的涉税问询率为 83.87％，税务问题构成 IPO 企业未成功过审的一项重大影响因素。

问询函中涉税中介机构与审核机构对涉税事项的关注点主要集中在几个方面：发行人依法纳税（3年内不得有违反税法规定受到行政处罚且情节严重的情况），各项税收优惠符合相关法律法规的规定，发行人的经营成果对税收优惠不存在严重依赖。涉税问询最多的是企业所得税，超过了问题总数的一半；其次是增值税，两者合计达到了77.91%。涉及企业所得税的问题主要集中在关联交易定价的公允性、企业股权变更过程涉税情况、企业研发费用归集和高新技术企业资质等方面，涉及增值税的问题主要涵盖了企业出口退税和企业收入确认等方面。

　　对于有上市计划的企业来说，必须高度重视税务合规管理。企业未上市前在创业阶段和发展初期可能存在财务和税务不规范问题。例如，通过隐匿部分收入来实现税费的降低、减免税的取得和批准不规范、过于激进的税务"筹划"安排导致以前年度税款未缴或少缴等。一旦企业申请上市，此类问题就暴露出来。虽然对部分涉税事项因时间久远可以超过追征期进行解释，但是不能心存侥幸，别让税务问题阻碍了企业上市之路。

# 第十章　偷（逃）税认定争议

2009 年《中华人民共和国刑法修正案（七）》〔以下简称《刑法修正案（七）》〕发布之前，只有偷税和偷税罪，《刑法修正案（七）》将偷税罪修改为逃税罪，也就是从此开始偷税隶属于《税收征收管理法》，是行政法范畴，一旦触犯则需要承担行政责任；逃税隶属于《刑法》，一旦认定则会被追究刑事责任。虽然距今已经十多年了，但是很多人仍然习惯于偷税的概念，主要是思想上认为无论公司还是个人，如逃避缴税，就同小偷到国库里偷东西一样，但是换一个角度来思考，纳税是从自己的合法收入里拿出一部分交给国家，逃税与"偷"毫不相干。北京大学法学院教授刘剑文解释说，"偷"是指将属于别人的财产据为己有，而在税收问题上，应缴税款原本是属于纳税人的财产，之所以发生过去所说的"偷税"行为，是因为纳税人没有依法履行缴纳税款的义务，因此有必要将这种行为与平常概念中的盗窃行为加以区别。《刑法》不再使用"偷税"的表述，反映出立法者在公民财产概念理解上的变化。

## 第一节　主观故意之争

税务稽查追征税款对纳税人未缴少缴税款行为的认定非常重要，如果认定为偷税，对纳税人产生的影响非常严重。在经济上认定偷税影响税款追征期，不但追缴税款加收滞纳金，还要加处罚款。在经营上偷税涉及行政处罚，影响企业声誉，对企业参与招投标等行业竞争非常不利。经营者方面，作为主要责任人，情节严重的可能涉及刑事上的偷税罪。因此，纳税人会争取避免偷税的认定，甚至会采取行政复议或行政诉讼手段。相关涉税争议中，纳税人经常会围绕三方面申辩：一是税务机关适用法律法规错误，追征税款计算依据错误；二是税务机关程序违法，执法程序违法相关规定；三是在税务机关已经证明纳税人存在少缴未缴税款的情况下，纳税人否定构成偷税。而纳税人否定偷税的常见申辩理由是纳税人没有偷税的主观故意。

认定偷税是否要考虑主观故意，这在过去是税务处罚中税企争议最多的问题，但是随着公开案例增多，主流观点倾向于基于纳税人主观故意并形成不缴或少缴的结果为前提认定。但是在实际执行中，这个观点尚未成为全国统一口径，因此在个案中仍然存在分歧。

《税收征收管理法》第六十三条对偷税的定义可知，偷税的客观手段是四种特定的违法情形，造成"不缴或者少缴税款"的行为结果，即符合"四种手段，一个结果"才能认定为偷税。四种手段包括：一是伪造、变造、隐匿和擅自销毁账簿、记账凭证；二是在账簿上多列支出或者不列、少列收入；三是不按照规定办理纳税申报，经税务机关通知申报仍然拒不申报；四是进行虚假的纳税申报。《税收征收管理法》明确规定了偷税的客观手段和行为后果两个构成要件，但是对于构成偷税是否以"主观故意"为要件，条文中却未明确规定，税企争议的根源由此产生。

根据《刑法》第二百零一条，逃税罪客观方面表现为纳税人采取欺骗、隐瞒手段进行虚假纳税申报或者不申报，采取"欺骗、隐瞒手段"可知逃税罪在主观方面是出于直接故意，即逃税罪不属于过失犯罪，是故意犯罪。《刑法》关于逃税罪是在 2009 年修订的，修订之前，《刑法》关于这项犯罪的客观表面与《税收征收管理法》基本一致，《刑法》修订后，《税收征收管理法》的偷税与《刑法》的逃税罪出现了差异。《刑法》修订对纳税人是有利的，纳税人由于过失、疏忽造成的漏报、错报，并非采取欺骗、隐瞒手段进行的，就不构成逃税罪。例如纳税人聘请的会计人员由于业务水平不高，对税法理解有误而没有按时申报或者漏报税款，并非具有逃避缴纳应缴税款义务而非法获利的目的，对于这样的行为依法补缴并加处滞纳金已经达到挽回国家税失和教育纳税人的纠错效果，追究刑事责任显然过于严厉。《刑法》由"偷税"到"逃税"的修订反映了司法实践的不断进步，法治在保障国家税收利益和纳税人权益方面的逐步完善。

因此，有观点认为《税收征收管理法》的未来修订方向，应当向《刑法》趋同，两者的理念和规则应当统一。并且，绝大多数的逃税罪刑事案件由税务机关移送公安部门进而进行司法追责，从行政处理到刑事责任，首先需要税务机关认定偷税，其次不符合"经税务机关依法下达追缴通知后，补缴应纳税款，缴纳滞纳金，已受行政处罚的，不予追究刑事责任；但是，5 年内因逃避缴纳税款受过刑事处罚或者被税务机关给予二次以上行政处罚的除外"这个豁免条件。如果在行政处理阶段，税务机关认定偷税不需要以"主观故意"为前提，过失也能认定为偷税，而《刑法》的逃税罪却是故意犯罪，将造成两者之间的偏差，对纳税人不利。当然，这些关于《税收征收管理法》的发展方向建议，尚未成为正式的法律条款，因此关于偷税是否以主观故意为前提的争议仍然存在。

关于偷税是否应当具备主观故意，国家税务总局曾经作出过相关回复，也在相关工作通知中明确偷税的认定口径，这一系列文件始终将主观故意作为判定偷税行为的重要依据之一。但是这些文件均属于内部指导性文件或者部门间的沟通文件，而非正式对外公开发布的政策性文件，只对内部具有指导作用却不具备法律法规的强制效力，这导致仍然未能作为全国税务机关普遍适用的执法依据。

---

《国家税务总局办公厅关于呼和浩特市昌隆食品有限公司有关涉税行为定性问题的复函》（国税办函〔2007〕513号）

……《税收征管法》未具体规定纳税人自我纠正少缴税行为的性质问题，在处理此类情况时，仍应按《税收征管法》关于偷税应当具备主观故意、客观手段和行为后果的规定进行是否偷税的定性。

税务机关在实施检查前纳税人自我纠正属补报补缴少缴的税款，不能证明纳税人存在偷税的主观故意，不应定性为偷税。

《国家税务总局关于税务检查期间补正申报补缴税款是否影响偷税行为定性有关问题的批复》（税总函〔2013〕196号）

……

税务机关认定纳税人不缴或者少缴税款的行为是否属于偷税，应当严格遵循《中华人民共和国税收征收管理法》第六十三条的有关规定。纳税人未在法定的期限内缴纳税款，且其行为符合《中华人民共和国税收征收管理法》第六十三条规定的构成要件的，即构成偷税，逾期后补缴税款不影响行为的定性。

纳税人在稽查局进行税务检查前主动补正申报补缴税款，并且税务机关没有证据证明纳税人具有偷税主观故意的，不按偷税处理。

> 《国家税务总局关于进一步做好税收违法案件查处有关工作的通知》
> （税总发〔2017〕30号）第一条第二项
>
> 　（二）罚当其责
>
> 　对税收违法企业，实施税务行政处罚时要综合考虑其违法的手段、情节、金额、违法次数、主观过错程度、纠错态度。对未采取欺骗、隐瞒手段，只是因理解税收政策不准确、计算错误等失误导致未缴、少缴税款的，依法追缴税款、滞纳金，不定性为偷税。……

关于偷税是否应当具备主观故意的构成要件，理论界和实务界均存在两种不同的观点：

观点一认为《税收征收管理法》第六十三条只以行为、结果作为偷税的构成要件，只要实施了第六十三条规定的任一情形，同时造成了不缴或者少缴税款的后果，就构成了《税收征收管理法》规定的偷税行为，法律并没有将主观故意列入判定偷税行为的构成要件。

观点二认为既然是"偷"应该是主动的而不是被动的，该行为构成应同时具备主观故意、客观行为和损害后果三个构成要件。偷税是指纳税人故意违反税收法规，采用欺骗、隐瞒等方式少缴或不缴税款的违法行为。

持续的争议也推进了司法实践和税务实践的改变。2016年，国家税务总局关于《国家税务总局关于北京聚菱燕塑料有限公司偷税案件复核意见的批复》，则在税务执法层面肯定了认定偷税需要考虑主观故意因素，国家税务总局的此条回复相当于在内部明确了关于偷税的认定口径，遗憾的是仍不属于正式出台的政策文件。

在司法实践中，2016年之前，关于偷税的司法判决大部分倾向于不考虑纳税人是否具有主观故意，少部分法院判决认为主观故意是偷税的构成要求。2017年，一个历经多次审理的某油料销售有限公司与某国税局关于偷税行政诉讼案引起了业内的关注，其中在"（2017）京行申1402号"行政裁定书中，北京市高级人民法院认为"当事人的主观方面系认定偷税行为的必要构成要件。行政机关以构成偷税行为为由对当事人作出行政处罚，应当对当事人不缴或者少缴应纳税款的主观方面进行调查认定，并在当事人提起行政诉讼后就此承担举证责任"。该案例对司法判决关于偷税认定产生了重要影响，法院渐渐倾向于认为主观故意是偷税的必要构成要求，要求税务机关承担举证责任。

**【案例 10-1】** 税务机关承担主观故意的举证责任

**【案例来源】** 中国裁判文书网

**【案例背景】** 2012 年 2 月 24 日，H 市国税稽查局向 G 市国税稽查局出具已证实虚开通知单及已确定由 C 公司虚开的增值税专用发票明细清单等相关材料，通知说明已证实 C 公司向某油料销售公司虚开发票 186 份，请 G 市稽查局按有关规定处理。G 市稽查局对油料公司进行税收专项检查立案。

经过检查，稽查局发现油料公司于 2010 年 12 月至 2011 年 2 月经营期间，取得 C 公司开具的 186 份增值税专用发票，发票金额合计约 18 358 万元，价税合计约 21 479 万元，进项税额合计 3 100 万元已经申报抵扣，取得上述 186 份发票的货物分别计入 2010 年度和 2011 年度的销售成本。上述专用发票已证实是虚开增值税专用发票。调查还发现，油料公司在没有真实货物交易的情况下，自 2010 年 12 月至 2011 年 2 月向另外三家公司（以下简称三家公司）共开具了 193 份增值税专用发票，金额合计约 18 871 万元，税额合计 3 208 万元。某油料公司从中收取费用 601 100 元。2013 年 7 月 15 日，G 市稽查局对某油料公司作业税务处理决定书和税务行政处罚决定书，决定追缴某油料公司少缴的增值税约 3 120 万元，并按日加收万分之五的滞纳金。

另外，G 市稽查局认为某油料公司虚开增值税专用发票的行为已涉嫌构成犯罪，达到移送司法机关的标准，将涉嫌虚开增值税专用发票罪一案移送司法机关审查。徐某在油料公司担任副总经理主管公司业务，后司法机关决定对徐某不起诉，理由是：徐某主观上不明知没有真实的货物交易，没有犯罪事实。同时，司法机关查明的事实能够认定，某油料公司与 C 公司及三家公司之间均没有真实的货物交易。

某油料公司针对税务行政处罚决定书提出行政复议申请，复议机关维持了行政处罚决定，某油料公司收到行政复议决定后仍不服，遂在法定期限内向法院提起行政诉讼，请求撤销被诉处罚决定。

该案件历经一审、二审、再审、发回重审。

**【争议焦点】** 税务机关认为：B 公司的行为构成偷税，追缴相关税款及滞纳金，并处以罚款。本案的基本事实是，油料公司与 C 公司之间在没有真实的货物交易情况下，接受了 C 公司开具的增值税专用发票，并抵扣了税款，虚假的纳税申报造成了少缴增值税税款的结果，故油料公司的行为满足《税收征收管理法》第六十三条规定的偷税要件。

油料公司认为：徐某是 B 公司唯一完整了解交易内容且整体负责主体，不起诉决定书认定徐某主观上不明知没有真实的货物交易，税务机关未提供证据证明油料公司具有主观故意且油料公司未不缴、少缴税款造成国家税款损失，不符合《税收征收管理法》第六十三条关于偷税行为的构成要件。

**【裁判结果】**　一审法院认为：徐某对虚开发票知情并予以认可，油料公司的行为符合《税收征收管理法》规定的偷税情形，税务机关认定油料公司存在偷税行为并无不当。B 公司关于其不具有偷税的主观故意，因而不构成偷税行为的意见，不予支持。

二审法院认为：徐某知晓油料公司并未收到过 C 公司的货物；油料公司与 C 公司该项业务涉及金额过亿元，增值税发票已经认证抵扣进项税额。油料公司作为一家主要从事成品油销售业务的企业，应具备企业财务管理的基本常识，法院对油料公司所持其不具有主观过错的主张不予支持，税务机关认定油料公司该行为是偷税具备相应的事实根据和法律依据。

再审审查与审判监督法院认为：根据《税收征收管理法》第六十三条的规定："纳税人伪造、变造、隐匿、擅自销毁账簿、记账凭证，或者在账簿上多列支出或者不列、少列收入，或者经税务机关通知申报而拒不申报或者进行虚假的纳税申报，不缴或者少缴应纳税款的，是偷税。……"从该规定所列举的情形看，当事人的主观方面系认定偷税行为的必要构成要件。行政机关以构成偷税行为为由对当事人作出行政处罚，应当对当事人不缴或者少缴应纳税款的主观方面进行调查认定，并在当事人提起行政诉讼后就此承担举证责任。本案中，税务机关没有就油料公司少缴应纳税款的主观方面进行调查和认定，在诉讼过程中也没有就此提交相应证据。一审判决认为油料公司"提交的证据不能证明其不明知三方没有真实货物交易"，在行政诉讼举证责任分配上存有错误；二审判决的认定建立在"对油料公司所持其不具有主观过错的主张不予支持"的基础上，存在混淆民事法律关系中"主观过错"与行政法律关系中主观故意的问题。裁定指定 X 法院再审。

再审法院认为：油料公司向原审法院提交了检察机关对该公司负责联系油料销售、采购业务的副总经理徐某作出的不起诉决定，认定"徐某主观上不明知没有真实的货物交易，没有犯罪事实"。原审法院未对该项法律事实与被诉处罚决定之间的关联问题进行综合判断，应当进一步查明。

油料公司向原审法院提交了多项证据用以支持其没有偷税故意的主张，而原审法院在判决书中只认定该公司的主张"缺少充分的证据予以证明"，并未针对油料公司提交的多项证据说明不予采纳的理由，需要进一步审查。发回原一审法院重审。

**【案例分析与合规管理】** 该案件可谓一波三折，经历了行政一审、行政二审、行政审判监督、行政再审、发回重审。虽然案件证据较多和案情较为复杂，但是争议焦点很突出，即纳税人主观故意的认定。该案件的审理过程也间接反映了偷税案件行政诉讼中的一些典型现象。

（1）二审判决未对油料公司偷税的主观故意作出充分认定，认为油料公司提交的证据不足以证明其不具有主观故意，从案情分析可以认定油料公司具有主观故意。这间接反映了以前部分法院并未将主观故意作为偷税的必要构成要件，对纳税人主观方面认定不重视，或者即便认识到需要考虑纳税人主观故意的因素，但是未要求税务机关承担举证责任，而是将举证责任归为纳税人。

（2）再审审查与审判监督行政裁定书的观点很有代表性，其明确表示当事人的主观方面系认定偷税行为的必要构成要件；明确表示证明纳税人主观故意的举证责任应由税务机关证明，而不是纳税人自证。

（3）虽然主观故意的举证责任在税务机关，但主观故意是认定偷税的关键点，纳税人在诉讼中既然以此为突破点，也需要在证据上做充分的自证准备，更有利于胜诉。

**【案例 10-2】** **主动补缴后不认定为主观故意**

**【案例来源】** 中国裁判文书网

**【案例背景】** 某稽查局于 2013 年 11 月立案检查 GH 公司。2014 年 2 至 3 月，GH 公司向主管税务局申报缴纳当期税款，并向某稽查局提出已同时补缴 2013 年 1 至 10 月少缴的营业税及附加税费。某稽查局于 2014 年 11 月作出税务处理决定书，认定 GH 公司 2013 年 1 至 10 月有 195 329 564 元预收账款未足额申报缴纳营业税及附加税费，要求补缴税款及滞纳金。稽查局同时认定该行为构成偷税，予以处罚。

该案件也经历了一审、二审和再审。一审二审纳税人的诉讼请求均被驳回，直到再审后撤销税务机关税务处理决定书，责令其在判决发生法律效力后 60 日内重新作出处理决定。

**【争议焦点】** GH 公司认为其已主动补缴相关税费，不存在主观故意，不能认定为偷税。

税务机关认为《税收征收管理法》第六十三条规定的四种手段其中一种为虚假申报。GH 公司未如实申报，属于虚假申报。按照相关规定，预收款收到时间即是纳税义务发生时间，税法并没有强调偷税的主观故意。税务机关作出被诉税务处理决定书符合法律法规与相关制度的规定。

**【裁判结果】** 偷税，是指纳税人以不缴或少缴税款目的，采取伪造、变造、隐匿、擅自销毁账簿、记账凭证，在账簿上多列支出或者不列、少列收入，或采取各种不公开的手段，或者进行虚假的纳税申报的手段，隐瞒真实情况，不缴或者少缴税款的行为。《国家税务总局关于税务检查期间补正申报补缴税款是否影响偷税行为定性有关问题的批复》（税总函〔2013〕196 号）《国家税务总局关于北京聚菱燕塑料有限公司偷税案件复核意见的批复》（税总函〔2016〕274 号）等批复中均认为存在偷税的主观故意系认定偷税的构成要件之一。故税务机关称税法并没有强调偷税主观故意的意见，与法不符，不能成立。而对于行为人主观故意的认定，通常应从行为人的具体行为进行综合分析。鉴于在行政诉讼中，行政机关对其作出的行政行为的合法性负有举证责任。因此，税务机关对偷税违法行为的认定、处理，应当对当事人不缴、少缴应纳税款的主观故意进行调查、认定，并在行政诉讼程序中就此承担举证责任。具体到本案，税务机关提供的证据仅能证明 GH 公司存在未按规定按期足额申报缴纳相关税款的行为，未能证明 GH 公司该行为的目的是不缴或少缴税款。相反，本案证据反映，GH 公司案涉售房预收账款由银行打入 GH 公司账户后，GH 公司均列为预收款入账，并向税务机关报送相关财务会计报表，未发现有伪造、变造、隐匿、擅自销毁账簿、记账凭证，在账簿上多列支出或者不列、少列收入的情形。而且，房产销售过程中，购房者通常都会在房屋交付后为办理不动产权证要求房地产开发公司开具销售发票。因此，GH 公司也难以通过不开具销售发票的手段隐瞒实际销售款项达到不缴或少缴相关税款的目的。综上，本案在税务机关未能提供足够证据证明 GH 公司具有偷逃案涉税款故意的情况下，适用《税收征收管理法》第六十三条第一款的规定作出被诉税务处理决定，认定 GH 公司未按规定按期足额申报缴纳相关税款的行为为偷税并作处理，依据不足，依法应予撤销。GH公司就此提出的申请再审理由成立。

**【案例分析与合规管理】** 从上述案例可知，税务机关认定纳税人构成偷税，应当从主观故意、客观手段、行为后果三个方面进行举证。其中客观手段指《税收征收管理法》第六十三条列举的四种情形，税务机关在稽查能获取直接证据，行为后果指导致少缴未缴税款，税务机关在作出的处理决定书中明确列示相关数据。至于主观故意如何认定，是一个复杂并且没有固定答案的问题，只能具体案件具体分析，根据纳税人的客观行为来分析其是否主观故意。从那些历时数年的案例可知，纳税人在涉税行政诉讼中争取胜诉并不是一件容易的事情，主观故意认定争取获得法院的支持也并不容易，因此，虽然举证责任在税务机关，纳税人也应努力自证。

由于主观故意是一种心理状态，不是一项形象具体的事务，纳税人还是要回到行为和后果两方面进行举证。既然不是故意，就是过失。纳税人自证非主观故意的常用思路是：因过失导致少缴未缴税款。主观故意通俗来说就是明知故犯，过失则是无意间犯错。过失原因可能包括：财务人员水平不高、税收政策理解不准确、计算错误、按照行业交易习惯操作、税务机关的原因等。一般来说，首先，纳税人可以解释出现《税收征收管理法》第六十三条列举的四种情形的原因，重点证明该客观行为并非欺骗、隐瞒手段，其次说明行为后果，该客观行为未导致少缴未缴税款。最后，虽然可能存在某些计算或者时间性差异，但是纳税人并未从中获取税收利益，因此不可能是主观故意。当然，多数情况下，纳税人的客观违法行为会导致未缴少缴税款的后果，这种情况下，纳税人可以从纠错态度说明无主观故意。例如发现少缴未缴税款后及时自查自纠、自我修正，主动、如实补缴税款、缴纳滞纳金，积极配合税务机关检查，没有造成危害后果。

例如，"（2020）浙行再44号"行政判决书中，纳税人先从客观行为方面申辩，财务人员对相关税收法规政策理解认识偏差，未对银行发放的购房按揭款及时进入税控开票系统进行开票，导致该部分收入未及时进行纳税申报。但GH公司的会计账簿和财务报表（资产负债表）对全部收入均如实予以记载并定期向税务部门申报，并无任何隐瞒或弄虚作假。接着从损害结果方面申辩。偷税行为的损害后果系不缴或少缴应纳税款。作为房地产开产企业，交付商品房时必须开具购房款全款发票，购房者须持购房发票办理相关房产登记手续。因此开发商对购房款收入开具发票势在必行，相应的纳税申报亦无可逃避。最后综合两者证明无主观故意，GH 公司作为专业房地产开发企业，明确知晓须向购房者提供购房款全款发票，主观上不可能产生偷税故意。案涉购房按揭款均按规定入账，会计账簿、记账凭证及各项财务报表如实记载、填报，部分未申报纳税是财务人员失误导致未及时开票。GH 公司发现问题后主动自查自纠，立即补缴了税款，反映出是过失所致，不存在故意、恶意。案例中纳税人的申辩思路非常清晰，力证自身不可能从违法行为中获利，也没有故意隐瞒欺骗行为，因此未及时全部申报只是财务人员的过失所致。

主观故意的举证责任在税务机关，这在保护纳税人权益的同时增加了税务机关的执法取证难度。税务机关一般通过分析纳税人客观违法行为推定其主观故意。《税收征收管理法》第六十三条列举的四种情形：一是伪造、变造、隐匿和擅自销毁账簿、记账凭证；二是在账簿上多列支出或者不列、少列收入；三是不按照规定办理纳税申报，经税务机关通知申报仍然拒不申报；四是进行虚假的纳税申报。概括来说，第一和第三种行为主观故意十分明显，不可能是无意过失导致，税务机关基本可直接推定纳税人具备偷税的主观故意。第二种行为涉及的多列支出或者不列、少列收入，是指纳税人未按规定正常在账簿上列明支出和收入，导致虚假记录可能是故意为之，也有可能是财务人员对会计政策不熟悉所致，需要结合业务性质的复杂程序，以及纳税人的解释判断。如果会计错误显而易见，逃避纳税义务的目的十分明显，或者纳税人未对此作出合理解释，税务机关可直接根据其行为表现认定其存在主观故意。第四种行为是进行虚假的纳税申报，虚假一般是指申报的数据错误，申报错误有可能是故意为了少缴税，也有可能是过失，例如《税收征收管理法》第五十二条第二款规定"因纳税人、扣缴义务人计算错误等失误，未缴或者少缴税款的，税务机关在三年内可以追征税款、滞纳金；有特殊情况的，追征期可以延长到五年"可知，《税收征收管理法》并未将计算错误等失误导致的错报认定为偷税。

2021 年 7 月 15 日实施的《行政处罚法》第三十三条第二款规定"当事人有证据足以证明没有主观过错的，不予行政处罚。法律、行政法规另有规定的，从其规定"，有观点认为《行政处罚法》采取了举证倒置的方法，举证责任由行为人承担。因此纳税人应当承担证明没有偷税主观故意的责任。笔者认为不然，《行政处罚法》是一般法，其第三十三条增加的该条款是赋予了行为人更多的保护，强调行为人无主观过错时不应处罚，突出行政处罚的教育纠错意义。《税收征收管理法》是特别法，关于偷税的认定应当适用《税收征收管理法》。同时，《行政诉讼法》第三十四条第一款规定："被告对作出的行政行为负有举证责任，应当提供作出该行政行为的证据和所依据的规范性文件。"《行政诉讼法》第三十七条规定："原告可以提供证明行政行为违法的证据。原告提供的证据不成立的，不免除被告的举证责任。"因此，既然主观故意是偷税的必要构成要件，税务机关应当承担举证责任，纳税人也可以提供相应证据，但不表示免除税务机关的举证责任。

**【案例 10-3】** 财务人员更换导致政策性搬迁补偿款未申报收入认定为偷税

**【案例来源】** 中国裁判文书网

**【案例背景】** 2013 年，C 市国土资源局根据城市规划需要，将 A 机电公司所有的土地依法收回并挂牌出让，后该地块被 B 房地产开发有限公司取得。随之 A 机电公司与 B 房地产开发有限公司签订土地及地上构筑物补偿合同规定，B 房地产开发有限公司向 A 机电公司支付补偿款共计 176 800 000 元。A 机电公司分别于 2013 年、2014 年收到 150 000 000 元和 26 800 000 元的拆迁补偿款。A 机电公司未将该笔拆迁补偿款进行申报缴纳相应税款。

2019 年 10 月，J 省税务稽查局作出税务处理决定书："（一）对 A 机电公司 2013 年度至 2017 年度企业所得税应纳税所得额调整及企业所得税补税如下：2016 年度应补缴企业所得税为：30 073 820.87 元；（二）滞纳金……对上述应补缴税款，从滞纳税款之日起，按日加收滞纳税款万分之五的滞纳金……"。同日税务稽查局作出税务行政处罚决定书：对 A 机电公司处少缴税款百分之六十的罚款，即 18 044 292.52 元。

A 机电公司因不服税务稽查局作出的税务处理决定书，向国家税务总局申请行政复议，国家税务总局因 A 机电公司未能提供已经缴清税款及滞纳金或者得到税务机关确认的纳税担保证明等材料，驳回了 A 机电公司的行政复议申请。A 机电公司不服，向法院提起行政诉讼，一审法院和二审法院均驳回 A 机电公司的诉讼请求。

A 机电公司针对行政复议的诉讼败诉之后，再次针对税务行政处罚决定书提起诉讼。

**【争议焦点】**　A 机电公司认为并非所有政策性搬迁都必然符合政策性搬迁所得税特殊处理条件，公司从未伪造、变造、隐匿账簿，已将本次搬迁收入真实地反映在会计报表当中，根本不存在少列收入的问题。在取得搬迁收入的当年为减免营业税和土地增值税，曾向主管税务机关报送相关材料，税务机关以及税务监管员都知道该笔收入。显然从未隐瞒收入，从未实施税收上的虚构事实和其他弄虚作假行为。只是在填报《企业所得税年度申报表》时，没有填列"纳税调整项目"数据，发生错误申报，没有采取《税收征收管理法》第六十三条规定的情形，更没有故意弄虚作假，恶意不申报缴纳税款的主观故意。同时由于公司实际负责人身体出现问题无法正常履职直至离世，企业处于无人管理、无任何经营行为的状态。财务人员也不断离职、更换，后续财务人员并不了解公司之前的业务，更不可能主动查询了解政策性搬迁相关规定。以上原因共同导致在 2016 年时并未将相关收入计入应纳税所得额申报、缴纳所得税，但"未计入"并不等于瞒报，更不应当被定性为偷税行为。

税务机关认为 A 机电公司收到拆迁补偿款后，向主管税务机关申请了拆迁补偿收入营业税及土地增值税减免，并经申请将拆迁形成的固定资产损失 1 269 529.62 元在 2013 年度企业所得税中进行了扣除；房产及土地被拆迁后立即停止了房产税、城镇土地使用税的申报缴纳。同时，时任财务经理在公安机关的询问笔录中称"当时依据不同的税收文件，我们不属于应交营业税的业务，所得税依据政策性搬迁文件 5 年内不用申报"。A 机电公司积极向主管税务机关申请享受各项税收优惠，充分表明 A 机电公司对政策性搬迁所涉及的税收政策知晓，对其收到的拆迁补偿收入在申报时不如实填列调整，主观故意明显。

**【裁判结果】**　A 机电公司收到拆迁补偿款后，向主管税务机关申请了相应的税收减免，并经申请将拆迁形成的固定资产损失在企业所得税中进行了扣除，其进行企业所得税纳税申报时，未如实依法进行纳税调整和纳税申报，企业所得税纳税申报与事实不符，属于进行虚假纳税申报，造成了不缴或少缴税款的后果，A 机电公司行为构成偷税。

关于 A 机电公司提出税务机关没有尽到通知的责任及义务，以及追缴税款是否已超法定追缴期限一节，非本案审理范围。

**【案例分析与合规管理】**　A 机电公司因为未履行缴税及滞纳金或提供担保的义务不符合申请行政复议的条件，因此国家税务总局驳回其行政复议申请，且经过一审二审法院均支持税务机关，认为 A 机电公司已经丧失复议的权利。在案件审理过程中，税务机关提到该案为纳税争议，缴纳税款或提供担保是前置条件。如果法院直接以程序法判决 A 机电公司败诉则后续的评析就完全不需要了，等于 A 机电公司因为怠于行使权利已经失去了诉权，救济途径已经不存在，然而非常不好理解的是法院完全没有对纳税人诉权进行审查。

在实体法方面，法院将争议焦点定义为税务机关作出税务行政处罚决定书的行政行为是否合法有效，而并非双方围绕主观故意判断的争辩，同时也回避了税务机关通知责任和追征期，认为非本案受理范围，其实只要是认定为偷税，则追征期就不复存在了。

在税款缴纳上，纳税人的潜在意识是不缴或少缴税款，但是并不必然构成税收违法。无论是合法，还是恶意逃避缴纳税款，都是为了达到或实现不缴或少缴税款的目的，但不能就此认为所有纳税义务人均是存在主观故意。在本案中 A 机电公司实际负责人因为身体原因去世导致长期无人管理经营，财务人员更换，然而这并不能成为纳税人免责的理由，企业在财务人员更换时应当高度重视递延纳税事项的交接。

## 第二节　前置程序之争

近年来，部分涉税热点事件对于涉税当事人为何未因逃避缴纳税款而被追究刑事责任引发舆论关注，初犯豁免权进入了社会大众的视线。初犯豁免权源于《刑法》第二百零一条第四款的规定"有第一款行为，经税务机关依法下达追缴通知后，补缴应纳税款，缴纳滞纳金，已受行政处罚的，不予追究刑事责任；但是，五年内因逃避缴纳税款受过刑事处罚或者被税务机关给予二次以上行政处罚的除外"。

由此，先予行政处罚是否成为逃税罪刑事追责的前置程序出现三种不同的观点：

观点一认为《刑法》第二百零一条第四款为"初犯豁免条款"，是逃税罪的处罚阻却事由，只要符合逃税罪的构成要素，逃税罪即告成立，只是不启动刑罚权。因此不能依据该条款认为行政处罚是逃税罪刑事追责的前置程序。

观点二认为《刑法》第二百零一条第四款提到的是"不予追究刑事责任"而并非"免于追究刑事责任"，不予追究则罪名不成立，免于追究是罪名成立但是不承担刑事责任。《刑法》第二百零一条第四款应理解为逃税罪定罪的构成要件，行政处罚是逃税罪刑事追责的前置程序。

观点三则认为通常情况下行政处罚是逃税罪刑事追责的前置程序，但是如果符合"五年内因逃避缴纳税款受过刑事处罚或者被税务机关给予二次以上行政处罚的"的条件，则公安机关可以直接立案侦查。

**【案例 10-4】　未经行政处置程序直接追究逃税罪，申诉 11 年改判无罪**

**【案例来源】**　中国裁判文书网

**【案例背景】**　J 公司曾经是一家优秀的科技服务型企业，拥有专利技术。2003 年至 2009 年间，该公司主要经营各种设备污垢现场清洗，工业废水处理设备的设计、安装、维护，以及自有房地产租赁等业务。2003 年至 2007 年间，J 公司收入总额为 7 320 445.51 元，应缴纳税款 803 413.14 元，已缴纳税款 357 120.63 元，逃避缴纳税款共计 446 292.51 元。

2007 年 9 月，甲税务稽查局将 J 公司及其法定代表人李某涉嫌逃税案移送公安机关，李某经公安机关传唤后先后于同年 9 月、11 月补缴了税款 458 069.08 元。

**【裁判结果】**　此案从 2009 年开始历经一审、二审、再审，2019 年，丁公司申诉至最高人民法院后，2020 年由最高人民法院指定省高院重审，历时 11 年最终改判无罪。表 10-1 为历年审理结果。

表 10-1　历年审理结果

| 阶段 | 时间 | 法院 | 裁判结果 |
|---|---|---|---|
| 一审 | 2009 年 | 某区人民法院 | J 公司犯逃避缴纳税款罪，判处罚金 45 万元，李某犯逃避缴纳税款罪，判处有期徒刑 3 年，并处罚金 45 万元 |
| 二审 | 2009 年 | 某市中级人民法院 | 撤销一审判决，发回重审 |
| 重审 | 2010 年 | 某区人民法院 | 判处 J 公司犯逃税罪，判处罚金 65 万元（已缴纳 30 万元，余款限于判决生效后 5 个月内缴清）。李某犯逃税罪，免予刑事处罚 |
| 申诉 | 2011 年 | 某区人民法院 | 驳回申诉 |
| 申诉 | 2012 年 | 某市中级人民法院 | 驳回申诉 |
| 申诉 | 2013 年 | 某省高级人民法院 | 指令另一个区法院再审 |
| 再审 | 2014 年 | 另一个区人民法院 | 维持原判 |
| 上诉 | 2015 年 | 某市中级人民法院 | 驳回上诉 |
| 申诉 | 2018 年 | 某省高级人民法院提审 | 驳回上诉 |
| 申诉 | 2019 年 | 最高人民法院 | 指令省高院再审 |
| 再审 | 2020 年 | 某省高院 | J 公司无罪、李某无罪 |

该案也于 2021 年 5 月成为最高人民法院发布的第三批人民法院充分发挥审判职能作用保护产权和企业家合法权益典型案例之一,为人民法院保护产权和企业家合法权益提供指引和示范。

在本案申诉阶段,某市中院的评析:《刑法》第二百零一条第四款并没有限制税务机关发现逃税犯罪行为后不能直接移送司法机关而必须先予行政处罚。《税收征收管理法》及相关行政法规亦未将作出行政处罚为刑事追究逃税行为的必经前置法律程序。因此,税务稽查部门发现上诉单位和上诉人逃税犯罪行为后将本案直接移送公安机关进入刑事侦查程序合法,并不违反相关法律规定。虽然上诉单位在刑事立案后及时补缴了应纳税款,但《刑法修正案(七)》第三条中"第二百零一条第四款"规定的附条件不追究刑事责任的事由并未成立,不能导致纳税主体刑事责任,只能作为从轻处罚的情节。

省高院再审刑事判决书阐述了改判无罪的思路:税务机关将本案移交公安机关处理时,《刑法修正案(七)》尚未出台,但公安机关最终移送审查起诉,检察机关提起公诉、原审法院作出一审裁判的时间均在《刑法修正案(七)》施行之后。根据《刑法》第十二条的规定可知,本案应适用经《刑法修正案(七)》修订后的《刑法》第二百零一条第四款的规定。《刑法》作出这一修订的目的:一方面是为保护税收征收管理秩序,有利于税务机关追缴税款;另一方面也给予纳税义务人纠正纳税行为的机会,对于维护企业正常经营发展具有重要作用。根据《税收征收管理法》的相关规定,税务部门在发现 J 公司可能有逃税行为后,应当先由税务稽查部门进行税务检查。根据检查结论对纳税人进行纳税追缴或行政处罚,对涉嫌刑事犯罪的纳税人移送公安机关立案侦查。本案未经税务机关依法下达追缴通知即直接移送公安机关立案侦查并追究 J 公司和李某的刑事责任,剥夺了纳税义务人纠正纳税行为的权利,没有经过行政处置程序而由侦查机关直接介入,不符合《刑法》修订后的立法精神。J 公司、李某在侦查阶段补缴全部少缴税款,后又根据原生效判决缴纳了判罚的全部罚金。对 J 公司、李某应当适用《刑法》第二百零一条第四款的规定,不予追究刑事责任。

**【案例分析与合规管理】** 本案历时十余年,耗费大量的时间精力和司法资源。2022 年,该区人民法院发布公开道歉信,为 J 公司及李某消除影响、恢复名誉,并依法退还 J 公司缴纳的罚金 45 万元及利息,返还李某被没收的取保候审保证金 4.9 万元及利息。上述法院在审理过程中对于先予行政处罚是否成为逃税罪刑事追责的前置程序出现明显的差异，在最高人民法院指定再审之前，从法律条文本身出发，法院一致认可行政处罚并非必经前置程序，而最终省高级人民法院改判时则从立法的精神出发，认定行政处罚成为逃税罪刑事追责的必经前置程序，尽管我国并非采用判例法体系，但是最高人民法院将该案列为典型案例之后，无疑会成为逃税罪审判的一个重要风向标。

此案启示：一方面对于司法机关来说，应当转变司法理念，提高司法水平，规范司法行为，严把案件质量关，守好公平正义的最后一道防线，坚决杜绝错案的发生，努力让人民群众在每一个司法案件中感受到公平正义；另一方面对于企业来说，应当加强合规意识，避免侥幸心理，依法诚信纳税，奠定健康发展的基石。

## 第三节　税收滞纳金

曾经有财税朋友咨询一个问题：2011年，自然人小明以土地使用权作价入股房地产公司，小明取得土地使用权原始价为280万元，作价600万元入股房地产公司，当时暂免土地增值税。现在房地产公司开发项目销售完毕，土地增值税清算时税务机关以280万元作为土地成本扣除。小明能否补缴原来暂免的土地增值税，再以600万元作为土地成本扣除？

这个想法挺有意思的，根据2011年的税收政策，对于以房地产作价入股进行投资，将房地产转让到所投资企业中时，暂免征收土地增值税。纳税人一般都会着重于眼前的税收利益，没有全面考虑再次转让的税费负担，上述的问题正是源于此产生。较低的土地成本导致了较高的增值率，土地增值税执行四级超率累进税率，600万元土地成本与280万元土地成本相差320万元，可能影响到土地增值税处于跳级临界点，因此纳税人产生了买"后悔药"的念头：以前享受的税收优惠，能放弃并补税吗？

笔者反问：先不说有没有后悔药卖，你考虑过税收滞纳金吗？可不能只想着现在补十多年前的税，却不计算滞纳金。

朋友说：滞纳金不超过税款本金，就当补双份税费，也划算。

于是引出了本节的内容之一，一个并不新鲜的争议：税款滞纳金是否可以超过税款本金？

关于税收滞纳金的讨论，在业界已经是一个很熟悉的话题，许多纳税人都因各种原因缴纳过税收滞纳金，尤其在稽查补税的情况下，由于时间较长导致滞纳金巨大。因此，财税人员对税收滞纳金的提问一直不断，尤其税收滞纳金争议具有典型特点，因此增加本节内容。

《中华人民共和国行政强制法》（以下简称《行政强制法》）2011 年 6 月 30 日发布，2012 年 1 月 1 日实施。自此，纳税人对税务机关加收超过税款本金的滞纳金提出了争议，争议持续至今天，仍然未有统一意见。各地税务机关执法口径不一、不同法院的判决口径不一，学界也各执一词。有两个观点：观点一是税收滞纳金可以超过税款本金；观点二是税收滞纳金不能超过税款本金。

《中华人民共和国税收征收管理法》第三十二条

第三十二条　纳税人未按照规定期限缴纳税款的，扣缴义务人未按照规定期限解缴税款的，税务机关除责令限期缴纳外，从滞纳税款之日起，按日加收滞纳税款万分之五的滞纳金。

《中华人民共和国行政强制法》第四十五条

第四十五条　行政机关依法作出金钱给付义务的行政决定，当事人逾期不履行的，行政机关可以依法加处罚款或者滞纳金。加处罚款或者滞纳金的标准应当告知当事人。

加处罚款或者滞纳金的数额不得超出金钱给付义务的数额。

### 1. 观点一的理由

理由一：税收滞纳金不执行《行政强制法》的规定。《税收征收管理法》是规定税收征管事项的单行法律，是特别法；《行政强制法》是关于行政强制措施和强制执行方面的一般法。根据特别法优于一般法，当《税收征收管理法》与《行政强制法》就税收征管行为在法律适用上发生冲突时，应当以《税收征收管理法》为准。而根据《税收征收管理法》，税务机关加收滞纳金只规定了每日万分之五，没有规定上限。从税款缴纳期限届满次日起至实际缴纳之日止，因此可以超过本金。

理由二：税收"滞纳金"与行政"滞纳金"不同。《行政强制法》第四十五条规定的滞纳金是行政机关对不履行行政决定的当事人采取的惩罚性强制执行手段，即作出行政决定→不履行行政决定→决定加处滞纳金（惩罚性）。

税收滞纳金是纳税人未按照规定期限缴纳税款即自动产生，不需要税务机关额外履行作出行政决定、催告、加处决定等程序。因此，税收滞纳金是当纳税人不按期纳税即自动产生的法定加收义务，而非当事人不履行行政决定才额外采取的惩罚措施。

那么税收滞纳金的本质是什么呢？2014年，财政部在《关于"优化税收征管支持经济发展"建议的答复（摘要）》中提到"《税收征收管理法》所规定的滞纳金属于利息性质，在《税收征收管理法》修订过程中，我部会同税务总局等有关部门正在研究厘清税收利息与滞纳金的关系，并合理确定征收比例"。由此可知，税收滞纳金更倾向于是纳税人占用国家税款的补偿性措施。进一步分析，税款既是国家重要财政收入，又是企业生产经营的重要成本之一，资金具有时间价值，资金管理上，企业习惯于尽量推迟付款时间，加快收款时间。因此，企业会尽可能推迟纳税时，增加资金的使用时间。因此有必要加收税收滞纳金，一来督促企业按时纳税，二来弥补国家税款不能及时入库的损失。因此，税收滞纳金具有既有补偿和惩罚两种属性，而且倾向于补偿性。税款滞纳金的加收比例为每日万分之五，年利率18.25%，高于银行同期贷款利率。整体而言，也符合"惩罚＋利息之和"。国家税务总局在2012年回答网上咨询时明确回复"税收滞纳金的加收，按照征管法执行，不适用行政强制法，不存在是否能超出税款本金的问题。如滞纳金加收数据超过本金，按征管法的规定进行加收"，此后各地税务机关的回复基本倾向于税收滞纳金可以超过税款本金。

理由三：税收"滞纳金"与行政"滞纳金"有待衔接。随着《行政强制法》发布，2011年11月，国家税务总局发布了《国家税务总局关于贯彻落实〈中华人民共和国行政强制法〉的通知》（国税发〔2011〕120号）（以下简称《通知》），《通知》第三条提出"……凡税收规范性文件中存在设定行政强制措施或者行政强制执行，对法律法规规定的行政强制措施的对象、条件、种类作扩大规定，与行政强制法规定的行政强制措施实施程序或者行政强制执行程序不一致等情形的，要一律修改或废止。清理工作要在2011年12月20日前全部完成……"税收滞纳金的规定并不在修改或废止之列，《通知》提出，由于《税收征收管理法》和《行政强制法》在内容规定和具体操作方面尚存在需要衔接的问题，国家税务总局将在汇总整理各方面问题、意见并与相关部门充分报告、沟通的基础上，就相关问题发文予以明确。而税收滞纳金的问题在待衔接的问题之列。因此在国家税务总局正式发文明确之前，仍应按《税收征收管理法》执行。

**2. 观点二的理由**

理由一：滞纳金属于《行政强制法》的规范范围。税收滞纳金的加收比例定为万分之五，折合年利率18.25%，是2001年《税收征收管理法》修订时规定的，没有规定上限，当时《行政强制法》尚未出台。2011年《行政强制法》发布后，明确规定"加处罚款或者滞纳金的数额不得超出金钱给付义务的数额"，即不能超过本金。《税收征收管理法》第三十二条规定的加收滞纳金是《行政强制法》第十二条规定的行政强制执行的方式之一。

《行政强制法》第一条说明了立法目的，是"为了规范行政强制的设定和实施，保障和监督行政机关依法履行职责，维护公共利益和社会秩序，保护公民、法人和其他组织的合法权益"，因此凡属于依据国家权力实施的行政强制措施，属于《行政强制法》调整的范围。2001年《税收征收管理法》提出加收税收滞纳金时，税收滞纳金没有上限未与其他法律冲突，2012年《行政强制法》实施，两者规定不一致时，应当以新的《行政强制法》为准。

理由二：税收滞纳金不是利息。虽然财税部门认为滞纳金可以超过本金的理由是"滞纳金属于利息性质"，利息没有上限。而目前，国家并没有出台要求公民不履行金钱给付义务，未及时缴纳有关税费时，有关部门可以收取利息的法律法规，均是只有加收滞纳金的规定，因此行政部门向公民收取利息一说，目前缺乏法律支持。

**【案例 10-5】** 税收滞纳金未超过税款本金（1）

**【案例来源】** 税务稽查公告（2020-5-25）

**【案例背景】** 珠海保税区××工业服务有限公司应补缴2014年增值税388 657.37元、城市维护建设税27 206.02元、教育费附加11 659.72元、地方教育附加7 773.15元；应补缴2015年增值税3 514 499.33元、城市维护建设税246 014.94元、教育费附加105 434.98元、地方教育附加70 289.98元。

应补缴2014年度企业所得税792 515.41元，2015年度企业所得税671 579.38元。

根据《税收征收管理法》第三十二条、《税收征收管理法实施细则》第七十五条的规定，从滞纳税款之日起按日加收万分之五的滞纳金。同时，根据

《行政强制法》第四十五条第二款的规定："加处罚款或者滞纳金的数额不得超出金额给付义务的数额。"

**【案例 10-6】** 税收滞纳金未超过税款本金（2）

**【案例来源】** 税务处理公告

**【案例背景】** 2019 年 8 月，国家税务总局广州市税务局第一稽查局 2019 年第 90500 号送达公告：广州市××石油化工有限公司税务处理决定书（部分）如下。

"根据《中华人民共和国税收征收管理法》第三十二条及《中华人民共和国税收征收管理法实施细则》第七十五条的规定，对你单位少缴增值税 979 811.39 元、城市维护建设税 103 820.26 元及企业所得税 2 136 603.53 元，从税款滞纳之日起至实际缴纳之日止按日加收滞纳税款万分之五的滞纳金；对你单位上述滞后缴纳的增值税 503 335.14 元，应从税款滞纳之日起至实际缴纳之日止分别按日加收滞纳税款万分之五的滞纳金 679 964.27 元，根据《中华人民共和国行政强制法》第四十五条第二款规定，加收的滞纳金不得超出金钱给付义务的数额，故实际加收滞纳金 503 335.14 元。"

**【案例分析】** 上述公告中滞纳金数额均未超过税费，表明税务机关在执法过程中尽管强调税收滞纳金有别于其他行政滞纳金，但是事实上已经执行"滞纳金限于不超过税款本金"的口径。

同时，经过查阅司法判例也能看到类似的案例。例如：广东省广州市中级人民法院（2013）穗中法行初字第 21 号行政判决书、山东省济南市中级人民法院（2019）鲁 01 民终 4926 号民事判决书均引用《行政强制法》第四十五条的规定，判定滞纳金不超过税款。

**【案例 10-6】** 税收滞纳金超过税款本金

**【案例来源】** 某上市公司公告

**【案例背景】** 2007 年 9 月，沙某岚、王某韵将持有 FS 公司的股权转让给 JD 公司，委托 JD 公司进行代持；2008 年 4 月，JD 公司将持有 FS 公司的股权转让给沙某岚、王某韵，对上述股权代持进行了还原。

由于沙某岚、王某韵将其持有的 FS 公司股权转让给 JD 公司时，未及时申报纳税，主管税务机关认定应在股权转让环节按照 FS 公司当时净资产金额核定股权转让价格并向沙某岚、王某韵征收个人所得税。

2018 年 10 月 15 日，沙某岚、王某韵就上述事项主动申报并缴纳了税款及滞纳金。

根据银行回单，沙某岚、王某韵已于 2018 年 10 月 15 日申报缴纳税款及滞纳金合计 1 038.56 万元。其中，沙某岚应缴财产转让所得个人所得税 259.25 万元、滞纳金 519.67 万元；王某韵应缴财产转让所得个人所得税 86.42 万元、滞纳金 173.22 万元。

【案例分析】　从该公告中披露的信息来看，纳税人实际缴纳的滞纳金超过了税款。经过查阅司法判例也能看到滞纳金超过税款的案例。例如，海口市龙华区人民法院（2017）琼 0106 行初 2 号行政判决书，法院认为《税收征收管理法》和《行政强制法》均为全国人民代表大会常务委员会进行立法，属于同一位阶的法律，且《税收征收管理法》开始施行的时间远远早于《行政强制法》，就税收事项而言，《税收征收管理法》是特别法，《行政强制法》是一般法，因此，当《税收征收管理法》与《行政强制法》在法律适用上发生冲突时，特别法优于一般法，故应当适用《税收征收管理法》。